ŒUVRES COMPLÈTES

DE

LAMARTINE

PUBLIÉES ET INÉDITES

HISTOIRE

DE LA RESTAURATION

VI

TOME VINGT-DEUXIÈME.

PARIS
CHEZ L'AUTEUR, RUE DE LA VILLE-L'ÉVÊQUE, 43
M DCCC LXII

ŒUVRES COMPLÈTES

DE

LAMARTINE

—

TOME VINGT-DEUXIÈME

HISTOIRE

DE LA

RESTAURATION

VI

HISTOIRE DE LA RESTAURATION

LIVRE QUARANTE-DEUXIÈME

Effet de la guerre d'Espagne sur la politique intérieure. — Élections de 1824. — Projets du ministère; la chambre septennale, la conversion des rentes. — Ouverture de la session; discours de la couronne. — Modifications ministérielles; chute de M. de Chateaubriand. — MM. de Damas, de Chabrol, de Frayssinous, de Doudeauville. — Ordonnance du roi qui rétablit la censure pour la presse périodique. — Louis XVIII dans sa vie intérieure; sa retraite de Saint-Ouen près de madame du Cayla; ses habitudes quotidiennes.

I

Mais si le triomphe de l'intervention française en Espagne avait pour la maison de Bourbon d'immenses avantages, on ne peut se dissimuler qu'il avait aussi d'immenses dangers. L'enivrement des royalistes et la confiance téméraire que ce triomphe allait leur inspirer dans la toute-puissance de leur opinion étaient le premier de ces dangers. Les grands bonheurs donnent aux partis les grandes audaces, et dans les gouvernements d'opinion les grandes audaces entraînent les grands revers. Qui pourrait désormais arrêter les exigences de cette partie du sacerdoce qu'on appela la *congrégation*, et de ce parti de l'absolutisme qu'on appelait les *ultraroyalistes*, aujourd'hui que ces deux partis, liés entre eux par un intérêt commun, ayant déjà subjugué le roi dans son palais par un frère ambitieux et par une favorite insinuante, l'avaient forcé à subir plus qu'à choisir M. de Villèle et ses amis pour ministres; aujourd'hui qu'une majorité folle, passionnée, implacable contre les vestiges mêmes de la révolution leur appartenait dans la chambre des députés; aujourd'hui que l'ascendant leur était assuré dans la chambre des pairs par un groupe de cardinaux et d'évêques assez fort pour demander des gages à la couronne, et pour aspirer à un ascendant légal de l'Église sur le gouvernement; aujourd'hui enfin que ces deux partis, jusque-là si timides, se sentaient appuyés par une armée incorruptible et victorieuse que sa discipline et sa victoire venaient de rallier sous un prince pieux et brave à la cause du sacerdoce et de la monarchie? M. de Villèle, tout en paraissant se féliciter du succès de l'expédition d'Espagne, en éprouvait déjà le contre-coup dans le conseil, dans la chambre, dans le palais et même dans les élections. Il avait entrepris malgré lui, il avait vaincu plus qu'il ne voulait vaincre. Sa victoire, exploitée par le parti des royalistes exaltés comme une expérience d'audace heureuse qui l'encourageait à d'autres audaces, rendait ce parti plus exigeant et plus impérieux envers M. de Villèle. Ce ministre avait eu de la peine à le contenir avant le triomphe, comment le contiendrait-il après? Parmi ses propres collègues plusieurs appartenaient à ce parti plus qu'au président du conseil, et paraissaient décidés à ne rien refuser à la contre-opposition royaliste et à la cour. M. de Peyronnet, impatient de servir la cause qui l'avait adopté et grandi, ne trouvait rien de difficile ou d'excessif dans les complaisances de gouvernement que l'ancien régime lui demandait. Sa jeunesse, son caractère et son zèle le rendaient antipathique à ces ménagements d'opinion qui sont la nécessité des gouvernements d'équilibre. Assurer la victoire d'un parti sur un autre, c'était à ses yeux gouverner; plus fait pour la guerre civile que pour l'administration, vaincre et soumettre était plus dans sa nature que convaincre et pacifier. M. de Clermont-Tonnerre, avec plus de modération dans les vues, avait, par ses convictions religieuses, profondes et sincères, des liens qui l'attachaient au parti de l'Église. Le baron de Damas, que l'influence du duc d'Angoulême venait de porter au ministère de la guerre à la place du maréchal Victor, appartenait au même parti. Homme de bien et homme de sens, sa naissance l'attachait à l'aristocratie, son honneur au prince qui l'avait choisi, sa piété au sacerdoce. M. de Corbière n'avait aucune faiblesse pour l'Église, aucune déférence pour l'aristocratie; son royalisme plébéien n'était que l'horreur de la révolution et la passion d'abattre l'opposition. Il ne sympathisait avec la majorité que par ses haines; mais il n'avait rien à refuser à ces alliés de ses répugnances, de toutes les mesures qui lui paraissaient des armes contre l'ennemi commun.

II

Quant à M. de Chateaubriand, l'impulsion décisive qu'il avait donnée à la guerre d'Espagne, le succès de cette campagne contre la révolution, la reconnaissance du parti sacerdotal en Espagne, en France, en Europe; la faveur des salons aristocratiques, l'enthousiasme des feuilles et des pamphlets royalistes retentissant de ses services; enfin, la splendeur européenne de son nom éblouissant ses collègues et rayonnant sur leur obscurité : tout lui donnait, depuis le congrès de Vérone et depuis le triomphe de Cadix, un ascendant extérieur et une popularité qui ne pouvaient tarder d'offusquer, d'éclipser ou de dominer M. de Villèle. Retiré dans sa gloire, peu actif au conseil, muet avec ses collègues, modeste devant le roi, affectant l'indifférence des petites choses et le dédain des grandes, livré au plaisir et aux femmes, attentif seulement pour les diplomates français et étrangers, avec lesquels il avait à ménager sa situation et celle de la France; laborieux, admirable, grand et véritablement politique dans ses dépêches; obséquieux pour le haut clergé, à qui son nom promettait des retours de puissance; flattant les grands noms de la cour pour en être flatté; secrètement lié avec les royalistes exaltés des deux chambres, dont il avait trop servi les intérêts, les passions et les exigences dans ses polémiques du *Conservateur* pour s'en détacher au pouvoir; gémissant complaisamment avec eux des petitesses, des médiocrités ou des timidités du gouvernement, M. de Chateaubriand, sans rompre avec ses collègues et sans contrarier le roi et M. de Villèle, se déchargeait néanmoins au dehors de toutes les responsabilités qui pouvaient embarrasser son rôle de supériorité entravée dans des liens de convenance, et il laissait espérer aux royalistes et au clergé des arrière-pensées d'homme d'État, des vues de génie et des hardiesses de restauration qui lui conservaient la faveur.

III

Une de ces pensées de M. de Chateaubriand, conforme en cela avec l'opinion dominante alors parmi les royalistes, était d'immobiliser à leur bénéfice la majorité monarchique et bourbonienne qui existait alors dans la chambre et que les élections du mois de mars 1824, faites sous l'impression de nos succès en Espagne, venaient d'accroître et de consolider. Au lieu de renouveler les députés chaque année par cinquième, les royalistes, M. de Chateaubriand, M. de Villèle lui-même, se proposaient de donner à la chambre existante une durée de sept ans à partir de son origine en 1822, et de la faire renouveler en masse à l'expiration des sept années. Cette loi était un coup d'État contre l'opinion électorale, élément vital du gouvernement représentatif. Elle avait, en effet, pour le roi et pour son gouvernement l'avantage de fixer pour sept ans la majorité qui leur appartenait par suite des élections accomplies, et de donner ainsi une base immuable et solide à la dynastie. Mais elle avait le danger qui se révéla si fatalement de fermer la chambre élective aux symptômes de modification d'opinion ou de renouvèllement d'idées que chaque année apportait avec elle dans son sein, de murer ainsi la chambre aux vents extérieurs et de tromper le gouvernement sur les véritables dispositions de l'esprit public, dont sa politique doit être l'expression sous un régime parlementaire. Le roi, en acceptant cette loi des mains de M. de Chateaubriand et de M. de Villèle, se plaçait dans la situation d'un pilote qui supprimerait le thermomètre dans l'habitacle du navire, afin d'ignorer systématiquement toutes les variations de l'atmosphère qui doivent modifier ses manœuvres. Les royalistes et le parti sacerdotal adoptaient avec ivresse cette idée, présentée sous le nom de *septennalité* à l'admiration de leur parti. Elle ne supprimait pas, mais elle ajournait de sept en sept ans la souveraineté électorale de la nation. Elle détrônait ainsi l'Assemblée nationale et elle rapprochait la chambre de l'institution des états généraux de l'ancien régime, convoqués, non plus à des époques indéterminées, mais à une époque fixe. C'était évidemment un démenti donné à la révolution et à la charte, et un retour indirect vers le passé de la monarchie.

IV

M. de Villèle avait préparé dans un autre esprit une autre mesure de gouvernement, que le roi devait présenter en même temps aux chambres. Cette mesure, exclusivement financière, consistait à réduire l'intérêt des emprunts contractés par l'État dans les différentes phases de la révolution et de la restauration, et à forcer les créanciers de l'État à convertir leurs titres en titres de rente représentant un capital et un intérêt inférieurs à ceux qui leur avaient été reconnus jusque-là ; mesure équitable et salutaire en Angleterre et dans tous les pays où l'État, en empruntant un capital réel et défini, se réserve naturellement le droit de le rembourser aux prêteurs quand il trouvera d'autres prêteurs lui offrant leur argent à un moindre intérêt ; mais mesure arbitraire, rétroactive et improbe en France, où l'État n'avait emprunté aucun capital défini, mais où il avait constitué des *rentes perpétuelles*, indemnité des banqueroutes, des spoliations, des confiscations de la révolution, sous le titre général de *tiers consolidé*, ou pris des sommes qu'on lui avait versées pour la libération du territoire en 1814 : *rentes perpétuelles* auxquelles le crédit et la spéculation donnaient seuls sur le marché une valeur de capital aussi conventionnelle et aussi mobile que la confiance ou la défiance du jour. Le gouvernement, en appliquant aux rentes françaises la mesure de réduction d'intérêt et de conversion de titres appliquée aux emprunts britanniques, violait donc en réalité la nature, l'esprit et la lettre de ses engagements, et, en libérant pour un moment le trésor, il affectait le crédit, trésor illimité des nations. Les ressources fournies à l'État par cette économie devaient servir à indemniser les émigrés dépouillés de leurs biens par les lois révolutionnaires.

V.

Le roi, dans son discours aux chambres, après s'être félicité du succès et de la gloire de l'expédition française sous le commandement de son neveu en Espagne, mentionna ces deux lois, qui devaient occuper la session.

L'opposition libérale, réduite à dix-neuf voix par les dernières élections, put à peine élever un murmure. L'immense majorité de toutes les nuances applaudit aux trois pensées révélées par le roi dans son discours. Les royalistes et les émigrés étaient satisfaits; le parti sacerdotal ne l'était pas. Puissant par lui-même dans l'Assemblée, plus puissant par les déférences intéressées que les ambitieux du parti ultraroyaliste lui témoignaient, en intelligence secrète avec le cabinet occulte du comte d'Artois, ce parti, dirigé dans la chambre par deux hommes zélés, mais médiocres, exigea et obtint, dans la réponse de l'Assemblée au discours du roi, une allocution impérieuse aux prétentions spirituelles et temporelles de l'Église : « La religion réclame, ajouta la majorité pour complaire à cette opinion, des lois protectrices pour le culte, et pour ses ministres une existence plus digne d'eux. L'éducation publique sollicite un appui nécessaire. » Cet auxiliaire obscurément désigné ainsi par l'adresse ne pouvait être que l'institut des jésuites, car l'instruction publique était déjà dans les mains d'un évêque, M. de Frayssinous.

La chambre, par plus de deux cents voix, désigna M. Ravez au choix du roi pour la présidence; M. de La

Bourdonnaie, expression des royalistes excessifs, n'en réunit que soixante. M. de Villèle pouvait compter par ce nombre celui de ses ennemis personnels dans l'Assemblée. La validité de l'élection de Benjamin Constant, contestée par M. Dudon, et les récriminations légitimes des libéraux contre l'oppression scandaleuse des colléges électoraux par les ministres furent le texte des premières délibérations de la chambre. M. de Martignac, jeune orateur royaliste trop généreux et trop supérieur pour chercher le succès de son opinion dans la partialité et dans la violence, fit reconnaître la nationalité de son adversaire et refusa cette satisfaction de vengeance à son parti. Son talent, où la grâce du caractère se sentait sous l'élégance de la parole, ses fonctions de commissaire civil auprès du duc d'Angoulême pendant la campagne et la faveur de ce prince, signalaient M. de Martignac à la nouvelle Assemblée. Les ministres présentèrent le projet de loi de la septennalité à la chambre des pairs, le projet de loi sur la réduction de l'intérêt et sur la conversion des rentes à la chambres des députés. Cette dernière loi, soutenue avec plus de sophismes et de préjugés que de raisons par M. de Villèle et par les députés des provinces jaloux des rentiers, combattue non par les raisons qui devaient la faire repousser, mais par des antipathies purement politiques dans le côté gauche, fut votée à une faible majorité.

La loi sur les *septennalités* passa avec une grande adhésion du parti monarchique à la chambre des pairs. Lanjuinais en signala vainement le péril par les souvenirs de toutes les assemblées intégralement renouvelées pendant nos tempêtes civiles, dont chaque élection intégrale avait été une révolution. Les partis dans leurs jours de force ne s'appliquent jamais l'expérience de leurs jours malheureux. Les prophéties de Lanjuinais, du duc de La Rochefoucauld-Liancourt, de Boissy d'Anglas, du duc de Choiseul, parurent des menaces aux ultraroyalistes indignés.

VI

Apportée devant la même chambre par les ministres, la loi sur la réduction de l'intérêt y fut discutée neuf jours avec une obstination de résistance qui alarmait le gouvernement. L'archevêque de Paris, M. de Quélen, combattit la réduction de l'intérêt des rentes sur l'État en pontife qui défend le pain de son troupeau. Paris, en effet, comptait dans la partie nécessiteuse de sa population plus de vingt mille petits rentiers dont la loi allait décimer l'existence. Le parti du clergé se détachant ainsi du ministère et se ralliant d'un côté aux riches capitalistes de l'aristocratie et de la banque frappés dans une portion de leurs revenus, de l'autre à l'opposition libérale qui combattait cette mesure uniquement parce que le gouvernement la proposait, sapa la majorité de M. de Villèle à la chambre des pairs et entraîna la chute de la loi.

M. de Chateaubriand, qui avait promis à ses collègues l'assistance de ses paroles et de ses amis dans la discussion, hésita, recula et se tut. Son silence, interprété en trahison par les ministres, aigrit M. de Villèle et le roi contre lui. On attendit l'heure de se débarrasser d'un allié si puissant dans l'opinion, si peu sûr dans le conseil. Entre M. de Villèle qui servait sans offusquer et M. de Chateaubriand qui offusquait sans servir, le choix du roi n'était pas douteux. Il ne gardait plus M. de Chateaubriand que par respect humain et par embarras de congédier une supériorité si populaire encore dans le parti aristocratique.

Cependant M. Royer-Collard combattit à la chambre des députés la loi de la septennalité par des considérations presque républicaines. La souveraineté nationale éclata dans son discours, en face du trône et des ministres, qu'il accusa de corrompre cette souveraineté dans son principe et l'élection dans son exercice. « Vous êtes encore, dit-il au gouvernement, le gouvernement impérial avec ses cent mille bras, avec les intérêts despotiques et astucieux de son berceau, la force et la ruse. » Prophète des tempêtes, il tourna en dérision la prétention d'un gouvernement qui croyait, dans ces temps d'instabilité fatale, à une loi qui stipulait pour sept ans. « Où sont les ministres qui gouvernaient il y a sept ans, dit-il, et nous-mêmes dans sept ans que serons-nous? » Le général Foy combattit la loi par les mêmes arguments que M. Royer-Collard, développés avec plus de grandeur. Le chef de l'opposition constitutionnelle fut aussi sévère, mais moins désespéré que le philosophe. Opposition ou philosophie, tout échoua contre l'intérêt d'une chambre qui voulait se perpétuer au pouvoir. La loi fut votée.

VII

La veille de ce vote, qui allait consacrer une de ses pensées politiques et qui complétait pour lui son triomphe de l'expédition d'Espagne, M. de Chateaubriand, dont le roi n'avait jamais oublié les outrages à M. Decazes, qui les avait sentis comme des outrages à son propre cœur, fut facilement abandonné par ce prince au ressentiment de ses collègues. Ceux-ci dédaignèrent de pallier sous les formes décentes dont les rois enveloppent même ces disgrâces le congé donné au plus éclatant et au plus populaire des royalistes. Ils oublièrent dans leur procédé le respect qu'on doit à l'ancienne amitié, aux services rendus, au génie.

Un hasard fit de ce congé une amertume et presque une insulte à M. de Chateaubriand. Ce ministre n'avait été averti la veille par aucun indice dans les entretiens ou dans les physionomies de ses collègues de la résolution de l'éloigner. L'ordonnance du roi qui lui retirait le ministère en termes indirects et laconiques lui avait été adressée dans la matinée à son hôtel officiel par un simple message. M. de Chateaubriand était absent de son hôtel, où il n'avait pas passé la nuit et où il n'était pas rentré le matin avant de se rendre, selon son habitude, aux Tuileries. Son secrétaire intime ayant reçu et ouvert le message, s'était hâté de chercher son ministre pour lui communiquer l'annonce de sa disgrâce et pour lui éviter l'affront de se présenter au conseil du roi, et d'en trouver les portes si brutalement fermées à son insu.

Il le rencontra en effet aux Tuileries. M. de Chateaubriand s'y était rendu directement de la maison où il se recueillait quelquefois loin du tumulte des réceptions et des affaires. Il sortait en ce moment de la chapelle du comte d'Artois, mêlé aux familiers de cette cour dont il était un habitué assidu. Les visages et les demi-mots des courtisans lui avaient déjà donné pendant la messe, par leur étonnement et par leur froideur, quelques vagues et inintelligibles pressentiments. Son secrétaire, l'apercevant dans la foule, s'approcha de lui, l'attira à l'écart et lui communiqua l'ordonnance du roi et la lettre de M. de Villèle qui en accroissait l'injure par son laconisme et sa rudesse. M. de Chateaubriand avait l'âme trop fière pour s'affliger et s'attendrir sous une brutale injustice, mais trop sensible et trop implacable pour pardonner l'outrage. Le ministère lui coûtait peu à résigner après l'œuvre illustre qu'il y avait accomplie ; il laissait son nom incrusté par une entreprise hardie et par une campagne heureuse à l'histoire des Bourbons. Il avait rendu confiance à la monarchie, il avait balancé M. Canning devant l'Europe, il s'était constitué l'homme d'État des vieux trônes, le conservateur européen ; il sortait avec les deux prestiges qui font rentrer tôt ou tard les grandes ambitions en scène, un grand acte et une grande ingratitude. Il ne lui manquait qu'une chose pour illustrer sa chute et pour s'élever plus haut en tombant, c'était de supporter cette ingratitude avec l'impassibilité et la dignité d'un grand caractère, de se retirer dans la modestie et dans le silence, et de se laisser regretter par ses amis sans s'allier à ses ennemis, de ne chercher sa vengeance que dans ses services et sa gloire que dans sa vertu.

Mais cette vertu antique n'était pas celle de M. de Chateaubriand. Le rôle de Coriolan de la restauration le tenta comme le rôle de Coriolan de la noblesse avait tenté Mirabeau à trente ans de distance. Mécontent de l'aristocratie et de la couronne, il jura de se faire estimer à son prix par la terreur qu'il allait porter dans le camp dont on l'expulsait avec tant d'imprudence. Le roi, M. de Villèle, le comte d'Artois, le parti exagéré du sacerdoce, venaient de créer en lui l'ennemi le plus fatal de la royauté. Dédaigneux par médiocrité de vues d'une supériorité embarrassante mais nécessaire, ils n'avaient pas évalué la force d'une individualité dans un parti; ils avaient jeté le génie dans l'opposition : ils avaient découronné le royalisme. M. de Chateaubriand avait fait la Restauration avec sa plume; il allait la détruire. Il ne le voulait pas sans doute alors, il ne voulait que se venger d'un homme, il se vengea sur un trône. Son mécontentement, qui allait jusqu'à la colère, n'allait pas jusqu'à une révolution. Il ne se sentit trop vengé qu'à ses regrets et à ses tristesses sur les débris de la monarchie.

VIII

Le lendemain de sa retraite du ministère, toute l'intelligence du parti royaliste le suivit dans sa défection et dans son insurrection contre le gouvernement, dont il avait cependant partagé et encouragé les fautes. Un journal qui avait alors presque la puissance d'une institution d'État et le retentissement d'une tribune européenne, le *Journal des Débats,* fidèle à l'amitié jusqu'à la vengeance, échappa ce jour-là au gouvernement et se donna tout entier à M. de Chateaubriand. Ce journal, possédé et dirigé par deux frères, MM. Bertin, pilotes consommés sur cet élément de l'opinion publique, n'était pas seulement une voix, c'était un parti. D'autant plus écouté qu'il était plus modéré et plus libéral dans son royalisme, il pouvait à son gré et à son droit défendre le trône au nom de la nécessité monarchique, et attaquer le gouvernement au nom de la nécessité libérale. Des membres importants de la chambre des pairs et de la chambre des députés se groupaient autour de ce foyer de publicité, de polémique et de diplomatie. Par quelques-uns de ses propriétaires, tels que M. Roux-Laborie, homme d'universelle intrigue, il se rattachait au parti aristocratique et sacerdotal; par quelques autres, tels que les Bertin, il confinait au parti des centres, de la gauche modérée, de la haute banque, de la bourgeoisie ombrageuse et oscillante de Paris. La haute littérature, si puissante en France depuis le dix-huitième siècle, que la démagogie et le gouvernement militaire avaient passagèrement foulée, mais à laquelle les libertés de la presse et de la tribune avaient rendu par la charte une attribution même politique, se rencontrait presque tout entière dans ce journal, dont la collaboration était un titre d'illustration.

Ce levier remis par l'amitié à l'ambition connue de M. de Chateaubriand était plus qu'un ministère, c'était la dictature de l'opposition. Toutes les autres feuilles royalistes, à l'exception des feuilles soldées par le ministère, suivirent M. de Chateaubriand, qui représentait à la fois pour les unes l'ultraroyalisme exilé avec lui du conseil, pour les autres le génie expulsé par la médiocrité, pour les modérés la charte, pour les libéraux les libertés, pour les lettrés la gloire des lettres, pour la contre-opposition la guerre à M. de Villèle, pour les révolutionnaires un mécontent qui frappait les mêmes coups que leurs journaux et leurs factions, mais qui les frappait d'une main moins suspecte et avec plus de force et de retentissement. C'est de cette défection du *Journal des Débats* et de M. de Chateaubriand que date cette coalition concertée ou tacite de toutes les inimitiés de diverse origine, de diverses causes et de buts opposés contre le gouvernement de la Restauration, qui rallia à une même œuvre d'agression les pensées les plus contraires, qui désaffectionna l'opinion, qui aigrit le gouvernement et le poussa d'excès en démences, qui passionna la presse, qui irrita la tribune, qui aveugla les élections et qui finit par changer, cinq ans plus tard, l'opposition de dix-neuf voix hostiles aux Bourbons en une majorité hétérogène mais formidable, devant laquelle la monarchie n'eut qu'à choisir entre une résignation humiliante et un coup d'État mortel.

IX

M. de Villèle et M. de Corbière, les plus responsables de tous leurs collègues de l'expulsion de M. de Chateaubriand, sentirent la nécessité de compenser le mécontentement que la chute de ce nom populaire dans le royalisme et dans le sanctuaire pouvait inspirer à la noblesse et au clergé, en appelant à sa place et aux fonctions les plus élevées du gouvernement des hommes moins illustres, mais plus chers encore et plus inféodés que lui aux intérêts et aux passions de ces deux causes. M. de Montmorency, congédié pour avoir voulu le premier l'intervention; le maréchal Victor, frappé pour avoir éventé avec trop de promptitude une apparence de conspiration révolutionnaire dans l'armée; M. de Chateaubriand, jeté hors du conseil pour avoir servi avec trop d'éclat, trop de bonheur, et peut-être trop d'orgueil, la cause des restaurations monarchiques en

Espagne, étaient de nature à livrer M. de Villèle à la suspicion des zélateurs fanatiques du trône et de l'autel.

Il se hâta d'assoupir ces mécontentements en donnant satisfaction aux familles puissantes qui représentaient avec plus de crédit alors les tendances de la haute noblesse et du haut clergé, et de s'assurer de plus en plus l'alliance de madame du Cayla en l'intéressant au gouvernement par les grandes faveurs accordées à ses amis. Le duc de Doudeauville, cher à la noblesse par son nom et à la congrégation par son zèle, fut nommé ministre de la maison du roi. Son fils, le vicomte de La Rochefoucauld, prit dans le ministère de son père, sous le nom de directeur des beaux-arts, un véritable ministère de la littérature, des théâtres, des journaux, patronage habile et splendide à la fois, où la prodigalité des grâces et des faveurs couvrait les tendances imprimées aux études et aux plaisirs mêmes du peuple, et qui lui permit d'acheter, pour les amortir ou les éteindre, une multitude de journaux et de pamphlets hostiles à la restauration et à la religion. M. de La Rochefoucauld devenait ainsi le Mécène des artistes et quelquefois le Walpole de la presse. M. de Vaulchier reçut l'administration confidentielle et inquisitoriale des postes, homme d'autant plus sûr pour la congrégation que sa piété n'était pas en lui un rôle, mais un asservissement absolu à la cause de l'Église.

M. le baron de Damas fut élevé, à la place de M. de Chateaubriand, au ministère des affaires étrangères. C'était la main du duc d'Angoulême dans les affaires. M. de Damas avait les qualités et les disgrâces de nature de ce prince son ami, un sens droit, un travail obstiné, une vertu incorruptible à l'air des cours, une intention patriotique, une impartialité froide, mais point d'extérieur et point d'éclat. La congrégation pouvait compter sur lui comme âme fervente, mais nullement comme âme vendue à des intrigues politiques. Il avait la piété loyale et désintéressée comme le cœur; il redoutait même en secret les empiétements intempestifs des jésuites, dont on le croyait à tort le promoteur et l'instrument.

M. de Clermont-Tonnerre passa au ministère de la guerre; M. de Chabrol, gage de modération pour les centres, au ministère de la marine; M. de Martignac, que M. de Villèle pensait à élever plus tard au ministère de l'intérieur, où la rudesse et l'inactivité de M. de Corbière, son ami, l'embarrassaient, reçut la direction de l'enregistrement, avenue du ministère. M. de Castelbajac, royaliste ardent, mais maniable à la main du premier ministre, eut la direction des douanes. Ces choix amortirent dans les chambres les murmures que l'expulsion de M. de Chateaubriand et de M. de Montmorency pouvait soulever.

La session s'acheva sans qu'aucune discussion éclatante méritât de retentir dans l'histoire. Seulement un orateur passionné et téméraire, M. de Berthier, y promulgua impérieusement, au nom de l'aristocratie et de l'Église, les injonctions du parti religieux : domination légale du clergé, même sur les actes de la vie civile; dotation en immeubles à l'Église, pour compenser les immenses dotations territoriales conquises tant de fois par elle et tant de fois reprises par les rois, par les peuples et par les révolutions; rétablissement du culte unique et national, sinon persécuteur et exclusif. M. La Bourdonnaie demanda l'indemnisation des émigrés; M. de Foucauld, la restitution sans noviciat des grades de l'armée à la noblesse. La majorité écouta avec faveur ces divers orateurs, et laissa aux ministres le temps de réfléchir et de mûrir leurs pensées. M. Casimir Périer, un des orateurs les plus véhéments et les plus irrités de la gauche, sentit que l'audace de la contre-révolution allait rejeter l'opinion publique du côté que les élections laissaient presque vide autour de lui. « Nous ne sommes que onze ici, s'écria-t-il, qui représentons la France ! » Ce cri, qui suscita alors les soulèvements et les dérisions de l'Assemblée, devait être bientôt répondu par la France.

X

Mais si l'opposition était décimée, impuissante et muette dans la chambre, elle était ardente et bruyante dans la presse. Un comité occulte d'hommes politiques, voués, comme leur maître, au triomphe de l'Église, dans l'intérieur du comte d'Artois, s'étudiaient à en supprimer les organes quand ils ne pouvaient les corrompre. Le ministère de la maison du roi par M. le duc de Doudeauville, le ministère des affaires étrangères par le baron de Damas, le ministère de l'intérieur par M. de Corbière, fournissaient les fonds de ces intrigues aux agents du prince. Le vicomte de La Rochefoucauld acheta ainsi, sous des prête-noms, les *Tablettes universelles*, la *Foudre*, l'*Oriflamme*. Il tenta la *Quotidienne*, feuille exaltée qui nourrissait de préjugés vieillis les agents de l'aristocratie et des évêques, et qui, par son ascendant sur l'esprit du comte d'Artois, pouvait ébranler la confiance de ce prince dans M. de Villèle. La négociation échoua à moitié ; on parvint cependant à l'enlever à M. Michaud, écrivain royaliste dont l'indépendance sarcastique inquiétait le ministre. Le *Constitutionnel*, journal auquel le patronage de M. Laffitte, Mécène de l'opposition, et le talent naissant d'un jeune écrivain, M. Thiers, donnaient de l'autorité et de l'éclat dans l'opinion, résista aux séductions du comité corrupteur. Ne pouvant corrompre, on sévit. Les procès se multiplièrent contre les journaux : ces procès en doublèrent le bruit ; les peines sévères appelèrent la pitié sur les victimes. Le jury, intimidé par l'opinion, finit par prodiguer l'impunité à ces délits de parti. Les royalistes sentirent qu'il n'y avait qu'une force contre la presse, le silence. Ils rétablirent, le 15 août, la censure préalable des journaux, et suspendirent les débats de la presse. La santé précaire du roi et le danger de laisser les feuilles publiques semer, chaque jour, la panique dans les esprits au moment d'une transition, toujours critique, de règne, servirent de prétexte, plus que de motif, aux royalistes. Cette dictature, attribuée à la prudence par l'opinion publique, ne fut pas imputée à crime à M. de Villèle. M. de Chateaubriand, à demi désarmé, fut le plus implacable dans ses murmures. Il enseigna la langue des invectives et des mépris empruntés à Tacite et à Juvénal, et que la polémique moderne n'avait pas encore inventés avant lui. Il créa, au profit de l'opposition aristocratique et religieuse, un cynisme et une démagogie de mots qui souillaient à la fois l'opposition et le trône.

XI

M. de Villèle répondit à ce redoublement de haine par des satisfactions redoublées données au parti sacerdotal, dans lequel les invectives de M. de Chateaubriand et la nécessité de se créer un parti personnel le refoulaient chaque jour davantage. Il créa un ministère de la religion sous le nom de ministère des affaires ecclésiastiques; il en investit M. de Frayssinous, déjà aumônier du roi et grand maître de l'Université. Cette création d'un ministère spécial de la religion, confié non à un laïque impartial, mais à un pontife du culte dominant, contenait en germe toute une contre-révolution dans l'enseignement et dans les cultes. C'étaient la jeunesse et la conscience publique restituées authentiquement au clergé d'une seule communion. L'œuvre de l'Assemblée constituante, l'émancipation de la science et des âmes, était virtuellement anéantie. Le pouvoir civil introduisait le pouvoir spirituel dans ses conseils, et lui livrait en gage d'alliance l'administration de l'intelligence et l'administration des croyances du peuple. Un certain nombre d'évêques furent également introduits dans le conseil d'État pour donner la majorité au parti sacerdotal dans toutes les délibérations où il lui plairait d'intervenir. Des affiliés de la congrégation furent imposés comme des garants et des témoins à tous les ministères, et à M. de Villèle lui-même, pour inspirer, épurer, surveiller, et au besoin dénoncer leur administration à ce gouvernement occulte qui gouvernait, sans responsabilité et sans nom, sous le nom de ministres responsables; c'étaient l'anonyme et le mystère appliqués au gouvernement d'une grande nation par une ligue d'opinion et de conscience qui régnait d'abord souterrainement sous un roi philosophe, mais vieilli, et qui se préparait à régner en plein jour sous son successeur.

XII

Cependant M. de Villèle, en donnant ces gages au parti sacerdotal et en s'assurant ainsi la faveur du comte d'Artois, dominé par ce parti et régnant par anticipation dans le conseil, se flattait de pouvoir le contenir en le servant, comme il contenait en le servant le parti monarchique. Supérieur, par sa haute raison et par son intelligence du siècle et du pays, aux puérilités et aux fanatismes de ce parti, il croyait pouvoir sans danger lui livrer ainsi beaucoup de complaisances, bien certain qu'au moment où ce parti exigerait de lui les dernières conclusions, le pays se soulèverait avec un irrésistible ressort contre cette théocratie posthume, et que le parti sacerdotal, après l'avoir protégé pour prix de quelques déférences sans péril, lui demanderait de le protéger à son tour contre l'insurrection des chambres et de l'esprit public. Il se croyait donc, au fond, l'arbitre habile et nécessaire entre le parti sacerdotal et le parti politique, comme il était, en effet, l'arbitre entre le parti ultraroyaliste et le parti monarchique constitutionnel. Aussi montra-t-il autant de perspicacité que de mesure dans le choix qu'il fit de M. de Frayssinous pour ministre du parti religieux dans son gouvernement.

XIII

M. de Frayssinous, homme mûr d'années et vénérable de mœurs, s'était élevé lentement par des talents sans éclat et par des vertus sans faste aux dignités ecclésiastiques et au rôle politique de directeur de l'enseignement public. Il avait, pendant le règne de Napoléon, réconcilié autant qu'il convenait à un prêtre la philosophie et la religion, dans des discours aussi littéraires que religieux prononcés dans les chaires des temples de Paris devant la jeunesse du temps. Ces discours, imprimés ensuite et répandus avec profusion dans le sein des familles pieuses, rappelaient la candeur de Rollin et la tolérance de Fénelon. L'orateur, au lieu des foudres et des imprécations de ses confrères contre les doutes et les impiétés du siècle, défendait avec douceur la religion des aïeux, discutait en termes respectueux avec les adversaires de la foi catholique, n'exigeait de ses néophytes que l'impartialité, le raisonnement, l'étude, la bonne foi, et s'efforçait de convaincre l'esprit par les mêmes séductions saintes que M. de Chateaubriand avait employées dans la même cause pour toucher le cœur.

Ces conférences de M. de Frayssinous avaient immensément popularisé le sanctuaire. Le retour des Bourbons et la juste estime de M. de Richelieu avaient porté l'orateur sacré à la tête de l'instruction publique. Quoique prêtre, il n'avait point aliéné au clergé l'indépendance de l'Université laïque : aucun excès de zèle ou de prosélytisme n'avait soulevé la science et la tolérance contre son administration. Il y cherchait, comme dans ses anciennes prédications à la fois religieuses et tolérantes, à laisser au clergé la conscience et la foi, aux laïques la science et les lettres ; persuader, non exiger, lui semblait l'œuvre du corps religieux à une époque où la foi antique avait plutôt à se justifier qu'à s'imposer dans les âmes, et où le souvenir du joug que l'Église exclusive avait fait peser sur les consciences révoltées était trop présent au peuple, pour que ce joug présenté d'autorité ne fût pas repoussé et brisé de nouveau par une seconde révolte de l'esprit humain.

XIV

M. de Frayssinous, quoique un des promoteurs dans l'origine de ces associations pieuses de la jeunesse, qui n'avaient que l'entretien de la foi et l'édification mutuelle pour objet, qui avaient dégénéré ensuite en congrégation à la fois religieuse et politique, et qui enfin avaient donné leur nom et leur mécanisme à cette congrégation exploitée par des ambitieux qui régnaient alors sous le gouvernement ; M. de Frayssinous n'appartenait, disons-nous, ni aux jésuites, ni aux congréganistes politiques. Il redoutait des uns l'empiétement, des autres l'hypocrisie dans le sanctuaire. Il tenait, par ses opinions prudentes et modératrices entre la congrégation souterraine et le clergé, la place que M. de Villèle tenait lui-même entre l'esprit monarchique et la démence de l'ultraroyalisme contre-révolutionnaire. Rôle de modérateur plus difficile encore dans le prêtre que dans le ministre, qui le rendait suspect d'esprit sacerdotal aux uns, de complaisance philosophique aux autres, et qui le faisait accuser de jésuitisme par le siècle et d'impiété par l'Église. Un tel homme était admirablement choisi par le premier ministre pour donner toutes les garanties suffisantes au clergé raisonnable sans livrer néanmoins son gouvernement aux folies, aux fanatismes et aux convoitises du clergé ambitieux. Il convenait au roi, qui ne voulait accorder au sacerdoce que sa place restreinte dans les mœurs depuis la révolution. Il convenait également au comte d'Artois, qui voulait reconquérir la France au catholicisme dominant, mais qui se défiait déjà des jésuites et qui les croyait plus dangereux qu'utiles au rétablissement graduel et pacifique de l'ancienne foi[1].

XV

Le gouvernement du roi et du comte d'Artois se trouvait ainsi complété et réuni dans les mains de M. de Villèle. Il avait donné des gages irréfragables au parti religieux. Il ne conseillait aucune mesure au roi avant de l'avoir soumise à son frère. Le comte d'Artois lui-même délibérait tout avec son conseil de conscience. Le concert secret qui existait entre M. de Villèle et madame du Cayla, dont la

---

[1] L'auteur de ce récit a entendu de la bouche de Charles X lui-même en 1829, dans un épanchement confidentiel, ces paroles textuelles : « On croit que je suis asservi aux jésuites; rien n'est plus faux. Je vous affirme que personne ne leur est moins livré que moi, et que je saurai au besoin les réprimer énergiquement, et les remettre à leur place. » Il a entendu dans l'intimité les mêmes paroles à peu près de la bouche de M. de Damas, ministre des affaires étrangères, et très-avant dans les confidences de Charles X.

faveur devenait un empire, rendait ce ministre maître absolu des deux cours, en même temps que ce concert rendait madame du Cayla, organe de la congrégation occulte, la négociatrice obligée de la famille royale avec le roi, et l'arbitre du premier ministre. Tel était le mécanisme caché de ce gouvernement de politique et de piété, de boudoir et d'église, de scrupules et de faiblesses, possédé d'avance par un prince impatient de règne, exploité par des intrigants, inspiré par des sectaires, manié par un ministre habile et reposant tout entier sur la tendresse de cœur d'un roi vieilli pour une femme qui, en lui enlevant les soucis du trône, lui laissait les illusions de l'amour.

XVI

Cependant le bonapartisme, vaincu ou découragé par l'incorruptibilité de l'armée depuis l'expédition d'Espagne, ajournait ses espérances à un autre règne. Le libéralisme, devenu suspect au pays électoral par ses complicités dans les conjurations de Belfort, de Saumur et de la Bidassoa, et par son alliance contre nature avec les partisans du despotisme, n'était plus une minorité, mais un murmure à peine entendu dans la chambre. La censure étouffait la voix des partis, à l'exception du parti sacerdotal, assouvi de faveurs et de puissance par le ministre. Trois princes échelonnés par l'âge sur les degrés du trône assuraient l'hérédité de la dynastie : c'étaient le comte d'Artois, le duc d'Angoulême, le duc de Bordeaux. Le premier était l'idole de la cour, le second l'ami de l'armée, le dernier l'espoir de la nation.

Au delà de ces héritiers directs de la couronne, un prince habile et populaire, le duc d'Orléans, entouré d'une riche postérité, promettait une seconde dynastie si la première venait à s'épuiser avant le temps. Bien que le prince affectât des liaisons suspectes avec les mécontents, il gardait des dehors de loyauté et même d'attachement à la branche aînée de sa maison. On croyait que ses affinités avec l'opposition n'étaient que des séductions calculées pour rattacher à la couronne les nuances révolutionnaires des partis. Cette popularité prévoyante paraissait une force que ce prince recrutait pour les mauvais jours, s'ils se levaient jamais. Nul ne le croyait ou assez ambitieux, ou assez faible pour prêter son nom à une révolution et pour accepter un trône sur les débris de la monarchie et de sa famille. Il ne le croyait peut-être pas lui-même alors. Tout présageait un long avenir à la Restauration.

Un vieillard avait vaincu le temps. Les événements et l'Europe seuls l'avaient placé sur le trône, mais sa politique l'y avait affermi ; et bien que cette politique, maintenant lassée par le poids et les infirmités de l'âge, laissât avec une certaine insouciance flotter le règne qui allait finir à la merci de son frère, de la cour et du parti dominant, il se sentait sûr de mourir roi, lui qui avait vécu si longtemps exilé. Cette sécurité donnait de l'insouciance et de la sérénité à son âme. Il jouissait de son règne comme de son propre ouvrage. Il aimait à se regarder lui-même régner ; et il s'entourait avec une superbe complaisance dans le palais de ses pères, en face de la place où son frère avait été vaincu, prisonnier et victime de la révolution, de tous les souvenirs, de toutes les pompes et de toutes les étiquettes d'un descendant de Louis XIV.

XVII

La cour rappelait par sa splendeur celle du grand roi. Seulement, derrière cette pompe officielle et extérieure de son palais, Louis XVIII gardait quelques images de sa médiocrité première et quelques habitudes de vie privée, retirée et studieuse, contractées dans les demeures errantes de ses longs exils. Le roi aimait à se rappeler le proscrit.

Toutes les grandes charges de la cour avaient été rétablies et restituées aux grandes familles qui en jouissaient avant la révolution. Les titulaires de ces charges honorifiques les exerçaient ostensiblement avec une solennelle régularité. Mais ces fonctions n'étaient plus auprès du roi que des honneurs. Il exigeait la présence, rarement le service de ces grands officiers de la couronne. Au milieu de ses vastes appartements et à côté de ses lits de parade, Louis XVIII se faisait une solitude. On lui dressait tous les soirs un petit lit à roulettes, entouré d'une tente de rideaux verts, semblable à un lit d'enfant. Il fixait, en se couchant, à son serviteur l'heure à laquelle il voulait être réveillé pour les travaux du lendemain. A cette heure précise l'étiquette reprenait son empire, ses serviteurs entraient dans sa chambre, allumaient son feu, ouvraient ses rideaux, lui présentaient à laver sur un plateau de vermeil, le chaussaient, l'habillaient, lui offraient l'eau bénite et assistaient en silence à la prière mentale, marquée par l'étiquette autant que par la piété pour le premier acte du roi à son réveil.

Après ce signe de croix, le roi ordonnait d'ouvrir la porte aux officiers de sa maison et aux grands dignitaires de la cour, de l'Église et de l'armée qui avaient le droit d'entrer dans sa chambre : princes, ambassadeurs, cardinaux, évêques, ducs, maréchaux de France, lieutenants généraux, premiers présidents des cours de justice, pairs ou députés. Ces courtisans formaient la haie où passaient en revue devant lui, pendant que ses pages et ses valets de chambre achevaient sa toilette, lui tenaient le miroir, apportaient sur des plateaux d'or l'habit, les décorations, l'épée dont on le vêtait pour le reste du jour. Il s'entretenait ainsi, jusqu'à l'heure du déjeuner, avec les membres de sa famille ou avec les personnages que les droits de leurs charges autorisaient à assister à ce premier cercle. Il passait ensuite, précédé et suivi de ce cortége, dans la salle de déjeuner. Toute la famille royale, quelques-uns des grands officiers de sa maison et les chefs de la garde royale de service étaient admis à sa table, somptueusement servie. Louis XVIII, que la rumeur populaire, semée malicieusement par les pamphlétaires, accusait d'intempérance et de raffinements sensuels renouvelés de Suétone, ne voyait dans le luxe de sa table qu'une pompe royale; il ne mangeait que deux œufs frais et ne buvait qu'un petit verre de vin étranger, versé par son échanson. Après le déjeuner, il traversait à pas lents, précédé et suivi de ses convives et de sa cour, la salle des maréchaux entre deux haies de gardes du corps. Une foule immense, admise sans ombrage dans le palais, remplissait la salle pour contempler le roi, les princes, les princesses. Le roi, salué par des acclamations de tendresse, saluait à son tour gracieusement cette foule; il s'arrêtait souvent pour recevoir les pétitions et les suppliques que les assistants lui présentaient.

Après la messe, il rentrait avec le même appareil dans ses appartements intérieurs. il recevait alors les audiences particulières qu'il avait accordées d'avance, travaillait avec ses ministres ou présidait le conseil. Il laissait aux membres du conseil une entière liberté de discussion, devant lui, sur les affaires. Il y parlait lui-même rarement et sobrement, de peur de trancher, par le respect qu'on aurait pour son opinion, les questions qu'il voulait laisser débattre. Il y montrait de la grâce, de l'enjouement, de l'esprit, rarement de l'autorité, jamais de l'impatience. Il respectait les hommes d'État qui lui étaient le moins agréables, et s'entourait, comme d'un rempart pour lui-même, des égards qu'il témoignait à ses conseillers.

XVIII

Les affaires épuisées, il montait en voiture pour délasser son esprit et pour prendre, dans ses courses longues et rapides autour de Paris, l'exercice violent que l'infirmité de ses jambes lui interdisait de prendre à cheval ou à pied. Les huit chevaux qui l'emportaient de relais en relais et les escortes de cavalerie de sa garde qui entouraient son carrosse ne galoppaient jamais assez vite, au gré de son impatience de mouvement et d'aspect, à travers les forêts ou les allées de ses parcs. Il interpellait et pressait sans cesse ses écuyers, ses gardes, ses cochers. C'était la seule colère qu'il laissât éclater sur ses lèvres. Fatigué et humilié de l'immobilité à laquelle la nature le condamnait, il semblait vouloir au moins commander en roi aux routes, aux horizons, à la distance. Il jouissait du vertige de sa course comme un captif de son heure au soleil.

XIX

Il aimait à revoir ainsi, au moins en courant, les maisons royales, les sites, les parcs, les jardins où il avait passé les jours splendides et paisibles de sa jeunesse : Saint-Cloud, Versailles, Trianon, Rambouillet, Compiègne, Fontainebleau, Brunoy, les uns détruits, les autres transformés par les révolutions et l'empire, qui y avaient laissé leurs empreintes. Il aurait voulu les restaurer tous, et surtout le palais de Versailles, que la monarchie absolue avait pu seule élever, et que la monarchie constitutionnelle se sentait trop petite et trop abaissée pour remeubler et pour remplir. Il s'y faisait quelquefois descendre pour mesurer d'un regard attristé la distance de son berceau à sa vieillesse. Il montait, appuyé sur les bras de ses serviteurs, dans l'appartement qu'il y avait jadis occupé.

Il les congédiait à la porte, et restait seul dans son ancien cabinet; on l'avait remeublé pour lui des meubles antiques qu'il avait lui-même indiqués de mémoire aux officiers du garde-meuble, afin de se donner un moment l'illusion du passé. Il s'asseyait sur les fauteuils de velours rouge à clous d'or, qui lui rappelaient son enfance, ses études, son mariage, ses entretiens littéraires avec ses favoris d'alors. Il évoquait les images de son frère, de sa sœur Madame Élisabeth, de la reine, du dauphin, de tous ceux qu'il avait connus et aimés dans ces lieux : mémoires bien peu distantes par les années, mais toutes disparues, comme Œdipe, dans une tempête. Il assistait, par le souvenir et par l'horreur, aux scènes tragiques des 5 et 6 octobre : il y entendait les clameurs du peuple; il y voyait la pâleur du roi, les larmes de la reine, le sang des gardes du corps dans la cour de marbre, les têtes coupées des défenseurs de sa maison portées à la pointe des piques devant l'armée populaire de La Fayette. Il s'étonnait d'être rentré dans ce palais de la fuite, d'être remonté sur le trône par sa constance et de s'y maintenir par sa sagesse.

De là il se faisait conduire au grand Trianon, où il retrouvait, avec douleur, les traces du goût moderne et trivial de l'empire; Bonaparte, en décorant ce palais, l'avait désenchanté pour lui de sa grâce : le grand homme ne lui cachait pas le parvenu au trône. Le petit Trianon, caprice de la reine, tout plein encore de ses jeux, de ses idylles, de sa beauté, de sa voix et des plaisirs auxquels Louis XVIII s'associait dans sa jeunesse, lui arrachait des larmes. Il se retraçait les spectacles, les concerts, les illuminations, les amours de ces délicieux jardins, dont les arbres avaient versé leurs premières ombres sur les pas de cette jeune cour. Il retrouvait dans cette chaumière royale toute l'âme d'une princesse qui aspirait à l'obscurité pour cacher le bonheur, jusqu'au lit de simple mousseline de la reine de France, où elle rêvait des félicités romanesques la veille de l'échafaud.

Le roi, rentré à six heures de ses courses quotidiennes, dînait avec la famille royale; les grands officiers assistaient à ce repas pour s'y asseoir. La conversation, libre, générale, familière, en tempérait la solennité. On y évitait avec soin les sujets politiques sur lesquels la famille royale était divisée. Le roi y interpellait souvent les courtisans, debout autour de la table; il y parlait à haute voix, avec le désir évident d'être entendu par les assistants, et jouissait de l'impression que ses mots spirituels et son tact exquis faisaient sur les spectateurs. Il rentrait ensuite dans ses appartements, où sa famille le suivait, pour prolonger quelques moments l'entretien. Il se renfermait alors dans l'intimité familière de quelques courtisans, compagnons de ses mauvais jours, et causait jusqu'à l'heure de son sommeil avec la liberté d'un homme soulagé du fardeau du jour. Son esprit naturel, orné, réfléchi, et cependant soudain, plein de souvenirs, riche de récits, mûri de philosophie, débordant de lectures, varié de citations, mais nullement chargé de pédantisme, l'égalait alors aux esprits les plus renommés et les plus littéraires de son siècle. M. de Chateaubriand n'avait pas plus d'élégance, M. de Talleyrand plus de traits, madame de Staël plus d'éclat. Jamais inférieur, toujours égal, très-souvent supérieur à tous ceux avec lesquels il s'entretenait de toutes choses; plus souple qu'eux peut-être et plus divers, car il changeait de ton et de sujet selon l'homme, et n'était épuisé devant aucun. L'histoire, les événements, les choses, les hommes, les livres, les théâtres, la poésie, les arts, quelquefois les commérages du jour et du temps, étaient le texte de ces entretiens.

Depuis les soupers de Potsdam, jamais le cabinet d'un prince n'avait été le sanctuaire de plus de philosophie, de littérature, d'esprit et de saillies. Louis XVIII eût été un roi d'Athènes comme un roi de Paris, nature grecque plus que française, universelle, souple, artistique, fine, gracieuse, énervée, sceptique, un peu corrompue par son époque, mais, sinon capable de tout faire, capable du moins de tout comprendre et de tout bien dire. Tel était sans aucune adulation l'esprit de Louis XVIII. Nous n'en donnerons qu'une preuve : c'est que les factions diverses et nombreuses, qui épiaient son intérieur et qui s'acharnaient à calomnier sa dynastie dans son chef, ont pu lui prêter ou lui reprocher beaucoup de mauvais actes politiques, mais ils ne lui ont jamais prêté ou reproché un mauvais mot.

XX

Son commerce avec madame du Cayla, de plus en plus nécessaire par son esprit et par son attrait au cœur de ce prince, n'était plus un mystère pour personne. Il s'était complu à illustrer lui-même son attachement par ces dons éclatants et publics qui, en bravant le murmure, l'étouffent souvent dans la cour des rois. Plus les témoignages d'amitié étaient authentiques, plus ils attestaient l'innocence et la pureté de l'affection royale. Ces magnifiques aveux de leur préférence étaient, selon lui, dans le droit des princes de sa race. Louis XIV et les rois ses aïeux avaient illustré assez d'amours, Louis XVIII pouvait bien illustrer une amitié. Voulant donner au monument de son attachement pour madame du Cayla un caractère historique et rattacher le souvenir de sa magnificence au plus grand souvenir politique de son règne, il acheta le château de Saint-Ouen auprès de Paris, où il avait rédigé et promulgué la charte, son titre à l'immortalité et la base de sa dynastie, et il en fit don à madame du Cayla. « Je veux qu'après moi, lui dit-il en lui remettant les titres de possession, vous soyez la gardienne de ma mémoire ; ma mémoire est là pour les Français, Saint-Ouen est le monument de ma sagesse et le palladium de ma race. » Une demeure élégante, un ameublement modeste mais précieux, des jardins ornés des plantes du luxe végétal le plus exquis, un parc enrichi d'eaux et d'ombrages, et la somme annuelle nécessaire à l'entretien de l'édifice, des serres et des eaux, complétaient ce présent royal.

Le roi voulut que l'inauguration de ce don à sa favorite fût une fête publique, qui flattât à la fois son cœur et son orgueil. Son portrait offert à madame du Cayla par lui-même fut l'objet d'une réunion nombreuse de tous les amis du prince et de sa confidente au château de Saint-Ouen. Cette fête de la tendresse et de la reconnaissance eut par les ordres du roi une publicité et un retentissement dont il sembla jouir avec l'ivresse d'un jeune homme et la prévoyance d'un vieillard qui songe à perpétuer après lui une faveur bientôt abrégée par le tombeau. Les journaux les plus austères de ton et même les plus hostiles au gouvernement, tels que le *Journal des Débats*, à l'insinuation du roi lui-même, enregistrèrent ce don du cœur et cette fête de l'amitié dans des récits qui étonnèrent la France et l'Europe. C'était déclarer une amie à sa cour et au monde, comme autrefois ses aïeux déclaraient une maîtresse.

XXI

Indépendamment de cette munificence publique et monumentale de Saint-Ouen, le roi faisait accepter à madame du Cayla des dons ignorés, qui aidaient cette jeune femme à relever une fortune obérée et à restaurer sa terre de Benon près de la Rochelle. Tous les mercredis, jour consacré chaque semaine aux longues entrevues sans témoin du roi avec son amie, ce prince lui remettait cinquante mille francs en or ou en billets pris sur sa cassette royale pour payer le prix de Saint-Ouen acheté sous son nom. Ce sont ces sommes successivement emportées du cabinet du roi le mercredi soir par madame du Cayla, dans un sachet de velours qu'elle tenait à la main en traversant les salles des gardes attentifs à ces sorties nocturnes, qui répandirent dans la domesticité du palais des bruits injurieux d'avidité et de captation. On s'entretenait avec dérision d'une amitié publiquement désintéressée, mais qui entrant avec un sac vide dans la chambre du roi en ressortait effrontément avec un sac enflé de l'or ou des bijoux de la couronne. Ces rumeurs n'avaient cependant pas d'autre fondement, selon les confidents intimes de ce temps, que ce soin paternel du roi à payer ainsi semaine par semaine, sur sa propre épargne, le don qu'il avait fait à son amie.

Les années ne refroidissaient pas ce sentiment passionné d'un prince qui n'avait jamais eu d'amour et qui avait toujours eu besoin de tendresse. Ces longs entretiens secrets qu'il avait tous les mercredis avec sa confidente, et qu'il éloignait par scrupule pour la malignité de sa cour, n'épuisaient pas les confidences de son esprit et les épanchements de son cœur. Il demandait, pour ainsi dire, à chaque heure son tribut d'idées et de tendresse renouvelé sous sa plume ; il écrivait deux fois par jour, le matin et le soir, une lettre à madame du Cayla, et recevait d'elle autant de réponses. Ces lettres, pleines des confidences du politique, des soucis du chef de famille, des effusions de l'ami, des mélancolies du vieillard dans les billets du roi ; pleines des avis, des consolations, des délicatesses d'esprit de la femme aimée dans les billets de madame du Cayla, s'élevaient au nombre de quinze cents à la fin de cet entretien épistolaire. Elles devaient après la mort du roi être remises au duc de la Châtre, son confident sûr et éprouvé, pour être brûlées par ce dépositaire des secrets de son maître. Ces lettres d'un roi, qui pensait à la postérité de son esprit autant qu'à l'avenir de sa dynastie, étaient vraisemblablement des pages détachées de son histoire, écrites jour par jour, et destinées par lui autant à éclaircir les mystères de son règne qu'à consoler les tristesses de son cœur. On verra plus loin le sort de ce précieux dépôt.

XXII

Mais madame du Cayla n'était pas seulement la tendresse et le délassement du roi. Elle était, comme nous l'avons dit au commencement de ce récit, le ministre confidentiel et la négociatrice occulte d'une triple ou d'une quadruple intrigue. Émissaire du parti sacerdotal, comme madame de Maintenon dans le cabinet du roi, gage et instrument de faveur pour les maisons de La Rochefoucauld et de Montmorency, lien caché entre la politique du comte d'Artois et le cœur du roi son frère, enfin intermédiaire entre M. de Villèle, le parti sacerdotal, le comte d'Artois et le roi lui-même, elle était le nœud multiple entre ces quatre influences diverses dont le concert formait et maintenait l'harmonie du gouvernement. Jamais femme n'eut des fils plus nombreux et plus délicats à remuer dans une même main. La publicité de sa faveur et l'autorisation avérée du roi à ce quadruple rôle de son amie rendaient facile néanmoins à cette femme consommée d'intelligence et de grâce ce manége dont le roi lui-même l'avait chargée.

Lassé de lutter contre sa famille et contre le parti ambitieux du clergé, il voulait la paix. Madame du Cayla était sa paix entre ces deux partis. Il déplorait les exigences de sa famille, les fanatismes de son frère, les insatiabilités de l'Église, les emportements des royalistes; mais, vaincu par les infirmités et par le temps, il lui suffisait de les contenir dans des mesures qui ne fissent pas trébucher son règne avant sa fin. M. de Villèle, dont il estimait la prudence, était, selon lui, l'homme d'État le plus capable de satisfaire un peu et de contenir beaucoup le double parti qui l'avait élevé au pouvoir. Le roi désirait que son premier ministre et sa favorite s'entendissent préalablement pour lui inspirer à lui-même ensuite ce qui serait agréable à son frère et au parti sacerdotal sans être ruineux pour sa monarchie. Ces deux partis avaient besoin de leur côté que leurs exigences fussent préalablement discutées entre madame du Cayla et le premier ministre pour être acceptées ensuite par le roi. De là un triple gouvernement pour M. de Villèle, gouvernement préparatoire hors du palais, gouvernement officiel dans le palais, enfin gouvernement parlementaire avec les chefs influents des chambres, que son adresse et sa parole s'entendaient merveilleusement à séduire ou à convaincre selon les caractères et les situations. Un ministre diplomate peut seul gouverner une majorité. M. de Villèle avait la diplomatie de la nature et du Midi, véritable Talleyrand des assemblées.

XXIII

Ce quadruple gouvernement était ainsi constitué par l'habitude et le consentement tacite des quatre factions de cour qui le formaient. Le comte d'Artois, organe et centre des pensées de la famille royale, recevait les inspirations du parti sacerdotal. Il les discutait et les contrôlait devant les cardinaux et les évêques qui dirigeaient sa conscience non avec la servilité d'un néophyte, mais avec l'indépendance et la résistance d'un prince qui revendiquait sa politique tout en soumettant sa foi. Le duc de Doudeauville ou le vicomte de La Rochefoucauld, instruits par le prince des désirs de la famille royale et du haut clergé, allaient en entretenir madame du Cayla pour qu'elle y préparât M. de Villèle et qu'elle y inclinât l'esprit du roi dans ses lettres et dans ses conversations. M. de Villèle, à son tour, se rendait assidûment chez madame du Cayla pour connaître par elle les opinions, les tendances, les volontés de la cour et de l'Église, pour admettre ce qui était admissible, contester ce qui était excessif, rejeter ce qui était exorbitant.

Enfin, madame du Cayla communiquait au roi par sa correspondance où lui insinuait dans ses entretiens des mesures concertées entre le comte d'Artois, le parti sacerdotal et M. de Villèle, et faisait régner ainsi par la main d'une femme, sur la lassitude et la complaisance d'un monarque, la volonté consentie de trois factions.

Ainsi se perpétuaient sans choc dans le palais, dans le ministère et dans le cabinet du roi, la concorde de la famille royale, l'ascendant du parti pieux, la prépondérance du premier ministre, l'empire de madame du Cayla. Louis XVIII ne régnait plus, mais il durait. Trop spirituel pour se déguiser à lui-même ce demi-détrônement, il y consentait par faiblesse, et il s'en vengeait par des sarcasmes et par des prophéties sur les catastrophes qui puniraient l'ambition de son frère.

La faveur de madame du Cayla était l'objet des conversations et des animadversions publiques. On élevait à des sommes énormes les dons du roi. On accusait madame du Cayla de spéculations aléatoires sur le prix des rentes et de perte de plus d'un million et demi de francs dans une de ces spéculations trompées. On citait à la cour des anecdotes et des mots de nature à déverser l'odieux et le ridicule sur cette liaison. Ce qu'on tolère le moins dans les rois ce sont les préférences. On permet aux jeunes princes les passions, on flétrit jusqu'aux sentiments dans les princes âgés. On recueillait ou on inventait des scandales.

Le roi, racontait-on, ayant conduit madame du Cayla dans les salons du Louvre, où les peintres et les statuaires exposent leurs chefs-d'œuvre de l'année à l'admiration et à la concurrence des acheteurs, la pria de désigner celui de ces ouvrages auquel elle donnait la préférence, afin de l'acquérir pour elle et de le faire porter dans sa galerie. Elle désigna, disait-on, un tableau retraçant une scène de la Bible, tableau où la belle *Ruth*, tombant aux pieds du vieux *Booz* et sollicitant l'abri de sa tente, dit au patriarche charmé de sa beauté : « Seigneur, étendez sur moi votre manteau. » Allusion hardie et presque indécente à la situation de madame du Cayla et du roi.

On affirmait aussi que le roi, aigri contre sa famille et prévoyant de loin les catastrophes qui suivraient sa fin, avait remis à madame du Cayla une lettre close qui ne devait être ouverte que dix ans après sa mort; lettre dans laquelle, pour attester à la postérité sa prévision politique, il racontait d'avance les entraînements, les concessions et les fautes du gouvernement de son frère.

Toutes ces anecdotes, tous ces mots, tous ces mystères recueillis cependant de la bouche des courtisans les plus intimes et les mieux informés du palais, n'avaient d'autre certitude et d'autre valeur que le chuchotement des cours et ne prouvaient que la haute faveur d'une femme et les malices des rivalités. L'histoire doit les redire sans oser les certifier.

XXIV

Le calme de l'intérieur et l'immobilité de l'Europe qui avaient succédé aux conspirations de l'armée et aux révolutions comprimées de Naples, de Turin, de Lisbonne et de Madrid, laissaient respirer en paix la vieillesse du roi et se détendre les ressorts de son esprit. Une seule partie de l'Europe s'agitait encore sous le poids de la servitude qu'elle soulevait avec une héroïque obstination : c'était la Grèce. Mais la France en était séparée par la largeur du continent tout entier et par les mers, ses palpitations ne remuaient que les âmes et ne faisaient pas encore trembler le sol. Le moment n'était pas éloigné cependant où la pitié et l'admiration pour une race déshéritée de son antique grandeur et de son indépendance deviendraient de la politique, et où les rois eux-mêmes, infidèles à leur propre dogme et contraints par l'enthousiasme de leurs peuples, tendraient la main à l'insurrection contre le droit de possession des sujets par les souverains, au nom de la croix et des droits de l'humanité.

L'insurrection de la Grèce tient trop de place dans le siècle, dans les actes de la France et dans les destinées futures de l'Orient, pour ne pas en tenir une dans l'histoire de la restauration des Bourbons. C'est par là qu'ils cédèrent à leur siècle et qu'ils firent en Orient ce qu'ils avaient fait en Amérique : une brèche à leur dogme, un contresens à leur nature, un sacrifice aux révolutions et à la popularité.

LIVRE QUARANTE-TROISIÈME

Insurrection de la Grèce. — État de ce pays en 1820. — Tolérance du régime ottoman pour la religion des peuples soumis. — Préjugés injustes de l'Europe à ce sujet. — Prélude du mouvement. — Ypsilanti lève le drapeau hellénique dans la Moldo-Valachie. — Insurrection d'Ali, pacha de Janina ; atrocités de cet aventurier célèbre. — Les Hellènes s'insurgent. — Colocotroni. — *Marseillaise* grecque de Rhigas. — Réaction sanglante à Constantinople ; massacres ; assassinat du patriarche. — L'Europe s'émeut à ces nouvelles. — Formation de comités *philhellènes*. — Départ du colonel Fabvier pour secourir les Grecs. — Catastrophe d'Ali-Pacha. — La Grèce invoque les sympathies de l'Europe. — Immobilité des gouvernements (1820-1822).

I

Rien n'est isolé dans le monde politique comme dans le monde matériel. L'esprit humain est un élément qui prend son niveau partout, et qui ne peut s'élever ou s'abaisser dans une des races de l'humanité, sans s'élever ou s'abaisser proportionnellement dans toutes les autres. C'est la loi de l'esprit comme l'équilibre est la loi de l'Océan et de l'air. Le reflux libérateur contre les conquêtes de Napoléon, qui avaient soulevé de honte les nations asservies de l'Europe, de Cadix à Moscou, et qui les avait ramenées en armes jusqu'à Paris pour y venger leur indépendance et leur nationalité, avait eu son contre-coup jusqu'à l'extrémité du continent européen qui confine à l'Asie. Le cri de délivrance des races opprimées avait retenti de Vienne, de Pétersbourg et de Berlin, sur les rives du Danube et dans les montagnes de la Grèce. Au même moment où les associations allemandes, cette franc-maçonnerie des nationalités, couvaient dans toute la Germanie pour contraindre leurs gouvernements et leurs rois à déclarer la guerre nationale à Napoléon, quelques jeunes Grecs des familles princières ou riches de Constantinople, du Péloponèse ou des îles helléniques, réunis à Vienne en 1814, rêvaient la régénération de leur race, et se formaient en association insurrectionnelle pour donner à leur patrie la pensée, le signal, les armes de la liberté. Le plus illustre de ces jeunes conspirateurs était le prince Alexandre Ypsilanti.

II

Ypsilanti était fils d'un des princes grecs du *Phanar*. Ces princes du *Phanar*, quartier de Constantinople, étaient une sorte d'aristocratie privilégiée de la servitude. Les Turcs s'en servaient dans leur diplomatie, dans leur marine, dans leurs finances, esclaves plus illustres, plus riches et plus lettrés que leurs maîtres, et qui les aidaient à gouverner d'autres esclaves. Serviteurs, favoris, parfois complices du despotisme des sultans et des vizirs, investis des

vice-royautés des provinces chrétiennes, des *hospodarats* de
Moldavie et de Valachie, ces princes étaient tour à tour
favoris et victimes du despotisme. Le même caprice qui les
avait élevés les précipitait, ils passaient presque périodi-
quement du trône au supplice; leurs richesses étaient confisquées, leurs magnifiques palais sur le quai du Bosphore
rasés ou incendiés, leurs femmes et leurs filles réduites en
esclavage. Un autre caprice de la souveraineté les relevait
de leur ruine, leurs fils remontaient au rang d'où s'était
écroulée leur maison. Ces retours de fortune et d'adversité,
de richesse et de misère, de grandeur et de supplice,
étaient si périodiques et si fréquents au Phanar, que la po-
tence et le cordon n'y déshonoraient pas cette aristocratie
grecque, et qu'un prince de cette race comptait parmi ses
titres d'illustration une longue suite d'aïeux morts sur le
gibet après avoir vécu dans le divan.

III

Le génie grec écrit par la nature en traits splendides,
gracieux, nobles et harmonieux sur le front et dans les
yeux de cette race, la marquait d'une classique beauté
dans les femmes et dans les hommes. On y sentait l'aristocratie naturelle de l'intelligence et du caractère, détrônée
mais non effacée par la servitude. Subordonnés par la fortune, mais non inférieurs par le sang, ces serviteurs de
l'empire semblaient encore commander à leurs maîtres.
Ces Grecs de Constantinople paraissaient les alliés plutôt
que les sujets des Ottomans. Il en était ainsi dans plusieurs

des grandes villes de l'empire et dans le divan de tous les pachas. Les Turcs, qui n'aimaient que le repos, la prière ou les armes, laissaient aux Grecs l'administration, les négociations, les fonctions civiles, les lettres, les arts, le commerce, l'industrie, la navigation, c'est-à-dire tout ce qui civilise, illustre, police ou enrichit un peuple. De ces deux races ainsi distribuées face à face sur le même sol, l'une devait décroître en nombre et en force quoique dominante par le sabre, l'autre grandir et multiplier quoique asservie par la loi. C'est ce qui avait eu lieu en Turquie.

IV

Les Turcs, peuple essentiellement religieux, en faisant place à leurs tribus et à leur déisme par la conquête en Arabie, en Asie Mineure et en Europe jusqu'au Danube, avaient respecté les religions établies. Ils avaient protégé surtout la religion du Christ, à laquelle Mahomet leur prophète avait emprunté tout ce qui, selon ses idées, ne blessait pas l'unité et l'immatérialité du Dieu *un* qu'il s'était donné la mission de rétablir sur la terre. Il avait déclaré le fils de Marie un plus grand prophète que lui. Mahomet II, en renversant l'empire grec et en entrant victorieux dans Constantinople, avait excepté le christianisme de la proscription des institutions politiques auxquelles il venait substituer le Coran et le glaive. Le patriarche de Constantinople et le clergé de la capitale conquise avaient marché pontificalement devant lui à son entrée triomphale dans la ville. Il avait ordonné la réouverture des temples anciens et fait construire aux frais du trésor des églises nouvelles pour la population chrétienne. Ses successeurs avaient imité cette tolérance du vainqueur. A l'exception de quelques monuments célèbres convertis en mosquées pour les Ottomans à Constantinople, à Damas, en Égypte, les édifices sacrés, les monastères et les ministres du culte avaient été l'objet de respect et de protection dans l'empire. Les Turcs, plus sensés ou plus généreux que les Européens en matière de conscience, n'avaient eu ni leur Saint-Barthélemy, ni leur guerre des Albigeois, ni leur révocation de l'édit de Nantes, ni leurs proscriptions, ni leurs expropriations en masse pour cause de différences de dogmes. Leur politique à cet égard a été travestie en Europe. En Orient le caractère sacerdotal est au contraire un titre au respect des populations. L'innombrable quantité d'églises chrétiennes, d sanctuaires, de monastères, de moines dont le sol ottoman est couvert depuis le Liban jusqu'au mont Athos est un témoignage irrécusable de la tolérance religieuse des fils d'Othman. La liberté civile manquait aux Grecs, mais non la liberté de leur foi.

V

Il restait donc à cette population conquise les trois choses qui constituent le fond d'une nationalité, même quand cette nationalité a été envahie et subordonnée civilement à une autre race : la religion, la langue et le nom, trois principes de vie dans le sépulcre d'une nation, à l'aide desquels le temps et les circonstances peuvent toujours ressusciter un peuple. Il restait de plus aux Grecs le privilége de l'instruction et la richesse. Le gouvernement turc, insoucieux des développements intellectuels des populations qu'il régissait, était un despotisme malhabile qui n'avait pas encore prescrit l'ignorance à ses sujets pour les prémunir contre la liberté. Contents de l'obéissance de leurs raïas, ils ne songeaient pas du moins à leur imposer l'abrutissement de l'esprit. A l'ombre de la liberté religieuse qui protégeait les écoles et les séminaires, les Grecs avaient répandu partout, et surtout dans les îles, des institutions d'enseignement populaire, des associations lettrées, des académies, des chaires de sciences, de littérature, d'histoire, de médecine, qui attiraient la jeunesse, qui perpétuaient la langue, qui popularisaient la poésie, qui conservaient les annales, qui soufflaient l'émulation, qui relevaient la dignité de la race et des noms dans les âmes, et qui préparaient des générations à la révolte par le sentiment de leur supériorité.

VI

Le commerce et la navigation, qui leur étaient abandonnés comme des fonctions mercenaires par l'orgueil des Ottomans, avaient concentré aussi dans leurs mains toute la richesse de l'empire. Les libertés municipales, les gouvernements des villes et des îles par des conseils électifs choisis dans le sein des populations elles-mêmes, et payant seulement les tributs ou les avanies aux pachas, faisaient de ces îles et de ces provinces grecques des espèces de fédérations très-aptes à s'insurger contre l'oppresseur commun, et à se grouper pour la liberté. Enfin la loi, qui ne recrutait les armées ottomanes que dans le sein de la race conquérante, décimait d'année en année cette race, et laissait multiplier la race conquise. Toutes ces causes réunies avaient diminué les maîtres et grandi les esclaves. Le nombre des chrétiens dépassait immensément le nombre des mahométans dans l'empire. Les Turcs régnaient encore, mais ils n'étaient plus qu'une aristocratie armée au milieu d'une multitude désarmée. Les Grecs, depuis longtemps, sentaient leur force, et cherchaient de l'œil des alliés en Europe pour leur donner le signal, l'occasion et l'appui. Ils avaient trouvé ces alliés naturels dans les Russes, unis à leur race par deux causes qui n'avaient pas besoin de se concerter pour s'entendre : la communauté de religion et la communauté de haine contre les Turcs. Une première insurrection grecque avait été fomentée et soutenue par une flotte russe en Morée en 1790, sous le règne de Catherine II. Quoique avortée par suite de la révolution française, qui avait rappelé l'attention de Catherine du côté de l'Allemagne, et qui lui avait fait ajourner les ambitions russes du côté de l'Asie, cette insurrection de la Morée avait laissé des souvenirs, des espérances et des germes dans l'âme des Grecs. Ils comptaient, sinon sur des auxiliaires, au moins sur des sympathies à Pétersbourg. Le triomphe des Russes sur le Danube, et l'entrée d'une flotte russe par la mer Noire à Constantinople, combinée avec un soulèvement du Péloponèse et des îles, ne laissaient aux Turcs que la fuite en Asie. Le règne des Russes sur le Bosphore était le règne des Grecs rétablissant l'empire dans sa capitale si longtemps usurpée.

Cette pensée ou ce rêve entretenait l'espérance dans le Péloponèse et dans les îles. La Grèce allait le tenter, l'Europe allait la servir. Jamais la fatalité, qui pousse les peuples aux résultats qu'ils voient le mieux et qu'ils redoutent le plus, ne se montra avec plus d'évidence dans les événements humains. La Russie maîtresse du Bosphore, de Constantinople et de la Grèce, c'était la monarchie universelle de l'Europe, de l'Asie, de la Méditerranée. N'importe, le cri de la liberté retentissait sur les montagnes de l'Épire, l'Europe allait lui faire écho et se précipiter tout entière contre ses propres intérêts sur la pente où penche le monde. La foi allait servir de soutien à la liberté, et pendant que la philosophie moderne sapait ou réformait le christianisme en Europe, le libéralisme européen arborait la cause du christianisme en Grèce, et prêchait la croisade au nom de la révolution.

VII

Ypsilanti, entré au sortir de l'enfance à la cour de Russie, où, depuis l'antiquité, les Scythes accueillent les Grecs, s'était élevé par la faveur de cette cour jusqu'au grade de général dans l'armée russe. Il avait perdu un bras dans les combats d'Alexandre contre les Français en Allemagne. Jeune, brave, ardent, ambitieux autant et plus que patriote, nourri, dans les salons et dans les camps de l'empereur, de cette fraternité traditionnelle des deux peuples qui montre aux Grecs les Russes comme des compatriotes du Nord, aux Russes les Grecs comme une branche de leur famille d'Orient, Ypsilanti, rêvant aussi pour lui-même une couronne tributaire comme celle que la faveur de Catherine avait décernée à Poniatowski en Pologne, groupait autour de lui, d'abord à Vienne, puis en Bessarabie, toute l'élite de la jeunesse grecque, lettrée, libérale ou héroïque, dont il voulait former le foyer du patriotisme hellénique. Cette jeunesse avait pris dans son association secrète le nom d'*hétéristes* ou des *amis*. On supposait, non sans vraisemblance, qu'une telle association, qui comptait dans son sein des favoris et jusqu'à des ministres d'Alexandre, n'était pas désavouée au fond par cette cour, et que le cabinet russe encourageait au moins par son silence des plans qui ne pouvaient tourner qu'à l'ébranlement de l'Orient et à son propre ascendant. Ces soupçons étaient autorisés par l'amitié que l'empereur Alexandre portait ouvertement à un jeune Grec de Corfou, Capo d'Istria. Ce jeune Grec dévouait sa vie à la cause de sa patrie, et il devait un jour tomber sous le poignard des compatriotes ingrats et féroces qu'il travaillait à policer après les avoir affranchis.

VIII

Ypsilanti, quittant en 1820 Vienne et l'armée russe, donna le rendez-vous et le signal de l'insurrection aux hétéristes dans la Moldavie et dans la Valachie. L'hospodar de Valachie, Alexandre Soutzo, prince grec du Phanar, gouvernait cette province pour les Turcs. Il laissa travailler sous ses yeux par les émissaires d'Ypsilanti les troupes arnautes chargées de maintenir ces principautés dans la dépendance du sultan. Enrichi des trésors amassés pendant deux années de gouvernement, Grec lui-même, craignant également ou de se livrer à la vengeance du divan en rentrant à Constantinople, ou d'encourir la haine de sa race en la combattant, il ferma les yeux sur les manœuvres des hétéristes, et se disposa à se retirer en Europe après y avoir fait passer ses richesses. Les Arnautes prêtèrent serment à Ypsilanti, qui prit le titre de représentant de la nation grecque, et qui forma sans opposition une armée d'insurrection dans un camp aux environs de Jassy, capitale de la Moldavie. De là ses émissaires, parcourant la Valachie, la Moldavie, la Servie, l'Épire, les provinces chrétiennes et la Morée, appelaient des millions d'hommes à la liberté.

IX

La situation de l'empire ottoman, depuis le commencement du siècle, et celle du Péloponèse en particulier, donnaient les chances les plus favorables à une émancipation des populations chrétiennes et à un démembrement de l'islamisme. Les janissaires, force antique de la monarchie, avaient dégénéré en valeur et en discipline depuis plusieurs règnes. Incapables de défendre l'empire au dehors contre les puissances russe et autrichienne, ils n'étaient plus propres qu'à l'agiter au dedans par des séditions militaires qui déposaient, élevaient ou égorgeaient les sultans au gré de leurs intérêts ou de leurs caprices.

Après la mort tragique du vertueux et infortuné Sélim,

deux fois victime de leur soulèvement, le jeune sultan Mahmoud était leur captif plutôt que leur souverain dans son palais. Ce prince, témoin dès le berceau de leur insolence et de leurs crimes, méditait en silence leur extermination; mais jeune, timide, entouré des bourreaux de son oncle Sélim, n'ayant encore ni la renommée personnelle, ni l'ascendant sur son peuple, ni les instruments de politique et de force nécessaires à son dessein, il était obligé de dissimuler sa haine et de dépopulariser les janissaires avant de les frapper. Ils n'avaient que trop concouru d'eux-mêmes à cette désaffection des vrais Ottomans par les anarchies, les séditions sous les armes, les lâchetés et les défaites qui avaient signalé les dernières guerres de Mahmoud avec l'Autriche et la Russie. La décadence de cette immense monarchie était écrite, à chaque nouveau traité de paix, dans les démembrements de places fortes et de provinces, et dans les limites de plus en plus étroites dans lesquelles les puissances voisines la resserraient.

X

C'était peu de ces humiliations extérieures, l'intérieur même de l'empire était miné du côté de l'Épire et de la Morée par un nouveau *Scanderbeg* sorti des rangs des Ottomans eux-mêmes, Ali, pacha de Janina. Cet homme, un des caractères les plus héroïques et les plus astucieux à la fois des temps modernes, touchait déjà à l'extrême vieillesse, sans que les années, les combats, les ruses, les crimes ou les voluptés de sa longue vie eussent amorti en lui l'ambition, la politique, l'astuce ou l'audace. Du sein d'une vallée de l'Épire et du fond de son sérail il maniait les fils de mille intrigues diverses avec les Ottomans ou les chrétiens, il balançait la puissance de son maître et tenait l'empire en suspens. On sait que la nature du gouvernement ottoman, exercé par des lieutenants presque indépendants du sultan sur des peuplades diverses de lois, de religion et de mœurs, permet souvent l'existence de ces grands factieux employant contre leur souverain la force qu'ils ont reçue de lui et faisant trembler le sérail après l'avoir fait triompher. Ces révoltes et ces indépendances éphémères troublent l'empire sans le démembrer. La sédition meurt avec le séditieux; il n'y a pas d'hérédité dans ces révoltes toujours marquées de respect et de déférence pour le sang légitime et sacré d'Othman. Les provinces détachées ainsi et les trésors accumulés par les rebelles rentrent tôt ou tard au sérail. En Turquie les factions sont viagères et l'empire est éternel.

XI

Ali-Pacha *Tébélen* était né dans cette petite ville de l'Épire d'où il prit son nom, d'une famille de cette race albanaise, grecque et chrétienne d'origine, musulmane d'habitudes et de traditions comme la plupart des Albanais. *Véli-Bey*, son père, dépouillé de sa part dans l'héritage de sa maison par des frères cupides, s'était enrôlé parmi les *klephtes*, bandes permanentes d'aventuriers nomades qui, semblables aux condottieri du moyen âge ou aux bandits en Corse, sont indigènes en Albanie, école de guerre, de pillage et d'héroïsme, qui forme indifféremment des brigands ou des héros. Rentré à Tébélen avec une poignée de ses compagnons, Véli-Bey avait brûlé ses frères dans la maison qu'ils lui avaient disputée, et reconquis son héritage dans la cendre et sur les cadavres de sa famille. Illustré et redouté pour cet exploit, il avait été nommé aga de Tébélen et il avait épousé la fille d'un bey nommée *Chamco*, femme célèbre par sa beauté sauvage et par son énergie antique, et qui portait, dit-on, dans son sang quelques gouttes du sang de Scanderbeg. Ali et une fille nommée Chaïnitza naquirent de cette mère, qui leur transmit l'énergie, les passions et les férocités de sa race.

Véli-Bey mourut jeune; Chamco, encore dans la fleur de ses années et de sa beauté, résolut de conserver à ses enfants, par l'intrigue, par l'amour et par les armes, la puissance que son mari avait conquise sur Tébélen. Elle s'affranchit de la retraite et de la pudeur des femmes, revêtit le costume des guerriers, prit les armes, monta à cheval, fanatisa de son courage, de ses charmes et de son amour les chefs des hautes montagnes de l'Albanie, forma une bande de séides, et livra bataille à leur tête aux ennemis de sa maison qui lui disputaient Tébélen. Vaincue, prisonnière et enchaînée avec ses enfants dans la ville voisine de Cardiki, ses séductions et sa beauté amollirent les vainqueurs; elle fut rachetée par la générosité d'un Grec qui paya sa rançon, et, rentrée à Tébélen, elle ne s'occupa plus qu'à élever son fils, le jeune Ali, pour la guerre, pour la ruse et pour la vengeance. A peine adolescent, il s'exerça avec ses compagnons au pillage des troupeaux et aux surprises des villages. Sa mère l'encourageait dans ces préludes de l'ambition, et l'ayant vu revenir un jour sans armes et sans dépouilles d'une de ces expéditions où il avait fui : « Va, lâche! lui dit-elle en lui présentant une quenouille, va filer avec les femmes, ce métier te convient mieux que celui des armes! »

XII

Honteux de sa faiblesse, Ali s'enfuit de la maison paternelle, trouva un trésor dans les ruines d'un ancien château en fouillant la terre avec son sabre, enrôla trente pallikares à sa solde, et ravagea la contrée. Surpris par les troupes de *Courd*, pacha d'Albanie, et conduit à Bérat, résidence de ce pacha, pour y être supplicié, sa jeunesse et sa figure attendrirent Courd, qui le rendit à sa mère. Ali, pardonné et rentré à Tébélen, épousa la fille du pacha de Delvino, *Éminé*. Cette alliance servit à la fois son amour et son ambition. Confident de son beau-père, il l'engagea à favoriser secrètement les premières tentatives de l'indépendance grecque, fomentées en 1790 par la Russie. Victime de cette politique ambiguë, l'infortuné pacha de Delvino, père d'Éminé, fut étranglé à Monastir par les Turcs. Ali donna sa sœur Chaïnitza en mariage à son successeur, le pacha d'Argyro-Castro. Bientôt, humilié du peu d'influence qu'il avait sur ce beau-frère, il encouragea sa sœur Chaïnitza à se délivrer de son mari par le poison, pour épouser Soliman, jeune frère du pacha. Chaïnitza s'étant refusée au crime, Ali fait assassiner son beau-frère d'un coup de pistolet par Soliman, et lui donne sa sœur sur le cadavre de son mari.

La Porte, peu de temps après, ayant résolu de frapper Sélim, pacha de Delvino, ami et protecteur du jeune Ali, celui-ci s'insinue de plus en plus dans la confiance du pacha, l'invite à un repas dans sa maison, cache des assassins dans une armoire sans rayons, et, laissant pour signal de meurtre tomber sa tasse de café sur le marbre du divan, voit immoler son ami devant lui, envoie sa tête à Constantinople, et reçoit en récompense le gouvernement de la Thessalie avec le titre de pacha. Enrichi par ses concussions dans ce gouvernement, il achète enfin le titre de pacha de Janina, une des plus riches et des plus délicieuses vallées de l'Épire.

XIII

Il continua de flatter les Grecs en affectant pour le christianisme une vieille foi qui se réveillait dans son sang pour le culte de ses pères. Il les appelait dans ses conseils et se ménageait entre eux et les Ottomans, nécessaire aux deux partis. Il buvait secrètement avec eux à la santé de la *Panagia* (ou de la Vierge). Son administration à la fois intelligente et cupide lui amassa des trésors immenses enfouis dans un palais bâti sur un écueil au milieu du lac de Janina, et qui ne communiquait à la ville que par une langue de terre. Ces trésors lui servaient à enrôler des troupes. Il conquérait peu à peu les territoires voisins sous prétexte d'y dompter des rebelles au sultan. Dans une de ces expéditions entreprises pour accomplir la vengeance de la captivité de sa mère, vengeance qu'il avait jurée à Chamco, il fit brûler à petit feu et dépecer avec des tenailles un Épirote qui l'avait outragée dans sa prison. Trouvant plus d'avantage à servir alors les Turcs que les Grecs, il se tourne contre les Souliotes révoltés par les instigations de la Russie, et les dépouille de leur territoire. Trente mille mahométans marchent déjà sous ses ordres. Le nom de *Lion de l'Épire* était partout ajouté à son nom. La république française, maîtresse de Corfou, lui envoyait des ambassadeurs et des généraux pour caresser son orgueil et pour l'intéresser à la révolution libératrice des Grecs de l'Adriatique. Il les recevait en politique, il les endormait d'espérances, il les enivrait des délices et des voluptés de Janina, *jardin des belles femmes*. Il laissait chanter dans son palais les chants du Grec Rhigas, ce Tyrtée moderne de sa race; puis, tout à coup changeant de rôle et d'amis, il marchait à la tête de vingt mille hommes contre Passavan-Oglou, pacha de Viddin, que l'habileté de Rhigas avait fait déclarer pour les Grecs. Rentrant à Janina, il y arrêtait le général français Rose, marié depuis peu par ses soins à la plus belle fille de l'Épire, et l'envoyait enchaîné mourir captif aux Sept-Tours.

XIV

Tout souriait à sa fortune. Mouctar, son fils aîné, chargé du gouvernement pendant son absence, avait éveillé sa colère et ses soupçons par son amour pour une belle jeune

Grecque de Janina. Ali éloigne son fils sous prétexte d'une expédition à conduire dans la Thessalie. Il pénètre la nuit chez la maîtresse de son fils, Euphrosine, l'accable de terreur, la fait conduire chargée de fers dans les cachots de son sérail avec quinze jeunes filles des premières familles de la ville accusées de commerce criminel avec ses enfants, et les précipite le lendemain dans le lac. Le sang des Grecs coule à grands flots dans ses provinces; sa femme Éminé se jette à ses pieds pour implorer la grâce des chrétiens innocents, il l'accable de reproches, et, tirant contre la muraille un coup de pistolet, il la frappe d'une telle terreur qu'elle expire dans la nuit. Cette fois il gémit des suites de sa fureur, et ne se pardonna jamais le meurtre de la mère de ses fils, premier auteur de sa fortune.

XV

Balançant politiquement son appui tantôt pour le divan, tantôt pour les janissaires pendant les longues luttes entre ces rebelles et les sultans, il s'avance jusqu'aux portes d'Andrinople avec quatre-vingt mille hommes. Redoutable aux deux partis et les redoutant lui-même, il n'entre jamais à Constantinople, et s'y annonce tous les jours comme un fidèle soutien du trône; il fortifie sa capitale et règne de là sur la Grèce tour à tour caressée et décimée. A son moindre signe les chefs du Péloponèse qui lui paraissent trop populaires tombent sous les balles ou sous les yatagans de ses Arnautes.

Saisi d'admiration dans l'incendie d'un village grec pour

une jeune enfant de douze ans nommée Vasiliki qui le supplie d'épargner sa famille, il la relève, l'emmène à Janina, la fait élever dans son harem et l'épouse.

Agé de plus de soixante ans à cette époque, et au sommet de sa fortune, une part de ses trésors, habilement et secrètement distribuée à Constantinople par les agents que les pachas entretiennent à la cour, lui conservait la faveur des vizirs et des sultans. Ses deux fils Véli et Mouctar étaient investis de gouvernements secondaires dans la Morée, dans la Macédoine et la Thessalie. Tout le Péloponèse était dans les mains d'une famille dont le chef intrépide, absolu et mystérieux, faisait du haut de ses forteresses et de ses montagnes espérer ou trembler les deux races, et négociait en outre sur l'Adriatique avec les Français ou avec les Anglais, empruntant à tous des forces contre tous.

Cependant le sultan Mahmoud, convaincu de la nécessité d'extirper cet appui de l'insurrection que toutes les rumeurs lui présageaient dans ses populations grecques, s'était décidé avec l'énergie de son caractère à une guerre ouverte avec Ali-Pacha, moins ruineuse, selon lui, à son empire, que ces ménagements ambigus qui laissaient grandir la rébellion. Ses armées, conduites par ses pachas les plus dévoués et les plus belliqueux, cernaient depuis deux ans Ali-Pacha dans ses montagnes, resserrant toujours davantage le cercle de villes et de forteresses dans lesquelles il était enfermé. Ali, tranquille derrière ses lacs, ses défilés et ses remparts, affectait, même en combattant son maître, le respect d'un esclave fidèle et méconnu, quelquefois vainqueur, quelquefois vaincu, endormant et corrompant toujours les vizirs et les pachas qui lui étaient opposés. Les

Grecs, indécis sur le rôle définitif que prendrait enfin cet arbitre de leur liberté, voyaient en lui tantôt l'exterminateur, tantôt le régénérateur de leur race.

XVI

Les proclamations et les émissaires d'Ypsilanti avaient donné au Péloponèse le signal et l'émulation de l'indépendance. Un chef des premières insurrections avortées, retiré depuis plusieurs années dans l'île de Zante, et chez qui les années et l'exil n'avaient fait que mûrir l'héroïsme, Colocotroni, dont le père, les frères, les proches avaient péri sous le glaive des Turcs, était descendu de nouveau sur le continent, et avait reformé ses bandes de bannis dans les montagnes. L'archevêque de Patras, Germanos, orateur, pontife et guerrier, avait convoqué dans les cavernes du mont Érymanthe tous les chefs du clergé pour concerter avec eux l'insurrection de toutes leurs églises ; il avait sommé les chrétiens de se séparer pour jamais des infidèles, et de se retirer avec leurs prêtres, leurs femmes et leurs enfants dans les montagnes, pour y organiser la guerre sacrée, et pour fondre de là sur les Ottomans. Les villes et les villages, à sa voix, étaient restés déserts ; les Turcs, étonnés de leur solitude, avaient tenté quelques assauts sur ces troupeaux d'hommes qu'ils croyaient ramener aisément à la servitude, ils furent refoulés partout des montagnes, et bientôt chassés à leur tour des villes où ils régnaient la veille.

La Macédoine, la Thessalie, l'Épire, l'Acarnanie, l'Étolie, le Péloponèse, l'Eubée et l'Archipel étaient devenus un champ de bataille sur terre et sur mer, qui dévorait tour à tour les tyrans et les esclaves. Ali-Pacha, heureux de créer des ennemis à ses ennemis, avait adressé lui-même une proclamation aux Souliotes autrefois expulsés par lui, et leur avait restitué leur territoire et leurs forteresses avec des canons et des munitions pour se faire des alliés contre les Turcs. A l'approche des paysans descendant par milliers des montagnes à la suite de leurs prêtres et de leurs chefs, toutes les villes, s'insurgeant et massacrant les Turcs, les avaient refoulés dans les forts d'où les Turcs foudroyaient et incendiaient les édifices. Les massacres et les crimes de la liberté égalaient ceux de la tyrannie. Le Péloponèse n'était que feu et que sang sous la croix comme sous le croissant; trois siècles de servitude accumulée se vengeaient de trois siècles d'oppression. Les deux races et les deux religions comptaient autant de bourreaux, autant de victimes l'une que l'autre. L'Europe frémissait d'horreur au récit de ces flammes et de ces égorgements. Deux races, deux nations, deux cultes sur un même sol s'étreignaient corps à corps, depuis les flots de la mer et les rivages des îles jusqu'aux sommets du Pinde et de la Thessalie. Patras, Missolonghi, s'engloutissaient sous leurs ruines. L'hymne populaire de l'insurrection et du désespoir, cette *Marseillaise* de la croix, écrite par le Thessalien Rhigas, éclatait sur toutes les montagnes avec les psaumes sacrés du clergé hellène :

« Jusqu'à quand vivrons-nous relégués dans les rochers des montagnes, errants dans les forêts, cachés dans les antres de la terre ?... Levons-nous, et s'il faut mourir, que la patrie meure avec nous !... Levons-nous ! la loi de Dieu, l'égalité sainte entre ses créatures, voilà notre cause, voilà nos chefs! Jurons sur la croix de briser le joug qui courbe nos têtes!...

» Souliotes! et vous Spartiates! sortez de vos repaires, léopards des montagnes, aigles de l'Olympe, vautours d'Agrapha! Chrétiens de la Save et du Danube, intrépides Macédoniens, aux armes! que votre sang s'allume comme du feu!

» Dauphins des mers! alcyons d'Hydra, de Psara, des Cyclades, entendez-vous dans vos flots la voix de la patrie? Montez sur vos navires, saisissez la foudre, tonnez, brûlez jusque dans sa racine l'arbre de la tyrannie, déployez vos pavillons, et que la croix triomphante devienne le drapeau de la victoire et de la liberté! »

A ce chant du poëte national, les Turcs, précipités des hauts lieux, s'enfermaient dans les dernières villes du littoral où les remparts leur assuraient un asile, Tripolitza, Monembasie, Coron, Modon, Navarin. La capitale de la Valachie, Bucharest, tombait au pouvoir de Vladimiresko, tribun d'une démagogie chrétienne, soutenu par une poignée d'Albanais. Ypsilanti vacillant, temporisateur et irrésolu, campé aux portes de Jassy, capitale de la Moldavie, y consumait le temps en vaines négociations avec les Russes, dont il attendait l'autorisation et les secours. Bientôt attaqué dans son camp par les Turcs revenus de leur première terreur, il succombait glorieusement avec les hétéristes, et cherchait un refuge sur le territoire autrichien; il y mourait désavoué par l'Europe et suspect d'ambition trompée par ses compatriotes.

Mais ce désaveu de leur cause par l'Autriche et par la Russie et la défaite d'Ypsilanti n'étonnaient pas la valeur désespérée des Grecs du Péloponèse et des îles. En Valachie et en Moldavie, c'étaient la politique, le libéralisme et l'ambition qui avaient armé des révolutionnaires spéculatifs. Dans la Morée, dans les montagnes et dans les îles, c'étaient la religion, la race, la patrie et le fanatisme qui soulevaient le peuple, la mer et le sol. Il n'y avait de repos pour une telle insurrection que dans la victoire ou dans la mort.

XVII

Ce fanatisme de la religion, de la race et de la patrie ne brûlait pas avec moins de flamme parmi les Ottomans. C'était pour eux une seconde conquête à faire, île par île, village par village, de la terre conquise par leurs ancêtres et de la souveraineté de l'islamisme. Le sultan, en réprimant la rébellion, aurait voulu préserver les populations rebelles de la ruine et de la mort, car l'anéantissement de six millions de Grecs, sa richesse et sa force, était un suicide pour la Porte. Mais le peuple et les janissaires, irrités et tremblants, ne voyaient de salut que dans l'extermination des chrétiens, et commandaient au gouvernement des exécutions et des barbaries proportionnées à leur terreur. Les supplices décimaient Constantinople. Les janissaires égorgeaient au lieu de combattre. La panique des musulmans animait leur férocité. On ne parlait dans la capitale que de conspiration universelle des chrétiens pour anéantir les Turcs : la crainte entretenait le délire, le délire poussait au crime. Les Valaques et les Moldaves des grandes familles établies à Constantinople étaient décapités sous prétexte de complicité avec leurs coreligionnaires. Les chrétiens grecs, laissant leurs maisons et leurs biens, émigraient à Odessa ; ceux qui ne pouvaient fuir étaient obligés de s'enfermer dans leurs demeures, dans la crainte d'exciter par leur costume la fureur du peuple. Ceux de Buyuk-Déré, petite ville sur le Bosphore, à quelques lieues de la capitale, étaient massacrés par les troupes envoyées en Valachie contre Ypsilanti, et qui ne voulaient pas laisser d'ennemis derrière elles. C'étaient les massacres de septembre 92 à Paris, renouvelés à Constantinople par le même délire de peur et de vengeance. Les deux climats voyaient les mêmes crimes.

La populace de la capitale immole tous les chrétiens qu'elle rencontre sur les caïques qui portent d'une rive à l'autre les trafiquants des deux populations réunies dans les mêmes murs. Le gouvernement ne rétablit l'ordre qu'en livrant lui-même au glaive des janissaires trois cents têtes suspectes ou innocentes des principales familles grecques de la ville. Les derviches, ces prophètes de la populace, prédisaient la prochaine extermination des musulmans par les infidèles. Le divan ordonnait le supplice du prince Morouzi, drogman du ministre des affaires étrangères, accusé d'avoir reçu une lettre d'Ypsilanti ; sa tête roulait aux pieds du sultan. Le patriarche grec Grégoire, vieillard de quatre-vingt-quatre ans, était saisi le jour de Pâques, revêtu de ses habits pontificaux, en descendant de l'autel, et pendu à la porte de sa cathédrale. Tous les chefs du clergé grec de la capitale, arrachés la même nuit à leurs autels, étaient immolés sur les marches de leurs églises. Des janissaires placés auprès de ce monceau de cadavres empêchaient les chrétiens de rendre les devoirs funèbres à leurs martyrs. Leurs corps, après avoir été suspendus trois jours aux gibets, étaient remis à des hordes faméliques de juifs qui les traînaient à la mer. Le port de Constantinople et les eaux du Bosphore rejetaient les cadavres sur les quais de la capitale. Les familles des suppliciés, les femmes et les filles des proscrits étaient vendues aux enchères dans les bazars. On délibérait dans le divan le massacre général des Grecs. Le sultan s'y refusa et disgracia son grand vizir pour laver aux yeux des puissances chrétiennes son gouvernement des forfaits commis. L'Europe contemplait et frémissait, mais aucune puissance ne prenait encore ouvertement la cause du christianisme confondue avec la cause de la rébellion dans l'empire. Mahmoud, armant sa flotte et la confiant à son grand amiral Kara-Ali, fils d'un meunier de Trébizonde, le chargeait de lui *rapporter les cendres du Péloponèse et d'en calciner les montagnes.*

XVIII

Aux massacres de Constantinople, aux menaces de désarmement, au départ de la flotte turque, toutes les îles de l'Archipel avaient répondu par un armement général des nombreux navires dont leur commerce couvrait les mers. Hydra, la plus pauvre en sol, mais la plus florissante en trafic et en richesse de ces îles, avait créé à elle seule et par les dons gratuits de ses citoyens une flotte capable de repousser celle de l'empire. « Hydra n'a point de campagnes, chantaient ses matelots, mais elle a des vaisseaux ; la mer est son sillon, ses matelots sont ses laboureurs; avec ses voiles rapides Hydra moissonne en Égypte, récolte la soie en Provence et vendange sur les coteaux de la Grèce. »

Tombasis, marin intrépide, monté sur le *Thémistocle*, avait été nommé grand amiral des insurgés. La flotte de Psara s'unissait à celle de Tombasis. Elles purgeaient la mer des vaisseaux de guerre turcs isolés, et, imitant les atrocités des Ottomans, elles immolaient, noyaient ou vendaient à l'encan comme esclaves les prisonniers ou les pèlerins turcs saisis sur ces vaisseaux. Elles sommaient ensemble l'île opulente et populeuse de Chio de se déclarer pour la cause de la patrie commune. Chio, amollie par sa prospérité et exposée la première par sa situation à la vengeance des Turcs, refusait d'entrer dans la ligue, et envoyait une députation de ses vieillards demander au divan des forces pour la défendre contre ses compatriotes; le divan les retenait en otage, et les punissait de leur fidélité à la tyrannie. Naxos, Andros, Paros, Mycone, et presque toutes les îles répondirent à l'appel de Psara et d'Hydra et immolèrent les Ottomans.

XIX

Pendant ces combats et ces massacres réciproques sur tous les flots et sur tous les rivages de la mer Égée, Kourchid-Pacha, à la tête de l'armée ottomane de l'Épire, bloquait avec une moitié de ses troupes Ali-Pacha dans sa capitale pendant qu'il luttait avec l'autre contre l'insurrection du Péloponèse. Dans un assaut désespéré, le vieil Ali, qui se faisait porter en litière sur la brèche au milieu du feu, avait triomphé et lui avait renvoyé ses prisonniers. « L'ours du Pinde vit encore, avait dit Ali-Pacha à son ennemi, tu peux envoyer prendre tes morts pour les ensevelir. J'en userai toujours de même quand tu me combattras en brave, mais deux hommes perdent la Turquie, c'en est fait de nous ! »

Ali, sûr de la fidélité incorruptible de ses soldats et de la solidité de ses remparts, semblait contempler avec une stoïque indifférence le feu qui dévorait les deux populations sans l'atteindre lui-même, et attendre le triomphe de l'une ou de l'autre cause pour se déclarer. Sa sœur Chaïnitza venait de mourir, la jeune et belle Grecque Vasiliki, toute-puissante aujourd'hui sur son cœur, le consolait de la vieillesse et de la tyrannie par cet amour qui survit comme l'héroïsme aux années dans les fortes races de l'Orient. Bientôt, cependant, il fut contraint d'abandonner son palais fortifié et sa capitale devant les assauts renouvelés et devant les forces croissantes des Ottomans, et de se retirer dans son château du lac de Janina. Là, entouré d'une ceinture de flots, de remparts et de canons, inexpugnable, logé dans une casemate à l'abri des bombes, les pieds sur ses trésors entassés dans les caves de son palais, servi par des esclaves fidèles, défendu par des mercenaires dévoués, aimé par une femme tendre et dévouée, résolu à braver plutôt la mort qu'à capituler avec la fortune, il contemplait ses provinces et sa ville sous les pas de ses ennemis, se croyant sûr de les reconquérir; il foudroyait comme par délassement leurs camps et leurs redoutes, il s'exerçait encore dans des sorties victorieuses sur leurs cadavres, et il s'approchait du terme de sa vie en se cachant à lui-même la mort derrière la fatalité, la gloire et l'amour.

XX

Cependant le nom de la Grèce, sorte de religion de l'imagination chez les lettrés de l'Europe, la conformité du culte, parenté d'âme entre les hommes, les exploits grandis par la renommée de ces dignes descendants des Miltiade, des Léonidas, des Thémistocle, les *Botzaris*, les *Canaris*, les *Colocotroni*, les *Mauro-Michalis*, les *Tombasis*, les *Odyssée*, les combats changés en martyres, les échos sonores de cette terre de mémoire dont chaque site porte l'immortalité dans son nom, les récits presque fabuleux de ces victoires remportées par des peuplades de pasteurs sur les armées d'un puissant empire, et des flottes du nouveau Xerxès incendiées par des barques de pêcheurs, les dévastations de sol, les migrations en masse, les égorgements de provinces, les incendies de villes, les prodiges de férocité d'une part, d'intrépidité de l'autre, dont les récits apportés par toutes les voiles poétisaient cette lutte désespérée entre les chrétiens et les Ottomans, popularisaient chaque jour davantage la cause de l'indépendance grecque en Europe. Tous les esprits assistaient avec admiration, sympathie et horreur, à ce vaste combat de cirque où la liberté et la croix, abattues ou relevées tour à tour, semblaient faire lutter devant un monde chrétien les deux causes et les deux cultes qui se disputaient l'extrémité orientale de l'Europe.

Le sentiment public, qui n'a d'autre politique que son émotion et sa pitié, comme les multitudes, répondait à chaque palpitation de la Grèce par un cri d'indignation contre ses bourreaux, d'enthousiasme pour ses martyrs. Jamais la cause de l'indépendance américaine en 1785 n'avait autant passionné la France que la cause des Hellènes passionnait en ce moment le continent chrétien. Ce sentiment, pour ainsi dire individuel, échappait aux gouvernements encore neutres et indécis, pour donner aux Grecs des encouragements, des trésors, des munitions, des armes, des auxiliaires. Des comités grecs se formaient dans toutes les capitales, votaient des subsides, armaient des vaisseaux, recrutaient des officiers et des soldats, publiaient des journaux, prononçaient des discours, écrivaient des poëmes, multipliaient jusque dans le peuple des légendes en faveur de la cause populaire. La littérature tout entière, cette expression spontanée et irrésistible de la générosité irréfléchie et désintéressée du cœur des peuples, était, par une sorte de tradition filiale pour ces pères de la pensée humaine, du parti des fils d'Homère, de Démosthène, de Platon. De simples citoyens, tels que M. Eynard de Genève, fiers de consacrer leurs richesses au berceau d'une nation encore indigente et de jeter leur nom dans les fondations de la liberté d'un peuple, prêtaient des millions au gouvernement libérateur. Les aventuriers courageux de la France, de l'Allemagne, de l'Angleterre, las de l'oisiveté d'un continent qui n'offrait plus d'occasion à leur bras, à leur fortune militaire ou à leur gloire, tels que le général Fabvier, se faisaient jeter par des vaisseaux marchands sur la côte de la Morée et se dévouaient à la vie nomade des Maïnotes ou des pallikares, pour enseigner la guerre et la tactique à des pasteurs. Le plus grand des poëtes modernes, lord Byron, sentant dans sa poitrine un cœur aussi héroïque

que son imagination, s'arrachait à la fleur de ses années et à sa gloire, aux larmes d'une femme adorée, pour jeter son nom, son bras, sa fortune, sa mort, dans la cause désintéressée de la Grèce. Il équipait un navire, soldait des troupes, versait des subsides dans le trésor de l'insurrection, s'enfermait dans la ville la plus menacée, s'instruisait aux combats, et allait mourir pour le glorieux passé et pour le douteux avenir d'un peuple qui ne savait pas même son nom.

Enfin l'esprit d'opposition aux gouvernements, qui fait adopter les causes, non parce qu'elles sont justes, mais parce qu'elles sont populaires et hostiles aux gouvernements, faisait retentir toutes les tribunes d'enthousiasme pour les Grecs, d'imprécations contre les Ottomans, de mépris pour l'indifférence des gouvernements qui abandonnaient des races chrétiennes au fer et au feu des musulmans; ces mêmes hommes, qui avaient repoussé avec une si sévère éloquence la doctrine de l'intervention contre-révolutionnaire en Espagne, justifiaient de la même voix l'intervention révolutionnaire en Morée; et M. de Chateaubriand, qui venait d'accomplir lui-même cette intervention d'Espagne, maintenant tombé du ministère, et cherchant partout des griefs à M. de Villèle, faisait à la tribune de la chambre des pairs des motions pour l'immixtion dans les affaires de la Grèce.

XXI

Mais déjà la France se prononçait d'elle-même avant son gouvernement. Le premier de ses soldats qui porta son nom, sa tactique et son sang parmi les insurgés de l'Achaïe, fut le général Fabvier. Fabvier, à peine échappé de la tentative insurrectionnelle dans laquelle il venait d'échouer à la tête d'une poignée d'émigrés français sur la Bidassoa, avait passé en Grèce. Son génie aventureux et sans repos lui faisait chercher partout des hasards, des périls, de la gloire; sa haine contre les Bourbons le chassait partout l'univers.

Dans sa première jeunesse, Fabvier avait suivi notre ambassade en Perse. Favori du schah de Perse et instructeur de ses troupes, il avait résidé plusieurs années dans sa capitale. On se souvenait de lui à Ispahan, il résolut d'aller y retrouver l'hospitalité et la faveur qu'on lui gardait à la cour d'Iran. Le vaisseau qui le portait à Constantinople ayant abordé dans la Morée, Fabvier, séduit par la guerre présente et par l'admiration que lui inspiraient les exploits de ces pauvres bergers de l'Achaïe, avait renoncé à la Perse, et s'était dévoué sans grade et sans solde à la cause des faibles. Il avait suivi ces paysans dans leurs montagnes, et les avait disciplinés et aguerris. C'était le moment où le sultan Mahmoud appelant au secours de l'islamisme en péril le pacha à demi indépendant d'Égypte, Méhémet-Ali, Ibrahim-Pacha son fils avait débarqué en Morée avec une armée égyptienne, et reconquérait dans le sang et dans le feu la Morée entière au sultan. Napoli de Romanie seule, placée à l'entrée de la plaine d'Argos, au fond du golfe de Nauplie, conservait une ville à l'indépendance et un siége au gouvernement hellénique. Fabvier la défendait avec une poignée de héros, et, après les avoir aguerris, remportait des victoires sous les murs d'Argos. De là, passant à Athènes, il mêlait son sang à Platée et à Marathon au sang des descendants d'Épaminondas. Envoyé en France par ses compagnons d'armes pour solliciter l'intérêt du gouvernement français, au nom de la religion commune et de l'humanité, plus que de la politique, Fabvier revoyait sa patrie. La vieille et naturelle alliance entre la France et les sultans, la politique prévoyante qui défendait aux Bourbons de ruiner eux-mêmes dans Constantinople le seul rempart qui couvrît la Méditerranée et l'Europe orientale contre le débordement, le danger enfin de donner au cabinet de Pétersbourg un allié vendu d'avance à toutes ses ambitions dans un royaume ou dans une république grecque, protestaient vainement dans les conseils de la froide diplomatie, déjà le sentiment public l'emportait sur toute prudence humaine. M. de Villèle, sentant l'impossibilité de résister à un entraînement aussi général du cœur de l'Europe, oubliait les torts de Fabvier contre les Bourbons; il comblait le négociateur de la Grèce de félicitations sur son dévouement personnel, et lui laissait entrevoir, sinon un concours armé à l'indépendance de la Grèce, au moins une interposition efficace de la France entre les victimes et les bourreaux.

XXII

Mais déjà l'indépendance de la Grèce recevait en Épire le coup le plus terrible et le plus inattendu. Le gouvernement ottoman, dont le tyran de l'Épire suspendait depuis trois ans l'irruption décisive en Morée et balançait les forces, touchait à sa dernière heure. Kourchid-Pacha, à la tête d'une armée de quarante mille Ottomans, le bloquait de jour en jour plus étroitement dans le château de Janina. Ali, sûr de ses murailles, de sa garnison et d'un petit nombre de défenseurs désespérés, tous compromis avec lui dans sa révolte et dans ses crimes, et n'ayant comme lui que le supplice ou la victoire en perspective, regardait avec indifférence les tentes de ses ennemis autour de ses forteresses, et recevait sans y répondre des boulets qui pouvaient à peine ébrécher ses murs. La trahison seule pouvait le vaincre. La Porte l'employa contre lui. Le directeur de son artillerie, Caretto, officier napolitain, dont il avait sauvé les jours du glaive des Turcs au moment où il allait être immolé en expiation d'un commerce amoureux avec une jeune musulmane lapidée pour lui, déserta une nuit du château du lac en se laissant glisser au pied des remparts par une corde attachée à l'affût d'un de ses canons, et passa dans le camp de Kourchid.

Cette défection privait Ali de son plus habile ingénieur, et découvrait à Kourchid le secret de sa faiblesse. Une partie de la garnison, mécontentée par l'ingrate avarice d'Ali, se retira des forts. La Porte profita de ce découragement des assiégés pour ouvrir avec le vieux chef une de ces négociations qui ne sont que les préludes de la mort pour les révoltés qui s'y laissent toujours entraîner. Kourchid fit des propositions à Ali, il lui assura, pour prix de sa soumission et de son repentir, la vie, la liberté, ses femmes, ses trésors, son titre de vizir et un exil splendide avec sa famille dans une contrée de l'Asie Mineure. Ces propositions acceptées par Ali furent envoyées à Constantinople pour être ratifiées par le sultan et renvoyées à Janina dans un traité garant du pardon et des promesses de la Porte.

Kourchid, sous prétexte de remettre solennellement ce traité enfin ratifié à Ali, et de recevoir sa soumission au sultan, leur maître suprême, exigeait d'Ali qu'il sortît du château imprenable de Janina, et qu'il se rendît dans une île du lac où il avait une maison de plaisance moins inaccessible et moins fortifiée, et où l'entrevue aurait lieu à forces égales. Ali-Pacha eut l'imprudence d'y consentir, mais il laissa, en quittant le château, dans ses murs, un gage de sa sécurité ou de sa vengeance. Un de ses séides albanais, nommé Féthim, jeune homme engagé par les serments les plus redoutables, dans une race où la religion du serment est sacrée, veillait, armé d'une mèche enflammée, à la porte d'un dépôt rempli de deux cent mille quintaux de poudre sur lesquels étaient entassés tous les trésors du vizir, et dont l'explosion, remise aussi à la merci de ce jeune esclave fanatique, engloutirait à la fois, au premier signal, les richesses d'Ali, son harem, la ville de Janina et l'armée turque qui tenterait d'occuper en son absence le château.

XXIII

Garanti ainsi contre toute surprise, Ali se transporta, avec sa jeune épouse Vasiliki, quelques esclaves et une poignée de ses plus intrépides Albanais, dans l'île du lac marquée pour les négociations et pour l'entrevue. Il s'y établit dans un kiosque de plaisir, défendu seulement par le lac et par quelques palissades; il y fit apporter de la poudre et des armes, et il y attendit, dans une demi-sécurité, la visite de Kourchid et la remise du traité, qui était, lui disait-on, arrivé de Constantinople au camp des Turcs. Kourchid affectait une indisposition qui le retenait dans sa tente, usait les jours en messages et en temporisations qui lui donnaient les occasions de corrompre la garnison du château de Janina abandonnée à elle-même. Ce n'était pas assez, tant que le fanal de ce château près duquel veillait l'esclave Féthim ne serait pas éteint et menacerait d'engloutir les assaillants de cette forteresse d'Ali.

La ruse fit ce que ne pouvait la force. Kourchid et ses généraux jurèrent sur le Coran à Ali que son firman de pardon du Grand Seigneur était dans leurs mains, mais qu'avant de le remettre dans les siennes l'honneur de leur souverain commun exigeait que ce firman, gage spontané de la magnanimité de leur maître, ne parût pas une concession à la peur, et que le feu du fanal confié à Féthim et brûlant à la porte du dépôt des poudres fût éteint. Ali pressentit pour la première fois un piége, et, sous prétexte que son esclave Féthim n'obéirait qu'à sa voix, demanda à rentrer pour lui intimer lui-même ses ordres dans sa forteresse. Il n'était plus temps, les barques turques interceptaient déjà la communication entre l'île et le bord. Ali, forcé de se fier jusqu'à l'imprudence à la parole de ses ennemis, finit par livrer aux officiers de Kourchid un anneau qu'il portait suspendu à son cou, et qui était entre Féthim et lui le signal secret d'une aveugle obéissance. Les officiers de Kourchid, maîtres de cet anneau, regagnent la rive, entrent dans le château, montrent le talisman de son maître à l'esclave. Le jeune fanatique reconnaît l'anneau, s'incline en signe de respect, et éteint à l'instant le fanal. Aussitôt que les Turcs le voient désarmé de sa dernière étincelle, ils le frappent de cent coups de poignard, et laissent son cadavre aux portes du souterrain. Aucun bruit n'avait averti du haut des murs du château. Ali, encore confiant, regardait tranquillement des fenêtres de son divan les flots du lac qui devaient lui apporter bientôt les barques de Kourchid et le pardon du sultan.

XXIV

Elles ne parurent qu'au milieu du jour. Les principaux officiers de Kourchid les remplissaient; ils débarquèrent avec des marques de respect, mais couverts de leurs armes, sur la plage où s'élevait le kiosque d'Ali.

Ali les attendait, entouré d'une douzaine de ses plus déterminés séides, sur une plate-forme en planches, portée sur des colonnettes en bois, qui s'élevait, selon l'architecture orientale, devant le kiosque, et derrière laquelle étaient la demeure et le harem du vizir. Hassan-Pacha, Omer Brionès, Méhémet, sélictar ou porte-glaive de Kourchid, et un groupe de ses principaux lieutenants, débarquèrent seuls avec un visage sombre et montèrent les degrés de la plate-forme. Ali, n'apercevant point Kourchid et soupçonnant à la morne physionomie et aux armes de ses officiers qu'ils lui apportaient la trahison et la mort au lieu du traité, se lève, saisit un de ses pistolets à sa ceinture, et s'adressant d'une voix tonnante à Hassan-Pacha : « Arrêtez, s'écrie-t-il, que m'apportez-vous? — L'ordre du sultan, répond Hassan; reconnaissez-vous ces augustes caractères? » Puis, déployant sous ses yeux les lettres dorées qui décorent les firmans du Grand Seigneur : « Soumettez-vous au destin, lui dit-il, faites vos ablutions, invoquez Allah et le prophète ! Le sultan vous demande votre tête ! — Ma tête, répond Ali, ne se livre pas si facilement ! » Et sans attendre la réponse d'Hassan, il fait feu sur lui et le renverse à ses pieds frappé d'une balle dans la cuisse ; il tue du second coup le chef d'état-major de Kourchid. Ses officiers, et à leur tête Constantin Botzaris, chef des Souliotes en otage dans son palais, et dévoués à sa cause par reconnaissance, font feu à son exemple sur le groupe des Ottomans et jonchent l'escalier du kiosque de cadavres. Mais Ali se sent frappé lui-même d'une balle dans le flanc. Il retire de sa pelisse sa main rougie de sang, et montrant ce sang à Botzaris : « Cours, lui dit-il, et égorge Vasiliki, ma femme, afin qu'elle me suive dans la tombe et que ces traîtres ne souillent pas sa beauté ! » Au moment où il achevait de prononcer ces paroles, une balle, traversant par-dessous les planches de l'estrade en bois sur laquelle il combattait, lui perce les reins et le fait chanceler comme un homme ivre. Il se retient aux grillages d'une fenêtre. Ses pallikares le voyant tomber s'élancent à la nage avec Botzaris dans les flots du lac pour gagner un écueil voisin et se dérober à la vengeance de Kourchid. Les Turcs sans ennemis remontent les degrés sanglants de l'estrade, traînent Ali par sa barbe blanche hors du kiosque, appuient son cou contre une marche en pierre de l'escalier, lui tranchent la tête et l'envoient dans un coffre de vermeil au sultan.

La jeune Grecque son épouse, Vasiliki, fût emmenée sans outrage à la tente de Kourchid. Elle pleura, en voyant le lendemain, chargés de chaînes, les ministres et les officiers de son mari, et ses trésors et les décorations de ses palais servant de jouets à la soldatesque turque. Elle demanda à rendre les honneurs funèbres au corps du héros de l'Épire, qu'elle adorait malgré la différence d'âge et de culte. Cette grâce lui fut accordée. Janina et les montagnes voisines du Pinde retentirent des sanglots de Vasiliki et des regrets des populations grecques ou musulmanes de ces contrées sauvages dont Ali était à la fois le tyran et le héros, la terreur et la gloire. Le sultan relégua Vasiliki dans un village de ces montagnes, les trésors d'Ali soldèrent l'armée de Kourchid, et les Turcs, affranchis désormais de l'obstacle que cette révolte leur opposait depuis trois années, débordèrent en masse de l'Épire dans la Morée. Tout succomba un moment sous le fer et la flamme, et les cris des Grecs retentirent avec plus de désespoir et plus de pitié en Europe.

XXV

Mais si les peuples les entendaient, les souverains se refusaient encore à les écouter. L'empereur de Russie, craignant d'encourager en Grèce le génie des révolutions qu'il avait juré d'étouffer en France, en Italie, en Espagne, en Allemagne, ajournait sa politique d'ambition pour obéir à sa politique de principe. M. de Metternich tremblait d'ouvrir sur les frontières de l'Autriche les volcans d'opinion qui grondaient en Allemagne. La Prusse hésitait comme toujours entre l'Angleterre, l'Autriche et la Russie. L'Angleterre elle-même voyait avec ombrage la résurrection intempestive pour elle d'une nation dont le démembrement allait affaiblir la Turquie, ouvrir peut-être les Dardanelles aux flottes futures de la Russie, et créer sur la Méditerranée une marine en concurrence à sa navigation commerciale. Enfin la France, qui ne calcule pas, mais qui sent, flottait attendrie mais indécise entre sa pitié pour une race chrétienne et sa vieille alliance avec les sultans. Le moment approchait où son gouvernement, contraint par l'opinion publique, allait avoir à délibérer sur une seconde intervention, démenti impolitique, mais démenti magnanime à son intervention contre-révolutionnaire en Espagne.

LIVRE QUARANTE-QUATRIÈME

Dernière maladie de Louis XVIII. — Son affaissement progressif. — Importance croissante de M. de Villèle. — Efforts du roi pour dissimuler aux yeux du public les approches de sa fin. — Il refuse les secours religieux. — Alarmes de la cour, du parti du comte d'Artois, du clergé. — On se décide à recourir à madame du Cayla. — Négociation de M. de La Rochefoucauld. — Réussite de la favorite. — Agonie et mort du roi. — Avénement de Charles X. — Ingratitude du nouveau pouvoir envers madame du Cayla. — Retour sur la vie de Louis XVIII. — Son exil. — Son règne. — Son portrait comme homme et comme souverain.

I

Mais déjà Louis XVIII, touchant au terme de sa vie, n'était plus en situation de peser avec liberté d'esprit les révolutions que nécessitait pour son gouvernement la grande question de politique extérieure posée en face de lui par la révolution grecque, ni de lancer son peuple dans une intervention au delà des mers dont il ne pouvait prévoir les chances, dont il ne gouvernerait plus les hasards, et dont il ne verrait pas la fin. D'autres pensées plus rapprochées occupaient son âme. Il se sentait mourir, et il voulait mourir en paix. Une grande sérénité sur son propre règne mêlée d'un grand doute sur le règne de son successeur prévalait depuis ces dernières années dans ses réflexions et dans ses entretiens sur les soucis quotidiens du trône et sur la douloureuse décadence de ses sens. Il ne se dissimulait rien des symptômes d'affaiblissement et de mort prochaine dont il était averti par la nature. Il ne protestait pas contre la condition humaine, il ne cherchait pas dans les ressources problématiques de l'art ces miracles que les mourants sur le trône s'acharnent à demander aux médecins; il ne cherchait pas davantage dans les pratiques d'une dévotion puérile des refuges ou des consolations contre les terreurs de la conscience ou contre les horreurs de la mort. Son esprit méditatif et ferme regardait le passé sans honte et l'avenir sans crainte. Il se confiait avec un royal et juste orgueil à cette justice de la postérité sur son règne. Nul ne connaissait mieux que lui les difficultés qu'il avait eues à vaincre dans les conseils de l'Europe, dans les exigences de sa famille et dans les versatilités de son peuple pour remonter deux fois sur le trône et pour s'y maintenir jusqu'à la fin. Mourir sur le trône lui paraissait le triomphe de sa constance et de sa politique. Son lit de mort dans le palais de ses aïeux, au milieu d'une révolution vaincue et d'une émigration contenue, était pour lui le chef-d'œuvre de la sagesse et un défi gagné contre la fortune. Pour ce qui suivrait, il s'en rapportait à la Providence pour le justifier devant l'avenir, et à la légèreté d'esprit de son frère pour le faire regretter à la fois des hommes de la révolution et des hommes de la monarchie. Louis XVIII avait de l'affection pour le caractère du comte d'Artois, mais il n'avait jamais eu d'estime pour son intelligence. Il avait eu dès son enfance l'habitude de l'aimer et aussi de l'apprécier dans ses confidences avec une indulgence tendre mais voisine du dédain. Son règne sans cesse entravé ou agité par les familiers de ce frère ne l'avait pas fait changer d'opinion sur sa portée politique. Mais son humeur contre lui n'avait jamais prévalu contre son affection. Il désirait, par esprit de famille autant que par esprit de monarchie, lui laisser un trône affermi par des institutions plus fortes que ses caprices, et capables de résister même à ses fautes. Il désirait de plus lui laisser dans un ministre agréé par lui-même son esprit dans son conseil après sa mort, afin de perpétuer son règne sous un autre nom. C'était dans cette pensée que le roi avait accepté M. de Villèle des mains de son frère, qu'il avait peu à peu façonné ce ministre à sa politique, qu'il avait beaucoup cédé au comte d'Artois et au parti sacerdotal pour les attacher par la reconnaissance à M. de Villèle, et qu'il avait plié la fin de son règne aux exigences de sa famille pour adoucir la transition et pour passer sans secousse ce pas dangereux du tombeau.

II

M. de Villèle, esprit solide et souple, que la pratique des affaires, la connaissance des partis, le commerce et la conversation quotidienne avec le roi avaient profondément modifié depuis 1814, était l'homme le plus heureusement choisi pour ce ministère à deux règnes. Il rassurait par sa prudence le roi mourant sur les excès de royalisme ou de puissance sacerdotale qui pouvaient agiter ou irriter le pays, il rassurait le comte d'Artois sur les excès de philosophie ou de libéralisme qui pouvaient alarmer sa conscience ou compromettre son autorité future. Investi ainsi tout à la fois des pleins pouvoirs du roi, de la confiance de son frère, de l'estime de la famille royale, de l'ascendant sur les royalistes modérés, d'une certaine inclination secrète des libéraux monarchiques, de la suprématie non contestée dans le conseil, de l'autorité du talent dans la chambre, enfin de la déférence de madame du Cayla elle-même, qui, sentant le règne lui échapper avec la vie du roi, voulait se ménager la reconnaissance et la perpétuité du ministre, M. de Villèle exerçait en ce moment une véritable dictature d'interrègne. Tous les partis sentaient que le roi ne gouvernait plus, que son frère ne gouvernait pas encore, et semblaient s'entendre tacitement pour laisser le ministre gouverner arbitrairement la crise qu'on allait traverser. Il y a des heures suprêmes dans la vie des nations où les passions ajournent et font silence d'elles-mêmes devant la gravité d'un événement qui rend tout le monde prudent, comme si l'instinct d'un danger commun inspirait une sagesse passagère, mais surhumaine, au peuple attentif à son propre sort.

III

Cependant le roi paraissait aux yeux de la foule gouverner encore. Malgré les calomnies et les sarcasmes dont les partis hostiles aux Bourbons avaient rempli l'esprit du peuple, en exploitant contre ce vieillard jusqu'à sa vieillesse et ses infirmités, le pays avait la conviction de ses lumières et de sa sagesse, et le vague pressentiment des insuffisances de son successeur. Louis XVIII, dans ces derniers temps de sa vie surtout, était aimé et regretté d'avance. L'ingratitude rougit quelquefois devant la mort, et la reconnaissance précède d'un jour ou deux la postérité. Les ministres et la cour savaient que les symptômes prochains d'un changement de règne agiteraient et consterneraient violemment le pays. Le roi lui-même le savait mieux que personne. Il se croyait aimé du peuple, parce qu'il avait la conscience d'avoir bien mérité de l'opinion. Il voulait rendre un dernier service à sa nation et à sa famille en s'en allant sans bruit de la vie et du trône, en dissimulant jusqu'au terme à son peuple la décadence de ses forces qu'il ne se dissimulait plus à lui-même, en faisant, comme il le disait familièrement à ses ministres, *bon visage à la mort*, et en ne laissant aucun intervalle, aucun espace à l'incertitude et à l'agitation entre le trône de son frère et le sien. Soigneux surtout du crédit public et du prix élevé des rentes de l'État, dont le taux était pour lui le gage de cette prospérité pacifique à laquelle il avait, par sa politique libérale, reporté la France, il redoutait que l'annonce de sa fin prochaine ne suspendît ce mouvement ascendant de prospérité et de confiance, richesse des particuliers et de l'État. Cette pensée le préoccupait plus que toutes les autres. Il ne voulait pas qu'une crise dans les affaires aggravât après lui la crise d'un changement de règne. Il s'efforçait de faire croire à de longues années, quand il ne croyait déjà plus lui-même qu'à peu de jours. La précision froide avec laquelle il mesurait dans son intimité la plus secrète le petit nombre de ceux qu'il lui restait à vivre, la sollicitude stoïque avec laquelle il prescrivait d'avance les mesures à prendre pour voiler ses derniers moments, attestaient en lui un de ces courages réfléchis plus rares que ceux du champ de bataille, le courage sans bruit, sans vertige et sans illusion, qui voit le sépulcre au pied du trône et qui se drape pour y descendre avec dignité.

IV

M. de Villèle était le seul confident de ses prévisions suprêmes. Le jour où ce ministre lui apporta à signer l'ordonnance qui déclarait suspecte la liberté de la presse et qui établissait la censure afin d'empêcher les journaux d'ébruiter en France et en Europe l'état du roi, ce prince regarda d'un œil d'intelligence son ministre, et sentant à cette prudence de son conseil l'extrémité à laquelle il touchait : « Je vous comprends, » lui dit le roi d'une voix ferme ; et, prenant le papier des mains de M. de Villèle, il signa lentement et sans trembler l'ordonnance dans laquelle il savait cependant signer sa propre condamnation.

Il n'en continuait pas moins à s'assujettir à toutes les réceptions officielles et privées et à toutes les étiquettes de sa chambre et du palais qui pouvaient tromper ses courtisans et son peuple sur sa santé. Il sortait en voiture pour ses promenades ordinaires, et quand l'extinction rapide de ses forces ne lui permit plus d'être transporté dans sa voiture, il ordonna à ses gentilshommes d'y monter à sa place, afin que la vue de ses carrosses dans les cours et dans les avenues qu'il avait l'habitude de parcourir trompât et rassurât la multitude. Le jour de sa fête approchant, ses médecins redoutèrent pour lui les fatigues d'une réception publique de tous les grands corps de l'État, et le supplièrent d'ajourner cette cérémonie royale. Il s'y refusa avec énergie. « Un roi, dit-il, n'est jamais malade pour son peuple ! » Il se fit revêtir de son costume et de ses décorations royales, il prit place sur son trône dans la salle où la foule défilait officiellement devant lui. Il s'efforça jusqu'à l'extinction de ses forces de conserver l'attitude, le regard, la présence d'esprit, le sourire, le mot de ses jours de représentation ; il subit plusieurs heures le supplice de cette longue dissimulation de sa mort prochaine. A la fin seulement, ses douleurs et son assoupissement trompèrent sa fermeté d'âme. Sa tête amaigrie et pâlie s'affaissa sur sa poitrine et toucha presque à ses genoux : il s'endormit d'un sommeil semblable à l'anéantissement ; les derniers courtisans qui s'écoulèrent en silence au pied de son fauteuil crurent défiler devant le fantôme de la mort. On le rapporta encore endormi dans ses appartements. Sa fermeté obstinée avait accru les alarmes publiques qu'il avait voulu dissiper.

V

Il reprit néanmoins le lendemain ses habitudes et ses occupations ordinaires : levé aux mêmes heures, vêtu avec le même soin de sa personne, assis dans son cabinet devant la même table, essayant de lire les mêmes livres, attentif à écrire à son amie aux mêmes heures qui épanchaient son caprice ou qui consolaient son âme, présidant le conseil de ses ministres et discutant avec une présence d'idées et de volonté complète les questions d'État ou d'administration traitées devant lui. Seulement le sommeil sénile dont il était à chaque instant assailli par l'épuisement de sa vie, sa seule maladie, interrompait souvent son attention et ses paroles. Sa tête alors retombait de tout son poids avec tant de force sur la table, que la multiplicité de ces coups sur le rebord de bronze de son bureau avait tracé et creusé une cicatrice entre le front et les yeux.

Le redoublement de somnolence et de faiblesse était surtout sensible pour ses médecins; le mercredi de chaque semaine, jour consacré par lui aux longues audiences qu'il donnait encore à madame du Cayla, l'attention et l'entretien, en provoquant davantage son âme, épuisaient davantage sa vie. Madame du Cayla, qui s'apercevait de l'approche de la mort, des murmures de la famille royale et de la cour, le conjura de lui permettre d'éloigner ses visites, et se retira dans son château de Saint-Ouen près de Paris. Le roi lui-même fit avec peine le sacrifice de son attachement aux convenances; à sa douleur, on eût dit que le trône lui coûtait moins à abandonner que l'amitié. Il n'était déjà plus roi, qu'il était toujours homme. Jamais prince accusé calomnieusement d'insensibilité et d'égoïsme n'eut plus besoin de tendresse, et ne voua plus obstinément ses premiers et ses derniers jours aux charmes et même aux servitudes de ses attachements. Il s'occupait, jusqu'à la dernière heure, du sort qu'il assurerait après lui à celle qu'il aimait.

VI

La famille royale, satisfaite de cet éloignement de madame du Cayla, entourait le roi des plus tendres soins, pour lui faire oublier son amie absente. Le parti religieux, qui s'était servi d'elle si utilement et en bravant tant d'interprétations malignes et tant de scrupules, brisait maintenant son instrument qui pouvait devenir un instrument de scandale, et se réjouissait d'avoir purifié le palais de toute apparence équivoque et de tout soupçon. Les uns par un zèle sincère et pieux pour le salut éternel du roi et pour l'édification du peuple, les autres par convenance purement royale, et pour montrer qu'un prince suspect de philosophie et d'incrédulité confessait à la fin la foi de ses pères et mourait entouré des prêtres de son royaume, obsédaient la famille royale et les courtisans les plus affidés de la chambre du roi pour lui insinuer la pensée des cérémonies pieuses que l'Église offre aux mourants, et qu'elle rend plus solennelles encore pour les rois. Le comte d'Artois, qui aimait son frère de la double tendresse du frère et du chrétien, le duc d'Angoulême, prince modestement mais sincèrement pieux, la duchesse sa femme, fille de Louis XVI, qui avait puisé dans les cachots et dans les martyres de sa famille une foi trempée dans les larmes et dans le sang, avaient plusieurs fois, mais vainement, tenté de faire naître dans l'esprit du roi lui-même des recours à l'Église que le respect leur défendait d'exprimer plus clairement. Louis XVIII était attentif mais sourd en apparence à ces insinuations de sa famille et de ses courtisans.

VII

Ce prince était comme les gentilshommes de son âge : un homme de deux âmes et de deux siècles. Élevé dans les bras de l'Église, qui était avant la Révolution, dans sa famille, la seconde nourrice des princes ; nourri plus tard des libertés de la pensée, des incrédulités de la philosophie, plein des doutes du siècle et des maximes du déisme, enfin, précipité des marches du trône le même jour que l'Église était précipitée des marches de l'autel, entouré de ses proscrits, de ses martyrs, de ses évêques, victimes d'une catastrophe commune pendant l'émigration, il était à la fois croyant par son enfance, philosophe par son âge mûr, sceptique par sa vieillesse, mais il était surtout roi et Bourbon. Ces contradictions de nature se combattaient en lui comme dans tous les émigrés de la même date. Ce contraste était frappant et souvent naïf dans ces esprits nés d'un siècle, vivant dans un autre, mal à l'aise dans les deux.

VIII

Les sociétés d'esprit et les lectures de Louis XVIII avant et pendant la révolution, ses hautes études pendant ses exils, avaient affranchi son intelligence de beaucoup de superstitions officielles de son berceau ; d'un autre côté, son rôle de roi très-chrétien à maintenir en face de l'Europe et de la France, sa parenté avec le roi martyr, son alliance antique avec la religion de saint Louis, son cortége d'évêques, son titre de restaurateur de l'autel et du trône, son commerce de lettres et de société à l'étranger avec les grands écrivains antirévolutionnaires et antiphilosophes, tels que les Bonald, les de Maistre, les Chateaubriand; enfin sa cour et son gouvernement, pleins de représentants du parti du clergé; et la force que la Restauration trouvait dans ce parti des consciences, avaient, sinon converti, au moins contraint Louis XVIII à des orthodoxies officielles qui juraient avec ses premières pensées, mais qui étaient bienséantes à son règne. Il parlait, dans les premières années, de la religion en roi quand il était en public, en philosophe quand il était en particulier, mais toujours avec décence et en souverain qui considère l'Église comme la grande aïeule de sa dynastie et la grande étiquette de sa cour. Tel était Louis XVIII depuis 1814 et 1815. Sa vie publique était conforme à ces dispositions de son esprit, les exercices assidus du culte faisaient partie de son cérémonial monarchique; il y assistait avec le rituel de Louis XIV. Dans sa vie privée, il conservait sa liberté de penser; il se permettait ces légères railleries des superstitions populaires, et ces sourires quelquefois amers contre la prostration de son frère devant le clergé qui montraient l'indépendance philosophique de l'homme sous le respect extérieur du Bourbon et du souverain. Il ne livrait point sa conscience comme Louis XIV à un Tellier. Bien qu'il y eût un confesseur officiel du roi comme une des charges de la domesticité royale, ce confesseur n'apparaissait point dans la cour; il ne dominait point sa conscience, il n'exerçait aucun empire sur les affaires. Un prêtre, humble, obscur, relégué sous les toits des Tuileries, étranger à toute faction ambitieuse du clergé, avait été choisi par le roi à la sainteté de la vie et au désintéressement de la foi. Homme de Dieu, caché pour le besoin du prince derrière le rideau du temple, dans les ténèbres du palais.

IX

Louis XVIII, semblable en cela à son aïeul Louis XV, n'avait jamais fermé derrière lui, même dans les légèretés de ses mœurs, la porte au retour des croyances de famille et de jeunesse. Il affectait même, avec ostentation de science théologique, une certaine érudition sacrée des dogmes et des cérémonies ecclésiastiques, convenable, disait-il, à un successeur de Charlemagne et à un souverain qui s'appelait le premier évêque de son royaume. Il aimait à confondre sur ces matières les docteurs, les théologiens et les cardinaux de sa cour : badinages d'esprit plutôt que prétentions de piété. Nul ne s'y trompait, et le clergé, tout en affectant de le présenter au peuple comme le restaurateur de l'Église, ne voyait en lui qu'un premier philosophe, corrompu au sortir du berceau par les vices d'un siècle incrédule, et ligué plus tard avec les législateurs de l'Assemblée constituante pour la liberté de conscience et pour le détrônement de l'Église temporelle.

X

Cependant depuis ces dernières années de la vie et depuis ces infirmités croissantes reportant la pensée de l'homme hors de ce temps qui s'abrége et qui s'obscurcit pour lui, Louis XVIII levait plus souvent ses regards vers le ciel. Il cherchait en Dieu les consolations et les espérances qu'il ne trouvait plus ici-bas. Il aimait à parler des choses éternelles, et une certaine mélancolie pieuse attendrissait ses plus intimes entretiens. Un christianisme philosophique dégageant l'âme des superstitions du vulgaire, mais la sanctifiant par une morale parfaite et la divinisant par des certitudes immortelles, semblait de jour en jour le rapprocher davantage par des détours d'esprit de ses divinités domestiques, et concilier pour lui les lumières d'une haute raison avec les besoins de la foi. Les insinuations et les entretiens de madame du Cayla, chez laquelle une dévotion féminine s'associait sincèrement comme chez madame de Maintenon au manége du cœur d'un roi, avait incliné davantage l'âme de Louis XVIIII aux convenances religieuses. C'était le rôle et la mission de madame du Cayla auprès de lui. Mais, indépendamment de ce rôle presque officiel de l'émissaire du parti sacerdotal dans le cabinet du roi, la tendresse d'une femme a toujours quelque chose d'une piété, et la tendresse pour une femme aimée, surtout dans l'âge où l'amour échappe avec la vie, alanguit l'âme et la fait fléchir aisément sous les crédulités contagieuses de l'amour. La mort trouvait donc Louis XVIII assez disposé à résigner sa vie religieusement au Maître des rois.

XI

Mais soit répugnance d'esprit à professer de bouche en mourant des dogmes qu'il ne professait pas complétement de cœur, soit crainte de livrer prématurément sa conscience à ce haut clergé maître de l'âme de son frère, avide de la sienne, qui abuserait de la faiblesse d'un mourant pour exiger de lui des actes éclatants d'orthodoxie contraires à l'esprit de son règne et à la liberté de sa dynastie, le roi retardait de jour en jour les cérémonies religieuses dont on voulait entourer son lit de mort. La mort cependant l'envahissait partout, excepté la tête, qui semblait grandir en lucidité, en sérénité, en majesté d'esprit à mesure que la vie abandonnait les parties inférieures du corps. Déjà ses jambes, atteintes par la gangrène, se refusaient à tout mouvement, et ses orteils se détachaient d'eux-mêmes de leurs articulations comme des branches mortes d'un tronc encore vivant. Le comte d'Artois et la famille royale, pleins d'une impatiente sollicitude pour le salut éternel d'un frère, d'un oncle sourd à leurs pieuses insinuations, s'inquiétaient d'un délai qui donnait, selon eux, tant de colère au jugement de Dieu : les cardinaux et les évêques de cour qui formaient le conseil de conscience du comte d'Artois et que leurs charges ecclésiastiques rendaient responsables devant la France de l'orthodoxie du roi et devant l'Église de son éternité, se troublaient et s'agitaient dans les antichambres de l'appartement royal. Le cardinal de Latil, le cardinal de Croï, l'évêque d'Hermopolis, M. de Frayssinous, et les autres chefs de l'Église se réunirent en conseil sous la pression de ces craintes. Ils délibérèrent sur les mesures à prendre pour sauver leur responsabilité ecclésiastique devant les hommes et devant Dieu. Ils convinrent, de concert avec les princes et les princesses de la famille, de porter au roi un avertissement pénible mais nécessaire sur la gravité de son état et sur le danger d'ajourner ainsi les secours de l'Église. M. de Frayssinous, le plus doux, le plus familier et le plus éloquent de ces ministres de Dieu, fut chargé par ses collègues de cette délicate mission. Son titre de ministre de la religion et son travail direct avec le roi déguisaient, sous les formes d'une audience ordinaire, cette sommation sinistre au mourant. Il parla au roi en ministre et en ami dévoué à son âme plutôt qu'en prêtre impérieux et importun. Il radoucit de toute la souplesse et de toute la grâce de son caractère et de ses paroles la triste vérité que sa démarche révélait à son maître. Le roi, qui l'estimait et qui l'aimait pour sa modération dans les affaires, l'écouta sans étonnement et sans colère, mais il persista à refuser les cérémonies suprêmes, dans la crainte, dit-il, d'alarmer prématurément son peuple, et il congédia l'envoyé du clergé avec une fermeté de résistance qui redoubla les craintes de la cour et de l'Église. On ne s'entretenait dans les appartements du comte d'Artois, dans les salles du palais et dans les conciliabules du parti religieux, que de cette répugnance si semblable à l'impiété du roi, de cette douleur pour la famille royale, incertaine du salut éternel de son chef, de cette honte pour l'Église, désavouée au dernier soupir par son restaurateur temporel, de cette joie pour le parti philosophique, de cette défaite pour le parti sacerdotal. L'agitation croissait autour de ce lit de mort. On n'épargnait pas à voix basse au monarque les reproches irrespectueux d'irréligion, d'impénitence d'esprit et d'impiété.

XII

Témoin de ces anxiétés de la famille royale et de ces angoisses du parti de l'Église, le jeune vicomte de La Rochefoucauld, qui avait introduit madame du Cayla dans le cabinet du roi pour porter au cœur du prince la politique de son parti, osa la proposer à la famille royale et aux évêques, pour porter au lit de mort du vieillard les conseils et les supplications de sa famille, et pour conjurer le scandale dont l'Église et la cour étaient menacées. Le désespoir fit agréer son entremise. Le vicomte de La Rochefoucauld, à qui ses fonctions semi-ministérielles donnaient accès auprès du roi, se présenta le samedi, jour de travail des beaux-arts, à la porte du cabinet et fut admis. Il trouva Louis XVIII assis, comme il avait l'habitude de passer ses matinées, dans l'embrasure d'une fenêtre, devant le petit bureau sur lequel il s'efforçait encore de tracer quelques lignes d'une main chancelante et amaigrie par les douleurs. Sa tête, inclinée sur sa poitrine, tombait et se relevait alternativement de son fauteuil à sa table et de sa table à son fauteuil, en frappant du front, à chaque oscillation en avant, le bois du pupitre, et en rendant un coup aussi sec que le balancier de sa pendule. Un manteau à fourrure emmaillotait ses jambes. Sa toilette était aussi recherchée et sa coiffure aussi peignée que dans les jours de réception. Ses joues tombaient sous l'affaissement des muscles, mais sa bouche s'efforçait encore de sourire, et ses yeux bleus rayonnaient d'autant de lumière et d'autant de majesté qu'autrefois. Un sommeil léthargique et un réveil continuel les fermaient et les rouvraient tour à tour.

M. de La Rochefoucauld déploya son portefeuille et présenta à la signature du prince quelques pièces sans importance que le roi signa péniblement et avec distraction, mais avec la plénitude de son intelligence. La conversation s'engagea alors entre le prince et le jeune courtisan. M. de La Rochefoucauld, après avoir exprimé au roi la tristesse et l'anxiété dont sa maladie affectait le cœur de tout le royaume et l'espoir de son prochain rétablissement, ajouta : « Mais il y a surtout une personne, Sire, pour laquelle l'éloignement que votre tendresse lui a imposé est une douleur qui dépasse toute autre douleur et qui aspire avec une filiale impatience au jour où il lui sera permis de vous rapporter ses félicitations, ses consolations et ses vœux. Cette personne, c'est madame du Cayla ! » Ce nom fit légèrement tressaillir le roi, mais il affecta de n'avoir pas entendu et ne répondit pas. « Oui, Sire, continua le négociateur, madame du Cayla, aujourd'hui la plus malheureuse des femmes, serait demain la plus heureuse s'il lui était permis de revoir le prince et l'ami auquel toutes ses pensées sont dévouées, et de jouir encore quelquefois de cette intimité qui a fait le bonheur et la gloire de sa vie et dans laquelle le roi lui-même a daigné trouver les consolations de l'amitié. » Le roi souleva encore ses paupières, les referma, parut réfléchir, et continua à se taire. M. de La Rochefoucauld ne se découragea ni de ce regard, ni de ce visage muet, qui semblaient assez lui imposer tacitement la réserve et déguiser le refus sous le silence ; il redoubla ses instances ; il représenta pathétiquement au prince la tendresse qu'il trouverait dans le cœur de la femme la plus dévouée et la plus reconnaissante de son royaume après sa famille ; il lui dépeignit les inquiétudes et les angoisses dans lesquelles cette amie, éloignée de lui par sa tendresse, passait ses jours à tout espérer et à tout craindre, forcée d'épier de loin les symptômes de l'affaiblissement ou du rétablissement de celui qui était l'objet de toutes ses pensées, et de n'apprendre que par les bruits publics ce que nul autre sur la terre ne pouvait désirer apprendre avec plus d'anxiété et de tendresse. Il ajouta que cette séparation absolue, au terme d'une si longue et si pure intimité, ajoutait encore l'humiliation à la douleur, en donnant aux yeux de la cour et du monde à un éloignement tout paternel l'apparence d'une disgrâce et d'un mécontentement qui offensaient le cœur en le brisant. Il n'oublia rien de ce qui pourrait ébranler, convaincre ou fléchir l'âme d'un ami.

XIII

Le roi, à ces dernières paroles, plongea enfin dans les yeux de l'ami de madame du Cayla un de ces longs regards qu'il savait faire parler en se taisant, quand il voulait être entendu à demi-mot, et qui pénétraient jusqu'à l'âme de ses familiers ou de ses ennemis ; puis, comme s'il eût voulu se décharger lui-même aux yeux de sa famille d'un consentement qu'il paraissait à la fois redouter et désirer d'accorder : « Vous le voulez ? dit-il, eh bien ! allez dire à madame du Cayla que je la recevrai. » Et il retomba après cet effort dans un assoupissement.

M. de La Rochefoucauld, profitant de ce consentement arraché plutôt qu'obtenu, et craignant un retour de pensée qui pourrait le révoquer au réveil, se hâta de prendre son portefeuille sur la table et de s'éloigner sans bruit sur la pointe des pieds, de peur d'exciter l'attention du roi. Il monta à cheval à la porte du palais et courut sans reprendre haleine jusqu'à Saint-Ouen.

XIV

Il y trouva madame du Cayla seule et dans les larmes. Il lui raconta l'agitation de la cour, la douleur des hommes pieux, l'inquiétude des évêques, l'hésitation et la décadence rapide du roi, les désirs de la famille royale devenus des ordres pour elle, enfin son entrevue et son dialogue muet avec le mourant, et les paroles par lesquelles il l'avait rappelée à son lit de mort. Il la conjura de ne pas perdre un instant pour accomplir la douloureuse et difficile mission dont l'amitié, la cour, l'Église, le ciel lui-même semblaient la charger à l'envi, et de réconcilier le monarque avec l'idée de ces secours divins et de ces actes solennels qu'il devait à son royaume, à sa maison et à lui-même. Il trouva la jeune femme émue, attendrie, désolée, mais inflexible dans sa résolution de ne pas reparaître à la cour, pour y subir de nouveau les sévérités de regards de la famille et les odieuses et sinistres interprétations de la cour sur une démarche travestie par la malignité publique en obsession intéressée autour du lit d'un roi mourant. Elle pâlit, cacha ses yeux dans ses mains, versa des larmes, combattit longtemps avec sanglots entre son invincible répugnance à repasser le seuil du palais, son attachement pour le roi et la crainte de mécontenter par un refus la famille royale de qui son sort allait dépendre, M. de Villèle qu'elle pouvait entraîner dans sa disgrâce, et le parti religieux qui lui demandait un dernier service. Elle céda enfin, non sans des retours d'angoisses et d'hésitation, aux motifs allégués par son ami et aux vœux du roi mourant. Sa voiture, préparée pendant cette lutte par les ordres de M. de La Rochefoucauld, l'emporta rapidement vers Paris.

XV

On l'introduisit à l'instant chez le roi. Nul ne sait de cette entrevue suprême que ce qu'elle en raconta elle-même à son jeune ami en sortant pour la dernière fois, chancelante et voilée, de cet entretien, où la royauté, l'amitié et la mort avaient échangé de derniers regards et de derniers épanchements. Après ces premières tristesses et ces premiers attendrissements d'une telle entrevue, sur lesquels elle ne révéla rien : « Sire, dit-elle au mourant, il me reste à donner au roi une preuve d'attachement plus pénible et plus surnaturelle que toutes les autres. Vos ennemis, qui ont calomnié votre vie, s'efforcent de calomnier aujourd'hui votre mort. On répand, au grand scandale des hommes monarchiques et religieux de votre royaume, que vous écartez avec dédain de votre lit de douleur les ministres de la religion qui vous offrent vainement leurs prières et qui s'affligent, pour le salut de votre âme et pour l'édification du peuple, des délais et des temporisations que vous opposez à leur ministère sacré. On va jusqu'à révoquer en doute la foi du roi très-chrétien et jusqu'à vous confondre avec ces philosophes et ces impies d'un autre siècle qui ont sapé à la fois par leur incrédulité votre trône et l'autel du Dieu de votre maison. Votre famille s'afflige, votre clergé s'humilie, les amis de votre dynastie gémissent, les amis plus tendres de votre âme et de votre mémoire se consternent, et, plus attachés encore en vous à l'homme et au chrétien qu'au monarque, supplient avec larmes le ciel de vous inspirer ces pensées qui peuvent seules éterniser les affections!... Moi-même, Sire, on fera peut-être retomber sur moi la faute et la douleur de ces retards; on m'accusera d'avoir hésité devant le premier devoir de l'amitié si je n'ai ni assez d'empire sur ma douleur pour vous parler de ces afflictions de l'Église, ni assez d'empire sur votre cœur pour vous décider à donner satisfaction à ces vœux de votre famille et à ces scrupules de la religion. Au nom de Dieu, Sire, au nom de votre âme, au nom de celle qui vous a porté jusqu'à ce jour une si tendre et si reconnaissante affection, et qui n'envisage plus que votre gloire ici-bas et votre immortalité dans le ciel, consentez à ce que vous demandent votre nom, votre peuple, votre foi, et à ce que votre amie vous supplie en leur nom d'accorder à l'édification de votre peuple! »

XVI

Le roi, sans témoigner ni mécontentement de la liberté de ces paroles, ni effroi, ni empressement, ni répugnance, regarda d'un regard profond, ferme et triste, la jeune femme. « Vous seule, madame, lui dit-il enfin d'une voix émue, pouviez m'apporter de telles paroles ; je les entends et je ferai ce que je dois faire. » Puis, lui tendant sa main, qu'elle baisa en la couvrant de larmes : « Adieu, lui dit-il avec un sanglot contenu dans la voix, adieu, et à revoir dans l'autre vie ! »

Elle sortit. Le roi fit appeler à l'instant M. de Villèle, termina avec lui toutes les affaires qu'il avait à cœur de laisser après lui achevées : « Désormais, lui dit-il, vous travaillerez avec mon frère ; je n'ai plus à m'occuper que de la grande affaire de ma mort, et je n'y veux point des distractions du temps qui est fini pour moi. » Il témoigna avec sensibilité à ce ministre et à ses collègues sa satisfaction de leurs services, et les congédia comme à l'issue d'un dernier conseil. Il fit appeler auprès de son lit le prêtre obscur et pieux qu'il s'était réservé pour confesseur et lui ouvrit son âme en secret, puis il ordonna qu'on préparât pour lui les solennités et les pompes de l'agonie des rois ; et pendant que le grand aumônier, les cardinaux et les évêques se rassemblaient à la porte de sa chambre pour ces funèbres offices, il fit introduire toute sa famille dans son appartement.

C'était le 15 septembre, au coucher du soleil. Le roi sortait d'un long assoupissement qui avait fait craindre à ses serviteurs le dernier sommeil. Il avait repris tout son regard dans les yeux, toute sa voix sur les lèvres, toute sa présence de cœur et d'esprit dans la physionomie. Son frère en larmes était à genoux au pied de son lit, le duc et la duchesse d'Angoulême en prière à son chevet, la veuve du duc de Berri tenant ses deux enfants par la main, entre le comte d'Artois et le duc d'Angoulême; les courtisans et les serviteurs à distance, à portée de voir mais non d'entendre les adieux du mourant à sa famille. On n'entendit en effet que quelques mots : ce furent les adieux d'un frère, d'un oncle, d'un ami, mais surtout d'un sage et d'un roi qui aurait voulu laisser après lui les sagesses, les expériences et les prévisions du trône. « Aimez-vous les uns les autres, et consolez-vous par cette affection des désastres et des ruines de notre maison. La providence divine nous a replacés sur le trône ; j'ai su vous y maintenir par des tempéraments qui n'ont rien coûté à la monarchie en force réelle et qui lui donnent l'appui et le consentement du peuple. La charte est mon meilleur héritage ; conservez-la, mon frère, pour moi, pour nos sujets, pour vous-même ! et aussi, ajouta-t-il en levant la main et en bénissant le duc de Bordeaux enfant que sa mère tendait vers le roi, pour cet enfant à qui vous devez transmettre le trône après *ma fille* et *mon fils* (noms de tendresse qu'il donnait au duc et à la duchesse d'Angoulême) ! » Et regardant encore le duc de Bordeaux : « Puisses-tu, mon enfant, lui dit-il, être plus sage et plus heureux que tes parents!... »

On n'entendit pas le reste, balbutié à voix plus basse au groupe plus rapproché et plus éploré de la famille royale et des enfants : on n'entendit que des adieux répétés, des soupirs et des sanglots autour du lit et dans les salles. Les princes et les princesses se relevèrent et se retirèrent en arrière pour faire place aux cardinaux et aux évêques qui venaient administrer le roi.

Il reçut avec une piété recueillie et avec une liberté d'attention complète les saintes cérémonies, répondant quelquefois lui-même par des versets de psaumes latins aux versets psalmodiés par les pontifes. Il remercia le clergé et prit un congé éternel des officiers de sa maison. Un homme, mêlé à eux et caché avec la foule où le regard du roi le discernait, priait et pleurait sur son maître et sur son bienfaiteur. C'était M. Decazes, à qui la jalousie des ultraroyalistes et la colère des courtisans ne permettaient que cet adieu furtif au roi qui l'avait tant aimé et qu'il aimait lui-même comme un père.

Le mourant, après ces cérémonies et ces adieux, resta, entouré seulement de son frère, de son neveu, de la duchesse d'Angoulême et de quelques serviteurs, dans des assoupissements interrompus de courts réveils, sans agonie, sans délire, sans douleur. A l'aube du jour, le 16 septembre, jour qu'il avait fixé lui-même à ses médecins pour le terme de ses forces, le premier médecin entr'ouvrit ses rideaux et prit son bras pour s'assurer si le pouls battait encore : le bras était chaud, mais le pouls ne battait plus dans l'artère. Le roi dormait du dernier sommeil.

M. Portal leva la couverture, et se retournant du côté des assistants : « Le roi est mort, messieurs, dit-il en s'inclinant devant le comte d'Artois, vive le roi ! »

Les cérémonies funèbres commencèrent. Le comte d'Artois s'enferma avant de régner dans le palais de Saint-Cloud.

XVII

A peine les yeux du roi étaient-ils fermés, que le frère du roi, devenu roi lui-même, la famille royale et le parti qui venaient de se servir si utilement de madame du Cayla pour l'édification du royaume et pour l'honneur de la religion, se hâtèrent de briser l'instrument de leur longue intrigue, et d'effacer autant qu'il était en eux les traces de l'intervention de cette femme dans le cabinet, et de son ascendant sur le cœur et la conscience du roi. M. de Villèle conservait seul le souvenir des heureuses influences exercées par elle dans les affaires, et la décence de l'ancienne amitié; informé des recherches qu'on allait faire dans les cassettes et dans le portefeuille de Louis XVIII pour y enlever ce qui pourrait se rapporter à cette longue intimité du roi et de madame du Cayla, il envoya précipitamment un émissaire au vicomte de La Rochefoucauld pour l'avertir du dernier soupir du roi, et pour le prier d'accourir au château, afin d'y revendiquer, au nom de son amie, les correspondances, les papiers secrets ou les titres qui la concernaient. Le vicomte de La Rochefoucauld fut moins prompt que les mains chargées d'anéantir les monuments de ce commerce et de cette amitié, qui survivaient, dit-on, à la vie du roi. On parlait non-seulement de lettres nombreuses, familières et politiques, intéressantes pour l'histoire du cœur humain, comme pour l'histoire du dernier règne, mais de dispositions écrites de la main du prince pour assurer après lui une existence splendide à celle qu'il avait chérie et honorée pendant ses derniers jours. Lui-même l'avait formellement et itérativement annoncé à madame du Cayla, qui refusait d'accepter de ses mains des dons d'un certain prix : « Au reste, peu importe, lui avait dit ce vieillard en reprenant les bijoux offerts et refusés, vous trouverez après moi des souvenirs authentiques et des gages de mon attachement, qu'il ne vous sera plus possible de refuser à ma mémoire. » Lettres et papiers, tout avait disparu du cabinet du roi avant que les amis de madame du Cayla eussent pu s'informer même de ce mystère ou de ses intérêts. Charles X et le conseil de famille jugèrent convenable à la dignité de la couronne, et au respect pour la piété et pour la mémoire de leur frère et de leur oncle, de ne pas ébruiter des lettres, des dispositions ou des codicilles qui prolongeraient au delà du tombeau les interprétations et les malignités dont les ennemis de leur maison avaient pendant la vie de Louis XVIII calomnié ou dénaturé cette amitié. Peut-être voulait-on aussi détruire du même coup tous les monuments écrits de l'obsession que les deux partis occultes de la cour et de l'Église avaient exercée par l'entremise d'une femme sur la politique des dernières années, afin de laisser croire à l'opinion que les concessions péniblement arrachées à ce prince étaient le fruit de ses propres convictions, et non le résultat de l'importunité sur l'âme d'un vieillard.

Quoi qu'il en soit, Charles X, prince aussi probe qu'il était pieux, transforma en les anéantissant les dispositions testamentaires de son frère en une rente de vingt-cinq mille francs, qu'il assura pendant sa vie à madame du Cayla. Elle s'éloigna de la cour, et rentra dans une obscurité splendide qui attesta longtemps l'amitié d'un roi, le prix des services rendus à une haute négociation, et la gratitude d'un successeur qu'elle avait fait régner d'avance en faisant régner son ministre. Tout se refroidit pour elle après cette mort, excepté la reconnaissance de MM. de Villèle et de La Rochefoucauld.

Telle fut la fin de cette triple négociation indécise entre la trivialité de coulisse et la gravité de l'histoire : scènes de cœur, de politique, d ambition, de religion, de vieillard et de femme, que Molière ou Tacite pourraient également revendiquer pour leurs pinceaux; revers des choses humaines, qui donne aux grandeurs des événements leur valeur réelle, leur sourire, et quelquefois leur mépris.

XVIII

Le corps de Louis XVIII embaumé fut recouvert du linceul par M. de Talleyrand et par le duc d'Aumont; les funérailles furent splendides, mais attristées par l'absence des hauts dignitaires du clergé, qui étonna le peuple, et qui propagea dans la multitude la rumeur d'une vengeance sacerdotale contre l'impiété prétendue du prince. Ce n'était qu'une lutte d'orgueil de M. de Quélen, archevêque de Paris, et du cardinal prince de Croï, grand aumônier de la couronne, qui se disputaient la prééminence, et qui, ne pouvant se céder, aimèrent mieux déserter le corps du roi à qui ils devaient tout, que d'abandonner la moindre de leurs prérogatives. Le peuple en masse, profondément ému, suivit le char funèbre jusqu'à Saint-Denis, où le fondateur de la charte reprit le premier possession de la tombe de ses pères. Il fut loué par M. de Frayssinous, évêque d'Hermopolis; mais mieux encore par l'estime et par les regrets de la nation : il les méritait.

XIX

La postérité, quand elle est trop près d'une mémoire, a, pour juger cette mémoire, des préjugés, des partialités, des factions historiques comme le temps lui-même a ses factions : ce sont ces factions posthumes qui ont jugé jusqu'ici le règne de ce roi. Presque toutes étaient également intéressées à rapetisser, à travestir et à dénigrer sa personne et sa vie. Les partisans de l'empire avaient à se venger sur lui de la chute de leur idole, et à éclipser dédaigneusement sous la gloire militaire de Napoléon et sous l'éclat de son règne les mérites civils et modestes de la politique de la paix et de la liberté. Il fallait avilir le contraste pour faire resplendir le héros. Ce fanatisme avait besoin de sacrifier une mémoire à son culte. Ils ont continué, après la mort de Louis XVIII, le sarcasme au lieu de l'histoire. Les libéraux, alliés de mauvaise foi avec les bonapartistes, bien qu'ils eussent au fond une estime sincère de ce prince, ont sacrifié à leur tour l'expression de cette estime pour Louis XVIII à de lâches complaisances de parti. Les républicains exagérés lui ont reproché le nom de Bourbon, le titre de frère de Louis XVI, le crime d'être roi, sans réfléchir qu'il faut juger un homme dans sa nature, et que la royauté est le devoir d'un roi comme elle est son dogme et sa gloire. Le parti ambitieux du clergé, qui espérait régner par lui, ne lui a pas pardonné d'avoir voulu le contenir dans les bornes de la liberté religieuse, de lui avoir opposé la liberté de la presse et des tribunes, de ne lui avoir pas rendu le pouvoir; et ce parti a excommunié sa mémoire, comme celle d'un prince philosophe infecté sur le trône de l'air, de l'esprit et de l'impiété de son berceau. Enfin, son propre parti lui-même, le parti monarchique et aristocratique, enivré du vertige qui saisit toujours les partis triomphants, s'est tourné contre son modérateur. Il lui a imputé à faiblesse ses tempéraments du pouvoir royal. Il lui a imputé à crime cette charte, véritable traité d'Utrecht entre la révolution et les monarchies. De là toutes les iniquités, toutes les rancunes et tous les mépris ligués pour défigurer la mémoire d'un roi jeté en proie à tous les ressentiments et à tous les dédains intéressés de son époque. Le jour des vérités est enfin venu pour lui. Il est temps de le juger non sur les sarcasmes de ses ennemis, mais sur ses œuvres.

XX

Jamais roi ne souffrit avec plus de dignité et de constance le détrônement et l'exil, épreuves presque toujours malheureuses des hommes qui ne sont élevés que par leur situation. Jamais roi n'attendit avec plus de patience et plus de certitude la restauration de sa race, jamais roi ne remonta dans des circonstances plus difficiles sur le trône, ne s'y affermit à travers plus d'obstacles, et ne le légua à sa famille avec plus de sécurité de s'y maintenir longtemps après lui; ces adversités noblement supportées, ces patiences froidement raisonnées, ces difficultés résolûment affrontées, ces obstacles habilement franchis, ces chances d'un long règne laborieusement reconquises pour ses successeurs, ne furent pas chez Louis XVIII l'œuvre de la fortune : elles furent l'œuvre de l'intelligence, de la politique, du caractère, de la maturité d'esprit, de la portée de vues, de la sagesse, de ses qualités comme de ses défauts, de cette sereine contemplation des choses que donnent aux hommes les longues solitudes et les longs malheurs, de ces infirmités du corps qui relèguent l'homme dans ses pensées, de cette vieillesse même qui refroidit les passions funestes au législateur, et qui, en désintéressant le prince du temps qui va lui échapper, le reporte avec une prévision et une contemplation plus impartiales vers l'avenir qu'il veut assurer à son nom, à sa famille et à son peuple.

XXI

Jeune, le comte de Provence avait été à la cour de son frère son propre ouvrage; il s'était créé lui-même, au milieu des légèretés et des futilités du palais, un esprit érudit, orné, réfléchi, littéraire et déjà politique, qui l'avait fait taxer d'ambition, de personnalité et de pédanterie par une cour où, depuis Louis XV, tout était permis à un prince, excepté d'être homme. Dès les premiers symptômes de la révolution, il en avait compris la portée et adopté avec modération et décence les principes compatibles avec son rang et avec sa fidélité à son frère. Aucune des fautes de ce frère et de la reine ne lui avait échappé; mais aucune des catastrophes sorties de ces fautes ne l'avait détaché de sa fidélité au trône. Son attachement au roi avait paru redoubler avec les malheurs et les dégradations du règne. Il n'avait point émigré, comme le comte d'Artois, qui sans le vouloir avait compromis dangereusement sa famille laissée en gage dans les mains de la révolution, agité vainement nos frontières, et cherché de cour en cour des ennemis à son pays. Il n'avait quitté la France que par l'ordre de Louis XVI, la nuit même où ce prince se dérobait à son palais et à La Fayette en fuyant vers Varennes. Mal reçu par le prince de Condé et par les rassemblements de la noblesse armée à Coblentz, comme un prince entaché d'esprit populaire, il s'était retiré avec quelques amis, tantôt en Russie, tantôt à Vérone, tantôt à Hartwell, où les échafauds et les cachots de sa famille lui avaient envoyé, avant l'ordre de la nature, le titre de roi. Il l'avait porté avec une majesté modeste au niveau des dédains de l'Europe, des malheurs de sa race, de la grandeur de sa nation. Il ne l'avait vendu pour aucun prix ni à Bonaparte, qui voulait le lui acheter, ni aux cabinets de Vienne et de Russie, qui voulaient le contraindre à l'abdiquer. Aucun prince déchu du trône n'avait préservé davantage en lui-même, pendant ses proscriptions, le rang de ses aïeux, l'honneur de sa patrie, la couronne tombée de sa tête, mais gardée en dépôt dans ses respects. A force de croire à son droit, malgré les insultes de la fortune, il y avait fait croire l'Europe. A force de se respecter lui-même, il s'était fait respecter de l'univers. Il avait été un moment, après la paix d'Amiens, seul de son parti contre le monde tout entier.

XXII

Il avait charmé et fécondé les longs loisirs que lui fit l'exil, par ces études tantôt solides, tantôt légères qui avaient d'abord distrait, puis mûri son esprit dans sa jeunesse. Il pensait comme Montesquieu, il causait comme M. de Talleyrand, il écrivait avec cette finesse et cette grâce délicate de style qui ne révèle pas le grand écrivain, mais qui rappelle dans la littérature familière la négligence aisée de l'homme de cour sous les formes classiques de l'homme de lettres. Il adorait l'antiquité dans ses historiens, dans ses poëtes, dans ses philosophes. Horace était le manuel de sa philosophie légère, Tacite de sa politique sérieuse. Ce sentiment de l'antiquité qui grandit et solennise les pensées avait été pour beaucoup dans le stoïcisme et dans la majesté continue d'attitude qu'il avait conservée dans sa lutte d'un quart de siècle avec la fortune. Il avait vécu en société avec les grandes pensées et les grands hommes. Dans la poésie, dans la littérature et dans la philosophie moderne, il aimait surtout Voltaire, ce génie de la lucidité, de la grâce et du sens commun. Le sophisme et la déclamation le repoussaient dans J.-J. Rousseau et dans les écrivains de son école. Il ne s'éblouissait pas des splendeurs de M. de Chateaubriand, sous lesquelles il ne voyait, disait-il, « que des surfaces sans fond, des couleurs sans dessin, et des éblouissements sans véritable lumière. » Il se raillait quelquefois de M. de Bonald et des ténèbres de sa philosophie, où il ne trouvait, disait-il, « que des énigmes pour solution aux énigmes de l'humanité. » Il penchait plutôt pour ces écrivains médiocres, mais clairs, qui n'ont point d'obscurités parce qu'ils n'ont point de profondeurs, et qui jouent avec les mots et les pensées comme avec des osselets. Ses correspondances et le petit nombre de vers ou d'écrits qu'il a laissés sont des badinages. Il gardait le sérieux pour ses entretiens, pour son conseil, pour les manifestes qu'il adressait à l'Europe, pour les discours qu'il rédigeait de sa propre main à son parlement. Ces fragments sont des chefs-d'œuvre de dignité, de diplomatie, de convenance et d'élocution. Aucun de ses ministres n'aurait su le faire parler aussi bien qu'il parlait lui-même. Il avait le diapason de chaque chose, de chaque circonstance et de chaque temps. Il comprenait le siècle et il savait s'en faire comprendre. Dans l'entretien familier, plaisant ou grave, aucun homme de son temps ne l'égalait. Il fut sans contestation un des hommes les plus spirituels de son royaume. A force d'esprit, il se fit même un caractère. Le seul reproche qu'on puisse lui faire, c'est que ce caractère, un peu ostentatoire et un peu joué, fut plutôt en lui la majesté d'un rôle que la vraie grandeur de la nature. Mais ce rôle, il ne le démentit du moins jamais. Si ce fut quelquefois en lui comédie du trône, jamais la comédie du trône ne fut mieux jouée.

XXIII

La fortune le retrouva à la chute de Bonaparte à la hauteur du rang suprême où elle le rappelait. Tout autre, peut-être, aurait tremblé devant cette fortune, ou échoué devant les difficultés de la tâche que lui imposaient la France, l'Europe et son nom. Il arrivait déjà âgé, amolli par le long repos et infirme, dans un pays qui l'avait oublié et que lui-même ne connaissait plus. Il y remplaçait le conquérant du monde, le héros de la gloire, le dieu du soldat, la vanité du peuple. La nation humiliée le prenait pour le vice-roi de la coalition, l'otage imposé par l'Europe; la révolution alarmée, pour le vengeur irrité de sa famille; l'armée, pour le complice et l'allié de ceux qu'elle combattait depuis vingt-cinq ans; la noblesse, pour le champion obligé de ses priviléges et de sa domination; le clergé, pour le restaurateur de son pouvoir temporel; le peuple, pour son antagoniste, pour le destructeur de l'égalité, pour l'ennemi de la liberté; l'Europe, enfin, pour le mannequin de ses caprices, le jouet de sa diplomatie, l'instrument de ses exigences et de ses spoliations sur sa patrie. Il fallait étudier d'un coup d'œil ce pays nouveau, remplacer la gloire par la raison, honorer le soldat en faisant oublier le chef, changer l'idolâtrie du peuple pour l'héroïsme en amour passionné mais réfléchi pour la liberté, relever l'orgueil national écrasé et irrité dans ses défaites, faire croire à la France que c'était elle et non la force étrangère qui restaurait son roi, amortir en les caressant les mécontentements des troupes, rassurer la révolution sur ses conquêtes inaliénables d'égalité, apaiser la noblesse en la flattant, contenir l'Église en ne lui donnant que des respects au lieu d'empire, s'emparer du peuple en lui octroyant une large part de droits et d'influence dans son propre gouvernement et en faisant du trône constitutionnel son rempart contre la réaction des classes aristocratiques; il fallait enfin se marchander à haut prix soi-même à l'Europe, et s'imposer à son tour, en roi véritable, aux puissances qui croyaient n'imposer à la France qu'un fantôme et un jouet de roi. Louis XVIII conçut, osa, accomplit toutes ces choses en apparence impossibles. Ce vieillard, armé de la charte, se jeta courageusement et seul entre l'Europe, l'armée, la France, la révolution et la contre-révolution. Il franchit ou tourna tous ces écueils, et mourut roi d'un royaume délivré et pacifié.

XXIV

On a lu son règne. Ce règne ne fut ni sans erreurs, ni sans fautes, ni surtout sans faiblesses. Mais la plupart de ces fautes et de ces faiblesses du roi sont celles de sa situation, non de sa volonté. C'est une souveraine injustice que de juger les choses relatives d'après des principes absolus. Nul ne doit être apprécié que dans la situation qui lui est faite par le temps, les événements, les circonstances au milieu desquels il est placé par une force de choses indépendante de lui. Louis XVIII, dans les antécédents de son règne, dans son nom de Bourbon, dans son malheur de succéder à Napoléon, qui avait à la fois tant grandi et tant rapetissé la France ; dans l'invasion qui lui faisait brèche pour rentrer dans son pays, dans l'occupation étrangère qui foulait le sol de la France sous son trône, dans son parti naturel, dans une partie de sa famille surtout, avait des occasions et presque des nécessités de fautes qu'il serait injuste de lui imputer à lui-même.

XXV

Son parti naturel, son frère et sa famille furent involontairement ses fatalités. Ils n'avaient ni son esprit, ni sa politique, ni son impartialité, ni sa prévision. Ils ne cessèrent pas de le harceler de leurs exigences dans son propre palais, de conspirer contre sa sagesse, de cabaler contre ses ministres, de se liguer avec les ambitieux de l'Église et avec les téméraires de l'aristocratie pour faire avorter ses desseins et pour recréer dans le pays, entre les classes, les opinions et les intérêts, les scissions qu'il voulait effacer. Si Louis XVIII eût été jeune, valide, héroïque de corps, il aurait pu écarter ce frère, subjuguer cette famille, dompter ces résistances intérieures à sa volonté, et régner seul, sans compter avec son propre palais, jusqu'au moment où le système représentatif, solidement accepté et enraciné, lui aurait permis de dire à son frère ou à ses neveux : « Prenez mes institutions telles que je les ai fondées, ou répudiez mon héritage. »

Mais ce prince législateur approchait de soixante-dix ans ; il était averti de la mort par ses infirmités ; il pouvait à chaque instant descendre au tombeau avant d'avoir amorti dans une telle entreprise les passions royalistes, qu'un tel encouragement aurait animées jusqu'à la guerre civile ; l'Europe, encore présente et armée, aurait pris parti pour sa famille reléguée de nouveau hors du royaume par la main d'un frère, d'un oncle, d'un aïeul, et portant son indignation et ses plaintes de cour en cour ; ce frère, ces neveux, ces nièces, ces pupilles étaient les gouttes de son propre sang, les fibres de son propre cœur, les compagnons et les consolations de ses longues adversités ; l'excès de sévérité pour eux aurait ressemblé à de l'ingratitude, fait crier le sang dans ses veines, l'indignation dans le sentiment de la France et de l'Europe. Il aurait passé pour le proscripteur des siens. Son principe héréditaire et dynastique se serait soulevé contre sa politique autant que la nature. Ne pouvant pas frapper, il fallait tempérer, résister et convaincre.

C'est ce qu'il fit avec sa famille tant que les défaillances du corps ne lui enlevèrent pas toute vigueur de volonté et toute liberté d'action sur son frère, sur les chambres, sur son propre parti. Il s'interposa avec une rare imperturbabilité de cœur et d'esprit entre les aberrations de sa cour et les intérêts de son peuple. Il jeta résolûment sa charte en défi aux uns, en gage aux autres, et il se laissa accuser de défection par quelques membres de sa famille et par son frère pour leur assurer un trône. Tant qu'il put les dominer sans les proscrire, il les domina ; quand ils eurent fomenté jusqu'à la démence la réaction monarchique et sacerdotale dans les chambres, quand la maladie croissante et la mort prochaine ne lui permirent plus sans témérité de second coup d'État du 5 septembre contre ses partisans, il sentit qu'il devait céder un peu pour contenir beaucoup, et il choisit encore dans M. de Villèle le plus sage et le plus modéré des royalistes pour tempérer le mouvement rétrograde et pour sauver du moins la charte. Il gagnait du temps contre les folies de sa cour et de la chambre, et le temps pouvait lui ramener une majorité plus libérale qui aurait rendu l'équilibre à ses institutions.

Il mourut dans ce travail pénible du législateur qui laisse

dériver son œuvre sous un vent trop irrésistible, pour regagner après la tempête le rivage d'où il est forcément écarté. L'histoire doit-elle le rendre comptable de sa mort? Si le ciel lui eût accordé une plus longue vie, deux ans plus tard les élections lui rendaient une majorité libérale et monarchique, et il mourait en pleine charte au lieu de mourir en pleine réaction. Qui peut douter que s'il avait vécu dix ans de plus, une longue liberté monarchique n'eût porté son nom en France? Il donna un règne à la Restauration, il lui aurait donné une suite de règne. Si la Restauration, le plus difficile des gouvernements, n'eut que ce règne, ce fut la faute de son âge, ce ne fut pas celle de sa politique. Il avait en lui le génie flexible, tempéré et négociateur des restaurations. Il fut le diplomate des rois et des peuples, il leur faisait signer l'alliance des temps. Malheur à qui la déchira sur sa tombe !

XXVI

Comme homme, il n'eut ni les grands vices, ni les grandes vertus des fortes natures. Mais il n'eut aucun crime des grandes passions. On l'a accusé d'égoïsme, et sa vie entière n'a été qu'une longue preuve de son besoin d'amitié. Un ami est associé depuis son enfance à toutes les phases de sa vie, de ses malheurs ou de son gouvernement, depuis M. d'Avaray jusqu'à M. Decazes, et jusqu'à cette femme consolatrice de ses dernières années entre les mains de laquelle il résigna son cœur, sa politique et son âme. En étudiant ses actes à l'étranger et en France, il est impossible de se dissimuler la part immense qu'il fit à l'affection et à l'intérêt de sa famille dans sa vie privée et dans sa vie politique. C'est sa maison qui régnait en lui plus que lui-même. S'il eût régné pour lui seul, peut-être cette famille, à laquelle il a trop sacrifié, régnerait encore ; car si jamais elle remontait au trône, son esprit seul pourrait nationaliser ses descendants.

XXVII

Comme souverain, il eut beaucoup de ressemblance avec Henri IV, qu'il se complaisait tant à citer parmi les ancêtres de sa couronne. La nature, le temps et les circonstances lui déniaient la gloire des armes. Mais s'il n'eut ni l'héroïsme, ni l'éclat, ni la poésie d'Henri IV, il n'eut aussi ni les légèretés de cœur, ni les apostasies de foi, ni les ingratitudes de parti de son aïeul. Conquérir les esprits rebelles et pacifier les opinions divisées d'un peuple, après la révolution française, après les conquêtes de l'empire et les revers de l'invasion, était peut-être aussi difficile pour Louis XVIII que de conquérir et de subjuguer le sol après la Ligue pour le roi de Navarre. Vaincre avec un parti et régner pour un autre fut la destinée de tous les deux. Mais Louis XVIII ne trompa pas le sien et ne l'asservit pas, comme Henri IV, au parti contraire. Il s'appliqua seulement à le modérer pour le nationaliser avec lui. L'un de ces princes fut soldat, l'autre législateur de son royaume ; les guerriers sont des conquérants de territoires, les législateurs sont des conquérants de siècles : Henri IV ne fondait qu'une dynastie, Louis XVIII fondait des libertés. C'est là son titre, la France le lui maintiendra ; et si elle ne le place pas au rang de ses plus grands hommes, elle le placera au rang des plus habiles et des plus sages de ses rois.

LIVRE QUARANTE-CINQUIÈME

Charles X. — Son portrait; sa passion pour la chasse; sa piété. — Cour occulte : MM. le cardinal de Latil, Lambruschini, de Quélen, de Montmorency, de Rivière, de Vaublanc, Capelle. — M. de Vitrolles. — Situation de la France. — M. de Villèle est conservé à la tête du gouvernement. — Le duc d'Orléans reçoit le titre d'Altesse Royale et le don d'un apanage. — Abolition de la censure. — Ouverture des chambres. — Discours de Charles X. — Généraux de la république et de l'empire éliminés du service actif. — Dotation de la couronne. — Le milliard d'indemnité. — Loi sur les communautés religieuses. — Loi du sacrilége. — Discours de M. de Bonald, de M. Royer-Collard. — Sacre de Charles X. — Amnistie. — Mort du général Foy; son portrait; ses funérailles; souscription d'un million en faveur de ses enfants.

I

Le comte d'Artois prit pour nom de règne le nom de Charles X.

Le nouveau roi avait conservé, sous les premiers frimas de l'âge, la verdeur, la stature, la souplesse et la beauté de sa jeunesse. C'est la pensée qui mûrit les hommes. Le comte d'Artois avait peu pensé dans sa vie; homme de cœur et de premier mouvement, toutes ses qualités étaient des dons de la nature, presque aucunes n'étaient en lui les fruits acquis du travail et de la méditation ; il avait l'esprit de la race française superficiel, rapide, spontané et heureux en hasards de reparties, le sourire bienveillant et communicatif, le regard ouvert, la main tendue, l'attitude cordiale, un vif désir de plaire, une soif ardente de popularité, une grande sûreté de commerce, une constance, rare sur le trône, dans l'amitié, une modestie vraie, une recherche inquiète des bons conseils, une conscience sévère pour lui-même, indulgente pour les autres, une piété sans petitesse, un repentir noble des seules faiblesses de sa vie, un respect sérieux du caractère de roi, auquel Dieu l'avait appelé par sa naissance, un amour raisonné et senti de son peuple, un désir honnête et religieux de faire le bonheur de la France et de rendre son règne profitable à l'amélioration morale et à la grandeur nationale du pays que la Providence lui avait confié ; toutes ces royales dispositions de son âme étaient écrites sur sa physionomie : noblesse, franchise, majesté, bonté, honnêteté, candeur, tout y révélait un homme né pour aimer et pour être aimé. La profondeur et la solidité manquaient seules à ce visage ; en le regardant on se sentait attiré vers l'homme, on doutait du roi.

II

Sa vie était celle d'un gentilhomme des premières races de la monarchie dans les siècles où la force et l'adresse déployées dans les exercices du corps signifiaient la supériorité du courage et la majesté du rang, où l'église, la chasse et la galanterie se partageaient la journée des princes. La vertu avait supprimé les femmes de la vie de Charles X, la chasse et la piété faisaient le fond de ses journées ; il avait pour la chasse royale l'ardeur de ses plus jeunes années. L'amour des chevaux, le goût des forêts, la voix des meutes, l'ivresse de la poursuite des daims ou des chevreuils, les joies sauvages de l'*hallali*, les sons du cor après le triomphe, l'exaltaient, comme la manœuvre, le combat et la victoire exaltent le héros. Sa vénerie et ses écuries étaient pour lui plus qu'un délassement, c'était une occupation royale. Son long séjour en Angleterre, pays où les chevaux, les chiens, les forêts, les courses, sont le blason d'une aristocratie opulente et l'orgueil national du peuple, avait entretenu et accru en lui cette passion héréditaire des Bourbons. Il faisait écrire l'histoire de ses chasses par les historiographes de ses meutes et de ses coursiers ; des volumes graves, publiés pendant et après son règne, retracent encore, avec une scrupuleuse fidélité et un talent pittoresque, le récit de ces futiles exploits. Ces loisirs, conformes aux habitudes de sa jeunesse et utiles à sa santé, ne dérobaient rien cependant aux devoirs que sa conscience lui imposait comme roi. Sa piété l'emportait même sur ses plaisirs.

III

Cette piété, dont nous avons vu l'origine, au commencement de cette histoire, dans la passion du comte d'Artois pour madame de Polastron et dans le serment qu'il prêta au pied de son lit de mort de ne plus porter qu'à Dieu l'amour qu'il avait pour elle ici-bas, n'avait ni excès, ni puérilité, ni ostentation ; il la renfermait extérieurement dans les pratiques des exercices religieux commandés par l'habitude et l'étiquette des cours. Sa piété était en lui un sentiment et une conviction ; il ne l'exagérait point, comme ses ennemis l'en ont accusé, par des pratiques monacales, par des affiliations secrètes à l'ordre des jésuites, par une intolérance acerbe, par une obséquiosité aveugle à la cour de Rome, ou par une complaisance servile au clergé de sa cour ; il restait roi en étant chrétien. Il avait assez respiré dans sa jeunesse, avant la révolution, la philosophie légère ou l'incrédulité raisonnée de son siècle, pour comprendre que si la religion pouvait exercer encore en France un ascendant volontaire, elle ne pouvait plus tendre impunément à la tyrannie. Seulement, convaincu lui-même par le malheur plus que par le raisonnement que la religion de ses pères était la vérité absolue de l'esprit et le salut unique des âmes, il croyait devoir à Dieu et à son peuple d'en propager la foi et d'en favoriser l'empire par tous les moyens compatibles avec l'esprit de son époque et avec la tolérance nécessaire des cultes. Fidèle chrétien, mais non sectaire, s'il croyait devoir l'exemple de la foi, il ne croyait pas devoir céder son gouvernement politique à son clergé. Il gardait, comme ses aïeux les plus catholiques sur le trône, saint Louis et Louis XIV, une certaine indépendance royale et traditionnelle de la cour de Rome ; il se défiait de l'ambition et de l'esprit de corps et de domination du clergé, qu'il croyait de nature à abaisser la couronne et à désaffectionner les peuples de la religion ; il adorait leur Dieu sans aimer leur secte ; il perçait avec assez de pénétration leurs desseins secrets ; il résistait avec une déférence extérieure, mais avec une résolution ferme, à ce qui lui paraissait excessif ou téméraire dans leurs exigences : telles étaient, à l'égard du clergé, les dispositions réelles de Charles X. L'auteur de cette histoire l'a entendu lui-même définir en ces propres termes ses sentiments, dans un épanchement sans témoins, où ce prince, qui pouvait se tromper lui-même, ne cherchait du moins à tromper personne.

Il n'était ni fanatique, ni asservi, ni persécuteur, mais il était croyant. Son zèle, à son insu, influençait sa politique ; il croyait devoir une part de son règne à sa foi. Le peuple s'y trompa : on crut qu'il voulait restituer la France à l'Église ; la première des libertés conquises par la révolution française, la liberté de l'esprit humain, se sentit menacée. De là l'inquiétude, la désaffection, la brièveté et la catastrophe de ce règne. Si Charles X eût été soupçonné de scepticisme comme son frère, ou si le fidèle en lui eût été distinct du monarque, ou si enfin la liberté rationnelle des consciences à laquelle l'esprit humain, tendra de révolution en révolution, jusqu'à ce qu'il l'obtienne, eût existé par la séparation définitive de l'État et de l'Église, et par leur indépendance mutuelle, Charles X aurait régné jusqu'à sa mort, et ses descendants auraient régné après lui ; il devait périr victime de sa foi, ce n'était pas la faute de sa conscience, mais de sa raison. Le chrétien en lui devait perdre le roi.

IV

Les défauts de Charles X n'étaient pas dans son caractère, ils étaient dans son intelligence. Bien que cette intelligence fût naturelle, facile, vive et même quelquefois étincelante par la promptitude et le bonheur des mots, elle manquait de culture ; elle manquait surtout de ce don qui supplée tous les autres dans les rois, la connaissance des hommes. Il était depuis son enfance mal entouré ; il n'avait vu le monde dans ses premières années qu'à travers l'esprit futile de ses jeunes compagnons de plaisirs et de ses maîtresses ; plus tard, pendant l'émigration, à travers l'esprit étroit et chagrin de quelques prêtres et de quelques grands seigneurs implacables envers la révolution qui les proscrivait. Depuis la rentrée de la maison royale en France, il était resté enveloppé d'une petite cour de familiers sans lumières et quelques-uns sans conscience ; gentilshommes, aumôniers, évêques, courtisans vieillis dans l'exil, aigris par l'infortune, enivrés par la faveur, avides de régner sous leur maître, et de quelques complaisants obscurs transportant dans le palais le goût et l'habitude de l'intrigue qui les avait élevés jusqu'à lui. Les plus honnêtes de ces hommes le trompaient de bonne foi, les plus spirituels le trompaient par intérêt. Ceux d'entre eux qui avaient de la conscience n'avaient aucune politique, et ceux qui avaient quelque politique n'avaient point de conscience. Cette petite cour était un foyer d'ignorance, de superstitions, de préjugés, de convoitise, attisé par une ou deux médiocrités remuantes. Le prince était supérieur à ses conseillers; quelque habitude qu'il eût de cet entourage, il n'avait pas tardé à juger qu'à la mort de son frère il ne pourrait pas présenter de pareils hommes à la France pour ministres de son gouvernement. Dans les uns l'intolérance sacerdotale, dans les autres la hauteur aristocratique, dans ceux-ci l'incapacité, dans ceux-là l'intrigue, dans tous les regrets de l'ancien régime, les ressentiments de l'émigration, l'inintelligence de la France nouvelle, l'esprit de cour au lieu de l'esprit national, le mépris de la charte, le dédain de la bourgeoisie, la révolte contre les institutions populaires, l'invocation à l'étranger qui avait dicté la *note secrète* aux puissances par la main de M. de Vitrolles, faisaient des hommes de cette cour un camp de Coblentz dans les Tuileries. Des vertus chevaleresques, des amitiés invétérées dans l'exil, des dévouements sincères, y faisaient respecter l'attachement personnel du prince pour MM. de Montmorency, de Rivière, de Fitz-James, de Bruges, de Damas, de Blacas, de Vaudreuil, de La Rochefoucauld-Doudeauville, de Polignac et autres grands noms monarchiques, compagnons de ses mauvais jours et favoris naturels de sa haute domesticité.

Mais les familiarités nées dans l'émigration, le zèle intéressé des premiers venus autour du prince, lieutenant général du royaume en 1814, la captation religieuse qui surveillait la conscience de l'héritier de la couronnne, le foyer d'opposition aristocratique et épiscopale autour du prince pendant le règne de son frère, l'impatience de régner avant l'heure sous son nom, la cabale enfin dont il avait subi le contact pendant les infatigables conspirations qui se nouent aux dynasties proscrites, avaient groupé autour de lui une seconde cour occulte et subalterne, moitié sainte et moitié politique, qui répandait la défiance autour de son nom. L'archevêque de Reims, cardinal de Latil, prélat de cour qui l'avait dirigé en émigration et qui était rentré avec lui puissant et écouté aux Tuileries; le nonce du pape, Lambruschini, négociateur de Rome, consulté sur la direction de la France; l'archevêque de Paris, M. de Quélen, homme de foi, consciencieux, mais de caractère à la fois insinuant et impérieux; tous les chefs avoués ou occultes du parti ambitieux dans l'Église et du parti contre-révolutionnaire dans les salons et dans les chambres, composaient cette seconde cour de Charles X; il y avait adjoint quelques hommes politiques de second ordre plus ou moins capables de l'éclairer sur les opinions et sur les affaires, tels que M. de Vaublanc, oracle suranné de son conseil intime; M. Capelle, ancien préfet de Napoléon, administrateur habile, caractère sûr, mais accoutumé à ce pouvoir absolu qui tranche au lieu de dénouer les crises.

M. de Vitrolles, qui s'était, comme on l'a vu, attaché à ce prince en 1814, et qui avait acquis par son assiduité, par son courage et par ses services, un ascendant si décisif sur ses résolutions, était le ressort actif et le mouvement caché de toute cette familiarité du nouveau roi. Esprit souple et caressant, plus propre à se mouler sur les désirs et sur les préjugés invétérés du maître qu'à lui imprimer lui-même une nature et une consistance d'idées en conformité avec son peuple et avec son temps, M. de Vitrolles était plutôt un homme de parti qu'un homme d'État. Habile à ourdir des fils, à s'entremettre entre les factions, à enrôler les hommes utiles, incapable de trouver une route et de diriger une politique à ciel ouvert à travers les problèmes d'une révolution et d'une restauration; mélange de finesse, de grâce et d'audace, ces qualités mêmes qui rendent agréable dans une cour, le rendaient dangereux dans le conseil. Sorti de l'obscurité par des négociations secrètes et par la faveur, il n'avait ni responsabilité dans le passé ni responsabilité dans l'avenir ; en encourageant son prince à beaucoup oser, il risquait peu pour lui-même ; il était de l'espèce de ces conseillers téméraires, dévoués, intrépides, mais quelquefois funestes, qui poussent leur parti aux extrémités hasardeuses, certains que le mouvement régulier des choses et les défiances de l'opinion les laisseront toujours dans le demi-jour. Le public croyait M. de Vitrolles plus favori et plus puissant qu'il ne l'était en réalité sur l'esprit de son prince. Son activité et son entremise empressées auprès de tous les partis exagéraient au dehors l'opinion de son ascendant, mais cette opinion seule était un malheur pour le nouveau roi. En le croyant livré aux conseils de l'auteur de la *note secrète*, on se défiait à la fois des deux influences qui inspiraient le plus de terreur à la masse du pays : l'Europe et la contre-révolution. On craignait qu'il ne formât un ministère de ces incapacités honorables ou de ces habiletés périlleuses de son conseil secret.

Mais le trône inspire, quand il ne donne pas encore le vertige. Le nouveau roi, renfermé à Saint-Cloud dans le recueillement de sa douleur officielle, et inaccessible à toutes les manœuvres de l'intrigue, avait de plus sages pensées. Les deux dernières années l'avaient beaucoup mûri. Depuis qu'il avait régné en effet sous la condescendance de son frère et sous le nom de M. de Villèle, il avait compris les difficultés du gouvernement. Il envisagea d'un coup d'œil sa situation; elle était rassurante, ouverte et libre de tous les côtés.

Au dehors l'expédition d'Espagne avait épuré l'horizon. Toutes les mines révolutionnaires éventées ou étouffées en Europe laissaient les trônes raffermis dans une complète sécurité. Au dedans, la sagesse de Louis XVIII avait concilié dans la charte le dogme de la légitimité des couronnes avec le dogme de l'intervention des peuples et du gouvernement de l'opinion. L'exercice de la liberté électorale, de la liberté de la tribune et de la liberté de la presse suffisait au besoin de garantie et au besoin d'activité du pays. L'armée, longtemps humiliée et inquiète, après avoir hésité quelques années entre les fanatismes de l'empire et les caresses des factions, s'était donnée définitivement aux Bourbons sur le premier champ de bataille qu'ils lui avaient ouvert. Les conspirations radicales, les sociétés secrètes, les embauchements de casernes, les explosions souterraines du carbonarisme, avaient cessé de miner le sol. Depuis qu'elles avaient cessé d'espérer, une majorité immense appuyait la monarchie dans les deux chambres. Un ministère dirigé par un homme habile et populaire dans la raison publique satisfaisait cette majorité sans céder trop à ses témérités ou à ses passions. L'espérance, cette popularité anticipée des nouveaux règnes, suspendait les oppositions dans l'attente et donnait pour un moment au roi l'unanimité du pays. Louis XVIII semblait avoir emporté avec lui dans la tombe la mauvaise fortune de sa maison. Il avait subi les orages, il laissait à son frère les sérénités de la monarchie.

V

Les inquiétudes mêmes que l'opinion libérale avait longtemps nourries et propagées sur le gouvernement futur du comte d'Artois étaient pour Charles X une heureuse occasion de les démentir. On était disposé à être reconnaissant de toutes les fautes qu'il se refuserait à commettre. Tromper les sinistres prophéties qu'on avait répandues sur ses premiers actes en montant au trône, c'était pour lui s'assurer les bénédictions de son peuple.

M. de Villèle et ses collègues, qui avaient porté leurs portefeuilles au roi à Saint-Cloud, la nuit même qui suivit la mort de Louis XVIII, les reçurent de nouveau des mains de Charles X. C'était dire au pays que le changement du roi ne changeait rien au gouvernement. La modération et l'esprit constitutionnel de M. de Villèle étaient une garantie aux yeux de l'opinion conservatrice. Quand un prince prémédite des excès, son premier acte est d'éloigner de lui les modérateurs. Le nom de M. de Villèle, conservé à la tête du gouvernement, était une proclamation tacite de bon sens. Il suffisait aux royalistes, il n'alarmait pas les libéraux ; il n'offusquait que les ambitieux, les insensés ou les intrigants de cour. Les premières paroles de Charles X aux grands corps de l'État, dont les députations vinrent le féliciter à Saint-Cloud, dilatèrent le cœur de la France, elles furent empreintes d'autant de piété fraternelle que de politique. « Je veux, dit-il, continuer le règne de mon frère !... J'ai promis de maintenir la charte et les institutions que nous devons au roi que le ciel vient de nous enlever; aujourd'hui que le droit de naissance a fait tomber le pouvoir entre mes mains, je l'emploierai tout entier à consolider, pour le bonheur de mon peuple, le grand acte que j'ai juré de maintenir ! »

Il commença son règne par des profusions de grâces et de titres à sa famille et à sa cour. Il se hâta d'effacer toute trace de ressentiments passés entre les branches de la maison royale, en accordant au duc d'Orléans le titre d'*Altesse Royale*, qui le rapprochait des honneurs du trône et que Louis XVIII avait constamment refusé aux sollicitations de ce prince. « Il est déjà assez près du trône, avait dit le roi, je me garderai bien de l'en rapprocher davantage. » Il ajouta à cette faveur le don au duc d'Orléans, sous le titre féodal d'apanage, des immenses domaines de sa maison légalement supprimés par les lois de 1791, domaines qui allaient faire de ce prince le plus opulent propriétaire du royaume; et, par un excès de sollicitude pour la sécurité future du duc d'Orléans, le roi voulut que ce don fût légalisé irrévocablement par les chambres, dans la loi même qui constituerait sa propre dotation royale. Jugeant le cœur de ses proches par son propre cœur, il crut en chasser l'ambition par l'excès des bienfaits, et ne voulut d'autre prudence que l'imprudence de la magnanimité.

Il accueillit avec une cordialité chevaleresque les maréchaux et les généraux de l'empire, qui n'avaient pas encore obtenu jusque-là l'oubli de Waterloo ou des armes portées contre les Bourbons. Le maréchal Grouchy, dont le duc d'Angoulême avait été le prisonnier dans le Midi en 1815, rentra en faveur. Le roi dit au général Excelmans : « Général, je ne me souviens pas du passé, mais je suis certain que je puis compter sur vous pour l'avenir. » De tels préludes de règne et de telles paroles, répétées par l'écho de la France entière, ouvraient toutes les âmes à d'heureux pressentiments.

Il fit son entrée dans Paris le 27 septembre sous ces auspices. Le peuple entier s'était porté au-devant de son roi. Quelques courtisans avaient voulu l'engager à prendre des précautions contre la balle ou le poignard d'un assassin dans cette cérémonie, qui l'exposait pendant tant d'heures à la foule. « Pourquoi? répondit-il. On ne peut me haïr sans me connaître, et je suis sûr que quand on me connaîtra on ne pourra me haïr! » Escorté d'une armée et acclamé d'une nation ivre d'espérance, il traversa, monté sur un cheval arabe d'une robe argentée, qu'il maniait avec la grâce d'un jeune homme, tout l'espace compris entre Saint-Cloud et la cathédrale de Paris. L'archevêque, qui l'attendait à la porte à la tête de son clergé, lui adressa un discours ambigu et malséant, où perçait la provocation sacerdotale à un pouvoir sans autre responsabilité que Dieu même. Le roi parut l'entendre avec défaveur. Il ne témoigna dans sa réponse que la pieuse humilité d'un prince qui sent le fardeau plus que l'orgueil de son rang et qui vient implorer non les vanités, mais les assistances du ciel. Il rentra aux Tuileries dans le même appareil. On lui demanda s'il était fatigué de la marche et de la cérémonie, qui avaient duré tout un jour. « Non, dit-il, la joie ne fatigue pas. » Il n'avait recueilli que des regards, des larmes et des acclamations sur sa route.

Il introduisit le duc d'Angoulême dans le gouvernement en lui donnant la direction supérieure de l'armée, dont ce prince avait si justement conquis l'estime. Affamé de cette popularité dont il venait de goûter les prémices, il proposa lui-même au conseil des ministres d'abolir la censure des journaux, mesure odieuse, impatiemment subie par l'opinion pendant les derniers mois du dernier règne. Le journalisme répondit à cette libéralité de cœur par une ivresse de reconnaissance, qui porta l'enthousiasme de Paris jusqu'au délire. « Un nouveau règne s'ouvre, disaient les journaux les plus acerbes contre les Bourbons; ce roi veut le bien ! sa sagesse écarte du premier mot le nuage sous lequel les mauvais gouvernements dérobent leurs mauvaises pensées ; plus de piége à craindre quand on provoque soi-même la lumière. » La garde nationale, population d'élite de Paris, qui en représentait alors l'opinion et la force, passée en revue par le roi le lendemain, dans le Champ de Mars, le reçut comme le restaurateur de la liberté. « Point de hallebardes entre mon peuple et moi ! » s'écria le prince enivré de ces acclamations, aux officiers de sa garde qui voulaient le protéger contre les empressements tumultueux de la multitude. Cette revue ne fut qu'un long embrassement du roi et du peuple.

VI

Cependant la session des chambres allait s'ouvrir, et le gouvernement, plus difficile que le règne, réclamait ses soins. Le roi parut devant les chambres réunies le 22 décembre 1825. « Le premier besoin de mon cœur, dit-il, est de vous parler de ma douleur et de la vôtre. Nous avons perdu un roi sage et bon. La gloire de son règne ne s'effacera jamais. Non-seulement il a relevé le trône de mes ancêtres; mais il l'a consolidé par des institutions qui, en rapprochant et en réunissant le passé et le présent, ont rendu à la France le repos et le bonheur... Le roi mon frère trouvait une grande consolation à préparer les moyens de fermer les plaies de la révolution; le moment est venu d'exécuter les sages desseins qu'il avait conçus. La situation de nos finances permettra d'accomplir ce grand acte de justice et de politique sans accroître les impôts, sans nuire au crédit. Je veux que la cérémonie de mon sacre termine la première session de mon règne. Vous assisterez, messieurs, à cette auguste cérémonie. Là, prosterné au pied du même autel où Clovis reçut l'onction sainte, et en présence de Celui qui juge les peuples et les rois, je renouvellerai le serment de maintenir et de faire observer les institutions octroyées par le roi mon frère; je remercierai la divine Providence d'avoir daigné se servir de moi pour réparer les derniers malheurs de mon peuple, et je la conjurerai de continuer à protéger cette belle France que je suis fier de gouverner. » Un applaudissement unanime accueillit ce discours. Les royalistes y applaudissaient les promesses de réparation des ruines de leurs fortunes; les libéraux, les promesses de fidélité aux institutions gardiennes de la liberté. Charles X rentra aux Tuileries roi des deux camps qui se partageaient la France : espoir des uns, garant des autres. Son règne séduisait tout le monde et surtout lui-même.

VII

Le premier murmure fut provoqué par une mesure impolitique et jalouse du ministre, qui éliminait du service actif dans l'armée un grand nombre de généraux de la république et de l'empire ralliés désormais de cœur et d'intérêt aux Bourbons et qu'on rejetait ainsi dans la désaffection. Le roi, informé trop tard des sévérités de cette mesure, la corrigea par des exceptions presque aussi nombreuses que les éliminations et par des paroles qui en effacèrent promptement l'impression. Ses ministres présentèrent aux chambres, le 3 janvier, les lois caractéristiques de son règne. La première réglait la dotation de la couronne pendant la vie du roi ; la seconde affectait aux émigrés ruinés par la révolution un milliard d'indemnité, réparation de leurs biens confisqués ; la troisième donnait à l'Église une satisfaction téméraire et cruelle par le crime du sacrilége rétabli dans la loi civile et vengé par la peine de mort ; la quatrième rétablissait les premières assises du régime monacal aboli par l'Assemblée constituante, en instituant le droit d'hériter et de posséder des propriétés incommutables en faveur des congrégations ou des ordres monastiques.

L'opinion s'émut à ces symptômes de retour au passé ; la loi sur la dotation de la couronne était consentie d'avance par tout le monde. La France ne marchande pas les honneurs et les subsides aux gouvernements dont elle espère bien, et l'état prospère dans lequel Louis XVIII laissait les finances enlevait tout prétexte à la parcimonie des chambres.

La loi sur l'indemnité des émigrés était un acte de trop haute politique pour être jugée de près comme elle méritait d'être jugée à distance. Les uns y voyaient une tentative de restaurer l'aristocratie en leur faveur ; les autres, un outrage à la révolution à leurs dépens. Il fallait du temps et du sang-froid pour que tous y vissent ce que les hommes d'État impartiaux y voient aujourd'hui et y voyaient d'avance, une grande amnistie mutuelle de toutes les fortunes, une récrimination éternelle enlevée aux victimes, une inquiétude dangereuse calmée dans les acquéreurs des dépouilles, une valeur immense de circulation rendue aux propriétés avilies par une mauvaise origine ; enfin le plus grand acte politique, administratif et financier de la restauration, la pensée de Louis XVIII, l'œuvre de Charles X, la gloire de M. de Villèle.

La loi sur le *sacrilége* soulevait toutes les consciences éclairées. Celle sur le rétablissement légal des ordres monastiques alarmait toutes les prévoyances. L'une et l'autre étaient un défi à l'esprit du siècle. Ces trois lois, présentées ainsi ensemble par le nouveau gouvernement aux chambres, caractérisaient d'avance le règne et le ministère de M. de Villèle. Dans la loi sur l'indemnité des émigrés, un grand bon sens politique formulé dans une mesure aussi nationale que monarchique ; dans les deux lois sur la religion, une concession déplorable et fatale aux exigences du parti sacerdotal plus ingouvernable que le parti royaliste, exigences formulées dans deux mesures qui remettaient la fortune publique et le glaive du bourreau dans les mains du culte.

VIII

La chambre des députés vota d'enthousiasme la dotation de la couronne pendant le règne. Quelques royalistes réclamèrent seulement contre la création téméraire d'un immense apanage entre les mains d'un prince tel que le duc d'Orléans, rival dangereux des héritiers du trône. Par un renversement de rôle dont les partis politiques donnent souvent le scandale, les libéraux, et le général Foy à leur tête, justifièrent cette munificence féodale attribuée au duc d'Orléans. La popularité du prince, qui caressait déjà l'opposition, couvrait à leurs yeux l'impopularité de la mesure : tout ce qui profite est juste aux yeux d'un parti. Les richesses du duc d'Orléans leur semblaient la dotation des factions futures. La loi fut votée à la faveur de ces discours de l'opposition ; le général Foy fut le patron de ce client presque royal.

Le duc de Montmorency, rapporteur à la chambre des pairs de la loi sur les communautés religieuses, renchérit encore sur les dispositions favorables à la propriété concentrée et perpétuée entre les mains des ordres monastiques. Homme sincère et pieux, converti par l'adversité à la foi de ses pères, M. de Montmorency, qui avait fait inaugurer autrefois les cendres des philosophes au Panthéon, croyait réparer une erreur par une autre, et servir la cause de Dieu en servant la fortune des ordres religieux. La chambre des pairs, où dominait l'esprit de retour aux cultes d'État et aux sacerdoces politiques, ne pouvait rien refuser à M. de Montmorency.

IX

Cette chambre résista davantage à inscrire dans la loi pénale d'un siècle dont la liberté des croyances était le caractère, la vengeance d'un dogme par la mort. « La profanation des *vases sacrés* et des *hosties consacrées*, disait la loi présentée par le gouvernement de Charles X, est un crime de *sacrilége*. La profanation des vases sacrés est punie de *mort simple;* la profanation des *hosties consacrées* est punie de la peine des *parricides*. Le parricide est conduit à l'échafaud, pieds nus, la tête couverte d'un voile noir, et, après qu'il a entendu l'arrêt qui le condamne, on lui tranche la main, puis la tête. » C'était introduire l'ordre surnaturel dans l'ordre naturel, c'était imposer aux sens la visibilité et la palpabilité des choses impalpables et invisibles; c'était renverser la nature et contraindre le coupable, sous peine de mort, à confesser, dans un sacrement qu'il n'admettait pas, la présence et la majesté de la Divinité elle-même.

Quelques esprits sensés et de sang-froid, dans la chambre des pairs, les Molé, les Lally-Tollendal, les de Broglie, les Barante, les Pasquier, les Pontécoulant, les Lanjuinais, Chateaubriand lui-même, se soulevèrent, au nom de la raison humaine, de l'humanité et de la religion, contre cette loi injuste et barbare. La masse des complaisants du prince, des courtisans du clergé, des superstitieux sincères, des routiniers de siècles, des chefs intéressés de l'épiscopat, des indifférents aux choses saintes, qui jouent leur âme comme ils jouent l'âme du peuple au jeu de la politique, devait prévaloir. Un philosophe religieux, M. de Bonald, homme doux de caractère, absolu de paradoxe, leur prêta de bonne foi l'éloquence et l'autorité de sa parole. Son discours fut la théorie de la persécution. A l'exemple de tous les théoriciens sanguinaires, qui prennent leur conviction pour une vérité, il parla en prophète au lieu de parler en législateur. Il crut être, comme son coreligionnaire, M. de Maistre, non plus l'organe d'une opinion humaine et faillible parce qu'elle est humaine, mais l'organe infaillible de Dieu. M. de Maistre venait de déifier le bourreau, M. de Bonald divinisa le supplice; il écarta avec une dérision sainte et superbe les scrupules qui pourraient faire hésiter le croyant devant le sang de l'incrédule. « On se récrie, dit-il, contre la peine de mort? Osons proclamer ici des vérités fortes : si les bons doivent leur vie à la société comme service, les méchants la lui doivent comme exemple. La religion, dites-vous, ordonne aux hommes de pardonner? Oui, mais en prescrivant au pouvoir de punir, car, dit l'Apôtre, ce n'est pas sans cause qu'il porte le glaive. Le Sauveur a demandé grâce pour ses bourreaux? Oui, mais son père ne l'a pas exaucé, il a même étendu le châtiment sur tout un peuple qui, sans chef, sans territoire et sans autel, traîne partout l'anathème dont il est frappé!... Quant au criminel sacrilège, d'ailleurs, que faites-vous par une sentence de mort, sinon de l'envoyer devant son juge naturel? »

Comment des hommes qui proféraient et qui applaudissaient de telles paroles gardaient-ils le droit de frémir des immolateurs de la *terreur* qui avait décimé leurs pères? Nous demandons des supplices au nom d'une foi, répondaient-ils, et les terroristes les demandaient au nom d'une opinion. Mais une foi n'est-elle pas une opinion de la conscience comme une opinion est une foi de l'esprit? Non, une opinion ou une foi personnelle qui demande du sang au nom de Dieu ou au nom des hommes n'est plus ni une foi ni une opinion, elle est un crime, et, avant que Dieu la désavoue, l'histoire doit la flétrir.

On s'adressa aux pairs ecclésiastiques pour les conjurer ou de voter contre la peine de mort interdite à leur profession sacrée, ou de s'abstenir. Ils répondirent, par la bouche du cardinal de La Fare, un des conseillers de conscience du roi, que si leur profession leur interdisait d'appliquer la mort de leurs propres mains, elle ne leur défendait pas de la voter comme législateurs, et qu'ils la voteraient! Une forte majorité livra les sacriléges au bras séculier.

X

A la chambre des députés, M. Royer-Collard vengea la raison, la liberté de conscience, l'humanité et la Divinité outragées par la loi, dans un des plus puissants discours que la philosophie, la religion et l'éloquence aient jamais inspirés à la tribune française. Il pénétra par des définitions implacables jusque dans les profondeurs d'ineptie volontaire, d'impiété masquée et de férocité ouverte que recélait la mesure du gouvernement.

» Qu'est-ce que le sacrilége? s'écria-t-il. C'est, selon le projet de loi, la profanation des vases sacrés et des hosties consacrées. Qu'est-ce que la profanation? C'est toute voie de fait commise volontairement, par haine ou par mépris de la religion. Qu'est-ce que les hosties consacrées ? Nous croyons, nous catholiques, que les hosties consacrées ne sont plus les hosties que nous voyons, mais Jésus-Christ le Saint des saints, Dieu et homme tout ensemble, invisible et présent dans le plus auguste de nos mystères. Ainsi la voie de fait se commet envers Jésus-Christ lui-même. L'irrévérence de ce langage est choquante, car la religion a aussi sa pudeur, mais c'est celui de la loi. Le sacrilége consiste donc, j'en prends la loi à témoin, dans une voie de fait commise sur Jésus-Christ. Le crime qu'elle punit sous le nom de sacrilége est l'outrage direct à la majesté divine, c'est-à-dire, selon les anciennes ordonnances, le crime de lèse-majesté divine, et, comme ce crime sort tout entier du dogme catholique de la présence réelle, il résulte que si on sépare des hosties, par la pensée, la présence réelle de Jésus-Christ et sa divinité, le sacrilége disparaît avec la peine qui lui est infligée. C'est le dogme qui fait le crime, et c'est encore le dogme qui le qualifie.

» Depuis trois siècles la religion chrétienne est malheureusement déchirée en catholique et protestante, le dogme de la présence réelle n'est vrai qu'en deçà du détroit : il est faux et idolâtre au delà. La vérité est bornée par les mers, les fleuves, les montagnes; un méridien, comme le dit Pascal, en décide. Il y a autant de vérités que de religions d'État. Bien plus, si dans chaque État, et sous le même méridien, la loi politique change, la vérité, compagne docile, change avec elle; et toutes ces vérités contradictoires entre elles sont la vérité au même titre, vérité immuable, absolue, à laquelle, selon votre loi, il doit être satisfait par des supplices qui, toujours et partout, seront également justes. On ne saurait pousser plus loin le mépris de Dieu et des hommes, et cependant telles sont les conséquences naturelles et nécessaires de la vérité légale. Il est impossible de s'en relever dès qu'on admet le principe. Dira-t-on que ce n'est pas le principe du projet de loi? Autant de fois qu'on le dira, je répéterai que le projet de loi admet le sacrilége légal envers les hosties consacrées, si la *présence réelle* n'est pas une *vérité légale*.

» Mais voici d'autres conséquences du même principe. On ne joue pas avec la religion comme avec les hommes ; on ne lui fait pas sa part ; on ne lui dit pas avec empire qu'elle ira jusque-là, et pas plus loin. Le sacrilége résultant de la profanation des hosties consacrées est entré dans votre loi ; pourquoi celui-là seul, quand il y en a autant que de manières d'outrager Dieu? Et pourquoi seulement le sacrilége, quand avec la même autorité l'hérésie et le blasphème frappent à la porte? La vérité ne souffre point ces transactions partiales. De quel droit votre main profane scinde-t-elle la majesté divine, et la déclare-t-elle vulnérable sur un seul point, invulnérable sur tous les autres? sensible aux voies de fait, insensible à toute autre espèce d'outrages? Il a raison cet écrivain qui trouve votre loi mesquine, frauduleuse et même athée! Dès qu'un seul des dogmes de la religion catholique passe dans la loi, cette religion tout entière doit être tenue pour vraie et les autres pour fausses ; elle doit faire partie de la constitution de l'État, et de là se répandre dans les institutions politiques et civiles.

» J'ai voulu marquer, en rompant un long silence, dit l'orateur en terminant, ma vive opposition au principe théocratique, qui menace à la fois la religion et la société, principe d'autant plus sérieux, que ce ne sont pas, comme aux jours de la barbarie et de l'ignorance, les fureurs sincères d'un zèle trop ardent qui rallument cette torche. Il n'y a plus de Dominique, et nous ne sommes pas non plus des Albigeois. La théocratie de notre temps est moins religieuse que politique; elle fait partie de ce système de réaction universelle qui nous emporte; ce qui la renouvelle, c'est qu'elle a un aspect contre-révolutionnaire. Sans doute, messieurs, la révolution a été impie jusqu'au fanatisme, jusqu'à la cruauté; mais qu'on y prenne garde, c'est ce crime-là surtout qui l'a perdue, et on peut prédire à la contre-révolution que des représailles de cruauté, ne fussent-elles qu'écrites, porteront témoignage contre elle et la flétriront à son tour. Je vote contre la loi. »

XI

De si fortes paroles s'émoussèrent contre la superstition des uns, contre l'inintelligence des autres, contre la lâcheté du plus grand nombre. Elles tombaient de trop haut sur une assemblée qui s'inquiétait peu de répudier toute philosophie, de dédaigner toute éloquence, et de profaner toute religion, pourvu qu'elle armât ses passions politiques de toutes les armes empruntées au sanctuaire ou à la législation. La chambre laissa tomber ces paroles, le public les releva. Elles grandirent le nom de l'orateur, elles n'arrêtèrent pas le crime et la folie de la loi. La conscience, la raison et l'esprit humain passèrent de ce jour-là dans l'opposition. On vit clairement que le gouvernement, dominé par une partie du clergé, voulait remonter les siècles jusqu'à la servitude des âmes scellée dans l'unité contrainte du culte et vengée par le glaive du pouvoir temporel. Charles X avait dit dès le premier jour le dernier mot de son règne : restitution de la France à l'Église par la loi civile. Le fond des âmes était touché. L'esprit humain frémit en apercevant le joug qu'on lui teignait d'avance des maximes et du sang des âges barbares. On aimait le roi, on craignait le règne. La religion, qu'on vénérait comme la plus sainte expression de la liberté, prit dans l'esprit du peuple les couleurs d'une tyrannie. En appelant Dieu dans les querelles humaines, on dépopularisait jusqu'à son nom.

XII

La discussion sur l'indemnité aux émigrés touchait à des intérêts d'un ordre inférieur ; mais le gouvernement rencontrait devant lui les deux forces de résistance les plus difficiles à convaincre, des préjugés et des intérêts. Ces préjugés et ces intérêts n'étaient que des sophismes. Cependant, quand avec des sophismes des orateurs remuent les susceptibilités nationales et les avarices malentendues des classes contribuables, ces orateurs peuvent susciter d'insurmontables obstacles aux meilleures pensées des hommes d'État. L'opposition s'efforçait de persuader à la France que l'indemnité aux émigrés était en principe une amende honorable imposée par la contre-révolution couronnée à la révolution insultée. Elle s'efforçait en outre de convaincre les contribuables que l'indemnité puisée dans leur épargne ou dans leur crédit serait une dîme de leur fortune jetée par un gouvernement partial dans la fortune de l'aristocratie. Ni l'une ni l'autre de ces pensées n'était celle de M. de Villèle et du roi. La dynastie avait trop d'intérêt à flatter la masse de la nation pour l'insulter gratuitement au profit de quelques proscrits oubliés dans leur médiocrité en province ou apaisés par des faveurs à Paris. Elle n'avait pas plus d'intérêt à décimer et à désaffectionner la propriété territoriale d'une bourgeoisie riche et généralement royaliste, qui lui envoyait depuis 1814 des majorités dévouées ou serviles, en faveur de quelques émigrés ou fils d'émigrés impopulaires de qui elle ne pouvait attendre ni nombre ni force dans les élections des villes ou des départements. L'indemnité des émigrés n'était donc nullement dans les conseils de la couronne une vengeance de parti, mais une pensée d'État.

XIII

La totalité des biens vendus par la nation, comme dépouilles et comme vengeance de l'émigration pendant les différentes phases des confiscations depuis 1793 jusqu'en 1803, s'élevait au chiffre d'un milliard moins quelques millions. Ce milliard représentait en morale non-seulement la réparation de l'iniquité des confiscations sur les innocents, tels que les veuves, enfants, vieillards, familles, héritiers directs ou collatéraux entraînés hors de la patrie par le chef de la maison, ou punis par la confiscation de leurs héritages pour le crime d'un autre, les années de proscription passées sur la terre étrangère, les angoisses souffertes, les indigences traînées dans l'exil, les larmes de deux ou trois générations, la rentrée sans asile et sans pain dans la patrie, la mendicité subie à côté des domaines et des demeures paternelles possédés par d'autres, les ressentiments, les malédictions contre les nouveaux possesseurs investis à prix dérisoire des terres et des maisons confisquées, mais l'apaisement des inquiétudes de ces nouveaux possesseurs eux-mêmes, jouissant sans sécurité d'un bien douteux, et effaçait enfin cette prime aux révolutions futures sans cesse exposée aux yeux du peuple comme pour faire aspirer sa cupidité aux guerres civiles et aux victimes, afin d'avoir à son tour d'autres dépouilles à partager.

XIV

En finances, ce milliard de réparation demandé à l'État représentait deux ou trois milliards de rehaussement de prix de ces propriétés nationales relevées à leur valeur naturelle, par la tache de leur origine lavée enfin sur les titres de leurs possesseurs. La sécurité de ces acquéreurs, le droit de plainte enlevé aux anciens possesseurs, le droit commun de propriété restitué à toutes les terres, ces domaines frappés longtemps d'interdit par l'opinion, remis enfin en circulation, vendus, achetés, échangés, divisés, subdivisés en parcelles légitimées comme tous les autres immeubles du royaume, cultivés, plantés, bâtis avec la sûreté de conscience et de transmission qui permet seule les réparations coûteuses, la population accrue à mesure des défrichements et des exploitations, enfin les droits d'enregistrement des ventes et des échanges de ces propriétés, multipliés dans une proportion croissante au profit du trésor public, dans lequel chaque mutation verserait son impôt.

En morale donc, c'était une réconciliation des classes et des cœurs; en finances, c'était une monnaie incalculable battue avec la poussière à demi stérile des biens confisqués. Une seule loi hardiment conçue, généreusement votée, allait faire ce miracle de politique et de richesse au bénéfice de tous. Quel esprit de vertige et de ruine pouvait s'abstenir ou refuser ce bienfait national, parce qu'il était présenté par la main d'un roi?

XV

Tout le monde sentait dans sa conscience la vertu d'une pareille mesure; mais le vice incorrigible jusqu'ici des assemblées délibérantes, c'est qu'une fois que les partis s'y sont classés, on n'y vote pas selon sa raison, on y vote selon son parti. Le parti de l'opposition se prononça contre cette loi, la plus libérale et la plus magnanime, parce qu'elle était présentée par un ministre royaliste. La discussion raviva les questions brûlantes du crime de l'émigration, du parricide des armes portées contre la patrie même ingrate, de la justice des confiscations du sol aux mains de ceux qui attaquent la famille nationale et le sol. Il y avait peu à répondre en principe à ce droit vengeur et protecteur des nations qui, dans tous les pays et dans tous les siècles, impose à ceux qui désavouent et menacent la patrie, l'amende de la patrie, cette loi du talion de la terre; mais que n'y avait-il pas à répondre en fait, comme excuse à ceux qui se rappelaient les circonstances des émigrations françaises depuis 1789 jusqu'en 1830?

Les premières, sans doute, mais en petit nombre, véritable conspiration de l'aristocratie de cour, guerre gratuitement déclarée, avant l'heure du péril, aux réformes et aux transformations légitimes de leur patrie; mais les autres, entraînements du corps de la noblesse à la suite de ses princes, fidélité de l'officier à son drapeau transporté au delà de la frontière, dévouement chevaleresque et militaire de l'épée au roi, qui était la patrie du préjugé antique, fuites presque contraintes plus tard comme celles de La Fayette, du duc d'Orléans, de Carnot lui-même sur la terre étrangère pour échapper aux cachots, aux tribunaux révolutionnaires, aux échafauds, proscriptions volontaires pour devancer d'innombrables et implacables proscriptions? D'ailleurs, quelles que fussent les excuses ou les aggravations du malheur ou du crime de tant d'émigrations diverses et successives, si la confiscation qui les avait frappés était juste, appliquée aux coupables de désertion de la patrie, ne restait-elle pas inique, imméritée et spoliatrice appliquée aux innocents? Quelle était donc la logique étrange de cette révolution faite pour proclamer le dogme de la personnalité des fautes, de la non-hérédité des peines, et qui jetait à la porte de leurs foyers paternels des vieillards, des femmes, des enfants, en expiation du crime ou de l'erreur d'un époux, d'un fils ou d'un père? La nature n'était pas moins soulevée que la raison contre de tels sévices. Mais si ces sévices mêmes pouvaient être justifiés dans la chaleur de la lutte que la France avait eu à soutenir contre l'Europe armée et contre elle-même pendant les périls et les convulsions de la patrie, comment pouvaient-ils l'être à un quart de siècle de distance par des adversaires pacifiés et par des législateurs de sang-froid? Les orateurs de l'opposition libérale, et parmi eux ceux-là mêmes qui avaient sur leur vie la tache de l'émigration à l'étranger, tels que MM. de Thiard et de La Fayette, firent ce sacrifice à la popularité. Le général Foy, injuste pour la première fois envers les proscrits et envers la paix de son pays, réchauffa de son éloquence les colères éteintes de la révolution. Il osa comparer l'indemnité que la France réconciliée se votait à elle-même pour fermer ses blessures, au butin que les ennemis et les envahisseurs de la France conquise emportaient à l'étranger. Ce discours attrista la renommée généreuse de cet orateur. M. de La Bourdonnaie, l'adversaire implacable de M. de Villèle, parla d'un autre point de vue contre la loi. L'âpreté de son âme envenimait le bien même, quand ce bien lui venait d'un rival. Il demandait l'indemnité comme une peine infligée à la révolution, au lieu de la demander, avec M. de Villèle, comme une réparation à la gloire et au salut de tous. Demander ainsi l'indemnité eût été une insulte à la nation : M. de Villèle en faisait un hommage.

XVI

Le duc de Broglie, jeune tribun de l'opposition libérale, et cette fois révolutionnaire, reporta à la tribune de la chambre des pairs l'écho intempestif des sophismes cruels de ses amis de la chambre des députés. Il chercha, comme le général Foy, à irriter le cœur du pays contre une mesure destinée à dilater son âme; il fit entrevoir une vengeance dans une équité. M. de Chateaubriand lui répondit par des sentiments magnanimes et politiques, véritables arguments dans une telle question. La loi, ardemment attaquée, noblement défendue, l'emporta partout.

Pour solder ce milliard aux proscrits de plusieurs régimes sans grever l'impôt, M. de Villèle en distribua le poids en cinq années; et le fit payer en titres de rente trois pour cent, créés pour cet usage. Une commission composée de pairs et de députés fut chargée de cette immense et laborieuse vérification. Ce qu'on avait déclaré impossible s'accomplit avec ordre, promptitude, régularité. En cinq ans, la grande plaie de la révolution fut fermée, et le milliard, réparti entre des millions de victimes ou d'héritiers des victimes, rendit la paix aux consciences, la sécurité aux acquéreurs, l'aisance aux indemnisés, la valeur aux terres, la solidité au crédit public, la circulation au sol. Cette mesure seule inscrite sur le tombeau de M. de Villèle serait la plus glorieuse épitaphe du financier et de l'homme d'État.

XVII

Les membres de l'opposition qui avaient repoussé avec le plus d'obstination la mesure réparatrice de l'indemnité eurent le double bénéfice de la popularité acquise en la combattant et de la fortune récupérée en la recevant. Aucun d'entre eux ne la rejeta au trésor comme le prix du crime. Le duc d'Orléans, déjà investi de son immense apanage, s'enrichit encore par cette munificence de quatorze millions. M. de La Fayette, M. de Thiard, le duc de Liancourt, M. Gaëtan de La Rochefoucauld, M. de Lameth, recouvrèrent des sommes importantes. La liquidation fut impartiale comme la pensée qui l'avait décrétée. Le roi ne compta ni avec ses ennemis, ni avec ses amis, il compta avec la France, qui devait lui survivre et qui bénéficiait à jamais de cette réparation.

Quelques mesures de finance et l'examen contentieux des comptes de la guerre d'Espagne, à l'occasion desquels on accusait M. Ouvrard de corruption et l'état-major du duc d'Angoulême de concussion, occupèrent la fin de la session. Tout se borna à des rumeurs que rien ne justifia et qui tombèrent dans le domaine des calomnies ou des malveillances. Le roi, pressé de se faire sacrer par la main de la religion à laquelle il vouait son règne, ne permit pas à ses ministres de distraire la France par d'autres objets d'attention.

XVIII

Le roi voyait dans cet acte un sacrement réel de sa couronne, le peuple une cérémonie qui reportait son imagination aux pompes du passé, les hommes politiques une concession à la cour de Rome, affectant l'investiture des rois, et un démenti en fait au principe non formulé, mais latent depuis 1789, de la souveraineté du peuple. Mais en masse on discutait sans véhémence sur un acte qui n'était généralement considéré que comme une grande étiquette de la royauté, sans importance pour ou contre les institutions du pays. C'était la fête de l'avénement au trône, un luxe de la couronne. Les serments d'exterminer les hérétiques que les rois de France prêtaient jadis à leur sacre, et qui n'étaient plus compatibles avec l'émancipation des consciences, furent modifiés de concert avec la cour de Rome et les évêques. On y substitua le serment de gouverner selon la charte. C'était donc en réalité une consécration nouvelle de la liberté autant que de la couronne. La pompe, plus digne du théâtre que de l'histoire, fut aussi imposante que ces traditions à qui la foi antique manque, et qui ne vivent plus que des souvenirs et de l'appareil. Les envoyés de toutes les puissances de l'Europe y assistèrent dans toute la splendeur de leurs cours. Le clergé y reprit pour un moment la supériorité qu'il avait jadis sur les couronnes. On affecta de retrouver jusqu'à la sainte ampoule, huile miraculeuse que les superstitions royales des vieux siècles croyaient avoir été apportée du ciel par une colombe pour oindre les têtes couronnées, et que la Convention avait fait briser en 1793, comme une relique de la ligue des pontifes et des rois pour éblouir les peuples. Les personnages juraient généralement par le contraste de leur vie passée avec leurs fonctions présentes. Des maréchaux, soldats de la république et destructeurs de trônes, présentèrent au roi l'épée de Charlemagne. M. de Talleyrand, pontife officiant sur l'autel de la révolution au Champ de Mars en 1791, aujourd'hui marié et grand chambellan, chaussa les bottes fleurdelisées au fils aîné de l'Église. M. de Chateaubriand avait poétisé, dans une récente brochure, le sacre des rois comme une de ces ruines du passé que son génie se plaisait à colorer de souvenir. Il profita de cette circonstance pour se rapprocher du nouveau roi ; il en fut accueilli avec bonté, mais la grâce de Charles X pour l'ennemi de M. de Villèle n'alla jamais jusqu'à la confiance. Il ne trouvait pas dans l'émigré chevaleresque la discipline qui convient à la monarchie. Les républiques seules sont assez larges pour contenir certains hommes. M. de Chateaubriand, monarchique de bienséance et d'ambition, était républicain de génie.

XIX

Une large amnistie, qui couvrait de l'indulgence royale toutes les séditions et toutes les fautes des ennemis des Bourbons, fut promulguée par le roi avant de rentrer à Paris. Son retour dans la capitale fut un triomphe. Le parti royaliste s'enivrait d'avoir retrouvé de la monarchie jusqu'à ses vestiges miraculeux ; le parti sacerdotal s'enorgueillissait d'avoir repris devant le peuple l'importance et l'attitude d'un conservateur des trônes ; le parti bonapartiste se confondait par toutes les faveurs militaires et courtisanesques avec l'ancienne aristocratie ; le parti libéral amnistié augurait un règne de mansuétude et de libre discussion ; le peuple, ébloui de luxe et de pompe, s'apaisait et se reposait dans un horizon de sérénité : ce furent les jours fériés de la royauté et de la vie de Charles X ; ils ne devaient pas être longs.

XX

Un des hommes les plus dignes de jouir de cette sérénité de la patrie et d'illustrer la liberté sans ruiner le pouvoir, le général Foy, mourut le 29 novembre dans la force de ses années et dans la fleur de son talent. La maladie de ceux dont le génie palpite dans l'âme, une maladie de cœur l'emporta. Il mourut pauvre, comme les hommes qui s'oublient eux-mêmes en pensant à leur patrie. Son deuil rappela celui de Mirabeau. Toutes les classes de la nation s'y associèrent. Il n'avait pas le génie à la fois créateur et subversif du Démosthène français; aussi n'était-il pas né à une de ces époques où la mission de l'orateur est de renverser et de reconstruire. L'époque de la Restauration demandait d'autres pensées et d'autres vertus.

Le génie de cette tribune devait être l'équité qui fait la part aux passions des uns, aux souvenirs des autres, aux torts et aux vertus de tous, l'impartialité qui prend de toutes les opinions ce qu'elles ont d'honnête et d'utile à la cause commune, la patience qui ajourne à l'avenir ce qu'on ne pourrait arracher aux circonstances sans faire violence aux temps, le patriotisme qui oublie sa propre popularité pour mieux servir sa conscience, la parole sereine qui élève les discussions dans les régions calmes de la sagesse politique, au lieu de la parole passionnée qui trouble l'entendement des peuples, la justice enfin qui seule dans la bouche de l'orateur fait pardonner à la vérité : le général Foy avait reçu de la nature tous ces dons. Il avait donné dans les camps son sang à son pays sans prosterner sa servilité devant le despotisme. Sa longue disgrâce sous l'empire était le témoignage de son indépendance. Il avait participé à la gloire, jamais à la prostration de quelques-uns de ses compagnons d'armes. Il avait placé son honneur dans ses sentiments, non dans ses grades. Républicain stoïque dans les rangs de l'armée impériale, il était républicain temporisateur et modéré dans les chambres de la Restauration ; ce qu'il voulait de la république, c'était moins le nom que les vertus. Une liberté représentative et constitutionnelle, sous une monarchie tempérée et nécessaire à ses yeux pour sauver et reconstituer la patrie devant l'Europe, lui suffisait pour le temps. Il avait plutôt du respect que de la répugnance pour la Restauration. Dans ses harangues les plus sévères on sentait des conseils bienveillants et non des haines. Il était reconnaissant aux Bourbons d'avoir reparu avec la liberté de 1789. Il pouvait être le ministre d'une charte autant que le tribun d'une démocratie. Il avait horreur de la démagogie, qui rabaisse les âmes et qui décompose les sociétés; la boue et le sang répugnaient à sa nature comme à sa conscience. Il possédait la véritable aristocratie des peuples, la noblesse des instincts. C'était le gentilhomme moderne relevant du peuple, et prenant ses titres dans son âme, et sa dignité dans ses sentiments.

Quoique libre croyant en religion, il conservait pour le culte domestique de sa maison paternelle ces tendresses de la mémoire qui sont encore de la piété filiale quand ils ne sont déjà plus de la foi. Sa mère était pieuse, il adorait sa mémoire. Il s'était demandé à lui-même quelle serait la commémoration funèbre la plus douce aux mânes de cette femme, si son âme pouvait se communiquer à son fils à travers la mort? Il s'était répondu que c'était la célébration des mystères chrétiens auxquels elle aimait à assister. La vie des camps ou la vie des tribunes, ces camps de la politique, ne l'avaient jamais distrait de cette piété de famille. Quels que fussent la contrée ou le tumulte dans lesquels sa vie de soldat ou sa vie de tribun l'avaient entraîné, le jour anniversaire de la mort de sa mère il s'éloignait de ses troupes ou de ses collègues; il se retirait dans un recueillement religieux, réminiscence de ses jeunes années; il cherchait un temple et un prêtre de campagne; il prenait sur sa solde l'épargne nécessaire pour faire célébrer obscurément un service divin en commémoration de celle qui lui avait donné le jour. Il y assistait avec larmes, et il répondait à ses camarades étonnés de cette piété dans un soldat républicain, qu'il fallait honorer les morts non selon les rites qu'on s'était conquis en soi-même, mais selon les rites dont ils jouissaient avec foi pendant leur vie mortelle.

XXI

Un peuple entier, composé sans acception de toutes les classes et de toutes les opinions, mais dirigé principalement par les hommes de guerre et par les chefs d'opposition pressés de s'emparer de sa mémoire, lui fit toute une ville pour cortége. La jeunesse, dételant les chevaux de son char mortuaire, porta son cercueil à bras jusqu'au champ de mort. Casimir Périer, banquier libéral, avide alors d'une popularité funèbre, prononça sur sa tombe les adieux amers de l'opposition à son chef. Au moment où il célébrait le désintéressement réel du général Foy, et où il montrait au peuple celui qui avait remué tant de fois l'âme du pays et décliné le pouvoir et la fortune qui s'offraient à lui, mourant sans laisser d'héritage à sa veuve et à cinq enfants : « Nous les adoptons ! » s'écria le peuple. Le lendemain la France tint parole à sa mémoire. Une souscription nationale, provoquée par l'opinion, ratifiée par l'estime, offrit un million à la famille de l'orateur. Le duc d'Orléans, pressé de devancer tout vent populaire, souscrivit pour dix mille francs, Casimir Périer pour la même somme. M. Laffitte, qui ne voulait être dépassé par personne en munificence et en popularité, jeta cinquante mille francs sur cette tombe. La France s'honora elle-même en honorant ce grand et honnête citoyen. Il laissa à la tribune et dans les rangs de l'opposition loyale un vide qui ne fut jamais rempli. Au jour où la monarchie chancela, il aurait pu la redresser par ses conseils ou la remplacer par son initiative. Une liberté franche et républicaine inspirée par l'âme du général Foy aurait moins corrompu la nation qu'une usurpation du trône par le premier tuteur naturel de l'hérédité.

LIVRE QUARANTE-SIXIÈME

Mort de l'empereur Alexandre. — Noble conduite du grand-duc Nicolas. — Tentative d'insurrection à Saint-Pétersbourg. — Abdication du grand-duc Constantin ; son portrait; Nicolas est proclamé empereur de Russie. — Ces événements causent en France une vive émotion. — Émancipation de Saint-Domingue. — Loi sur le droit d'aînesse. — Empire croissant du parti sacerdotal. — Le jubilé. — Les missions. — Dénonciation de M. de Montlosier. — Le duc de Rivière et M. Tharin sont chargés de l'éducation du duc de Bordeaux. — M. Hyde de Neuville en Portugal. — Loi contre la presse. — Discours de M. Royer-Collard. — Discussion à la chambre des pairs de la pétition de M. de Montlosier. — Mort du duc de La Rochefoucauld-Liancourt; profanation de son cercueil. — Charles X retire la loi contre la presse. — Revue de la garde nationale; les légions crient : « Vive la charte! » — Irritation de la cour. — Licenciement de la garde nationale. — Effet de cette mesure. — M. de Villèle essaye de donner quelques satisfactions à l'opinion irritée. — Dissolution de la chambre des députés. — Mort de Manuel. — Jugement sur Manuel par Béranger. — Nomination de soixante-seize pairs nouveaux. — Élections de 1828. — Coalition des libéraux et des royalistes. — Victoire de l'opposition. — Émeute dans Paris; le sang coule dans les rues Saint-Denis et Saint-Martin. — Chute du ministère Villèle. — Bataille de Navarin.

I

La mort de l'empereur Alexandre suivit de près les funérailles du général Foy. La maladie le surprit à la Taganrog, dans une visite qu'il faisait de ses nouvelles provinces de Crimée. Il expira avec la résignation d'un cénobite; son âme depuis longtemps s'était tournée au ciel. Les grands revers et les grands succès de sa courte existence en avaient fait le héros du Nord et l'arbitre de l'Europe. Il donna l'exemple d'éclatantes vertus et popularisa plus qu'aucun de ses prédécesseurs le nom de la Russie. La liberté, pour laquelle une partie de ses peuples asiatiques ou barbares n'étaient pas mûrs, lui doit en Europe un grand souvenir. Il fut en 1814 un des inspirateurs et le plus magnanime garant de la charte. Plus tard il craignit les excès, mais jamais les lueurs de la liberté. L'histoire doit l'inscrire parmi ce petit nombre de princes qui régnèrent en présence de Dieu et de leur conscience, et qui subordonnèrent pieusement leur gloire et leur grandeur personnelles à la gloire et à la grandeur de l'humanité. Le caractère du règne de l'empereur Alexandre, c'est qu'il ne fut pas tant un règne russe qu'un règne européen. La Russie le pleura, l'impératrice mourut de sa douleur, la France et l'Europe, un moment ingrates, ne rendirent qu'une tardive justice à ses vertus.

II

La transition de son règne à celui de son successeur fut pleine de mystères, de troubles, de péripéties, de conjurations, de tragédies même à Saint-Pétersbourg. Quelques jeunes militaires de ses armées et quelques princes de sa cour rêvaient, depuis leur fréquentation avec les révolutions de Paris et de Londres, une révolution prématurée, où les institutions précéderaient les principes et les mœurs dans un empire, fédération despotique de peuples à peine nationalisés. Ce groupe de conjurés voulut profiter de l'interrègne pour révolutionner la Russie. Les circonstances favorables à quelques tragédies de palais ou de caserne les tentaient et les trompaient sur la possibilité d'une révolution nationale.

L'empereur Alexandre laissait trois frères, Constantin, Nicolas et Michel. La primogéniture décernait l'empire à Constantin. Constantin était un Scythe ayant l'extérieur, la rudesse, la fougue, la bravoure d'un barbare avec l'âme d'un enfant, le dévouement d'un séide, la fidélité d'un esclave, la sensibilité d'une femme. Il redoutait tellement les orages de son cœur et les emportements de sa nature sur un trône absolu où ses passions, qui n'agitaient que lui, agiteraient un empire, qu'il s'était déposé lui-même avant le temps, et qu'agenouillé aux pieds de sa mère, divinité domestique pour les Russes, il avait fait le serment de ne jamais régner. Un amour frénétique et vertueux pour une belle Polonaise, la princesse Lowietz, dont il préférait le cœur et la possession à tous les trônes, avait contribué à cette abdication anticipée. L'impératrice sa mère et l'empereur Alexandre n'avaient consenti au divorce de Constantin avec sa première femme et à son mariage avec une sujette qu'à la condition qu'il renoncerait à la faire asseoir avec lui sur le trône des Romanoff. Depuis ce sacrifice, récompensé par l'amour et par le bonheur dont la princesse Lowietz l'enivrait, Constantin, relégué en Pologne, y régnait comme vice-roi de son frère et généralissime de ses armées. Les vertus et les inspirations de sa nouvelle épouse, Polonaise elle-même, avaient dompté son caractère et le faisaient aimer des Polonais.

III

Le grand-duc Nicolas, déclaré héritier de la couronne par l'effet de cette renonciation de Constantin déposée au sénat, à Saint-Pétersbourg, et promulguée en 1822 dans toutes les Russies, refusa généreusement de se prévaloir d'une abdication contrainte par l'amour et par le respect filial. En recevant la nouvelle de la mort d'Alexandre, il se rendit au sénat comme le premier sujet de son frère et il y fit proclamer Constantin empereur. Rassemblant ensuite les troupes, il parut devant elles et leur demanda le serment de fidélité à son frère.

« Je n'ai, leur dit-il dans l'allocution qu'il adressa à l'armée et au peuple, ni le désir ni le droit d'abuser d'une renonciation téméraire à la couronne. L'ordre immuable de la succession la donne à mon frère. Je ne veux pas laisser un seul jour l'empire incertain sur son souverain ! »

Au même moment, et par un combat de désintéressement presque inouï sur les marches des trônes, Constantin, informé à Varsovie de la mort d'Alexandre, de sa propre proclamation comme empereur à Saint-Pétersbourg et salué du titre de czar par son armée, rejetait avec une magnanime humilité ce titre. Combattu un seul instant jusqu'au délire entre la douleur de la perte d'Alexandre, l'horreur d'abandonner l'épouse qu'il adorait, la terreur que lui inspirait à lui-même la responsabilité du rang suprême et peut-être l'immensité du sacrifice qu'il accomplissait, il s'enferma une journée entière seul dans ses appartements les plus reculés du palais de Varsovie ; éloignant de lui jusqu'à sa femme, qui l'implorait en vain du geste et de la voix à travers les vitrages d'une galerie ; il se livra aux convulsions d'une délibération muette avec lui-même, pendant laquelle, donnant par ses violences extérieures une image de la lutte qui se passait en lui, il brisa en poussière, foula aux pieds et jeta par les fenêtres les ornements, les vases, les glaces de cette partie du palais. Apaisé enfin après avoir évaporé ainsi l'agitation de son âme, il sortit, se précipita aux pieds de la princesse Lowietz, et versant sur ses genoux des larmes de générosité et de bonheur : « Ah ! félicitez-moi, lui dit-il, et réjouissez-vous, nous ne régnerons pas ! » Constantin écrivit sa résolution à son frère et se disposa à partir pour aller donner l'exemple au peuple et à l'armée de l'obéissance à son frère. Pétersbourg l'attendait.

Pendant cette attente, les conjurés, pressés par ce hasard de circonstance d'exploiter cette hésitation de règne, se concertent pour tromper l'armée et le peuple, pour s'emparer de la citadelle et du palais, et pour faire proclamer à la place de Constantin ou de Nicolas un gouvernement provisoire composé de leurs principaux affidés, qui ne décernera le trône qu'à des conditions dont ils seront les arbitres. Les membres de l'association révolutionnaire étaient nombreux dans la garde même ; ils étaient inspirés par un comité directeur secret à la tête duquel on remarquait en première ligne le prince Troubetskoï et Relieff, les frères Bestoujeff, le colonel Pestel et les quatre Mouravieff, âmes et bras du complot.

Informés par leurs grades dans l'armée et par leurs relations à la cour que le sénat et les troupes doivent prêter le lendemain le serment à l'empereur, ils répandent dans les casernes que cet avénement du grand-duc Nicolas est un couronnement subreptice, une supercherie d'empire, un attentat à la loi d'hérédité, un crime demandé aux soldats contre la fidélité au duc Constantin. Ils réveillent la popularité soldatesque dont ce prince, cher aux troupes par sa bravoure et par sa barbarie même, jouissait dans les camps et dans la masse la plus moscovite du peuple. Quelques régiments soulevés par leurs sous-officiers se rassemblent tumultueusement dans les cours, jurent fidélité à Constantin, répudient leurs officiers, sortent en armes de leurs casernes, et se rangent comme un défi vivant devant la porte du sénat pour lui imposer leur empereur. La foule, étonnée, grossit d'heure en heure autour de ce noyau de sédition ; mais les chefs Troubetskoï et Relieff, étonnés au dernier moment de la témérité de leur entreprise ou se réservant pour le succès, se cachent et laissent la direction au hasard. Le jeune empereur au contraire, ferme comme sa conscience et audacieux comme son droit, monte à cheval, suivi d'un groupe d'intrépides généraux et galope aux casernes, harangue les régiments encore indécis, les suspend ou les ramène à sa cause et se prépare à combattre ceux qu'il ne peut ébranler.

Pendant que l'empereur et la sédition se disputent l'esprit des troupes, le gouverneur de Pétersbourg, Miloradowich, somme les révoltés en bataille sur la place du Sénat de rentrer dans le devoir. Un officier rebelle, Kakowski, le renverse mort d'un coup de pistolet. Nicolas s'avance lui-même pour le venger à la tête de sa garde et de l'artillerie. Il ordonne le feu, la mitraille renverse ces soldats immobiles, qui tombent comme les janissaires dans un crime qu'ils croient une fanatique fidélité. L'empire, refusé d'abord par vertu, est reconquis par l'énergie. Quelques conjurés dénoncent leur chef; Troubetskoï se jette aux pieds du vainqueur et implore la vie. « Je vous l'accorde, lui dit l'empereur, si vous avez le courage de la supporter. »

La conjuration, étouffée dans la clémence pour quelques-uns, en exil en Sibérie pour le plus grand nombre, et dans le supplice des cinq plus coupables, ne laissa d'autres traces dans l'empire que le deuil de quelques familles et l'impassibilité du jeune empereur.

Il se rendit à Moscou pour se faire couronner. Constantin y attendait son souverain et son frère. Il parut devant lui comme un simple colonel à la tête de son régiment, et donna l'exemple du premier cri de fidélité. Il refusa de s'asseoir sur le trône au niveau du trône impérial que Nicolas avait fait dresser pour lui dans la cathédrale. Les deux frères s'embrassèrent en présence du peuple, qui mêla ses larmes d'admiration à leurs larmes de générosité. Constantin, après le couronnement, s'éloigna pour jamais des deux capitales et alla mourir en Lithuanie, où la jeune femme à laquelle il avait sacrifié l'empire, ne pouvant survivre à sa perte, le suivit presque immédiatement au tombeau.

Ces événements, auxquels l'antiquité n'a rien de supérieur en vertu et en grandeur, ébranlèrent un moment les imaginations en France, et firent croire aux oppositions révolutionnaires que le Nord mûrissait avant le temps pour la liberté. Les libéraux espérèrent, les monarchistes tremblèrent. Illusion pour les deux partis. Les sociétés secrètes font des complots ; les peuples mûrs font seuls des révolutions.

Le Nord se raffermit sous la main du fils de Paul Ier ; la France ne demandait qu'à s'apaiser sous celle de Charles X.

Le parti qui la dominait semblait avoir pour système de lui créer des agitations en lui donnant des ombrages. Le ministère, qui ne refusait plus rien au parti de l'Église, n'osa pas refuser assez au parti de l'aristocratie ; la session de 1826 ne fut marquée que par deux mesures, dont l'une honorait la sagesse du gouvernement, dont l'autre inquiétait l'égalité, passion du grand nombre.

Ces deux mesures furent l'émancipation de l'île anciennement française de Saint-Domingue, au prix de cent cinquante millions d'indemnité que le gouvernement de Saint-Domingue s'engageait à payer aux anciens colons dépossédés par l'indépendance de cette colonie. La seconde fut la loi qui rétablissait en France une partie des priviléges que le droit de primogéniture attribuait autrefois aux aînés des fils sur l'héritage de leurs pères. Cette loi, qui donnait le démenti à tous les principes d'équité naturelle dont la Révolution avait fait la base de ses codes, avait pour but de recréer avec le temps une aristocratie dans les familles et une incommutabilité des propriétés que la monarchie, immuable de sa nature, voulait fonder autour d'elle, comme une féodalité indirecte des fortunes, faible compensation de la féodalité des droits sapée par le temps. Elle était un *maximum* imposé à la division des terres et des capitaux qui, en multipliant les possesseurs, accroissait tous les jours les forces de la démocratie. Elle violait les mœurs autant que les lois, car le privilége des aînés sur les frères nés après eux divisait et envenimait les familles. L'égalité entre les enfants était un principe de fraternité comme de justice. Donner aux pères le droit de déshériter proportionnellement les uns en enrichissant exceptionnellement les autres, c'était altérer dans sa source le sentiment paternel comme le sentiment filial. Trop de faveur d'un côté, trop peu de l'autre paraît une injustice ou une injure. Le gouvernement, sous prétexte de moralité, sapait la plus infaillible des morales, la morale du cœur, dans son sanctuaire le plus sacré, le foyer domestique. Il ne blessait pas moins la politique en présentant la monarchie comme le patronage nécessaire du privilége et de l'inégalité.

M. de Peyronnet, en offrant une telle loi en hommage à l'aristocratie, aliénait l'immense majorité des familles aux Bourbons, inspiration fatale qui fut, après la loi du sacrilége, une des causes les plus actives de la révolution. Le dernier mot de cette loi fut dit à la chambre des pairs par M. de Montalembert, orateur longtemps émigré en Angleterre, et qui recherchait dans les mœurs nivelées de sa patrie les conditions patriciennes de la constitution britannique.

« Nos lois actuelles sur les successions ont, dit-il, le déplorable avantage de se combiner également bien avec le régime républicain et avec le despotisme. Il faut une classe politique à la monarchie constitutionnelle. C'est cette classe que la loi est destinée à fonder, en arrêtant le morcellement des terres ! » Cette pensée, qui était évidemment celle de M. de Peyronnet, en instituant une classe héréditairement politique, rejetait dans l'ilotisme électoral la masse la plus nombreuse et la plus active de la nation. M. Pasquier combattit ce système en homme d'État. La loi tomba à sa voix. Trop timide pour les uns, trop téméraire pour les autres, la chambre des pairs la repoussa. Un cri de joie sortit à ce vote du fond de la nation ; Paris fut spontanément illuminé comme pour une victoire de l'égalité sur la contre-révolution. La chambre des députés n'en conserva qu'un tronçon, mais le pays en conserva la mémoire.

IV

L'empire croissant et de plus en plus évident d'un parti sacerdotal dans les conseils secrets du roi et dans la distribution des emplois civils et militaires se signalait à tous les yeux. Charles X semblait avoir fait vœu à son sacre de convertir la France à la foi sincère de son âme. Les pompes officielles du *jubilé*, sorte d'amnistie divine accordée à certains intervalles aux impiétés et aux relâchements des peuples catholiques; les missions généralisées dans les villes, dans les campagnes, jusque dans les régiments; les calvaires, les croix, les monuments pieux érigés, à la faveur des encouragements du gouvernement, sur toute la surface du pays; les processions publiques, suivies par le prince, par sa famille, par la chambre des pairs, la chambre des députés, l'armée, la cour; les congrégations ecclésiastiques et des colonnes de prêtres qui semblaient reprendre possession du sol de Clovis; l'empiétement plus ou moins avoué, mais visible, dans l'instruction publique et dans les affaires de l'ordre des jésuites, société latente dans la société civile, tout commençait à caractériser le gouvernement du nouveau roi en gouvernement ou en conspiration officielle contre la liberté de conscience, et en antagonisme contre les droits acquis de l'esprit humain.

L'opposition, qui se soulevait intérieurement contre ces

tendances au despotisme caché du sacerdoce, non-seulement parmi les ennemis des Bourbons, mais jusque dans les amis les moins douteux de la monarchie, n'était encore qu'un murmure. Il éclata par la voix de M. de Montlosier, qui dénonça à la France, au nom de la royauté et de la religion, le parti sacerdotal comme « un parti envahissant et ambitieux, rampant dans l'ombre sous l'inspiration des jésuites, congrégation illégale et anonyme, pénétrant dans toutes les administrations séculières, s'affiliant les magistrats, se subordonnant les ministres, s'attribuant et distribuant toutes les faveurs, vendant à Rome les libertés traditionnelles de l'Église de France; se préparant enfin, par ses sectaires intéressés répandus dans toutes les zones des pouvoirs publics, à asservir le pouvoir royal lui-même pour reconquérir au joug d'une Église occulte et intolérante un peuple, non plus religieux, mais dégradé jusqu'aux plus serviles superstitions. »

V

Cette dénonciation empruntait un immense crédit au nom, au courage et au talent de son auteur. M. de Montlosier, gentilhomme d'une illustre naissance d'Auvergne, plus illustre par son rôle à l'Assemblée constituante, où il avait défendu la liberté religieuse contre la persécution philosophique, comme il défendait aujourd'hui la liberté philosophique contre la conspiration sacerdotale, avait suivi la monarchie dans ses exils. Rentré en France sous l'Empire, il avait écrit, à l'instigation de Napoléon, un paradoxe historique remarquable en faveur du système féodal et en insulte à toute démocratie. Les Bourbons, à leur avénement au trône, l'avaient retrouvé royaliste et patricien, incrédule à toute égalité des classes, contempteur de la charte tant qu'elle n'aurait pas reconstitué une noblesse légale, ennemi de la mobilité plébéienne, qui élève tout et qui ne soutient rien à la surface des sociétés ; convaincu que les peuples sont un corps auquel l'aristocratie donne seule une tête. Les empiétements du clergé, démocratie sacrée et élective sortant du peuple pour conquérir le peuple, et se substituant à la fois à la royauté et à la noblesse, n'inquiétaient pas moins son orgueil de gentilhomme que son système de publiciste. Il se leva dans son isolement pour porter au clergé le premier coup. L'esprit moderne, étonné de rencontrer un tel auxiliaire, le libéralisme, l'opposition, le journalisme, la révolution, la philosophie alarmée et jusque-là muette, répondirent par une acclamation unanime à la dénonciation de M. de Montlosier. Les chambres s'en emparèrent pour demander compte au gouvernement des mystères de la congrégation politique, des libertés de l'Église gallicane, qui ne leur importaient guère, mais dont elles feignirent d'être des gardiennes jalouses, enfin de l'existence illégale de la corporation des jésuites, abolie en France comme une milice de Rome, et qui avait été désavouée par Rome elle-même avant la révolution, comme une puissance qui inquiétait jusqu'à l'autorité qu'elle prétendait servir.

Une rumeur sourde, mais populaire, interprétant calomnieusement la piété du roi, montrait dans ce prince un affilié laïque des jésuites, revêtant en secret leur costume, assujetti à leurs règles, et ayant promis de leur livrer le royaume pour prix du ciel, qu'ils promettaient à sa pieuse complicité.

Le ministre de l'instruction publique, M. de Frayssinous, sommé de s'expliquer sur la congrégation et sur les jésuites, par Casimir Périer au nom de l'opposition, par M. Agier au nom des royalistes libéraux, réduisit dans un premier discours la congrégation politique aux proportions d'une association de fidèles dirigée depuis vingt ans dans les voies de l'édification mutuelle par des prêtres étrangers aux intrigues du siècle. Il déclara qu'il n'avait jamais fait partie lui-même de cette congrégation, pour rester indépendant dans sa foi et dans ses œuvres, que cette sainteté du corps avait pu servir de masque à l'ambition de quelques-uns de ses membres, que l'hypocrisie était de toutes les opinions et de toutes les sectes, mais que cette association personnelle et libre n'exerçait aucun empire saisissable sur le gouvernement. Dans un second discours, les jésuites lui ayant reproché de les avoir tenus dans l'ombre, et l'ayant autorisé à les nommer, il les nomma; il réduisit également leur prétendu monopole universel à la direction de quelques séminaires et à quelques colléges peu nombreux, et fit remonter leur existence tolérée en France au règne de Napoléon, sous lequel l'archevêque de Lyon, oncle de l'empereur, les avait appelés et protégés dans son diocèse.

Ces timides attaques et ces explications sans conclusion relevèrent, au lieu de l'abattre, l'empiétement latent ou avoué du parti du clergé qui voulait dominer. M. de Montlosier, après la session, déféra en vain aux tribunaux sa dénonciation. Les tribunaux, plus dépendants encore que les chambres, se déclarèrent incompétents. La question fut ainsi renvoyée à l'opinion, qui s'en empara avec fureur. Le jésuitisme devint l'injure populaire au gouvernement des Bourbons. Cette injure vague, sans définition précise, et par cela même sans réfutation possible, confondit aux yeux du peuple la royauté des Bourbons avec un sanctuaire dominateur. Cette ligue, vraie dans quelques courtisans, fausse dans le monarque, entre l'esprit de cour et l'esprit d'Église, répandit sur le règne une teinte de mystère et d'hypocrisie qui assombrit l'imagination des masses. On fit croire au siècle qu'il marchait sur des embûches. Le peuple, qui aurait pardonné la tyrannie à un roi, parce que la tyrannie d'un roi a quelquefois de la franchise et de la grandeur, et qu'elle meurt avec le tyran, ne pardonnait pas l'aspiration à la tyrannie à une corporation, parce que la tyrannie d'un corps sacerdotal ne meurt pas, et qu'elle semble profaner Dieu en l'employant aux usurpations humaines. De ce jour Charles X, encore aimé des uns, et plaint par les autres, tomba dans la désaffection ou dans le soupçon du plus grand nombre. L'ombre du jésuitisme et de la congrégation plana sur tous ses actes, et ses vertus mêmes furent tournées en crimes par la malice de ses ennemis et par la crédulité du peuple.

La nomination du duc de Rivière aux fonctions de gouverneur du duc de Bordeaux, à la place du vertueux duc de Montmorency, mort le vendredi saint dans une extase de prières au pied des autels, envenima encore ces soupçons. M. de Rivière, ami de Charles X, et longtemps victime, avec M. de Polignac, de son attachement à ce prince, méritait pour ses fidélités chevaleresques l'amitié et la confiance du roi, mais il passait dans l'opinion publique pour un affilié servile du parti de l'Église. L'héritier du trône entre ses mains paraissait un otage remis par la monarchie au sacerdoce. Son nom et son esprit n'avaient aucun de ces lustres que l'imagination des nations exige des maîtres de leurs rois. Un Fénelon libéral et religieux aurait à peine suffi dans l'esprit de la nation aux difficultés, aux grandeurs et aux délicatesses d'une éducation royale, dans laquelle l'instituteur avait à concilier la conscience d'une vieille race avec la raison d'un nouveau peuple, à séparer dans une jeune intelligence les ténèbres des lumières, à rendre la raison pieuse et la piété raisonnable.

L'opinion publique désignait M. de Chateaubriand, le roi nomma le duc de Rivière et l'abbé Tharin, évêque de Strasbourg, prélat dont les discours et les écrits contristaient la piété même par l'excès de l'invective sacrée contre le siècle, et par l'excès de zèle avoué pour les jésuites. Le journal de M. de Chateaubriand, en apprenant ces choix imprudents du roi, prononça les mots de fatalité et de vertige. Les noms des hommes disaient la ligne dans laquelle la cour voulait diriger l'esprit héréditaire de la dynastie, la ligne disait le but, le but indiquait l'abîme.

VI

Chaque jour Charles X se laissait dériver plus loin de son peuple. Les réclamations de la presse importunaient la cour et l'Église. Il annonça témérairement, à l'ouverture de la session de 1827, qu'il avait ordonné à son ministre d'étouffer cette voix. Cette seule menace annonçait des desseins plus extrêmes. Le silence demandé par les gouvernements est le prélude de la tyrannie des peuples. On pressentait une lutte prochaine et funeste entre la couronne et la nation. Ce pressentiment redoubla l'audace de la cour, l'irritation des tribunes, la licence des journaux, l'agitation sourde des masses.

Le roi cependant maintenait avec énergie au dehors la dignité et l'influence de la nation. M. Hyde de Neuville, son ambassadeur en Portugal, avait agi en ambassadeur de Louis XIV dans les querelles qui agitaient et qui ensanglantaient Lisbonne, entre don Miguel et don Pedro. Le premier représentait l'absolutisme, le second l'esprit constitutionnel. L'Espagne, où dominait notre esprit, menaçait le Portugal d'une intervention pour y soutenir la contre-révolution. L'Angleterre, par la voix de M. Canning, éclatait contre la pensée de cette intervention, derrière laquelle elle montrait la France. Elle se vengeait de notre heureuse audace en Espagne en favorisant l'émancipation des colonies espagnoles de l'Amérique du Sud, qui commençaient à se détacher de la mère patrie et à se grouper en républiques. « J'appelle à l'existence un nouveau monde ! s'écriait M. Canning, qui se posait en génie des tempêtes. J'ai balancé le compte ! J'ai laissé à la France le fardeau ingrat de la vieille Espagne. Je lui enlève l'Amérique et je couvre le Portugal contre l'invasion de l'absolutisme. » Un débarquement de troupes anglaises à Lisbonne appuyait ces paroles. Le ministère français reculait avec raison devant une seconde intervention dans la Péninsule, où il aurait rencontré l'Angleterre, dont l'antique patronage sur le Portugal était reconnu en fait et garanti en droit par les traités. M. de Chateaubriand, M. de La Bourdonnaie, orateurs royalistes, demandaient en vain cette guerre inutile et capricieuse pour une vanité d'influence sur le Tage, M. de Villèle la refusait, et les chambres avec lui.

Ces questions extérieures n'agitaient que quelques esprits élevés et spéculatifs. La loi contre la presse renfermait les véritables agitations de l'esprit public. La liberté et la philosophie sentaient qu'on se préparait à briser leurs dernières armes dans leurs mains pour en jeter les tronçons aux pieds de la cour et des évêques, qui ne cessaient de fulminer contre ces libertés de la pensée.

Cette loi n'était pas seulement une loi pénale, c'était une loi somptuaire contre la parole écrite; elle n'atteignait pas seulement le présent et l'avenir, elle atteignait le passé. Elle supprimait, par les menaces et par les dispositions fiscales dont elle était armée, la réimpression de presque tous les livres du dix-huitième siècle qui avaient soufflé sur le vieux monde et enfanté le nouveau. L'imprimeur, responsable par sa fortune de ce qu'il reproduisait, allait implorer par la force des choses la censure préalable du gouvernement ou de l'Église avant de prêter ses caractères à l'écrivain vivant ou mort. Une clameur universelle se souleva contre cette loi, comme contre un retour à la barbarie, les idées, les sciences, les arts, les industries, les métiers intéressés par l'esprit ou par la profession à cet immense commerce des intelligences, dont l'imprimerie est le véhicule protecteur; l'Académie française elle-même, servile de situation, mais indépendante d'âme, se réunit extraordinairement pour délibérer sur ce péril de l'esprit humain. Les royalistes et les libéraux s'y confondirent dans une égale protestation contre cette extinction systématique des lumières au profit des ténèbres. M. Michaud, M. de Lacretelle, M. Villemain, subirent volontairement la destitution de leurs chaires et la suppression de leur fortune d'hommes de lettres pour le crime d'avoir imploré la justice du roi contre l'attentat de ses ministres. L'opinion publique leur restitua en popularité ce que le désintéressement leur enlevait en fonctions. Tous les hommes jaloux de la plus belle attribution de l'esprit humain, la pensée, tous ceux aux yeux de qui la multiplication des idées par la parole écrite était un don de Dieu, un outil de perfectionnement, ou une arme défensive de liberté, Royer-Collard, Dupont (de l'Eure), Hyde de Neuville, Chateaubriand, Bertin de Vaux, Agier, Noailles, La Bourdonnaie lui-même, s'inscrivirent pour protester à la tribune contre ce désarmement de la raison nationale.

Tous les sectaires du parti sacerdotal, MM. de Rougé, de Sallaberry, de Frenilly, de Curzay, de Sesmaisons, de Castelbajac, de Maquillé, de Forbin des Essarts, se préparaient à soutenir le projet inquisitorial de M. de Peyronnet. La tribune les entendit protester tour à tour, au nom de l'autorité sans contrôle et de la foi sans raisonnement, contre la faculté qui rend seule l'autorité respectable et la religion divine. L'un proposa la mutilation légale du sens qui propage les idées, l'autre proclama que l'imprimerie était le seul fléau dont Moïse eût oublié de frapper l'Égypte, et affirma que les anciens avaient connu ce moyen de propager et d'éterniser la parole, mais qu'ils l'avaient étouffé dans la nuit de leurs mystères, de peur d'incendier le globe.

M. de La Bourdonnaie s'insurgea pour la première fois au nom de la charte si longtemps dédaignée par lui, et vénérée maintenant comme un refuge par ceux-là mêmes qui l'avaient blasphémée. M. Royer-Collard, avec une poignante ironie, loua dérisoirement ces censeurs prétendus religieux des œuvres du Créateur pressés de réformer l'œuvre de Dieu.

« Dans la pensée de ces hommes, dit-il, il y eut imprudence au grand jour de la création de laisser échapper l'homme libre et intelligent au milieu de l'univers! Une plus haute sagesse vient réparer la faute de la Providence et rendre à l'humanité, sagement mutilée, le service de l'élever enfin à l'heureuse innocence des brutes! L'auteur des choses a cru autrefois le contraire; ... il s'est trompé! La vérité est un bien, disent ces hommes plus prévoyants que la nature, mais l'erreur est un mal : périssent donc l'erreur et la vérité! comme la prison est le remède naturel de la liberté, l'ignorance sera le remède naturel de l'intelligence, l'ignorance est la vraie science de l'homme et de la société!... Messieurs, une loi qui nie ainsi la morale est une loi athée, l'obéissance ne lui est pas due! Hélas! nous avons traversé des temps où, l'autorité de la loi ayant été usurpée par la tyrannie, le mal fut appelé bien, et la vertu crime. Pendant cette douloureuse épreuve, nous n'avons pas cherché les règles de nos actions dans la loi, mais dans nos consciences. Nous avons obéi à Dieu plutôt qu'aux hommes. Fallait-il, sous le gouvernement légitime, nous ramener à ces souvenirs déplorables?... Nous serons encore les mêmes hommes! Votre loi, sachez-le bien, sera vaine, car la France vaut mieux que son gouvernement!... Conseillers de la couronne, qu'avez-vous fait jusqu'ici? Qui vous élève au-dessus de vos concitoyens que vous soyez en droit de leur imposer la tyrannie? Obscurs et médiocres comme nous, vous ne nous surpassez qu'en témérité! Votre audace insensée ne peut se rencontrer que dans les factions. Votre loi dénonce donc une faction dans le gouvernement aussi certainement que si cette faction se dénonçait elle-même ; je ne lui demanderai pas ce qu'elle est, d'où elle vient, où elle va, elle mentirait ! Cette faction, je la juge par ses œuvres ! Voilà qu'elle vous propose la destruction de la liberté de la presse ; l'année dernière elle avait exhumé du moyen âge le droit d'aînesse, l'année précédente le sacrilége ! Ainsi elle retourne en arrière. Qu'on l'appelle contre-révolution ou autrement, peu m'importe ; elle retourne en arrière en religion et en politique ! Elle tend par le fanatisme, le privilége, l'ignorance, à la barbarie ou aux dominations absurdes que la barbarie favorise !... L'entreprise ne sera pas si facile à consommer. A l'avenir il ne s'imprimera plus une ligne en France, je le veux ; une frontière d'airain nous préservera de la contagion étrangère, à la bonne heure. Mais il y a longtemps que la discussion est ouverte dans le monde entre le bien et le mal, entre le vrai et le faux. Elle remplit d'innombrables volumes, lus et relus le jour et la nuit par une génération curieuse. Des bibliothèques les livres ont passé dans les esprits. C'est de là qu'il vous faut les chasser. Avez-vous pour cela un projet de loi ? Tant que nous n'aurons pas oublié ce que nous savons, nous serons mal disposés à l'abrutissement et à la servitude. Mais le mouvement des esprits ne vient pas seulement des livres ; né de la liberté des conditions, il vit du travail, de la richesse et du loisir ; les rassemblements des villes et la facilité des communications l'entretiennent. Pour asservir les hommes, il est nécessaire de les disperser et de les appauvrir. La misère est la sauvegarde de l'ignorance. Croyez-moi, réduisez la population, renvoyez les hommes de l'industrie à la glèbe, brûlez les manufactures, comblez les canaux, labourez les grands chemins. Si vous ne faites pas tout cela, vous n'aurez rien fait ; si la charrue ne passe pas sur la civilisation tout entière, ce qui en restera suffira pour tromper vos efforts...

» Je ne saurais adopter les amendements que la commission vous propose, ni aucun amendement. La loi n'en est ni digne, ni susceptible. Il n'est point d'accommodement avec le principe de tyrannie qui l'a dictée. Je la rejette purement et simplement, par respect pour l'humanité qu'elle dégrade, et pour la justice qu'elle outrage. »

VII

Depuis Bossuet et Pascal, l'éloquence raisonnée ou passionnée par le mépris n'avait pas parlé ainsi aux hommes ; M. Royer-Collard avait vengé l'esprit humain, et l'esprit humain semblait lui avoir prêté le dédain céleste pour écraser de plus haut ces deux factions de ténèbres qui se disputaient la tyrannie de l'intelligence. Ce discours, en peu de jours, devint une opinion publique ; mais il y avait déjà une telle distance entre le gouvernement et le pays, que la chambre, inféodée au clergé et à la cour, vota à une immense majorité ce que la France unanime répudiait avec Royer-Collard et Chateaubriand, comme un attentat contre la raison humaine.

VIII

La discussion de la pétition de M. de Montlosier contre les empiétements du parti sacerdotal précéda à la chambre des pairs la discussion de la loi sur la presse. M. de Fitz-James, familier de Charles X, dont l'éloquence aristocratique conservait à la tribune le ton léger de la cour, railla la prétendue démence du pétitionnaire ; après avoir fait un portrait grotesque de M. de Montlosier, son compagnon d'émigration à Londres, voilà, s'écria-t-il avec dédain, l'homme qui dénonce des processions et des missionnaires ! M. de Fitz-James soutenait le parti de l'Église en gentilhomme qui protégeait autrefois son curé contre ses vassaux sans assister aux mystères. Cette orthodoxie à la fois superbe et sceptique n'allait plus à un temps où la foi, pour être respectée, devait être dans la conscience et dans les mœurs. M. d'Ambray vengea M. de Montlosier, et rappela le mot sublime que cet orateur avait prononcé à l'Assemblée constituante en défendant alors la dotation des évêques : « C'est une croix de bois qui sauva le monde. »

La discussion de la loi sur la presse fut ajournée à une autre séance. L'opinion publique fermentait jusqu'à la sédition dans la jeunesse et dans le peuple. Tout devenait occasion de scandale et de violence. L'ombre seule des deux tyrannies créait d'avance les révoltes de cœur, préludes rapprochés des révoltes de bras.

La mort du duc de La Rochefoucauld-Liancourt, autre Malesherbes échappé au glaive révolutionnaire, mais resté fidèle à la fois au culte de la royauté légitime et au culte de la liberté représentative, fit éclater la colère qui couvait dans les âmes. Le duc de Liancourt avait employé jusqu'à quatre-vingts ans le crédit de son grand nom et de sa grande existence au patronage gratuit de toutes les institutions sagement populaires. Fondateur de l'école des arts et métiers de Châlons-sur-Marne, les élèves de cette école accoururent à Paris pour honorer ses funérailles et pour porter eux-mêmes son cercueil à la sépulture de sa maison. Son cousin, le duc de La Rochefoucauld-Doudeauville, homme du même esprit, quoique plus inféodé au clergé et plus lié à la nouvelle cour, était ministre de la maison du roi. Il avait autorisé de son consentement la présence aux obsèques et la piété filiale des jeunes élèves de l'école de Châlons. Le gouvernement, que la popularité même posthume du duc de Liancourt semblait offenser, s'opposa par ses agents au transport du cercueil sur les bras de cette jeunesse. Un tumulte éclate aux portes du temple. Les baïonnettes menacent le cortége. Le cercueil, disputé par les uns, arraché par les autres, roule profané dans la boue. La foule indignée crie au sacrilége. La cérémonie s'achève dans la consternation de Paris. La chambre des pairs évoque à elle la connaissance de ces outrages à la tombe d'un de ses membres. Le nom du duc de Liancourt devient un des éléments accumulés de récrimination contre la cour et contre l'Église, accusées de venger sur la mort la popularité libérale et philosophique d'un bienfaiteur du peuple. Le duc de La Rochefoucauld-Doudeauville lui-même se prépara à quitter le ministère par respect pour son nom.

IX

Le roi gémissait de ce reflux de la faveur populaire qui avait signalé le commencement de son règne, et que ses fatales concessions au parti ambitieux du clergé éloignaient de plus en plus de son trône. L'amour de son peuple lui était doux, et tout respirait la haine publique dans l'air autour de lui. Averti par le discours de M. Royer-Collard et prévenu de ceux que préparaient M. de Chateaubriand et ses amis à la chambre des pairs contre la loi de la presse, il résolut de faire de cette loi odieuse un sacrifice à la popularité. M. de Peyronnet par son ordre la retira de la discussion. Ce retour à l'opinion fut accueilli avec enthousiasme, des illuminations où la sédition empruntait les manifestations de la joie éclairèrent les rues de la capitale. Des cris de « Vive le roi ! vive la liberté de la presse ! vivent les pairs ! » retentirent jusque sous les fenêtres des Tuileries.

Le roi, qui devait passer le lendemain la garde nationale en revue en commémoration annuelle de son entrée dans Paris, crut à un beau jour. Le maréchal Oudinot, commandant général de la milice de Paris, lui garantissait une réception triomphale en retour de sa concession à l'opinion satisfaite. Les ministres, mieux informés de la haine qu'on leur portait, déconseillaient au roi cette entrevue dangereuse avec son peuple. Ils redoutaient des manifestations séditieuses ; ils conjuraient au moins le roi de passer cette revue aux portes de son palais, sous l'épée de ses gardes, afin d'imposer à toute sédition par l'appareil militaire et par l'inviolabilité des murs du château.

Le roi insista. Il sortit à cheval de son palais le dimanche 16 avril 1827, accompagné du duc d'Angoulême et du duc d'Orléans et d'un immense cortége militaire. Les princesses de sa famille suivaient dans des calèches découvertes le groupe du roi et des princes. Un jour de printemps semblait associer une fête du firmament à cette fête de la terre. Trente mille hommes des douze légions de Paris, commandés par les chefs de la bourgeoisie, attendaient le roi sous les armes au Champ de Mars. Cette bourgeoisie armée, plus intéressée par sa fortune ou par ses industries à la stabilité du gouvernement que les classes mobiles du peuple, tremblait d'ébranler les masses en ébranlant le trône. Elle s'était recommandé à elle-même la veille et le matin dans ses réunions préparatoires d'étouffer dans ses rangs tout cri politique et tout murmure, qui pourraient altérer l'harmonie renaissante entre la nation et le roi, et servir de prétexte à quelque émotion fatale du gouvernement. Le mot d'ordre qui proscrivait les cris contre les ministres et le clergé, et qui ne permettait que le cri de « Vive le roi! » circulait de bataillon en bataillon, ratifié par un consentement tacite. Charles X avait déjà paru à cheval devant les premiers rangs, le front serein, le sourire sur les lèvres, le cœur dans le geste; mais l'esprit d'une foule éclate en elle malgré la volonté de chacun de ceux qui la composent. Les peuples ont une âme collective indépendante à certains moments de l'âme individuelle. L'âme irritée de la garde nationale éclata d'abord dans la 7e légion, puis dans toutes les autres, par le cri de « Vive la charte! » qui contenait par réticence tous les griefs de l'opinion. Charles X,

aux premiers cris de « Vive la charte ! » qu'il avait jurée lui-même, ne parut pas s'offenser, mais l'obstination de ce même cri, substitué à celui de « Vive le roi ! » finit par irriter son visage. « Eh. quoi ! lui crièrent les gardes nationaux rapprochés de lui, la charte est-elle donc un outrage ? »
— Messieurs, répondit le roi d'un accent sévère, je suis venu ici pour recevoir des hommages, non des leçons ! » Ces mots reconquirent au prince le respect et l'enthousiasme des légions. Les cris de « Vive le roi ! » gagnent de file en file et rendent le calme à son âme. A cheval devant le monument de l'École militaire, trente mille hommes passent devant lui en le saluant d'une même acclamation. Il se retire et rentre au palais convaincu que l'offense isolée de quelques gardes nationaux n'a été que l'impuissante insolence d'une sédition réprouvée par tous. Il se félicita avec le maréchal Oudinot du succès de la journée et du retour de son peuple. Il chargea le maréchal de rédiger un ordre du jour exprimant la satisfaction du roi à la milice de Paris,

X

Mais ces tentatives, contenues un moment par la présence du roi au Champ de Mars, s'étaient aggravées après son départ. Les murmures et les clameurs, les cris de : « A bas les ministres, à bas les jésuites ! » avaient retenti sur le passage des princesses, accusées avec raison par l'opinion publique de plus de complaisance pour le clergé, de plus de rancune contre la révolution. Le respect pour le rang, pour le sexe, pour le malheur n'avait pas réprimé dans certaines légions les allusions et les vociférations menaçantes à la fille de Louis XVI et à la veuve du duc de Berri. On avait voulu imprimer par la terreur, dans leurs âmes, l'image du mécontentement du peuple et le souvenir de ses avertissements. Les légions s'étaient mêlées dans une confusion tumultueuse autour de leurs voitures, et le cliquetis des armes avait rendu plus sinistre le désordre et l'accent de la sédition. La duchesse d'Angoulême, intrépide de visage, mais humiliée de cœur, avait frémi d'indignation. Elle avait rapporté au château le frisson et la mémoire des scènes révolutionnaires de son enfance. Après son départ, les cris s'étaient élevés plus unanimes et plus irrités du sein des colonnes qui rentraient en armes dans Paris. En passant devant l'hôtel de M. de Villèle, les légions avaient ébranlé de leurs vociférations la rue de Rivoli. Les voitures de la cour, qui revenaient vides de la revue, avaient été huées par la colère publique. La capitale avait passé en quelques heures d'une fête à une consternation. La France avait laissé échapper son mot; ce mot pouvait être un conseil ou un outrage, selon que le roi le comprendrait et forcerait son gouvernement à le comprendre. Il avait entendu lui-même dans la soirée les clameurs renaissantes et prolongées de son peuple, qui précipitait les ministres du conseil. « Villèle, toujours Villèle! » s'était-il écrié comme importuné de cette impopularité de son ministre, et il avait jeté son épée sur un fauteuil comme un homme qui voudrait jeter aussi la pensée qui l'obsède.

XI

Bien que le scandale de la revue eût été concentré dans quelques bataillons de la garde nationale, et que la masse des citoyens fût innocente des irrévérences du petit nombre, le ressentiment de ces manifestations retomba aux Tuileries sur le corps tout entier. Une colère poussée jusqu'au vertige saisit la famille royale et se communiqua aux courtisans. Les femmes surtout étaient implacables. Habituées aux adulations et au culte, tout ce qui rompt ce prestige de respect dont elles sont environnées leur semble sacrilége. Rien ne passe plus vite de la terreur à la vengeance que la faiblesse d'une femme outragée.

Pendant tout le reste de la soirée chaque visiteur rapportait aux Tuileries son anecdote, son scandale, son indignation contre la population de Paris. C'était presque la ville du 20 juin 1791! La duchesse d'Angoulême, pleine des souvenirs de cette fatale journée, qui avait commencé les humiliations et les supplices de sa famille, conjurait le duc d'Angoulême et le roi de ne rien pardonner aux premières émotions de la multitude, s'ils ne voulaient pas l'encourager par leur hésitation aux derniers excès. Insulter les ministres, n'était-ce pas insulter la pensée du roi? Lui imposer le renvoi de son gouvernement par des cris irrespectueux, n'était-ce pas régner à sa place? Céder aux insolences d'une bourgeoisie armée, n'était-ce pas abdiquer devant un tumulte? Où s'arrêteraient ces nouveaux janissaires, fiers d'avoir imposé une première fois leurs caprices à leur maître, et incapables de se gouverner eux-mêmes autrement que par leurs séditions ?

XII

Telles étaient les dispositions de la cour dans la soirée du 20 avril, lorsque le maréchal Oudinot vint soumettre au roi le projet d'ordre du jour, convenu quelques heures auparavant entre le prince et lui, pour témoigner à la garde nationale une satisfaction changée en colère. Le roi, dont le visage avait changé aussi comme le cœur, écouta d'un air distrait la lecture de l'ordre du jour, le prit des mains du maréchal, le froissa dans les siennes et n'ayant pas encore arrêté sa résolution avec ses ministres : « C'est bien, dit-il au maréchal, rien ne presse, j'aviserai. »

Les ministres, humiliés et irrités, entrèrent pour tenir conseil. L'éclat d'une telle insulte adressée moins à la couronne qu'à leur système et à leur personne, le témoignage public et pour ainsi dire national d'une impopularité qui rejaillissait jusque sur le trône, la honte et la terreur qu'ils avaient éprouvées en entendant les bataillons défiler en brandissant leurs armes et en invectivant leurs noms sous les fenêtres de leurs hôtels, les prédisposaient aux mesures extrêmes. La guerre entre l'opinion publique et eux était déclarée. Il fallait s'avouer vaincu ou vaincre soi-même l'opinion par une obstination qui entraînerait la couronne dans leur cause. Le danger était imminent des deux côtés. Céder, c'était humilier la royauté; résister, c'était la compromettre dans une lutte peut-être inégale avec le peuple.

La délibération devant le roi fut longue et balancée.

M. de Villèle et M. de Corbière n'hésitèrent pas à se prononcer pour une mesure de force. Ils ouvrirent l'avis du licenciement de la garde nationale de Paris. Ils soutinrent que cette capitale armée inquiétait à juste titre la couronne. Utiles quand la révolution menace de simples désordres civils le foyer des citoyens qui se protégent mutuellement contre le pillage, secourables aux nouveaux gouvernements, les gardes nationales ne tardent jamais ou à se licencier d'elles-mêmes dans une indolente indifférence ou à embarrasser le gouvernement par une armée de l'opinion publique, sans discipline, sans responsabilité et sans obéissance. Un gouvernement établi, ajoutaient-ils, ferme et appuyé sur une armée régulière, est trop heureux que de premiers symptômes de sédition lui fournissent le prétexte ou la nécessité de dissoudre ces dangereux auxiliaires, qui prétendent associer en eux la liberté du citoyen et l'arme du soldat. La garde nationale, d'ailleurs, importation funeste et intempestive de l'Amérique insurgée par M. de La Fayette, à qui elle avait donné une dictature tantôt agitative, tantôt répressive, mais toujours supérieure à la royauté, n'était-elle pas le premier acte et le dernier vestige d'une révolution qui ne s'était tarie qu'après avoir ensanglanté la monarchie, répudié et proscrit M. de La Fayette lui-même; après s'être donné pour chef un factieux de l'aristocratie dans M. de La Fayette, ne s'était-elle pas donné pour chefs les factieux de la plèbe et de la démagogie des faubourgs dans Santerre et dans Hanriot? N'avait-elle pas dormi à Versailles avec son général pendant les massacres des journées d'octobre 1790? N'était-elle pas restée immobile ou complice à Paris pendant l'invasion des Tuileries par le peuple le 20 juin? N'avait-elle pas déserté le 10 août devant les bandes qui mitraillaient le château? Ne s'était-elle pas cachée aux journées de septembre, pendant qu'une poignée de sicaires immolaient à loisir des milliers de victimes dans les prisons de Paris? Enfin n'avait-elle pas assisté, l'arme au bras autour de l'échafaud, pendant quatorze mois, au supplice du roi, de la reine, de la famille royale et de la France décapitée par une minorité de démagogues? Quel compte faire pour la monarchie d'une institution pareille qui prête sa force à toutes les factions, qui autorise toutes les séditions et tous les crimes du peuple quand elle ne les accomplit pas? Le jour ne devait-il pas venir où la monarchie, appuyée sur une armée soldée, disciplinée et personnelle, se délivrerait enfin de cette armée amphibie de bourgeois séditieux quand ils ne sont pas asservis? Et puisque ce jour était venu de lui-même, pourquoi le laisser échapper pour en attendre un autre où l'outrage, au lieu d'être, comme à cette revue, un simple tumulte, serait une révolution?...

Trois ministres seuls, M. de Chabrol, M. de Frayssinous et M. le duc de Doudeauville, combattirent ces considérations irritées par des considérations plus modérées et plus longanimes. Ils représentèrent que la garde nationale de Paris et les Bourbons s'étaient liés par des pactes multipliés l'une à l'autre depuis 1814; que le danger d'armer l'élite de la bourgeoisie était nul dans une forme de gouvernement qui supposait l'accord de l'opinion et de la couronne dans le parlement, forme de gouvernement où, en défendant le roi, la garde nationale défendait en même temps la loi; que cette partie armée de la population, toute propriétaire, commerciale, industrielle, était, par ses propriétés, par ses commerces, par ses industries, la plus intéressée à préserver tous les gouvernements établis, parce que, en défendant l'ordre politique menacé, elle préservait en même temps ses foyers et ses trafics; qu'enfin lors même que cette garde nationale, quelquefois embarrassante, plus souvent utile, serait de peu de secours dans les dangers suprêmes, il y aurait une immense dépopularisation pour la couronne devant la France et devant l'Europe de se déclarer elle-même, par un licenciement, en impopularité flagrante et en incompatibilité authentique avec la majorité de sa propre capitale; que le parti le plus juste comme le plus sage était de ne pas étendre à l'universalité des bons citoyens la peine encourue par un petit nombre d'agitateurs, mais de pallier la faute, de dissimuler l'insulte, de temporiser avec une opinion aussi prompte au repentir que légère à l'émotion, de sévir seulement pour l'exemple contre un ou deux bataillons qui s'étaient le plus signalés dans le désordre, et de jeter sur tout le reste le manteau de l'oubli et l'amnistie de la couronne.

XIII

Ces motifs auraient facilement entraîné le roi, s'il n'avait rougi de manquer à la duchesse d'Angoulême et à la duchesse de Berri en paraissant ressentir moins qu'elles leur injure, et en s'attirant dans sa propre famille ces reproches de faiblesse et de concession qu'il avait si souvent et si injustement adressés lui-même à la mémoire de Louis XVI et au règne de son second frère Louis XVIII; mais, soutenu dans son inflexibilité par M. de Villèle, M. de Corbière, M. de Damas, M. de Clermont-Tonnerre et M. de Peyronnet, il se prononça pour la mesure la plus irrévocable, le licenciement.

M. le duc de Doudeauville crut devoir, par sa retraite, rejeter loin de lui toute responsabilité d'un acte dont il pressentait les périls. Le roi s'irrita d'une démission donnée pendant la lutte qu'il engageait avec l'opinion.

La nuit fut employée par les ministres et par le maréchal Oudinot à prévenir, par un déploiement de forces, les dangers de l'émotion qui pourrait soulever Paris quand il apprendrait son désarmement.

Paris reçut cette nouvelle avec l'indifférence de la force. La cour prit ce dédain pour de la terreur. Elle s'applaudit de sa témérité. « Voyez, dit le duc de Rivière, le roi peut tout! » Ce mot, qu'on ne cessa depuis de répéter à Charles X, lui fit prendre le sommeil de l'opinion pour l'abdication du peuple. Il songea de ce jour-là à oser davantage. Il sentit que M. de Villèle s'était usé à son service dans l'opinion de Paris; il pensa à rappeler de Londres, où il était ambassadeur, le prince de Polignac, le véritable favori de son cœur, le dernier mot de sa conscience et de sa politique. Mais M. de Villèle pressentait dans son successeur l'homme des catastrophes, et il l'éloigna par patriotisme autant que par ambition.

La dissolution de la garde nationale de Paris eut un tel contre-coup dans la chambre et dans la presse que le ministère sentit sa majorité s'ébranler sous lui.

« Où est l'appui du gouvernement? s'écriait Benjamin Constant à la tribune. Dans la population de Paris? Il l'a outragée! Dans l'opinion? Il l'a soulevée! Dans la pairie?

Il ne peut la dominer qu'en la dénaturant par des nominations abusives! Dans la magistrature? Elle lui résiste au nom de la justice! »

« Un pareil système, s'écriait un orateur du centre, doit avoir un terme, car la corruption est un principe inexorable de décomposition dans l'ordre moral comme dans l'ordre physique! »

« Ministres du roi, disait un orateur de la droite, il vous reste un grand service à rendre au trône et au pays, un service immense, le seul qui puisse réparer le mal que vous avez fait, c'est de vous retirer! Vous êtes destitués par le pays! Toutes les supériorités vous effrayent, le cri même de « Vive le roi! » vous accuse. Vous l'avez étouffé sur les lèvres de la garde nationale de Paris! » — « L'indignation est unanime, » disait le général Sébastiani, orateur de la gauche.

Le ministre ne voyait devant lui que des ennemis, la France attendait, le roi fléchissait sous des pensées indécises. M. de Villèle pensait à sacrifier une partie de ses collègues, les plus impopulaires, M. de Peyronnet, M. de Corbière, M. de Damas, pour apaiser la chambre et reconquérir quelques mois de pouvoir. Mais de quelles fautes de ses collègues n'était-il pas solidaire? Le parti sacerdotal l'avait enlacé dans ses trames; le parti de la cour lui avait fait licencier la garde nationale; il avait trop arraché de concessions à la chambre pour qu'elle ne se repentît pas des excès de complaisance qu'elle avait eus pour lui; tout le condamnait, peut-être se condamnait-il lui-même; mais dans la route où il était entré, il n'y avait pas d'issue en avant, pas de retraite en arrière. Il crut à la puissance de l'obstination, et il se résolut à dissoudre la chambre des députés.

XIV

En attendant la fin de la session et le vote des finances, qui lui donnerait du temps pour préparer les élections futures, il songea à donner des satisfactions à l'opinion publique dans les questions extérieures d'humanité ou de sympathie qui passionnaient les généreux instincts de la France. Il signa avec l'Angleterre un premier traité pour la répression de la traite des nègres, commerce honteux qui déshonora la civilisation jusqu'à la révolution de 1848, où la république abolit enfin l'esclavage. Il signa avec l'Angleterre et la Russie une convention relative à la Grèce. Par cette convention les trois cours prenaient le patronage de la Grèce, qui resterait nominalement sous la suzeraineté de la Turquie, mais qui se gouvernerait dans son indépendance, et qui payerait seulement un subside annuel à la Porte. Cette convention, considérée à Constantinople comme une intervention attentatoire à la souveraineté séculaire du sultan, fut suivie, le 6 juillet, d'un autre acte diplomatique par lequel les trois puissances patronnes de la révolution grecque menaçaient la Porte d'une alliance directe et armée avec la Grèce, si le gouvernement ottoman s'obstinait à décliner l'intervention conciliatrice.

Cet acte était l'acte de naissance d'une nouvelle puissance en Europe. Nul des signataires ne le comprenait encore dans toute sa portée. Il ouvrait la Méditerranée et livrait l'Asie Mineure aux successeurs de Pierre le Grand. Signé par l'Angleterre pour complaire à la Russie, signé par la Russie pour s'emparer de la popularité européenne et asiatique dans tout le christianisme oriental, signé par la France les yeux fermés, et pour satisfaire une généreuse compassion publique, il séparait en Grèce deux races incompatibles et acharnées l'une contre l'autre, mais il créait pour l'avenir à l'Europe une politique d'ombrage, de vigilance et de danger suprême à Constantinople.

La chambre des députés eut quelque pressentiment de sa fin prochaine. Les partis se préparèrent à lutter par des coalitions mortelles contre la mort. Un orateur royaliste, d'une parole écoutée, d'un caractère loyal et d'un dévouement raisonné à la monarchie, M. de Lézardière, tenta d'éclairer la couronne sur les dangers qu'elle allait affronter dans l'intérêt de ses ministres.

« Une inquiétude générale, dit-il à la dernière séance de la session, plane sur le pays ; on parle de nominations de nouveaux pairs de France pour modifier la majorité dans cette assemblée ; on parle de la dissolution de cette chambre elle-même ; on s'entretient de mesures violentes ; l'anxiété des esprits est au comble. » Il somma le ministre de s'expliquer pour dissiper ces soupçons. « Nous nous séparons au milieu d'une inquiétude générale ! » s'écria M. de Neuville, homme que l'amour de la monarchie passionnait jusqu'à servir involontairement les animosités des ennemis du trône contre les ministres. « Qu'irons-nous dire à nos commettants ? » ajouta avec une véhémence sombre M. de La Bourdonnaie. Des interpellations acerbes sont échangées dans le tumulte entre ces orateurs et M. de Peyronnet. On demande à grands cris que le ministre soit rappelé à la décence par la chambre. « C'est celui qui m'a interpellé qui doit être rappelé à l'ordre, répond avec fierté M. de Peyronnet, c'est M. de La Bourdonnaie; je n'ai l'habitude de lui parler que pour lui répondre! »

Le lendemain, sans autres explications avec l'opinion publique, la prérogative du roi, changée par les ministres en insulte, s'exerçait sans préambule et se déclarait incompatible avec la représentation élective du pays, comme elle s'était déclarée incompatible avec la garde nationale de Paris, dissolvait la chambre et se préparait à arracher, à force d'influence ou de coercition administrative du fond de la nation, on ne sait quelle représentation complaisante et asservie, plus populaire que le peuple et plus monarchique que la chambre de 1815! Le vertige qui avait saisi le roi s'était communiqué à M. de Villèle. Un gouvernement qui cherche l'impossible est sûr de rencontrer le néant. La France, à l'exception du parti de l'Église et du parti de la cour, eut le pressentiment des derniers malheurs.

XV

Manuel, victime de la colère des royalistes et de l'oubli des libéraux, mourut dans l'obscurité et dans l'indigence au château de Maison, chez M. Laffitte, dont il était l'hôte et l'ami. Le parti révolutionnaire ne se montra pas moins ingrat envers cet orateur que le parti monarchique. Il n'eut pour consolateur que Béranger, dont le cœur désintéressé d'envie et d'ambition aimait dans Manuel la trempe antique du républicain prématuré, mais intrépide, modéré et intègre. Le caractère dans Manuel était supérieur à l'élo quence. Homme de gouvernement plus encore que de tribune, il préférait l'action au discours. Béranger disait de lui :

« Je n'ai connu qu'un homme dont il m'eût été impossible de m'éloigner s'il fût arrivé au pouvoir. Avec son imperturbable bon sens, plus il était propre à donner de sages conseils, plus la modestie le portait à rechercher ceux des gens dont il avait éprouvé la raison. Les déterminations une fois prises, il les suivait avec fermeté, sans jactance; s'il en eût reçu l'inspiration d'un autre, ce qui était rare, il n'oubliait pas de lui en faire honneur. Cet homme, c'était Manuel, à qui la France doit encore un tombeau. Je l'aurais suivi les yeux fermés par tous les chemins qu'il lui eût fallu prendre pour revenir bientôt, sans doute, au modeste asile que nous partagions. Patriote avant tout, il fût rentré dans la vie privée sans humeur, sans arrière-pensée, sans médire des personnes, sans désespérer du pays. Uniquement préoccupé du bonheur de la France, ce bonheur eût été accompli par d'autres que par lui que sa joie n'en eût pas été moins grande. Je n'ai jamais rencontré d'homme moins ambitieux, même de célébrité. La simplicité de ses mœurs lui faisait chérir la vie des champs. Les affections les plus douces s'unissaient dans son cœur aux sentiments es plus élevés.

» Les amis politiques ne l'ont pas toujours bien apprécié ; mais survenait-il quelque embarras, quelque danger, ous s'empressaient de recourir à sa raison imperturbable, à son inébranlable courage. Son talent ressemblait à leur amitié, c'est dans les moments de crise qu'il en avait la plénitude, et que bien des faiseurs de phrases qu'on appelle orateurs baissaient la tête devant lui. »

Ce jugement d'un des hommes les plus compétents pour juger les hommes est la plus belle épitaphe de Manuel. Récusable s'il avait été écrit dans la chaleur de la lutte contre les Bourbons par le poëte de parti, il devient un témoignage irrécusable écrit par Béranger refroidi, mûri par les années, rendant son arrêt avec l'impartialité que donne l'âge et avec la haute sagacité d'un des esprits les plus appréciateurs de son siècle.

Manuel ne comptait encore que cinquante-deux ans, l'âge politique. Ses funérailles furent, comme celles de Foy et du duc de Liancourt, une revue de l'opinion libérale et révolutionnaire. La lutte entre le gouvernement et l'opposition devenait si vive et si passionnée que chaque tombe illustre devenait un champ de bataille des partis.

XVI

Le roi, comme pour se consoler des froideurs ou des insultes de sa capitale, alla avec sa cour et ses ministres visiter ses camps de Saint-Omer. Les acclamations de l'armée le vengèrent des murmures de Paris. Il poursuivit ensuite son voyage à travers les places fortes des départements du Nord, où l'esprit militaire et royaliste des populations couvrit ses pas d'hommages et d'enthousiasme. On attribuait à ce voyage un but politique. On répandait que le roi proclamait du milieu de ses camps une sorte de dictature par laquelle il revendiquait, à défaut de popularité, ces concessions à la liberté représentative que l'opposition de Paris lui rendait si amères.

Le ministère, comme s'il eût puisé une nouvelle audace dans les applaudissements de l'armée et des provinces, nomma soixante-seize pairs nouveaux dans la haute chambre : coup d'État réparateur, selon les ministres, du coup d'État du 6 septembre par M. Decazes, qui avait libéralisé la pairie, l'avait peuplée de maréchaux, de généraux, d'administrateurs de l'empire; M. de Villèle, par cette nouvelle émission de la prérogative royale, la peuplait d'évêques, d'émigrés, de chefs avérés du parti sacerdotal, tels que M. de Rougé et M. de Sesmaisons. En croyant la fortifier ainsi pour l'Église, il la dépopularisait pour la couronne. La résistance de la chambre des pairs à quelques mesures rétrogrades du gouvernement, telles que la loi sur le droit d'aînesse, sur le sacrilége, sur la conversion forcée des rentes, sur la presse, avait donné à ce corps politique une grande autorité morale dans l'opinion. En lui enlevant son indépendance, M. de Villèle lui enlevait son crédit. Tout gouvernement qui force les ressorts de sa constitution les brise. La pairie, qui aurait pu être un appui pour le trône en 1830, ne fut plus qu'une décoration ministérielle entraînée dans l'impopularité et dans la chute de la monarchie.

Les élections, si témérairement affrontées par M. de Villèle, furent fixées au 17 novembre pour les colléges électoraux d'arrondissement, au 24 novembre pour les colléges électoraux de département. Le 5 février 1828 fut le jour fixé pour l'ouverture de la chambre législative. La censure, qui avait été rétablie à la suite des agitations de la revue de la garde nationale, fut retirée pour donner au pays un signe de sécurité et pour laisser aux opinions l'apparence du libre exercice de la souveraineté représentative.

XVII

Ce furent des élections de colère et de vengeance, où l'emportement des ressentiments publics étouffa toute prudence et toute modération dans les colléges électoraux. Les royalistes les plus exaltés de la chambre s'unirent aux révolutionnaires les plus irréconciliables contre la maison de Bourbon pour renverser ensemble le ministère. Le seul gage que ces deux partis, si follement coalisés, demandèrent à leurs candidats fut une inimitié commune contre M. de Villèle. Les journaux les plus opposés, tels que le *Constitutionnel* et le *Journal des Débats*, se prêtèrent des candidats et jurèrent de soutenir leurs ennemis naturels, pourvu que ces candidats fussent plus ennemis encore du gouvernement. Les libéraux recommandèrent avec passion aux comités électoraux des départements les royalistes exaltés nouveaux alliés de leurs haines, comme MM. Hyde de Neuville, La Bourdonnaie, de Lalot, Lézardière, Duvergier de Hauranne, de Cordoue, Cambon. Les royalistes de leur côté patronnèrent ouvertement les noms qu'ils avaient invectivés depuis quinze ans comme les symboles de la révolution, du bonapartisme ou de la république, La Fayette, Dupont (de l'Eure), Benjamin Constant, Laffitte, Casimir Périer, Gérard, Labbey de Pompières. Les candidatures furent une mêlée de toutes les oppositions, où la seule profession de foi exigée par les partis confondus fut une profession de colère contre un gouvernement répudié.

Les deux partis ne tardèrent pas à expier l'un et l'autre

l'immoralité de cette coalition contre nature. Les libéraux en furent punis par le ministère du coup d'État, les royalistes par une révolution. Mais les partis n'ont de prudence que leur satisfaction et n'ont de morale que leurs passions. Les peuples ont des moments de vertige, comme les rois, où toute conscience s'obscurcit en eux sous les bouillonnements de la colère. La France, indécise et étonnée de ce concert des oppositions et des journaux, sembla se réconcilier quelques jours avec elle-même pour envoyer partout des ennemis au ministère, sans demander si ces hommes n'étaient pas en même temps des ennemis de la monarchie. Ce fut la faute des royalistes, l'habileté des libéraux, l'irréflexion du peuple. Mais la précipitation du ministère, qui avait espéré surprendre l'opposition sans candidats, ne donna pas au pays le temps de réfléchir. On vota d'enthousiasme contre un ministère qui avait irrité les uns, lassé les autres.

Paris nomma du premier scrutin les huit candidats de l'opposition. L'ivresse de ce triomphe se traduisit le soir même dans le peuple en ovation tumultueuse, en cris séditieux, en insultes aux fenêtres des maisons qui se refusaient à illuminer la joie publique. Des cris de *Vive l'empereur! vive l'opposition! des lampions aux fenêtres!* des détonations de poudre, éclatant dans les rues, sous les portes, sous les voitures des princes, lancées par la populace à la gendarmerie et à la police, des barricades sur les boulevards, tous ces préludes des révolutions nécessitèrent des charges de cavalerie et des fusillades nocturnes contre la multitude.

Ces scènes sanglantes de désordre et de répression, calmées le jour, se renouvellent plus multipliées et plus acharnées la nuit suivante. Les faubourgs descendent par les portes Saint-Denis et Saint-Martin dans la ville aux cris : « Des lampions ! des lampions ! » les boutiques se ferment sur leur passage, les illuminations s'allument sous leurs menaces, les barricades sortent des pavés et s'élèvent jusqu'aux premiers étages des maisons, les foyers des citoyens sont envahis par les contempteurs de ces fortifications de l'émeute. Le colonel du 18ᵉ régiment de ligne, M. de Fitz-James, répond au feu par le feu, le sang coule sans distinction de curieux ou de coupables, le pied des barricades reste jonché de cadavres de citoyens, Paris retentit dans ses quartiers les plus populeux de l'écho des décharges des troupes, l'imagination publique s'assombrit et reproche aux ministres d'avoir fomenté eux-mêmes ces troubles factices pour alarmer les départements sur les triomphes de l'opposition dans la capitale, et pour reprendre une lâche popularité dans le sang. Ces calomnies, qui sont celles de tous les partis, abusent la crédulité du peuple et ravivent, au lieu de l'amortir dans les départements, la haine contre les ministres.

Les colléges aristocratiques électoraux de département, sur lesquels le roi comptait pour rendre par leur choix la majorité à sa politique, cédèrent presque partout à la coalition royaliste et révolutionnaire. En voyant pour les candidatures recommandées à leur département des noms aussi monarchiques que les noms des Hyde de Neuville, des Agier, des de Lalot, des Bertin, ils crurent que de tels patronages ne pouvaient couvrir que des amis de la couronne.

Les noms des députés élus sous l'empire de cette coalition trompèrent toutes les espérances du ministère, étonnèrent l'opposition elle-même de l'immensité de sa victoire, consternèrent le roi, et ne laissèrent à M. de Villèle que le choix entre la retraite ou un coup d'État. Un coup d'État répugnait à la prudence et à la longanimité de ce ministre. Il avait tendu, par des complaisances funestes, les ressorts du gouvernement de l'opinion, mais il n'avait dans la pensée ni assez de fanatisme, ni assez de témérité pour jouer la couronne contre une popularité du clergé et des ultra-royalistes.

Il tenta quelques accommodements avec le parti de MM. de La Bourdonnaie et Hyde de Neuville, qui lui répondirent par des menaces d'accusation. Il reçut quelques propositions d'alliance avec les chefs du parti libéral, qui aurait prolongé son règne en ruinant son caractère. Ces négociations sans issue possible n'avaient au fond d'autre objet que de laisser au roi le temps de combiner un cabinet de transaction, qui conservât la dignité et l'indépendance de la couronne, ne confessant une défaite humiliante ni devant la chambre, ni devant le pays, ni devant l'Europe. Il se retira enfin aux applaudissements des libéraux et des royalistes.

Les premiers ne lui pardonnaient pas avec raison les concessions sans nécessité, sans limites et sans l'excuse même d'aucun fanatisme, au parti sacerdotal dont la faveur lui inféodait la conscience du roi et la complicité de la congrégation ; la subordination à cette secte dominatrice avouée par la présence à la tête de son cabinet de M. de Renneville ; ses lois contre la presse donnant au clergé la censure préalable de l'esprit humain ; sa loi du sacrilége relevant sous un autre nom les bûchers abolis de l'inquisition ; la seconde censure des journaux muselant brutalement l'opinion publique sous un gouvernement d'opinion ;

la loi du droit d'aînesse poursuivant l'égalité jusque dans le foyer de la famille et dans le cœur des pères et des fils; son licenciement de la garde nationale désarmant et humiliant la capitale par la main de son roi, pour punir un cri contre un ordre monacal et pour venger l'impopularité d'un ministre ; la dissolution de la chambre enfin, qui était un vain appel à la France contre l'indépendance de sa représentation.

Les royalistes, plus impardonnables dans leur passion contre M. de Villèle, se hâtaient d'oublier, comme tous les partis vainqueurs, les services immenses que cet orateur, ce chef de parti et ce ministre leur avait rendus. L'habile discussion des affaires publiques à la tribune ; la modération inspirée par sa raison et par sa prudence dans les conseils secrets du parti ; la patience de sa légitime ambition pendant les premières années de son crédit dans la chambre ; l'appui généreusement prêté par sa parole et par ses votes au gouvernement de Louis XVIII ; sa présence désintéressée et sans portefeuille dans le ministère Richelieu ; son zèle à maintenir l'accord difficile, mais nécessaire entre les royalistes exaltés de la chambre et le gouvernement du roi forcé de se refuser à leurs passions ; la réconciliation de Louis XVIII et du comte d'Artois, dont il s'était fait le négociateur et la personnification dans les dernières années du règne précédent; la transition d'un règne à l'autre heureusement franchie sous ses auspices ; la charte ratifiée, jurée et jusque-là observée par Charles X ; les finances relevées avec le crédit public à la situation la plus prospère ; la confiance inspirée par le ministre aux capitalistes, à la Banque, à l'industrie ; une guerre hardie et politique accomplie en Espagne à la gloire de la France et au bénéfice de la couronne; une intervention navale préparée en Grèce, d'accord avec les puissances chrétiennes; une descente suspendue, mais préméditée et préparée en Afrique pour venger l'honneur du nom de la France, et pour refaire à deux mille ans d'intervalle sur la Méditerranée la guerre des pirates de Pompée et de César; enfin l'indemnité des émigrés, cette purification des fortunes combinée avec patience, tentée avec audace, accomplie aveb on heur en cinq années d'administration : voilà ce que la passion du parti royaliste se hâtait d'oublier pour être plus fidèle à l'ingratitude humaine qu'à la reconnaissance humiliée. Voilà ce que la postérité n'oubliera pas. M. de Villèle, dira-t-elle, ne fut pas un homme d'État, mais il fut un homme de gouvernement et de plus il fut un honnête homme. Ministre de Louis XVIII, il aurait sauvé la restauration ; ministre de Charles X, il ne put que ralentir sa chute ; son tort fut de ne pas se retirer avant la loi du sacrilége et la loi du droit d'aînesse, qu'il n'approuvait pas et qu'il concédait au clergé et à la cour pour sauver du moins la charte. Il tomba victime à la fois du clergé qu'il avait trop servi, des royalistes qu'il avait contenus, de la presse qu'il avait irritée. M. de Chateaubriand, M. de La Bourdonnaie, M. Hyde de Neuville, M. de La Fayette, M. Sébastiani, M. Casimir Périer, se réjouirent, dans une aveugle confusion de parti, de sa chute. Ils ne tardèrent pas à expier leur joie, ils allaient s'entre-déchirer sur sa ruine, ils n'avaient plus personne pour les séparer.

XVIII

La nouvelle de la bataille navale de Navarin éclata au milieu de cette conflagration des partis, et la veille de la retraite de M. de Villèle, comme pour illuminer sa décadence d'un dernier rayon de la fortune. L'opinion publique avec raison n'en reporta pas autant la gloire au ministre qu'à elle-même. C'était l'opinion en réalité qui avait fait feu dans la rade de Navarin sans ordre, sans prétexte, et, l'histoire doit le dire enfin, puisqu'elle est la conscience des nations sans loyauté, les amiraux européens qui commandaient la flotte anglaise et la flotte russe combinées avec la flotte française prirent sur eux cette gloire ou cet attentat. Il est juste de les laisser à leur mémoire; voici les faits.

On a vu que, par une convention entre les trois puissances, la Russie, la France, l'Angleterre avaient pris l'arbitrage armé entre la Grèce et l'empire ottoman. La Grèce en ce moment, après avoir dévoré successivement les armées turques envoyées par le sultan Mahmoud pour la réduire à l'obéissance, succombait enfin sous les armées égyptiennes appelées au secours de l'islamisme, et commandées par Ibrahim-Pacha, vassal du sultan et fils de Méhémet-Ali, pacha d'Égypte. Ibrahim, maître de la Morée par ses troupes et maître de la mer par les flottes égyptienne et turque réunies dans la rade de Navarin, attendait immobile le résultat des négociations entre les puissances et le sultan, prêt à exécuter les conditions du traité qui interviendrait et à évacuer ou à retenir le continent grec. Un armistice d'un mois, pour donner du temps aux négociations, avait été conclu entre les parties belligérantes. Cet armistice expirait le 20 octobre. Aucune déclaration de guerre n'avait été adressée à la Porte, une paix tacite existait au contraire de fait et de droit entre les puissances chrétiennes et le généralissime des forces ottomanes. Les trois amiraux Heyden pour les Russes, Codrington pour les Anglais, de Rigny pour la France, croisaient et stationnaient devant les côtes de la Morée comme des témoins médiateurs, et non comme des ennemis, entretenant des rapports quotidiens avec Ibrahim. Ils lui imposaient seulement une temporisation et une cessation d'hostilités contre les Grecs, dans un intérêt d'humanité qu'Ibrahim comprenait et exécutait lui-même en attendant les résultats de la négociation pendante à Constantinople.

XIX

Pendant cette espèce de trêve tacite, la flotte égyptienne et ottomane combinée était à l'ancre, rangée sur trois rangs de poupes, formée en croissant et protégée par les forts de Navarin. Elle se composait de quatre-vingt-dix bâtiments dont quatre vaisseaux de ligne, seize frégates, trente corvettes, matériel et arsenal immense de tout l'Orient. Tahyr-Pacha la commandait. Seize mille Turcs ou Égyptiens la montaient. Imposante, mais pleine de sécurité, puisque la Turquie et l'Égypte n'étaient en guerre avec aucune des puissances navales de l'Europe, cette flotte s'était accumulée d'un seul côté de la rade de Navarin, comme pour laisser place aux flottes combinées des puissances dans une mer neutre. Cette confiance laissait ainsi toutes les forces navales de l'Égypte et de la Turquie rangées d'elles-mêmes en immense bûcher, pour être allumé et incendié d'un seul coup par le feu de l'Europe. Elle n'était préparée à aucune hostilité. Le généralissime Ibrahim lui-même, soit confiance dans le droit des nations, soit embarras de répondre seul aux sommations impatientes des amiraux, avait quitté pour quelques jours son quartier général de Navarin pour visiter ses corps d'armée dans le Péloponèse. Le premier délai imposé à la Porte par les puissances expirait le 20 octobre, mais d'autres délais, nécessités par les distances et par les lenteurs d'une si épineuse médiation, avaient été admis en fait, et rien ne motivait, avant des déclarations formelles et préalables d'hostilité, une agression soudaine et imprévue des amiraux européens.

Leurs trois escadres, entrées depuis quelque temps dans la rade, étaient venues mouiller, comme en pleine paix, en face, bord à bord, avec les vaisseaux ottomans, dont les principaux officiers étaient à terre, en entière sécurité. Les lois de la paix, les lois de la guerre, la neutralité, la loyauté, l'humanité, tout imposait aux commandants de ces trois escadres une attitude imposante, conforme sans doute aux intentions de leurs nations, mais inoffensive envers une flotte encore amie. Telles étaient les instructions écrites des trois amiraux; mais, poussés par le souffle de popularité ardente qui passionnait en ce moment l'esprit de religion, de liberté et d'humanité pour la Grèce, impatients de se signaler par une apparence d'exploit à tout prix à la tête des forces navales chrétiennes, ces amiraux ne recevaient déjà plus les instructions que d'eux-mêmes. Ils comptaient sur la faveur publique pour justifier devant leur gouvernement et devant l'Europe un sang répandu, dont une victoire populaire couvrirait aisément la faute aux yeux de l'opinion. Les instructions verbales ou tacites reçues au départ par ces amiraux des fanatiques de la cause grecque à Londres, à Saint-Pétersbourg, à Paris, leur donnaient une latitude et un encouragement à tout oser qui dépassaient leurs instructions écrites.

L'esprit public débordait les gouvernements. Les trois puissances avaient formellement interdit aux commandants de leurs escadres tout acte d'agression ; mais le duc de Clarence, depuis roi d'Angleterre et alors grand amiral, en remettant à l'amiral Codrington les ordres de l'amirauté, lui avait dit en appuyant son mot d'un geste militaire : « Allez toujours et tombez sur eux. » La Russie avait trop d'intérêt à se populariser par une éclatante intervention parmi six millions de ses coreligionnaires grecs en Europe et en Asie, pour afficher plus de scrupules ; la France, plus intéressée que les deux autres puissances à ne pas anéantir sur la Méditerranée les forces navales d'une puissance amie, seul contre-poids aux flottes de l'Angleterre ou de la Russie en Orient, avait remis son escadre à un officier jeune, ambitieux et renommé, heureux de l'occasion si rare d'illustrer à la fois son pavillon et son nom dans une cause où l'on pardonnait tout d'avance au courage.

XX

Un coup de feu de hasard ou prémédité, parti on ne sait de quel bord, au milieu de cette confusion de cinq escadres dans une même rade, donne le prétexte ou le signal de l'engagement. L'amiral anglais commande par droit de l'âge; sûr du concours de ses deux collègues, il foudroie le premier la flotte ottomane; l'amiral de Rigny et l'amiral Heyden ouvrent leur feu sur les vaisseaux encore muets qui sont devant eux. Une explosion continue écrase et démolit un à un les bâtiments turcs sous les bordées des trois escadres. Immobiles à l'ancre, pressés les uns sur les autres, se communiquant bord à bord l'incendie dont ils sont dévorés, les Égyptiens et les Turcs répondent avec l'intrépidité du fatalisme au feu des chrétiens. Leurs batteries éteintes par les vagues où ils sombrent tirent jusqu'au dernier canon qui surnage dans leurs sabords; leurs vaisseaux en éclatant sous l'explosion des soutes couvrent le ciel de leur fumée, la rade de leurs débris; les cordages coupés par les boulets ou brûlés par les flammes laissent dériver sur les récifs les coques fumantes de leurs navires. En deux heures huit mille de leurs marins ont jonché les ponts ou les flots de leurs cadavres; à peine quelques centaines d'hommes blessés par les batteries des forts attestent sur les escadres européennes les convulsions de l'agonie de la flotte ottomane. La fumée en se dissipant ne découvre que les restes embrasés de quatre-vingt-dix bâtiments de guerre, dont les flots jettent les débris, comme une expiation, au pied des falaises de la nouvelle Grèce.

Telle fut non la victoire, mais l'exécution de Navarin. Un cri d'horreur l'apprit à l'Asie, un cri de délivrance la salua en Grèce, un cri d'enthousiasme l'applaudit en Europe. Quand le sang-froid fut revenu, l'Europe hésita sur le nom à donner à cette conflagration des deux flottes : héroïque pour les uns, elle restait incendiaire pour les autres. On finit par l'éteindre dans le silence, de peur d'en scruter trop avant les mystères et d'y rencontrer quelque iniquité.

On assure que l'amiral de Rigny, enivré d'abord de la popularité que la cause grecque jeta sur sa participation à cet incendie naval de Navarin, finit par se reprocher à lui-même une gloire qui n'était pas complétement justifiée par sa conscience, et que les scrupules de Navarin troublèrent sa vie et hâtèrent sa mort prématurée.

Mais la France, au moment où elle apprit cet événement, n'y vit qu'un triomphe pour la religion, pour la liberté et pour elle, et si quelque chose avait pu rendre au roi et à M. de Villèle une popularité perdue, ils l'auraient retrouvée à Navarin, comme ils pensaient déjà à la reconquérir à Alger; mais les popularités sont fugitives et les impopularités sont implacables. Navarin et Alger devaient le prouver également à Charles X.

LIVRE QUARANTE-SEPTIÈME

Ministère de M. de Martignac. — Le ministère de l'instruction publique est offert à M. de Chateaubriand, qui le refuse. — M. de Vatimesnil l'accepte. — M. Royer-Collard est nommé président de la chambre des députés. — Discours de la couronne ; vote de l'adresse. — Réponse de Charles X. — M. Hyde de Neuville est nommé ministre de la marine, M. Feutrier ministre des cultes et M. de Chateaubriand ambassadeur à Rome. — Le *Journal des Débats*. — Lois sur les élections et sur la presse. — Ordonnance contre les jésuites. — Effet de ces mesures. — La *Gazette de France*. — M. de Genoude ; son portrait. — Fin de la session. — Voyage de Charles X en Alsace. — Ouverture de la session de 1829. — Profession de foi du prince de Polignac à la chambre des pairs. — Présentation des lois municipale et départementale ; discussion. — Retrait de ces lois. — Chute du ministère Martignac. — Avénement du prince de Polignac. — Composition du nouveau ministère. — Portrait de M. de Polignac. — M. de La Bourdonnaie. — M. de Bourmont. — MM. de Montbel, Courvoisier, de Chabrol, d'Haussez. — La Fayette à Lyon. — Retraite de M. de La Bourdonnaie. — M. Guernon de Ranville. — MM. Guizot et Berryer entrent à la chambre. — Ouverture de la session de 1830. — Discours de la couronne. — Adresse des 221. — Intentions réelles de M. de Polignac. — Entrevue de l'auteur de cette histoire avec Charles X. — Réponse du roi à l'adresse. — Prorogation des chambres.

I

M. de Villèle en se retirant ne voulait pas emporter la monarchie avec lui. Ministre usé, mais homme intègre, il aimait sa patrie, la monarchie et le roi. Il ne se dissimulait aucun des dangers que son éloignement des affaires allait créer pour Charles X. Ces dangers n'étaient pas seulement dans ses ennemis, ils étaient surtout dans ses amis. Il aida sincèrement le roi à former un ministère capable de le remplacer devant les chambres. Il n'y en avait en apparence que deux : un ministère de gauche ou un ministère d'extrême droite. Ces deux factions, coalisées pour les élections, formaient à elles deux la majorité de la chambre. Si M. de Villèle n'avait pensé qu'à se faire regretter, il aurait conseillé au roi un de ces partis absolus, car un ministère de gauche, en soulevant d'effroi les royalistes et les centres, aurait promptement bouleversé l'Assemblée et ravivé la lutte à mort de 1815. Un ministère d'extrême droite, en faisant violence à l'opinion, aurait aussi promptement aliéné et effrayé les centres, et fait tomber la couronne en irrémédiable impopularité. Après l'une ou l'autre de ces épreuves, M. de Villèle, regretté et proclamé nécessaire, revenait vainqueur du roi et de ses ennemis; mais il n'était pas de ces hommes qui cherchent leur propre importance dans la ruine de leur parti, et qui se déclarent ennemis du jour où ils ne sont plus reconnus nécessaires.

D'autres pensées occupaient les derniers moments dans le conseil du roi. Charles X, parti pour Compiègne, où il se délassait dans ses chasses des soucis du trône, avait laissé à M. de Villèle le soin de lui préparer pour son retour un ministère. « Je veux, lui avait dit le roi, déclarer le 1er janvier ce nouveau conseil aux chambres ! » Le roi sous-entendait que M. de Villèle lui-même serait encore le chef de ce cabinet renouvelé. Le ministre plus clairvoyant se sentait impossible. Il négocia activement pendant l'absence du roi, il ajusta des noms intermédiaires, tels que ceux de

M. Portalis, de M. de Martignac, de M. Roy, de M. de
Saint-Cricq, hommes qui ne portaient en eux jusque-là aucune signification trop répulsive, ni pour la droite, ni pour
la gauche, ni pour la cour; mais, quand Charles X revint
de Compiègne, rien n'était encore combiné. M. de Villèle
demandait du temps. Le roi interrogea M. de Chabrol, qui
possédait à un haut degré sa confiance. M. de Chabrol lui
désigna les noms les plus éclatants pour un cabinet d'extrême droite : M. de Chateaubriand, M. de La Bourdonnaie,
M. de Fitz-James, M. de La Ferronnays. Il est probable
qu'un ministère si extrême était mentionné par M. de
Chabrol, d'accord avec M. de Villèle, plutôt pour faire
l'épreuve des sentiments du roi que pour l'incliner à de tels
choix. Le roi se déclara offensé par le nom seul de M. de
Chateaubriand, qui avait illustré la coalition de ses passions et de ses audaces d'écrivain. Il répugna également à
M. de La Ferronnays, qui avait été le compagnon d'enfance
du duc de Berri, et qui dans un moment de juste colère
avait parlé à ce prince le langage du gentilhomme offensé
au lieu du langage du courtisan respectueux. Il traita avec
légèreté la consistance et la capacité politique de M. de
Fitz-James. Il représenta que M. de La Bourdonnaie, caractère agressif et violent, acharné depuis cinq ans contre
M. de Villèle, serait incompatible avec les nombreux amis
que ce ministre conservait dans la chambre. De tous ces
candidats, sincèrement ou hypothétiquement présentés, un
seul fut accepté dans le cas où le duc d'Angoulême consentirait à l'agréer pour les affaires étrangères, ce fut M. de
La Ferronnays.

On avait sondé M. Lainé. Lassé des affaires, qui
n'avaient plus de séductions pour lui dès qu'elles ne pré-

sentaient plus de dangers suprêmes, M. Lainé s'était retiré dans le désintéressement du philosophe ; il refusa le ministère de la justice ou de l'intérieur, mais il indiqua M. de Martignac, son compatriote, son émule et son ami. M. de Martignac, agréable au duc d'Angoulême, fut accepté. M. Roy reprit les finances, M. Portalis la justice, M. de Caux, administrateur consommé, la guerre, M. de Frayssinous l'instruction publique, M. de Chabrol la marine. M. de Belleyme, jeune magistrat studieux, actif, modéré et sûr, fut nommé préfet de police à la place de M. de Lavau, homme suspect d'un dévouement trop exclusif au parti religieux. M. de Saint-Cricq fut placé à la tête du commerce. Aucun des ministres ne devait présider le conseil, parce qu'aucun d'eux n'avait une autorité assez constatée dans l'opinion pour imposer son nom à une politique. Charles X, qui pensait depuis longtemps à appeler à ce poste le prince de Polignac, avait laissé le conseil ainsi décapité, dans le secret espoir d'y appeler ce favori de son cœur et de sa conscience.

II

Le ministère ainsi composé témoignait dans M. de Villèle une sollicitude de l'opinion et une prudence pour la monarchie qui survivaient à son pouvoir. Il témoignait dans le roi lui-même un esprit de mesure et de modération qui ne se refusait pas à fléchir devant les démonstrations et les symptômes de l'esprit public. L'intention de ces choix était évidente : ils tendaient tous à amortir l'irritation que les longues provocations du parti absolutiste, trop obéi par M. de Villèle et par M. de Peyronnet, avaient allumée dans le pays. C'était un cabinet de réconciliation, par lequel la royauté faisait le premier pas vers la concorde.

M. de Martignac, homme nouveau, initié par M. de Richelieu aux grandes affaires, ami de M. Lainé, dont l'amitié était un gage, éloquent, gracieux, agréable d'extérieur comme de caractère, séduisant même pour tous les esprits de bonne foi par la loyauté et l'ouverture de son cœur, jeune encore, et par cette jeunesse même échappant aux ressentiments et aux récriminations du passé, impartial par le tempérament et par les années autant qu'on peut l'être dans des temps de parti, sincèrement dévoué à la pensée la plus générale du moment, celle de naturaliser en France la monarchie représentative en enlevant leurs préjugés aux royalistes et leurs préventions aux libéraux, M. de Martignac était le ministre le mieux choisi pour présenter aux deux partis les clauses d'un traité de paix, où le roi reconquérait de l'amour et le peuple de la sécurité.

Parmi ses collègues aucun ne jurait par ses antécédents avec cet esprit général de la circonstance : M. de Caux était un patriote intègre et habile qui n'apportait que des titres d'estime universellement reconnus à l'administration de la guerre, et qui n'avait pas assez d'éclat militaire pour offusquer le duc d'Angoulême, jaloux de garder son ascendant sur l'armée. M. Roy, plus conservateur que royaliste, et plus financier que politique, n'avait de fanatisme pour aucun gouvernement; mais ayant par son immense fortune des intérêts bien entendus à la stabilité de tous, il possédait à ce titre la confiance de la pairie, de la haute propriété, de la banque, du commerce, des industries et de ces aristocrates de la bourse, tels que les Laffitte et les Périer, qui avaient, il est vrai, la popularité révolutionnaire, mais qui avaient la fortune conservatrice. M. de Saint-Cricq était un économiste moderne du premier ordre, capable d'imprimer des initiatives hardies à la liberté du commerce, et d'apporter dans les lois de douane et de prohibition les réformes commandées par les vrais intérêts du peuple et du fisc. M. Portalis portait un nom illustré dans la législation révolutionnaire, et donnait lui-même un gage à la piété du roi par la disgrâce qu'il avait encourue dans sa jeunesse en servant l'orthodoxie religieuse du souverain pontife contre les entreprises de l'empereur. M. de Chabrol, plus administrateur qu'homme d'État, associé par ses antécédents au gouvernement impérial, par ses sentiments à la restauration, était un de ces noms à deux natures dont chaque parti peut revendiquer une moitié, et qui réconcilient deux temps dans un même homme. M. de La Ferronnays enfin, ancien émigré, compagnon d'armes et d'exil du duc de Berri, homme de cour, mais plus encore homme de patrie, avait représenté la France comme ambassadeur auprès de l'empereur de Russie, et avait appris, dans ce foyer des négociations de l'Europe depuis 1816, à bien comprendre, à bien placer et à bien défendre les intérêts permanents de son pays, inséparables selon lui des intérêts de la liberté constitutionnelle. Son libéralisme, quoique récent, faisait partie en lui de son royalisme; en servant les institutions représentatives il croyait servir le roi. Intelligence plus élevée qu'étendue, et surtout honnête, il voyait les choses de haut plus qu'il ne les voyait de très-loin; mais cette disposition de son esprit lui rendait facile l'impartialité, cette vertu des ministres destinés à neutraliser des factions. On connaît la sagesse de M. de Frayssinous, moins exclusivement prêtre que beaucoup de laïques dans le conseil.

III

Le roi, qui avait reçu ce ministère de la main de M. de Villèle plus qu'il ne l'avait choisi lui-même, ne le considérait malheureusement pas avec le sérieux respect qu'un roi constitutionnel doit aux hommes qui se dévouent pour lui. Ces hommes lui paraissaient un peu subalternes, destinés seulement à lui faire traverser un moment difficile et à exécuter aveuglément ses inspirations plus qu'à lui imprimer leur système. Un homme de cour ou un grand homme parlementaire manquait à ses yeux dans ce cabinet pour lui donner autorité sur son esprit. Cette légèreté de consideratio npour ses nouveaux ministres éclata dès la première séance du conseil. On sentit le dédain dans son attitude et dans son accent. « Vous devez savoir, dit le roi à ses ministres, que je me sépare malgré moi de M. de Villèle; son système était mon système. J'espère que vous vous y conformerez. » M. de Martignac, confondu d'un tel langage, qui enlevait d'un mot toute dignité et toute indépendance au ministère en lui laissant la responsabilité d'une pensée imposée, fit respectueusement observer au roi que les changements d'hommes sous les gouvernements constitutionnels étaient au moins des modifications de choses, et que la fidélité même des ministres sur lesquels il avait daigné arrêter son choix leur défendrait de présenter des conseils et des mesures qui n'auraient pas préalablement l'acquiescement de leur conscience et de leur appréciation personnelle. Ils conjurèrent le roi, avec une honorable modestie, de leur donner l'éclat et l'illustration qui leur manquaient en formant un ministère nouveau du démembrement du ministère de l'instruction publique et de l'intérieur, et en appelant M. de Chateaubriand au conseil avec le titre de ministre de l'instruction publique.

Le roi, qui avait déjà une première fois refusé ce grand nom, refusa encore. « J'aimerais mieux Casimir Périer ! » s'écria-t-il; puis revenant avec sa facilité habituelle sur ce qu'il avait dit : » Vous le voulez ? eh bien, faites comme vous voudrez. »

M. de Martignac concerta avec le roi le discours d'ouverture des chambres. Le roi se prêta sans difficulté au langage constitutionnel et conciliateur que la sagesse commandait devant une chambre inquiète et ombrageuse. Il fit proposer le ministère à M. de Chateaubriand. M. de Chateaubriand s'empressa d'accepter, heureux de triompher ainsi de M. de Villèle; et confiant dans l'autorité que son nom, son génie, sa clientèle, lui assureraient bientôt dans ce gouvernement presque anonyme, il fit connaître son acceptation au roi. Mais, quelques heures après, ses amis du *Journal des Débats*, de la cour et de la chambre qu'il avait entraînés dans la coalition libérale contre la couronne, tremblant de voir leur chef et leur gloire absorbés dans ce conseil dont ils étaient exclus, lui firent honte des fonctions subalternes qu'on lui offrait dans l'administration et le conjurèrent de se réserver pour un ministère dont la défection royaliste fournirait les éléments, et qu'il présiderait de son nom et de son esprit sur les ruines de ces cabinets transitoires. Il envoya au roi son refus. Le ministère, qui tenait à satisfaire la chambre en séparant les cultes de l'instruction publique pour faire évanouir l'ombre des jésuites qui offusquait l'opinion, laissa les cultes à M. de Frayssinous, et donna le ministère de l'instruction publique à un homme nouveau, M. de Vatimesnil.

M. de Vatimesnil avait pour le ministère les inconvénients d'un homme ancien sans en avoir les avantages. Il passait pour un des sectaires les plus impérieux du parti ambitieux du clergé. Éloquent, mais de cette éloquence accusatrice des révolutions, qui flagelle et qui supplicie par la parole plus qu'elle ne persuade, amer même devant la justice, zélé de foi et d'opinion jusqu'au fanatisme et jusqu'à l'implacabilité d'accent, M. de Vatimesnil avait trempé, au second rang au ministère de la justice, sous M. de Peyronnet, dans toutes les impopularités que les lois de rigueur, de censure et de sacrilége avaient fait rejaillir sur le précédent ministère. Son nom, agréable à la cour pour ses services, paraissait un gage au parti de l'intolérance, une menace au parti du siècle. Quoique jeune d'années, beau de visage, le feu sombre de ses yeux, l'émotion de ses traits, le tremblement fébrile de sa voix à la tribune, rappelaient moins en lui un ministre de conciliation qu'un organe de terreur. Sa conduite au ministère ne tarda pas à démentir ces présages. Il plia au temps et réprima avec fermeté le parti qui l'avait élevé; odieux aux libéraux en entrant au ministère, odieux aux jésuites en le quittant, son éloquence, sur laquelle le ministère avait compté devant les chambres, s'évanouit avec sa colère. Accoutumé aux emportements de l'accusateur public, sa parole, pour être forte, avait besoin de tonner sur des coupables; pour convaincre elle avait trop de passion. D'autres temps l'attendaient, et il y reconquit de l'éloquence.

IV

Le ministère, autorisé par le roi à donner satisfaction à l'opinion sur la domination qu'on attribuait aux jésuites dans l'éducation publique, nomma une commission composée des noms les moins suspects d'asservissement à cet ordre religieux, pour examiner les moyens d'assurer l'indépendance des établissements d'instruction publique. On y comptait M. Lainé, M. Séguier, M. Mounier, M. de La Bourdonnaie, M. Dupin. Ces noms amortirent la colère publique.

M. de Martignac et M. de La Ferronnays rédigèrent de concert le discours de la couronne. Les premiers scrutins à la chambre, en donnant à M. Hyde de Neuville et à M. de Lalot, les deux orateurs les plus véhéments du parti de l'opposition monarchique, les voix les plus nombreuses pour la présidence, indiquèrent que ce parti, qui se réunissait chez M. Agier, concentrait encore toutes les forces des deux oppositions qui l'avaient fait triompher de la couronne dans les élections. Le roi, à qui la nomination définitive appartenait, nomma M. Royer-Collard, élu par sept départements, et le symbole de la plus honnête popularité dans le pays.

V

Le discours prononcé par le roi, à l'ouverture des chambres, n'était qu'un appel bienveillant à l'harmonie des pouvoirs. Un seul mot rappelait le monarque, dernier arbitre des événements. Les trois oppositions, gauche, extrême droite et défection, c'est-à-dire les trois groupes de l'Assemblée personnifiés dans La Fayette, Hyde de Neuville et La Bourdonnaie, y répondirent par une adresse qui à cette mansuétude opposait le défi. Inspirés par M. de Chateaubriand, ils ne se contentaient pas d'avoir abattu M. de Villèle, ils craignaient tellement que ce ministre ne se relevât, qu'ils voulurent le flétrir, n'osant encore l'accuser. Un des orateurs les plus affidés de ce parti, nœud de la coalition, M. de Lalot, tête ardente et parole légère, fut chargé de cette vengeance. En rédigeant l'adresse, il y introduisit une phrase qui, en invectivant le ministère tombé, rejaillissait sur le roi lui-même, lèse-majesté indirecte, mais transparente, qui donnait par la bouche des royalistes le premier exemple de l'insulte personnelle au roi : « Les plaintes de la France, disait M. de Lalot, ont repoussé le système déplorable qui avait rendu vos promesses illusoires. » Les Girondins de l'Assemblée de 91 ne parlaient pas à Louis XVI un langage plus irrespectueux. La réunion de la défection aux oppositions de gauche emporta néanmoins ce vote de haine et de ressentiment.

Le roi s'en indigna et commença à se repentir d'avoir offert à l'opinion une paix ainsi repoussée. Il appela M. de

Martignac et M. Portalis aux Tuileries. Son visage disait sa colère et son découragement d'inutiles efforts pour prévenir un conflit entre la couronne et la chambre. « Eh bien! messieurs, dit-il à ces deux ministres en montrant de la main le journal du soir qui contenait la phrase et le vote, vous voyez où l'on nous entraîne! Je ne souffrirai pas qu'on jette ma couronne dans la boue! Convoquez la chambre dans mon grand cabinet; là, en face des députés qui ont insulté la majesté du trône, je déclarerai à la chambre que je la congédie et la dissous! » M. de Martignac apaisa difficilement le prince, il atténua la portée intentionnelle du paragraphe, il représenta au roi que c'était la dernière vibration de la colère de l'opinion contre cinq années de ministère impopulaire, qu'il n'y avait peut-être pas d'autre moyen d'éviter la mise en accusation de M. de Villèle dans la chambre, scandale qui commencerait une révolution et qui renouvellerait le procès de Strafford, sous un prince plus intrépide qu'un Stuart. Le roi, qui s'emportait et qui se calmait avec la même promptitude, comme un homme gouverné par des impressions plus que par des idées, céda à M. de Martignac.

« Eh bien, reprit-il, je recevrai l'adresse comme mon frère reçut celle qui fut votée contre M. de Richelieu son ministre. J'admettrai seulement le président et deux secrétaires de l'Assemblée, et je leur ferai une réponse qui sera une sévérité, mais non une rupture. Rédigez-moi quelques mots qui contiennent mon mécontentement sans laisser éclater mon indignation. »

M. de Martignac prit la plume et écrivit. Sa rédaction, qu'il avait proportionnée à l'irritation et à la dignité offensée du roi, parut cette fois trop vive au roi lui-même.

Charles X lui retira le papier et, effaçant de sa propre main les termes où le ressentiment se faisait trop entendre, il adoucit, jusqu'à un reproche presque tendre, les expressions de sa réplique à l'adresse.

« En vous appelant à travailler avec moi au bonheur de la France, disait le monarque, j'ai compté sur le concours de vos sentiments autant que sur le concours de vos lumières. Mes paroles avaient été adressées à la chambre entière, il m'aurait été doux que sa réponse eût pu être unanime... Vous n'oublierez pas, j'en suis sûr, que vous êtes les gardiens naturels de la majesté du trône, la première et la plus noble de vos garanties !... Vos travaux prouveront à la France votre profond respect pour la mémoire du souverain qui vous octroya la charte, et votre juste confiance dans celui que vous appelez le fils de Henri IV et de saint Louis ! »

VI

Décidé à dévorer cette offense, le roi poussa de lui-même la condescendance plus loin. Il comprit que M. de Chabrol et M. de Frayssinous, deux vestiges de l'ancien ministère dans le nouveau, ne pouvaient rester avec convenance en face d'une assemblée qui venait de flétrir ainsi leur administration. Quoique irrité contre M. Hyde de Neuville, que son amitié pour M. de Chateaubriand et la fougue de son caractère avaient jeté à la tête de la défection royaliste dans la chambre, la vieille affection pour ce serviteur dévoué des mauvais jours prévalut dans l'esprit du roi sur des mécontentements passagers ; il l'appela à la place de M. de Chabrol au ministère de la marine. On ne pouvait confier à des mains plus chevaleresques la dignité du pavillon de la France ni la sécurité de la couronne à un cœur plus fidèle. Il accepta le ministère.

M. Feutrier, évêque de Beauvais, ancien curé d'une des églises de Paris, jeune, élégant de mœurs, éloquent de paroles, modéré d'opinion, agréable à la bourgeoisie, dont son nom modeste n'offusquait pas l'orgueil, libre du joug des factions politiques, reçut le ministère des cultes. Enfin M. de Chateaubriand, celui qui embarrassait le plus la situation, dominant s'il entrait dans le conseil, hostile s'il était dehors, maître du *Journal des Débats*, oracle redouté de l'opinion parlementaire, consentit après ces longues négociations à accepter un exil opulent et nécessaire dans l'ambassade de Rome. Ses amis toutefois mirent à son départ la condition que la cour payerait préalablement les dettes dont il était obéré. Une première somme donnée à cet usage par le roi n'ayant pas suffi à la liquidation de cet homme d'État plus attentif à sa renommée qu'à sa fortune, et M. de Chateaubriand continuant à inquiéter le roi par sa présence à Paris, un supplément considérable de subsides fut alloué par la cassette du roi pour affranchir le ministère de ce dangereux concurrent. Le ministère ne se sentit en sécurité qu'après le départ de M. de Chateaubriand.

VII

Le *Journal des Débats,* dirigé par des hommes d'État qui en avaient fait leur tribune quotidienne, et illustré par M. de Chateaubriand, avait à cette époque l'importance d'une institution politique. Aucun prix n'était trop élevé pour le reconquérir au gouvernement. S'il eût été une feuille vénale faisant trafic de ses opinions et commerce de son appui, la déconsidération dans laquelle il n'aurait pas tardé à tomber lui aurait enlevé en peu de temps son autorité sur les esprits. Ce journal ne se vendait pas, mais il se laissait allouer des subsides, qui, sans corrompre ses opinions, rémunéraient son zèle et ses services. Au commencement du ministère de M. de Villèle, qu'il avait l'intention de soutenir, le *Journal des Débats* recevait douze mille francs par mois. Lorsque M. de Chateaubriand, que les Bertin n'hésitèrent pas à suivre dans sa disgrâce et dans sa colère, fut congédié par M. de Villèle, le journal répudia le lendemain sa subvention pour rester libre de servir les ressentiments de son plus éclatant écrivain. L'intérêt fut sacrifié à l'amitié. A la chute de M. de Villèle, le roi et M. de Martignac sentirent le besoin de s'attacher un si puissant ami, un si dangereux ennemi. Le roi lui-même vit M. Bertin, un des trois propriétaires de cette feuille, et l'engagea à se réconcilier avec son ministère.

« Ce ministère? répondit M. Bertin avec une audace qui offensa profondément le prince et comme de puissance à puissance, ce ministère, c'est moi qui l'ai fait; qu'il se conduise convenablement avec moi, sans quoi je pourrai bien le défaire comme j'ai renversé l'autre ! » Le roi dissimula dans le moment son humeur, mais peu de mois après cet entretien il raconta lui-même cette anecdote à un de ses ministres dans des termes que nous transcrivons littéralement. Ils attestent la profonde irritation d'un prince obligé de s'humilier ainsi devant ses organes et de marchander l'appui de ses sujets.

« Au reste, ajoutait Charles X en racontant le propos de M. Bertin, qu'attendre d'organes politiques qui laissent mettre à prix leurs services? Le ministère Richelieu donnait cent quarante-quatre mille francs par an au *Journal des Débats*. Villèle et Corbière ne voulaient rien lui donner. Quand le ministre Martignac arriva, il rétablit la subvention, mais les propriétaires de cette feuille exigèrent en outre qu'on leur payât ce qu'ils appelaient l'arriéré, c'est-à-dire le montant de la subvention retranchée pendant le temps qu'avait duré le ministère de M. de Villèle et la solde même de la guerre qu'ils avaient faite sous ce ministre à mon gouvernement. Ils reçurent alors cinq cent mille francs, dont trois cent mille francs pour Bertin le jeune, et deux cent mille pour Chateaubriand; et cela, j'en suis sûr ! » ajouta le roi en appuyant sur ses paroles.

« Le roi se trompait sur quelques détails, expliqua le ministre à qui ces confidences furent faites par Charles X. Le *Journal des Débats* avait été hostile à M. de Richelieu. M. de Villèle lui alloua cent quarante-quatre mille francs de subsides. En apprenant la disgrâce de M. de Chateaubriand, leur ami, les Bertin renvoyèrent noblement la subvention et déclarèrent la guerre à mort au ministère. Le reste est authentique; à l'entrée de M. de Martignac aux affaires, il n'y avait pas dans les caisses des ministères les fonds suffisants pour solder les cinq cent mille francs d'arriéré dont le roi spécifiait plus haut l'emploi. Le roi consentit à parfaire la somme sur sa cassette privée. Il avança au ministère cent mille francs qui devaient lui être restitués plus tard par les caisses des différents ministères, mais dont le remboursement n'a jamais eu lieu. »

Ces détails et ces confidences du roi, que nous nous bornons à copier, sont authentiques.

On rougit de montrer à quel prix on influence les tribunes, les journaux et les discours dans les gouvernements d'opinion. Il est pénible pour l'historien et pour le philosophe de trouver quelquefois un or occulte au fond des plus grandes affaires humaines, ou comme solde de la corruption des consciences, ou comme salaire légitime mais douloureux des sentiments. Sans doute, dans cette circonstance, ni les Bertin ni M. de Chateaubriand ne vendaient leur dévouement aux Bourbons, puisqu'ils n'hésitaient ni les uns ni les autres à rejeter au pouvoir ses munificences pour demeurer fidèles à des opinions ou à des amitiés politiques. Mais, comme Mirabeau en 1791, ils recevaient la récompense ou l'indemnité de leurs services, et il était permis au roi, qui connaissait le prix de ces services, d'en parler avec amertume et de les estimer moins haut que s'ils eussent été entièrement désintéressés.

VIII

De nombreux changements dans les ambassades et dans l'administration du royaume signalèrent dès les premiers jours la signification modérée que M. de Martignac voulait donner au gouvernement. Le roi y résistait avec obstination. Il fallait lui arracher homme par homme. Peu confiant dans la durée de son nouveau conseil, et peut-être peu sincère dans son retour aux concessions, il craignait évidemment de décourager ses amis de 1815, et de livrer la France à ses ennemis. Il consultait sur les noms que lui présentait M. de Martignac un comité secret et confidentiel de renseignements dirigé par M. Franchet, ancien directeur de la police du royaume sous M. de Villèle, homme investi, comme M. de Renneville, de la confiance intime du parti religieux. M.º de Martignac sentait qu'il y avait dans les coulisses du palais un gouvernement en observation et en expectative qui lui livrait la main du roi, mais qui se réservait sa conscience et qui lui soufflait ses résolutions.

Le roi néanmoins, difficile à convaincre sur la nécessité de changer les agents de la couronne, résistait peu aux réformes libérales proposées par son ministre sur les choses. M. de Martignac présenta ainsi, fit accepter par le roi et voter par la chambre plusieurs lois qui attestaient un retour complet à l'esprit de la charte et un développement large des libertés publiques :

Une loi qui émancipait l'élection des députés des mains suspectes de l'administration et qui donnait toutes les garanties de sincérité et de légalité aux listes où s'inscrivaient les électeurs ;.

Une loi sur la presse périodique, qui réduisait à des conditions faciles la création des journaux, et qui multipliait ainsi les voix de l'opinion publique ;

Une loi qui créait un impôt de quatre-vingts millions pour armer le gouvernement des moyens suffisants de forces navales et militaires destinées à l'émancipation de la Grèce : loi à la suite de laquelle le ministère donnait au général Maison le commandement d'une expédition populaire en Morée. Ibrahim, désarmé par l'incendie de la flotte égyptienne à Navarin, avait déjà conclu une convention avec l'Angleterre pour rentrer en Égypte quand le général Maison arriva en Morée.

Des ordonnances enfin, les plus pénibles à arracher à la conscience du roi, contre l'existence tolérée des jésuites. A la première parole que les ministres adressèrent à Charles X sur ce sujet : « Cela est grave, dit-il, et je ne puis me décider sans prendre conseil. » Le conseil fut unanime. Le duc d'Angoulême, dont la ferveur n'alla jamais jusqu'à l'asservissement d'esprit, appuya énergiquement les ministres. M. de Frayssinous, appelé au conseil, déclara qu'il n'aurait pas fait peut-être les ordonnances que les ministres présentaient à signer au roi, mais que le refus de signer ces ordonnances équivaudrait à un renvoi de ce ministère, le seul possible dans les circonstances présentes, et que devant un semblable péril il n'osait conseiller la résistance du roi. Le conseil de conscience du roi, son confesseur lui-même, tout-puissants sur son âme, autorisèrent une sévérité momentanée contre l'ordre religieux dont le nom même troublait le royaume et menaçait jusqu'à la religion.

Le roi déclara enfin qu'il était prêt à signer : « Sire, lui dit respectueusement M. de Martignac, vos ministres ne veulent peser en rien par une précipitation inconvenante sur la liberté réfléchie de votre résolution, nous supplions le roi de donner encore des jours à sa délibération personnelle. — Non, non, répondit le roi, je vais signer à l'instant ! » L'évêque de Beauvais, M. Feutrier, lui présentant la plume : « Mon cher ministre, lui dit le roi, je ne dois pas vous dissimuler que cette signature est ce qui m'a le plus coûté dans ma vie, je me déclare ainsi en hostilité avec mes plus fidèles serviteurs, avec ceux que j'estime et que j'aime le plus : fatale situation des princes chez qui le devoir domine le cœur ! » Puis, ayant enfin signé, il se retourna, comme dans un dernier doute qui demandait à être rassuré, vers l'évêque ministre : « Eh bien ! lui dit-il, monsieur l'évêque, vous croyez donc que nous ne faisons pas de mal ? — Oh ! non, Sire, répondit avec une fermeté héroïque dans sa situation l'évêque de Beauvais, vous sauvez la religion d'une grande ruine ! »

La première de ces ordonnances, fatale nécessité qui frappait par la main d'un roi pieux sur les maîtres mêmes de son âme, supprimait les établissements dirigés en France par les jésuites, réintégrait ces établissements dans les attributions de l'Université, interdisait d'enseigner à tout ecclésiastique qui n'aurait pas juré qu'il n'appartenait à aucune congrégation religieuse proscrite par les lois du royaume.

La seconde limitait à vingt mille le nombre des élèves des séminaires, maximum que l'esprit du siècle imposait aux vocations sacerdotales.

Les autres donnaient aux évêques la nomination des directeurs des écoles ecélésiastiques et leur attribuaient des subventions, larges compensations des rigueurs que la révolte de l'opinion publique imposait au gouvernement contre les jésuites.

IX

La puissance de ce parti, qui se confondait avec la religion elle-même dans l'esprit de la cour, de l'Église et des hautes classes aristocratiques, n'éclata jamais plus qu'à la promulgation de ces ordonnances. Le roi fut traité en impie, le ministère en persécuteur, l'évêque de Beauvais en apostat. Une protestation des évêques français, répandue à cent mille exemplaires dans les familles, sema la plainte, le gémissement, le trouble dans les âmes pieuses. L'archevêque de Toulouse, Clermont-Tonnerre, s'insurgea dans une lettre contre le gouvernement et refusa d'obéir. M. Clausel de Coussergues, évêque de Chartres, prophétisa la ruine d'une administration impie.

Le roi ne se troubla pas de ces clameurs. Il fit parler le pape dans un bref qui innocentait l'acte purement politique du gouvernement français, et qui répudiait formellement dans le saint-siége la pensée d'imposer telle ou telle congrégation religieuse au royaume de France. Ce bref, adressé à M. de Latil, un des évêques de cour les plus puissants sur la conscience du roi et les moins suspects de concession au siècle, apaisa le tumulte, mais non le murmure. Les jésuites se retirèrent en Suisse ou dans les États limitrophes, où la confiance des familles les suivit et livra la jeunesse aristocratique à leur discipline.

Telle fut la persécution de la religion par la main du roi le plus chrétien de nom et le plus catholique de cœur de l'Europe. La liberté de conscience et d'affranchissement réciproque de l'État et de l'Église par une législation plus libérale aurait prévenu cette guerre inégale entre une nation et quelques religieux ; mais le concordat liait les mains de la religion pendant que la loi civile appliquée à la conscience liait les mains du roi. La religion, la liberté et la philosophie se dégradaient également dans une pareille lutte. Les peuples apprendront enfin par cet exemple de plus à ne pas aliéner l'exercice de leur foi à la loi civile, et à ne pas aliéner la loi civile dans des concordats au pontificat religieux.

X

La session finit sans que la confiance ou la défiance contre le ministère se fussent caractérisées dans les chambres, pour présager ou une stabilité solide ou une ruine prochaine au cabinet : il comptait des ennemis implacables dans le parti sacerdotal, mortellement offensé par l'expulsion des jésuites; dans le parti des royalistes exaltés de l'extrême droite à la chambre, et dans le parti de M. de Villèle, qui n'avait jamais consenti à sa défaite et qui se recrutait tous les jours du repentir et de l'estime qui avaient accompagné ce ministre dans sa retraite. Le ministère Martignac n'avait que des amis précaires, douteux et exigeants dans la gauche et dans le centre gauche de la chambre, partis qui se prêtaient et ne se donnaient pas. Ces discussions orageuses et acerbes avaient suffisamment montré au roi, pendant la session qui venait de s'écouler, que les exigences de ces deux partis de la chambre s'accroîtraient dans les sessions prochaines en proportion des nouvelles forces que les élections partielles de chaque année leur enverraient, et qu'après avoir toléré un ministère conciliateur, les libéraux demanderaient un ministère asservi. La lecture assidue des journaux et surtout de la *Gazette de France*, organe de M. de Villèle, rédigée par un écrivain dévoué de convictions et de cœur à ce ministre, M. de Genoude, nourrissait ces défiances du roi ; son conseil était dans les pages de ce journal. La *Gazette de France* était véritablement pour Charles X l'oreille de Denys de Syracuse, par laquelle il écoutait le murmure et croyait entendre la vraie pensée des royalistes. Elle dut à cette époque, à la circonstance et à l'insinuation de ses écrivains une influence décisive et souvent fatale sur l'esprit du prince et sur les dispositions des royalistes, qu'elle détourna obstinément, dans l'intérêt de M. de Villèle, d'une adhésion nécessaire au ministère Martignac. Un sentiment honorable, la reconnaissance, autant que la conviction, avait inféodé le cœur de ces écrivains politiques au ministre tombé. Ils ne voyaient qu'en lui seul l'intelligence et le salut de la monarchie ; leur rêve était de réunir dans un même cabinet le prince de Polignac, qui leur assurerait le cœur du roi, et M. de Villèle, qui leur assurerait l'habile administration des affaires ; et de composer ainsi, à l'aide de ces deux influences, un gouvernement royaliste répondant d'un côté à la cour, de l'autre au pays, gouvernement dont ils seraient l'inspiration et l'organe, et qui les ferait participer au pouvoir dans la proportion de leurs services. M. de Villèle écrivait quelquefois de sa propre main des articles anonymes dans la *Gazette de France*. Son principal écrivain était M. de Genoude.

XI

M. de Genoude a eu à cette époque et depuis une influence assez intime sur l'opinion et sur les fautes de la cour et du parti royaliste pour laisser une trace dans l'histoire de son pays. C'était un jeune homme alors, né à Grenoble, d'une famille plébéienne entre le peuple et la bourgeoisie. La nature l'avait doué d'un extérieur qui prévenait le regard, d'une intelligence ouverte, d'un caractère à la fois diplomate et impérieux. Il commençait par séduire pour avoir le droit de commander. Sa famille le destinait à l'état ecclésiastique, profession qui dépayse, qui débaptise les hommes et qui, plongeant ses degrés subalternes jusque dans les dernières classes populaires, les élève ensuite par le talent, par la faveur ou par la vertu, sans offusquer l'envie, jusqu'au premier degré de l'aristocratie sociale. Élevé en province par des prêtres qui voyaient en lui un espoir et un honneur pour leur corps, appelé à Paris pour des études plus fortes, il avait commencé à ébaucher son nom dans l'Église par une traduction des livres sacrés empreinte d'un certain éclat de style, œuvre qui lui avait acquis le patronage que la piété et l'esprit de corps accordent facilement aux néophytes. Ce travail, sa jeunesse, ses sentiments royalistes et religieux, la grâce et l'habileté naturelle de son caractère, cette assiduité caressante que les hommes d'une origine modeste cultivent plus naturellement que les autres autour des puissances du jour, lui avaient conquis la familiarité précoce de M. de Chateaubriand, de M. de Lamennais, de M. de Bonald, de M. de Montmorency, de M. le duc de Rohan, du prince Jules de Polignac, et enfin de M. de Villèle. Le parti aristocratique voyait en lui un client, le parti religieux un adepte. Il se préparait, disait-on, à entrer promptement dans le sanctuaire.

Mais soit que sa vocation sacerdotale fût encore indécise dans son âme, soit que la perspective d'une fortune plus libre et plus rapide dans le monde l'emportât sur la lente et austère ambition du sacerdoce, ses patrons apprirent tout à coup avec humeur qu'il venait d'épouser une jeune personne d'un rang distingué, d'une fortune supérieure à ses espérances, et qui lui apportait en dot la protection et la faveur de la duchesse de Bourbon, petite-fille du prince de Condé.

Cette princesse avait, disait-on, avec cette jeune personne des rapports d'intimité qui lui assuraient dans la maison de Condé une tendresse presque maternelle. Le roi, à la demande de l'auteur de cette histoire, accorda au jeune écrivain, en considération de ce mariage, des titres de noblesse qui transformaient son nom. M. de Villèle lui donna la *Gazette de France*. Il se jeta dans la politique, il y porta ses souvenirs religieux, son ardeur monarchique, ses complaisances de cœur pour l'aristocratie, et on ne sait quel secret remords de son sang plébéien, qui lui rappelait les révoltes populaires du Dauphiné, sa patrie, aux assemblées de Vizille, et qui lui faisait concilier, dans un inconciliable sophisme, le pouvoir absolu des rois, l'autorité indiscutable du sacerdoce avec la souveraineté idéale du peuple.

Il y porta surtout une activité infatigable, un talent plus quotidien qu'éclatant, une diplomatie de plume, pliant à tout sans rompre, des formes de discussion qui n'insultaient jamais en frappant toujours, une obstination invincible, un désintéressement qui ne marchandait pas sa fortune contre une idée, et une fidélité à M. de Villèle, qui honorait même l'erreur quand elle était couverte du fatalisme de la reconnaissance et du dévouement. Quoique lié d'antécédents et de foi avec le parti de la congrégation politique, cet écrivain n'en subissait pas le joug ; trop intelligent pour n'en pas apercevoir la médiocrité, trop absolu pour s'asservir aux systèmes d'autrui, il ne pouvait pas s'affilier à une discipline même de son parti : on peut dire qu'il était à lui seul une secte. Il ne tarda pas à s'associer dans son œuvre de journalisme un homme d'une constance égale, mais d'un talent de publiciste supérieur au sien, M. de Lourdoueix, en qui sa politique survit encore.

Tel était alors M. de Genoude, qui, sans voir jamais Charles X, parlait tous les soirs à l'oreille du roi dans ses pages implacables contre le ministère de concession, et qui plongeait l'esprit de ce prince dans le doute le plus funeste au crédit de M. de Martignac. Le ministère tremblait toutes les fois qu'en entrant au conseil il apercevait le journal de M. de Genoude sur la table du roi, et quand M. de La Ferronnays ou M. de Martignac lui faisaient en souriant un reproche de cette lecture, infidélité à leur système : « Que voulez-vous, répondait le roi en s'excusant, c'est un ancien ami, c'est une vieille habitude ! »

XII

L'opposition au ministère n'était pas si timide dans l'intérieur du palais. Les évêques de l'ancienne intimité du comte d'Artois, quoiqu'ils eussent acquiescé sous l'empire de la nécessité à l'expulsion momentanée des jésuites, n'en gémissaient pas moins amèrement sur les lâchetés d'un ministère qui sacrifiait par la main du roi les hommes de Dieu aux répugnances du peuple. Le parti de la congrégation, qui ne faisait qu'un désormais avec le parti des jésuites, tenait ses conciliabules dans les murs mêmes des Tuileries. Le parti de la cour et de l'émigration, groupé autour des princesses, s'indignait tout haut de la défection du roi, désertant sa noblesse et son clergé pour se livrer, comme son malheureux frère Louis XVI, à un ministère impie et plébéien, qui ne différait du ministère girondin de Roland que par la déférence et la grâce, et qui conduisait la monarchie d'une main moins rude, mais d'une main aussi sûre, à sa honte et à sa perte.

Le duc de Rivière, gouverneur du duc de Bordeaux, qui venait de mourir, avait été remplacé par le baron de Damas. Le baron de Damas, cœur pur, âme fervente, esprit sans éclat, mais d'une grande droiture, avait par ses vertus et par sa modestie la confiance du duc d'Angoulême, et un ascendant involontaire sur l'esprit du roi. Bien que le baron de Damas fût incapable d'intrigue, et que sa raison froide lui fît admettre la nécessité, au moins temporaire, de l'administration de M. de Martignac et des concessions à l'opinion, dont il faisait la part dans une restauration constitutionnelle, son rang à la cour, ses fonctions élevées de gouverneur de l'héritier du trône, son royalisme avéré, sa piété sincère, l'influence qu'on lui supposait sur l'esprit du chef de la dynastie, groupaient autour de lui tous les murmures et tous les ressentiments de la cour et de l'Église. Son salon aux Tuileries, redouté des ministres, était un centre d'opposition domestique qui formait autour du roi lui-même une atmosphère de conspiration contre le gouvernement officiel.

Enfin le parti royaliste de Paris, des chambres, des journaux, des provinces encore imprégnées des passions de 1815, voyant s'accroître d'année en année dans les élections le nombre des députés de l'opposition révolutionnaire, les adresses des chambres s'élever du ton de la servilité au ton de l'insulte, le ministère de M. de Villèle tomber devant l'ombre d'une assemblée, et le roi lui-même obéir, évidemment à contre-cœur, à un ministère qui pesait du poids de l'opinion jusque sur sa conscience, croyait voir dans ces sages concessions qui préviennent les révolutions les faiblesses qui les encouragent, et, fanatisés les uns par la piété, les autres par la peur, s'acharnaient avec délire sur le ministère pacificateur interposé entre leurs passions et des révolutions nouvelles.

Le roi, influencé malgré lui par cette rumeur universelle de son parti, soutenait encore ses ministres, mais il les soutenait en les livrant à la dérision de ses amis, comme un expédient de règne dont il avait besoin, mais dont il avait honte, et avec dédain pour des subalternes nécessaires. Telle était la situation du ministère à la fin de la session.

XIII

M. de Martignac sentait cet ébranlement de faveur à la cour et de majorité dans la chambre. Il adressa au roi un mémoire confidentiel sur l'état des esprits et sur la nécessité de pactiser avec la chambre et d'y chercher dans des mesures de plus en plus constitutionnelles une réconciliation avec les hommes du centre gauche, que l'obstination de la droite rendait indispensable à la couronne. Il savait qu'on nourrissait dans l'esprit du roi l'idée téméraire d'une nouvelle dissolution de la chambre. Il lui prophétisait dans un pareil acte l'irritation du pays et la lutte directe et toujours fatale entre la souveraineté héréditaire et la souveraineté électorale. M. de La Ferronnays, affecté de la froideur que lui témoignaient le roi et le duc d'Angoulême depuis qu'il avait consenti à descendre de son rang d'homme de cour et d'émigré, serviteur des princes, au rang de ministre complice d'une politique nationale, demandait à se retirer. M. de Martignac proposait au roi, pour le remplacer, M. Pasquier, ministre d'une incontestable capacité et d'une banalité de services qui décolorerait sa signification au conseil. M. Hyde de Neuville, qui prenait toujours ses sentiments pour de la politique, recommandait de nouveau M. de Chateaubriand. Le roi les rejetait l'un et l'autre par des prétextes qui cachaient dans son cœur le nom toujours présent du prince de Polignac. On ne résolut rien, et le roi, voulant s'assurer par ses propres yeux de son ascendant personnel sur le cœur du peuple, partit pour visiter les provinces de l'Alsace. M. de Martignac l'accompagna.

Le voyage fut un perpétuel triomphe. Les peuples par leur sens aiment les rois comme une personnification visible de la patrie; quand ils se trouvent face à face, les ombrages qui les séparent s'évanouissent et font place à l'intérêt qui les emporte. Charles X représentait physiquement la royauté par un visage qui charmait le peuple. Il réunissait en lui alors l'élégance survivant à la jeunesse, à la majesté des années, la vigueur sous les cheveux blancs. Sa grâce à cheval fascinait le peuple. Les concessions que son ministère lui avait inspirées récemment avaient ouvert le cœur des adversaires mêmes de la royauté. Les libéraux s'étudiaient à encourager par une popularité politique ses premiers pas vers eux. Benjamin Constant, Casimir Périer, les grands fabricants, les députés de l'Alsace l'entourèrent de leurs ouvriers et de leurs paysans dans les ateliers des villes et dans les campagnes. Le roi décora de sa main Casimir Périer. Le sourire et les caresses de ces provinces libérales, la sincérité de leur enthousiasme, lui persuadèrent de nouveau que son ministère lui rendait le cœur de la nation. Il rentra à Paris avec une résolution affermie de le maintenir.

Cependant le prince de Polignac, avec qui il entretenait une secrète correspondance, pensa que l'heure était propice pour se placer à la tête du conseil, et que le voyage triomphal du roi aurait inspiré à ce prince assez de confiance en lui-même pour oser avouer son ami. Le ministère des affaires étrangères était vacant par l'absence de M. de La Ferronnays. Quelques intelligences dans le conseil du roi et dans le *Journal des Débats*, qui voulaient caresser dans le prince de Polignac la faiblesse cachée du roi, l'engagèrent à quitter Londres et à paraître inopinément à Paris, où l'attendait un ministère. Le roi lui-même, pour donner un motif plausible à la présence du prince de Polignac à Paris, ordonna à M. Portalis de l'appeler.

M. Portalis, qui remplissait par intérim les fonctions de ministre des affaires étrangères, représenta respectueusement au roi que la présence du prince, effroi à tort ou à raison de l'opinion libérale et espoir de l'absolutisme, porterait ombrage aux esprits. Le roi insista sans écouter d'observations. La lettre partit. Le prince de Polignac, en la recevant, se crut déjà ministre, et communiqua au duc de Wellington, chef du cabinet britannique, la confiance qu'il apportait à Paris, il tenait cette certitude du roi lui-même.

Sa présence à la cour souleva la rumeur annoncée au roi par les ministres. Ils déclarèrent unanimement à Charles X que si M. de Polignac entrait au conseil ils en sortiraient à l'instant, pour ne pas colorer leur politique des arrière-pensées que l'opinion publique supposait à ce ministre futur. Le roi sentit qu'il avait trop présumé de la complaisance de son conseil. Il ajourna l'avénement de son favori et l'accomplissement de ses propres désirs. M. de Polignac tenta néanmoins quelques combinaisons de ministère discordant, dans lesquelles il s'efforça de faire entrer M. Pasquier, un nom qui n'effrayait aucune opinion, et M. Lainé, qui les rassurait toutes. M. Pasquier écouta, mais il était trop clairvoyant pour consentir. M. Lainé, dont l'âme attristée prophétisait d'avance les malheurs de la monarchie et de la liberté qu'il avait voulu concilier enfin sur les ruines de la tyrannie, avait déjà retiré son grand nom dans cette philosophie civique qui était le fond de son caractère.

Nul homme sensé ne consentait à prêter sa responsabilité à une conspiration de palais dans le roi ou à un caprice d'orgueil dans le prince de Polignac, qui ne pouvaient se dénouer aux yeux de tous que par une catastrophe. Le roi et M. de Polignac furent forcés d'ajourner leur témérité.

Le roi ouvrit la session de 1829 dans un discours inspiré par M. de Martignac, qui désavouait plus explicitement que jamais toute pensée rétrograde.

« L'expérience, disait le roi en finissant ce tableau rassurant de la situation générale et en faisant allusion aux systèmes absolus qu'on lui prêtait, l'expérience a dissipé le prestige des théories insensées. La France sait comme vous sur quelles bases son bonheur repose, et ceux qui le chercheraient ailleurs que dans l'union sincère de l'autorité royale et des libertés consacrées par la charte seraient honteusement désavoués par elle! »

La France à ces paroles reprit confiance dans l'avenir. Le centre gauche, la gauche même applaudirent. Ces deux fractions, grandies par les trois élections précédentes, ouvrirent les bras pour embrasser d'avance le gouvernement qui venait à elles. Tout parut sourire un moment à la sagesse inespérée du roi. Le prince de Polignac, qui était resté quelques semaines de plus à Paris, sous prétexte d'assister à l'ouverture des chambres, profita de la discussion de l'adresse dans la chambre des pairs par faire une profession de foi qui ressemblait à une préface mystérieuse concertée avec le roi pour populariser la cour. Ce prince, qui n'avait jamais parlé dans les discussions publiques, parut tout à coup à la tribune pour y parler non de l'adresse en discussion, mais de lui :

« Des feuilles publiques, dit-il, ont dirigé contre moi

depuis quelques jours leurs plus violentes calomnies, sans provocation de ma part, sans vérité, sans vraisemblance, sans un seul fait qui leur servît de motif ou de prétexte; elles ont osé me montrer à la France entière comme nourrissant dans mon cœur un secret éloignement contre nos institutions représentatives, qui semblent avoir acquis la sanction du bien et une sorte d'autorité imprescriptible depuis que la main royale qui nous les a données repose glorieusement dans la tombe. Si les auteurs, quels qu'ils soient, de ces inculpations calomnieuses pouvaient pénétrer dans l'intérieur de ma maison, ils y trouveraient la meilleure de toutes les réfutations et de toutes les réponses; ils m'y verraient entouré des fruits de mes continuelles études, ayant toutes pour objet et pour but la défense, la consolidation de nos institutions actuelles, le désir et le dessein d'en faire hériter mes enfants. Oui, nos institutions, ajouta, avec l'accent d'un serment, le prince de Polignac, me paraissent concilier tout ce que peuvent réclamer d'un côté la force et la dignité du trône, de l'autre une juste indépendance nationale; c'est donc d'accord avec ma conscience et ma conviction que j'ai pris l'engagement solennel de concourir à les maintenir... Et de quel droit penserait-on aujourd'hui que je reculerai devant cet engagement? De quel droit me supposerait-on l'intention de sacrifier des libertés légitimement acquises? M'a-t-on jamais vu le servile adorateur du pouvoir? Ma foi politique s'est-elle ébranlée à l'aspect du péril? S'il était possible d'interroger la conscience et la vie de mes accusateurs, ne les trouverais-je pas eux-mêmes fléchissant le genou devant l'idole quand, plus indépendant qu'eux, je bravais dans les fers les dangers et la mort?... »

Ce discours, où éclate la personnalité inattendue d'un homme qu'on savait le favori, et pour ainsi dire le fils de la pensée du roi, produisit un double étonnement et une double émotion dans le pays. Les uns y virent avec bonheur une émanation rassurante des opinions de Charles X imposant à sa cour même le retour sincère à la constitution, qui signalait depuis une année ses actes publics. Les autres y virent le programme d'un ministre de cour avoué d'avance par le roi. Il éclata comme un coup de foudre sur la tête de M. de Martignac. Ce ministre comprit que le roi lui préparait un successeur, et que l'ébranlement de son crédit dans les chambres allait suivre nécessairement l'ébranlement de son crédit présumé dans le cœur du roi. Il aborda avec moins d'espoir, mais non avec moins de patriotisme, la double tâche que créait pour le gouvernement la candidature ainsi proclamée d'un rival.

Les premiers scrutins de l'Assemblée pour la nomination de son président, en donnant la majorité à M. Royer-Collard, mais cent cinquante-cinq voix à M. Casimir Périer et quatre-vingt-dix à M. de La Bourdonnaie, lui montrèrent la force redoutable de deux oppositions qui, en se réunissant, feraient à leur gré chanceler son gouvernement.

Le centre même appartenait plus à M. de Villèle qu'au ministère. Ce ministre déchu du pouvoir, mais non du cœur de ses anciens amis, s'était retiré dans sa terre des environs de Toulouse pour enlever son nom aux intrigues des partis. Mais il inspirait de là ses amis et il les détournait d'attaquer trop violemment un cabinet dont M. de Polignac affectait maintenant l'héritage. La *Gazette de France*, son principal organe, comme nous l'avons expliqué, avait en même temps des liens d'opinion, de religion, d'amitié, de reconnaissance avec M. de Polignac. Embarrassé entre ses deux amis, M. de Genoude s'efforçait de les réunir malgré des antipathies criantes. M. de Villèle, convaincu depuis longtemps de la supériorité dans la faveur du roi et de l'infériorité dans l'opinion publique du collègue qu'on lui ménageait, résistait inébranlablement à une telle alliance. De là l'indécise immobilité du centre droit dans l'Assemblée. Cette immobilité donnait seule du temps et une apparence d'aplomb au ministère. Il engagea le roi avec persévérance à nommer M. Royer-Collard, qui se ménageait entre tous les partis dans la chambre. Ce choix paraissait alors politique, l'événement le prouva fatal.

XIV

Après quelques discours modérés dans la discussion de l'adresse, le gouvernement présenta aux chambres, comme complément organique et libéral de la charte, une loi populaire sur les conseils municipaux, qui restituait aux villes et aux campagnes une large part d'intervention dans leurs pouvoirs et dans leurs intérêts locaux. C'était l'émancipation des communes dans tout ce qui ne tenait pas essentiellement au pouvoir central et à l'unité d'administration monarchique. Le roi exigea que son ministère présentât en même temps une loi organique sur les conseils d'arrondissement et de département, loi libérale et représentative aussi dans son esprit, mais favorable à l'aristocratie territoriale dans ses résultats prévus, demandée par les royalistes comme une compensation aux libertés trop démocratiques des municipalités et comme une base de leur ascendant dans l'administration des départements.

Le roi, convaincu, disait-on, que l'un de ces deux projets succomberait devant la résistance des royalistes, avait exigé pour consentir à leur présentation que les deux lois seraient connexes et indivisibles dans la discussion. Cette ruse, indigne de la loyauté d'un prince, fut peut-être une calomnie de l'opinion. Elle parut justifiée cependant par l'attitude des royalistes, confidents présumés des intentions de la cour dans le débat et dans le vote. Le premier projet ne soulevait pas de grandes oppositions. Le second, amendé par la commission de la chambre, qui supprimait les conseils d'arrondissement pour créer des assemblées de canton plus multipliées et plus populaires, fut rejeté par une obstination insensée de la gauche et du centre gauche, plus pressés de se populariser par une opposition de tribuns intempestifs que de se fortifier par l'acceptation loyale de larges concessions offertes à la liberté.

Ce vote était la chute du ministère. La gauche et le centre gauche le savaient. M. de Martignac n'avait laissé ignorer ni à M. Sébastiani, ni à M. Casimir Perier, ni à M. Guizot, qui les dirigeait, que le roi ne passerait jamais la borne des condescendances libérales qu'il avait assignées à ses ministres, et qu'en fournissant à ce prince le prétexte de congédier son ministère pacificateur, ils rejetaient la cour dans les ministères de démence, le pays dans les convulsions, la liberté dans les problèmes et peut-être dans la tyrannie. Aucune sagesse ne put ni éclairer ni fléchir ces chefs de l'opposition. Ils eurent pour toute politique ce pessimisme, crime et suicide des corps délibérants où la passion préfère la popularité des orateurs au salut du peuple. Les royalistes de leur côté, vainement et éloquemment implorés par M. de Martignac et par M. Hyde de Neuville de venir au secours de la loi et de prévenir la ruine commune en votant avec les conseillers de la couronne, restèrent immobiles sur leurs bancs, souriant de l'embarras du ministère, triomphant du triomphe de leurs ennemis et se réjouissant en secret de la chute prochaine d'une administration dont ils espéraient se partager les dépouilles.

M. de Martignac, atterré du vote, se retira un moment de la chambre pour aller prendre les ordres du roi. Un ministre moins dévoué et qui aurait plus songé à sa vengeance qu'à son devoir aurait répudié un ministère où les libéraux répondaient aux concessions par des exigences, où les royalistes conspiraient contre eux-mêmes avec la révolution, où la cour tournait en dérision le dévouement, où le roi lui-même semblait se réjouir du revers de ses meilleurs serviteurs pour avoir le droit de faire appel aux extrémités et aux favoris.

M. de Martignac sentait avec une amertume patriotique tous ces déboires de la fidélité et toutes ces tentations de la faiblesse; mais il avait puisé dans son âme et dans son commerce avec M. Lainé un sentiment du devoir supérieur à ces dégoûts de l'homme d'État. Il n'hésita pas à rester au poste où il pouvait amortir le choc entre la couronne et la chambre. Il ne se flattait plus, mais il combattait encore. En rentrant une heure après dans l'Assemblée, le visage attristé mais calme, il monta à la tribune et il annonça à la chambre que le roi retirait les deux lois. Une consternation tardive saisit la gauche, le centre gauche et le centre. Une joie maligne parcourait les bancs de M. de La Bourdonnaie et des royalistes. Les membres du parti libéral qui avaient poussé par leurs coupables exigences le roi à se repentir de ces concessions se récrièrent contre la précipitation de la prérogative irritée du roi, et parurent regretter leur faute. Il était trop tard. Le ministère, discrédité à la cour par sa défaite devant la chambre, humilié devant les royalistes par le refus de ses avances au parti libéral, durait encore et ne vivait plus.

L'agitation saisit la France, l'avenir s'assombrit. M. de La Ferronnays, frappé d'une maladie subite dans le cabinet du roi, laissa le ministère des affaires étrangères à la convoitise de toutes les ambitions. On y portait encore M. de Chateaubriand. Le roi y avait placé en expectative M. Portalis, comme pour garder confidentiellement la place à M. de Polignac. En récompense de cette complaisance, le roi promit par écrit à M. Portalis de lui réserver la place inamovible et lucrative de premier président de la cour de cassation, laissée vacante par la mort du magistrat le plus intègre et le plus vénéré du royaume, M. Henrion de Pansey. Un membre jusque-là obscur de la chambre, M. Bourdeau, fut appelé à cause de son obscurité même au ministère de la justice. La cour, les courtisans, les princesses, tournaient eux-mêmes en dérision les hommes promus aux premières fonctions du gouvernement. On eût dit que le prince motivait d'avance le congé déjà donné dans son cœur à un ministère de dédain.

XV

Le budget fut voté comme dans une trêve tacite et morne entre les partis. La discussion n'en fut signalée que par de mesquines chicanes de la chambre sur les fonds employés par M. de Peyronnet à la construction plus ou moins splendide d'une salle à manger au ministère de la justice, et sur la suppression de quelques aides de camp du roi et des princes. Le roi cachait mal son mépris pour ces chicanes et son intention arrêtée de secouer le joug de la chambre et de la presse.

Le soir d'une discussion où la solde de l'armée avait été violemment disputée au gouvernement, le ministre de la guerre, M. de Caux, entra dans le cabinet du roi encore aigri de la lutte qu'il avait été forcé de soutenir : « Eh bien! lui dit le roi en entrant dans sa pensée, que dites-vous d'une telle Assemblée? — Abominable, Sire! » répondit le ministre. Le roi, heureux de trouver ses propres impressions dans le cœur d'un de ses conseillers, entraîna à ce mot M. de Caux dans l'embrasure d'une fenêtre. « Vous convenez donc enfin, lui dit-il à voix basse, que ceci ne peut pas durer? Suis-je sûr de l'armée? ajouta le prince d'un ton significatif et caressant et en prenant dans ses mains les mains du ministre. — Sire, répliqua M. de Caux, il faut savoir pourquoi? — Sans condition? reprit le roi. — Eh bien! Sire, l'armée ne manquera jamais au roi pour la défense du trône et de la charte, mais s'il s'agissait de rétablir l'ancien régime!... — La charte! la charte! reprit avec impatience le roi, qui veut la violer? Sans doute c'est une œuvre imparfaite, mon frère était si pressé de régner à tout prix! Je la respecterai néanmoins; mais qu'est-ce que l'armée a de commun avec la charte? »

Des conférences nocturnes rapprochaient déjà en secret le roi des royalistes les plus exaltés de la majorité de 1815. M. Ferdinand de Berthier conduisait le soir M. de La Bourdonnaie, en costume de ville, par le logement du premier valet de chambre dans l'appartement de Charles X. Un comité parlementaire, composé de M. Ravez, que le mécontentement contre le ministère avait incliné à M. de Polignac; de M. de Chantelauze, avocat général à Grenoble, magistrat fanatique d'autorité; M. de Montbel, ami loyal mais inaliénable alors de M. de Villèle, dressait pour le roi des plans d'administration, des listes de majorité, des compositions de ministères à quelques pas de la salle du conseil où les ministres se dévouaient encore à la conciliation de la couronne et de la chambre. Le prince de Polignac, qui était retourné à Londres après son apparition étrange à la tribune, arriva de nouveau à Paris, comme mandé à l'insu des ministres par un signe mystérieux de la cour. Une lettre du roi lui-même l'avait rappelé. Ce prince, en apparence tout entier à la chasse ou aux étiquettes de la cour, ne parlait plus de politique à M. de Martignac. Le silence préludait à l'ingratitude. Les ministres flottaient dans un doute qui suspendait tout, même leurs pensées. Le roi devait partir pour un voyage dans la Normandie; on ne s'attendait à aucune résolution avant son retour.

Le 6 août, dans la matinée, M. Portalis, ministre des affaires étrangères, fut appelé inopinément à Saint-Cloud. Le roi lui annonça la dissolution du ministère. « Les concessions m'ont affaibli sans satisfaire mes ennemis, » lui dit le roi. M. de Portalis réclama alors la promesse, écrite mais gardée par le roi, de la place de premier président de la cour de cassation, en récompense de tant de services. « Je ne suis pas assez content de vous pour vous donner une si éclatante marque de satisfaction, lui répondit le roi; d'ailleurs, c'est une place trop haute pour que mon nouveau conseil ne soit pas appelé à la décerner lui-même. »

Le ministre des finances, M. Roy, apprit quelques moments après de la bouche du prince le renvoi des ministres; le roi le conjura de rester dans son conseil. Le ministre des finances fut inflexible.

M. Hyde de Neuville, sûr de sa conscience et fier de ses succès pendant son administration, ne pouvait croire à sa disgrâce. Les ministres, successivement informés par M. Portalis, portèrent leurs portefeuilles à Saint-Cloud et prirent congé du roi. Il parla avec bonté et reconnaissance à M. de Martignac, avec sévérité à M. Feutrier, évêque de Beauvais, avec rudesse à M. de Vatimesnil. Il pardonnait le libéralisme aux hommes qui avaient dans leur passé le droit de croire à la liberté, il ne pardonnait pas ce qu'il nommait des complaisances révolutionnaires aux hommes qui ne lui semblaient chercher que leur ambition ou leur popularité dans leur désertion récente du parti de la cour ou de la congrégation.

Le soir, le ministère nouveau, enfin composé dans la journée, éclata comme un tocsin de révolution dans Paris.

Ce ministère se composait du prince DE POLIGNAC, ministre des affaires étrangères;

De M. DE LA BOURDONNAIE, ministre de l'intérieur;

De M. DE BOURMONT, ministre de la guerre;

De M. de Montbel, ministre de l'instruction publique ;
De M. de Courvoisier, ministre de la justice ;
De M. de Chabrol, ministre des finances ;
Enfin de M. d'Haussez, ministre de la marine.

Le prince de Polignac avait nommé sans le consulter M. de Rigny, encore tout éclatant de sa popularité de Navarin, à ce dernier poste ; M. de Rigny refusa. Le duc d'Angoulême, indigné d'un refus qu'il considérait presque comme une insubordination dans un militaire et comme une offense à son père, dit à M. de Rigny en lui reprochant sa timidité : « Vous pouvez renoncer à tout avancement pendant deux règnes. » Ce prince, chez qui le sentiment filial dominait la politique, s'était laissé incliner par le roi à une extrémité qui répugnait à son bon sens et à son caractère ; mais tels furent, toute sa vie, sa vertu et son malheur. Il était fils avant d'être prince. M. d'Haussez remplaça M. de Rigny.

XVI

Il n'y avait pas un nom dans ce conseil qui ne fût ou la menace, ou le prélude, ou la nécessité d'un coup d'État. L'instinct de la France et de l'Europe ne s'y trompa pas une heure. Il y a des situations qui sont des prophéties.

Le prince de Polignac était un confident plus qu'un ministre. Né à la cour pendant les premiers orages de la révolution, de la femme dont la beauté et la tendresse avaient le plus fasciné le cœur de la reine Marie-Antoinette, et accumulé le plus de défaveur et d'impopularité sur le nom de cette famille; filleul de cette infortunée princesse; élevé sur les genoux du comte d'Artois; émigré encore enfant avec sa mère lorsque sa famille, désignée à l'inimitié du peuple par l'éclat même de son dévouement à la royauté, fut forcée de s'éloigner de Versailles, comme pour emporter avec elle le prétexte des malédictions publiques et les dangers de la cour; élevé et comme adopté par le comte d'Artois au nombre de ses aides de camp pendant l'émigration; avant de toucher à l'adolescence, associé aux poursuites du complot de Georges contre le premier consul; arrêté à Paris à cette époque suspecte avec son frère; condamné à mort comme complice de cet attentat; menacé de sa grâce à cause de son intéressante jeunesse, et disputant généreusement la mort à son frère plus âgé que lui; attendrissant par ce combat sublime les juges et le premier consul luimême; emprisonné à Vincennes à perpétuité; pardonné et relâché plus tard; sorti de nouveau de sa patrie pour rejoindre son prince; rentré avec lui en 1814; investi par la faveur du comte d'Artois de grades militaires et de fonctions diplomatiques à Rome, où sa ferveur religieuse lui conciliait d'avance la confiance intime de la papauté; réfugié à Gand en 1815, puis combattant en Savoie à la tête d'un soulèvement de royalistes français contre l'empereur; discutant presque seul à la tribune de la chambre des pairs le serment que la constitution demandait à la charte, et faisant à ce serment des réserves qui ne touchaient que sa conscience de chrétien, mais qui semblaient réserver en même temps ses opinions de royaliste sans condition; envoyé ensuite en ambassade à Londres comme pour essuyer dans l'absence son impopularité natale, et pour le mûrir aux affaires d'État; inconnu de sa personne à la France, connu seulement par son nom et par tous les préjugés attachés à ce nom ; considéré à tort ou à raison comme l'espérance du parti sacerdotal, dont les principaux membres émigrés à Londres avaient allaité son enfance de doctrines incompatibles avec la liberté et l'égalité des cultes, comme le favori du parti aristocratique et courtisanesque, dont le crédit dans l'État renaîtrait avec son nom, enfin, comme le séide dévoué mais aveugle d'un roi dont la volonté était pour lui l'arrêt du ciel : tel se présentait à l'opinion des masses le prince de Polignac.

Ceux qui, comme l'auteur de ce récit, le regardaient de plus près et le jugeaient avec moins de préventions voyaient dans M. de Polignac non ce que la naissance et le hasard des cours, mais ce que l'âge, les vicissitudes de la vie, les longues captivités, les affaires, les études en avaient fait : un homme d'un extérieur qui rappelait sur son visage et dans l'élégance de son maintien la beauté aristocratique et féminine de sa mère, empreinte de la mélancolie des longues prisons, d'une intelligence facile et gracieuse appliquée tardivement aux choses politiques, n'ayant sous des apparences méditatives que la superficie de la réflexion, d'un royalisme qui faisait du roi non-seulement un père, mais une ombre de Dieu sur la terre, d'une piété plus convenable à un cloître qu'à un palais, et qui s'exaltait quelquefois jusqu'à l'extase et jusqu'aux interventions surnaturelles de la grâce divine dans les destinées humaines, d'une bonté qui excluait en lui toute intolérance, encore plus toute persécution de conscience et de parti, et d'une opinion politique qui aurait admis très-sincèrement les institutions représentatives, pourvu que ces institutions, que son esprit inattentif calquait sur celles de l'Angleterre sans rien comprendre à la révolution française de 1789, eussent composé une trinité indissoluble des communes, de l'Église et de l'aristocratie.

XVII

M. de La Bourdonnaie représentait aux yeux du pays un terroriste de la royauté, voulant combattre la révolution avec les mêmes armes dont la révolution s'était servie pour combattre le royalisme. Homme chez qui l'opinion était inséparable de la colère et chez qui l'excès faisait partie de l'éloquence, un tribun vendéen de 1815 devenu l'homme d'État de 1829; son nom seul, qui avait si souvent fait pâlir les bonapartistes et les libéraux quand il demandait des proscriptions par catégories à Louis XVIII, faisait aujourd'hui frémir les hommes modérés de tous les partis, quand ils voyaient celui qui accusait M. de Peyronnet de mollesse, devenu le modérateur et l'arbitre des conseils de Charles X.

Cette violence de M. de La Bourdonnaie était néanmoins dans l'attitude plus que dans le caractère. Ses théories absolues et implacables à la tribune n'étaient au fond que des satisfactions de paroles jetées en pâture à la renommée de force qu'il aimait à se faire dans les salons de l'aristocratie et dans les châteaux de la Vendée. Elles ne revêtaient ni des systèmes arrêtés ni une volonté active d'homme d'État. Ce feu s'évaporait dans la polémique. Le retentissement d'un discours soigneusement écrit jusqu'aux extrémités du pays suffisait à sa vanité. Menaçant toujours, ne frappant jamais, il voulait la renommée plus que le pouvoir. Son ambition était le bruit, il tonnait pour être entendu de ses amis bien plus que pour foudroyer ses ennemis. Charles X, qui avait pris l'orateur pour l'homme et qui espérait trouver dans M. de La Bourdonnaie un Mirabeau monarchique, ne fut pas longtemps à s'apercevoir qu'il n'avait introduit dans son conseil qu'une parole sonore, une pensée absente, une volonté sans impulsion, sans route et sans but.

M. de Bourmont, ministre de la guerre, était la Vendée elle-même appelée par son nom au conseil pour donner des lois à la France; ce nom rappelait non-seulement l'esprit de parti armé, la haine sanglante de 1798 entre les blancs et les bleus, la guerre civile, il rappelait par Waterloo la défection à l'étranger au milieu d'une campagne, et il rappelait, par le procès du maréchal Ney, contre lequel M. de Bourmont, son lieutenant, avait témoigné sans ménagement, une des sévérités les plus implacables de la Restauration et une des morts tragiques les plus amèrement reprochées aux Bourbons. Le choix d'un tel ministre de la guerre ressemblait à une révocation de l'amnistie que la sagesse de Louis XVIII avait jetée sur la gloire et sur les fautes de l'armée française. Il semblait aussi remuer impolitiquement le sang de Waterloo pour en retracer sans cesse la douleur et l'humiliation nationale dans le nom du transfuge de l'armée.

M. de Bourmont, il est vrai, rachetait ces malheurs de son nom par tous les dons du militaire, du chef de parti, de l'homme d'État; la guerre civile, qui l'avait pris au berceau, l'avait trempé, dès ses premières années, dans l'intrépidité de ses champs de bataille et dans les mystères de ses complots; les guerres de l'empire, qu'il avait faites ensuite avec gloire, après la pacification de la Bretagne, lui avaient donné pour émules ces mêmes généraux de la république qu'il avait eus autrefois pour ennemis. Napoléon l'avait distingué comme homme de guerre au milieu de tous ces enfants de la guerre formés à côté de lui ou sous lui au métier des armes. Mais M. de Bourmont était plus qu'un soldat, c'était une intelligence et une ambition capables d'affecter et de dépasser tous les rôles que la volubilité des temps de révolution présente aux caractères qui ont le génie de leur fortune. Mobile et fataliste à la fois, tantôt s'endormant comme les Orientaux dans une oisiveté et dans une mollesse qui laisaient tout faire aux événements, tantôt se réveillant comme en sursaut à l'appel des circonstances et déployant cette activité qui multiplie le temps, dévorant les affaires, prudent et hardi, mystérieux et confiant, capable de longues patiences et de coups d'audace, esprit solide et souple en même temps, négociateur par nature, caressant avec ses supérieurs, ouvert avec ses égaux, agréable avec ses subordonnés ; sortant tout à coup de son silence habituel par des éclairs d'éloquence, qui illuminaient le conseil de guerre ou les combinaisons de la politique ; fidèle de sang et d'honneur plus que de fanatisme à la cause de ses premières années, et, par cette insouciance même sur les principes, plus propre que tout autre à servir une restauration sans participer à ses vertiges ; son front pensif, son œil de feu, sa lèvre fine, son sourire intelligent, son teint bruni par le soleil du bivouac, sa taille élégante, sa démarche légère, son geste familier, sa parole brève, exprimaient au premier aspect l'homme supérieur à ce qui l'entourait. Il était impossible de l'entrevoir au milieu d'un groupe de généraux sans demander son nom, et de l'avoir entrevu sans se souvenir de lui. Tel était le ministre de la guerre; son seul malheur était de s'appeler Bourmont. Charles X et M. de Polignac n'y avaient pas pensé; mais la France crut qu'ils y pensaient et que la guerre civile entrait avec lui au conseil.

XVIII

M. de Montbel était un nom nouveau dans les affaires; il n'y entrait qu'avec une demi-renommée faite honorablement dans l'administration de la ville de Toulouse, dont il était maire, et à la tribune de la chambre des députés, où il avait soutenu avec noblesse et courage le pouvoir et la disgrâce de son ami M. de Villèle : c'était évidemment une main tendue au retour de M. de Villèle dans le conseil du roi. C'était de plus une parole honorée et agréable dans la chambre, où tous les partis rendaient hommage à son caractère.

M. de Courvoisier était l'orateur en titre de ce conseil. Son nom avait une signification moins alarmante pour la constitution. Il avait défendu avec une éloquence diffuse et passionnée le système de M. Decazes, mais depuis son esprit solitaire et saccadé l'avait jeté, disait-on, dans les systèmes mystiques de M. le comte de Maistre et de M. de Bonald et dans les sophismes pieux du parti du clergé. On pouvait également retrouver dans cet orateur, depuis longtemps enseveli dans sa retraite du mont Jura, ou l'ancien fanatique de la charte ou le fanatique nouveau de l'absolutisme. Ce nom était moins une menace qu'une énigme dans le ministère.

On connaît M. de Chabrol, administrateur obstiné, s'effaçant ou se subordonnant à tous les régimes politiques; ne donnant ni gages, ni alarmes à l'opinion, et consentant à compléter complaisamment, sous la main du roi, un ministère de coup d'État aussi bien qu'un ministère de charte.

Quant à M. d'Haussez, préfet de Grenoble, il était inconnu; mais le choix qu'on avait fait de lui le faisait connaître. On le préjugeait ce qu'il était : capable de dévouement, incapable de résistance à des mesures qui seraient colorées de fidélité et de péril pour le salut du roi.

XIX

La presse et l'opinion, qui se préparaient depuis quelques mois à tout apprendre et à tout oser contre une tentative désespérée de la couronne, éclatèrent dès le lendemain en colères, en menaces ou en tristesses qui ébranlèrent en quelques heures le pays. « Coblentz! Waterloo! 1815! s'écria le *Journal des Débats* en analysant les noms des ministres. L'émigration dans M. de Polignac! la désertion à l'ennemi dans M. de Bourmont! les fureurs de la proscription dans M. de La Bourdonnaie, voilà les trois principes dans les trois personnages du ministère! Pressez-le, il ne dégoutte qu'humiliation, malheur et danger! malheureuse France! malheureux roi!... »

M. Guizot et M. Thiers, l'un dans le journal *le Temps*, l'autre dans *le National*, journal qu'il accrédita depuis par une polémique où l'on pressentait sous la verve de l'homme de plume la pensée de l'homme de gouvernement futur, fulminèrent contre la démence du roi. Les écrivains d'une opposition plus populaire encore se félicitèrent hautement de ce qu'une guerre franchement déclarée par de tels noms à la constitution déchirait enfin le voile hypocrite derrière lequel l'Église, l'aristocratie, la cour, ourdissaient depuis six ans leurs trames contre toutes les libertés. Les sociétés secrètes ou patentes, telles que le comité directeur de M. de La Fayette, et la société *Aide-toi, le ciel t'aidera*, de MM. de Broglie et Guizot, se préparèrent à l'attaque ou à la résistance ; des associations et des cotisations pour la défense des institutions menacées s'ouvrirent dans toutes les villes du royaume, et s'engagèrent au refus d'impôt qui avait précédé avec Sidney la chute des Stuarts en Angleterre. M. de La Fayette, aussi ardent dans sa vieillesse qu'aux premières scènes de 1789, parcourut le Dauphiné, contrée insurrectionnelle où la révolution avait eu à Vizille son premier champ de bataille. Il y reçut des couronnes de chêne. Il entra en triomphateur à Lyon dans une calèche attelée de quatre chevaux blancs, souvenir du cheval de la fédération immortalisée dans les souvenirs du peuple. Cent mille âmes lui faisaient cortége. Trois cents jeunes gens à cheval précédaient sa voiture. Les citoyens le haranguèrent aux portes de la ville.

« Aujourd'hui, leur répondait-il, je me trouve au milieu de vous dans un moment que j'appellerais critique si je ne voyais dans cette puissante cité cette fermeté calme et même dédaigneuse d'un grand peuple qui connaît ses droits et qui sent sa force ! » Il n'y avait plus besoin, pour lui, de conspirer ; le gouvernement conspirait pour lui, et la France conspirait avec lui. Une attente inquiète et une immobilité terrible furent, pendant ces derniers mois de 1829, les préludes de la guerre inévitable entre un gouvernement et un pays qui se mesuraient face à face comme pour savoir qui frapperait le premier.

XX

Cependant le ministère semblait reculer devant ce qu'il avait tenté en se constituant. On eût dit que sa politique était d'user à force d'immobilité et d'innocence l'émotion et les soupçons qui l'assaillaient. M. de La Bourdonnaie publia une circulaire aux préfets qui n'annonçait ni projets hostiles à la constitution, ni tension violente des ressorts du gouvernement. M. de Polignac s'occupait des dépêches et du mécanisme diplomatique de son ministère.

Tout à coup des dissensions intestines, qui couvaient déjà dans le conseil entre des hommes que la volonté du roi plus que des sympathies concertées entre eux y avait groupés, éclatèrent au dehors par la retraite de M. de La Bourdonnaie. On crut que cette retraite dénonçait dans le conseil des éventualités de coup de force auxquelles ce ministre s'était refusé. Les alarmes publiques s'accrurent contre une politique d'excès qui faisait hésiter même un pareil homme. Il n'en était rien, une vaine prééminence dans le conseil, dont le prince de Polignac affectait la présidence, et que M. de La Bourdonnaie ne voulait pas subir, servit d'occasion et de prétexte à ce démembrement du ministère. Le roi, qui avait espéré rencontrer dans M. de La Bourdonnaie une inspiration et une force, avait été frappé du néant de ses pensées. Il n'est donné à aucun homme d'avoir du génie contre l'instinct de tout un peuple et contre la vérité d'une situation. La charte était la vérité de la restauration, en cherchant contre cette vérité des sophismes les hommes les plus ingénieux ne trouvaient rien. M. de La Bourdonnaie lui-même saisit avec empressement le premier prétexte pour sortir avant un aveu d'impuissance, ou avant la responsabilité d'une catastrophe, de la combinaison où il était témérairement entré. Deux essais de pouvoir sans autre action possible que des actes de démence l'avaient puni de quinze ans d'opposition irréfléchie. Il fut enseveli à la pairie avec les honneurs de la sépulture des ambitieux déçus, et son nom s'y éteignit dans le silence.

XXI

Les impérieuses injonctions de la *Gazette de France* forcèrent le prince de Polignac à donner le ministère de l'intérieur à M. de Montbel pour y servir de gage ou d'espérance au parti de M. de Villèle, dont M. de Montbel était le précurseur ou le continuateur aux yeux de M. de Genoude. On cherchait un ministre de l'instruction publique pour remplacer M. de Montbel. On voulait un orateur. Un jeune magistrat, d'un caractère et d'un talent qui l'avaient élevé par son seul mérite au second poste du ministère de la justice, M. Rocher, fut consulté par le roi sur l'aptitude et sur l'éloquence des hommes de parole dans les différentes cours de justice du royaume; M. Rocher indiqua M. Guernon de Ranville, qu'un beau talent dénonça ainsi à son insu à l'éclat et aux malheurs du pouvoir dans une heure de crise et de ténèbres. Accepter était un dévouement, refuser pouvait paraître une lâcheté, M. Guernon de Ranville accepta.

Pendant ces mutations, dans lesquelles le roi et M. de Polignac cherchaient l'aplomb de leur gouvernement, les élections justifiaient l'opposition dans la chambre par les hommes les plus ombrageux contre les desseins supposés de la cour; tout respirait une guerre prochaine. Des deux côtés on envoyait, non des conseillers pacifiques, mais des combattants.

XXII

Deux hommes historiques parurent alors pour la première fois dans les assemblées politiques, comme pour présager les agitations auxquelles ils allaient associer leur longue renommée : l'un était M. Guizot, l'autre M. Berryer. On connaissait M. Guizot depuis 1814 : confident d'abord inaperçu de l'abbé de Montesquiou sous un ministère royaliste; agent avoué des négociations des légitimistes à Gand; rentré de cette courte émigration politique pour prêter sa plume au ministère Richelieu, qui voulait rajeunir le royalisme en le confondant avec la liberté; conseiller intime et publiciste confidentiel de M. Decazes, qu'il appuyait avec ses amis, M. Villemain, M. de Broglie, M. de Staël, M. de Barante, partisans de ses théories empruntées à l'histoire des Stuarts et mal adaptées à son pays; adepte de M. Royer-Collard, dont il s'était fait le disciple avant d'en devenir le rival ; créant avec lui la secte des *doctrinaires*, ce schisme tour à tour austère et remuant du royalisme ; s'avançant de plus en plus dans le libéralisme à mesure que l'esprit représentatif assurait plus de victoires et plus d'honneur à ses organes ; acceptant la disgrâce de la cour après la chute de M. Decazes avec autant de soin qu'il avait brigué sa faveur ; tombant noblement avec ses amis, se relevant seul par la supériorité de sa volonté et de son talent dans le journalisme, dans les lettres, dans le professorat de l'histoire ; écrivain laborieux, professeur éloquent, publiciste infatigable, homme de parti utile se donnant la tâche de créer des théories, des idées, des sophismes et même des passions à l'usage des hommes irréfléchis mais ambitieux de sa secte ; renommée qui couvait dans l'ombre entre le trône et le peuple pour s'imposer à propos à la légitimité ou à la révolution selon l'heure ; jeune homme superbe, qui n'avait sur le visage ni la modestie ni la timidité, grâces de la jeunesse, mais qui dans sa beauté pensive et dans son œil ardent laissait entrevoir le feu sombre de la volonté plutôt que la flamme du génie et de l'enthousiasme, devenu l'âme d'une opposition encore monarchique ; le patronage de l'opposition révolutionnaire venait enfin de porter M. Guizot au pied de la tribune où il devait monter, dominer et tomber avec tant d'éclat et tant de ruine.

M. Berryer était un jeune homme alors inconnu ailleurs qu'au barreau ; le don de la parole, l'éclair de l'intelligence, la splendeur du front, la loyauté du regard, la magnanimité de l'âme, la cordialité et la force du geste, la vibration mâle et gracieuse de l'accent, commençaient à le signaler à ses rivaux comme un de ces prodiges de tribune qui éclatent dès qu'ils se montrent dans les assemblées, et dont on accepte la supériorité avec orgueil pour son pays, parce que cette supériorité, voilée de candeur et de modestie juvéniles, se fait pardonner par le caractère ce que le talent aurait d'humiliant pour l'envie et d'écrasant pour la rivalité. M. Berryer, lié de famille et de société avec les hauts rangs de l'aristocratie et des lettres vers lesquels l'élégance de la vie et de la pensée l'attirait par nature et par habitude, était l'espoir du parti de la cour, de l'Église, de la monarchie. On l'y caressait comme une faveur inespérée, on l'attendait à la tribune politique comme un vengeur; la révolution avait eu son Mirabeau, la Providence devait son Berryer à la légitimité. Le roi et M. de Polignac n'avaient rien négligé pour lui ouvrir la chambre, il y entrait précédé de la faveur de la couronne et des ministres; ils comptaient sur des miracles de lui. Porté par cette popularité de cour, de salons et de châteaux, fidèle aux espérances qu'on fondait sur lui comme à un serment de son génie; séduit par son courage et par le péril des circonstances, il y entrait malheureusement lui-même plus pressé de combattre que de se faire une politique, et il allait parler avant d'avoir pensé.

Tel était alors ce grand orateur.

XXIII

Le conseil des ministres, ainsi recomposé, délibérait sur le langage qu'il mettrait dans la bouche du roi à l'ouverture de la session. La majorité du ministère conseillait une parole inoffensive et paternelle qui, en attestant la longanimité de la couronne, aggravât par le contraste les torts de la chambre, si elle se laissait emporter comme la dernière assemblée à des sommations ou à des insinuations irrespectueuses. Mais le roi semblait pressé d'ouvrir la lutte; M. de Polignac lui communiquait sa confiance surnaturelle dans la toute-puissance de la majesté divine; sa cour devant laquelle il avait prononcé si souvent depuis son avénement au trône des paroles de dédain pour la révolution, jusqu'au duc d'Angoulême, si sage jusque-là de la sagesse de son oncle Louis XVIII, si identifié maintenant par le dévouement filial aux irritations de son père et de son roi, tout poussait le prince aux mesures et aux paroles de force. Dompter le pays était le mot de la cour. Les visages mêmes du roi, des princes, des princesses avaient pris la physionomie de ces pensées. On assure que le duc d'Orléans lui-même encourageait le roi à des tons de maître. On ne respirait que la menace aux Tuileries.

Le monarque, en recevant les grands corps de l'État à l'occasion du premier jour de l'année 1830, avait été bref et dédaigneux dans ses réponses; la duchesse d'Angoulême, renchérissant sur la froideur calculée du roi, avait été presque insultante au moment où la magistrature, que la cour accusait de lâche complaisance pour la révolution dans quelques arrêts récents en matière politique, s'était présentée et inclinée devant elle. « Passez, messieurs ! » avait-elle dit à la magistrature en montrant du geste la porte de la salle du trône. Ce mot avait retenti dans Paris comme une vengeance de femme contre l'impartialité de la justice : l'opinion s'envenimait. On attendait avec anxiété le choc inévitable du trône et du pays dans les paroles du roi et de l'Assemblée. M. de Courvoisier avait enfin rédigé celles du roi, elles étaient dignes et convenables jusqu'au dernier paragraphe, ainsi conçu :

« Si de coupables manœuvres suscitaient à mon gouvernement des obstacles que je ne veux pas prévoir, je trouverais la force de les surmonter dans ma résolution de maintenir la paix publique, dans la juste confiance des Français et dans l'amour qu'ils ont toujours montré pour leur roi. » Cette phrase, qui, en montrant le roi seul comme dernière raison de l'ordre et comme arbitre suprême de la paix publique, semblait effacer les chambres et en appeler éventuellement au pouvoir supérieur et suprême de la couronne, fut combattue par le nouveau ministre de l'instruction publique, M. Guernon de Ranville ; il demandait que le roi associât l'appui constitutionnel des chambres à son action personnelle, dans la prévision des mesures monarchiques à signaler. Sa jeunesse fit dédaigner cette sage observation ; le roi voulait se montrer roi au-dessus des institutions octroyées dans la perspective des événements.

Le 2 mars il prononça son discours devant les deux chambres réunies au Louvre. Jamais la majesté royale ne s'était entourée d'une plus grande pompe militaire et civile ; jamais l'accent du prince n'avait eu plus de résolution. Les chambres écoutèrent dans un recueillement inquiet ces paroles, et la France attentive n'y comprit pas au premier moment un défi. Les applaudissements des spectateurs couvrirent le silence des députés.

M. Royer-Collard, porté par les trois oppositions réunies formant désormais la majorité dans la chambre, fut nommé encore par le roi. Ce prince ne pouvait se résoudre à voir un adversaire de sa couronne dans un homme qui avait été pendant tant d'années le conspirateur avoué de la légitimité et le conseil secret de sa dynastie. La chambre, peu touchée de cette condescendance, chargea MM. de Preissac, de Kératry, Dupont (de l'Eure), Gauthier, Sébastiani, Dupin, de Sade, Lepelletier-d'Aulnay, de lui préparer un projet d'adresse en réponse au discours du roi ; les noms seuls des rédacteurs disaient d'avance les paroles. C'étaient tous des hommes de la défection, du centre gauche, de l'extrême gauche, ou, comme M. Étienne, du parti bonapartiste des cent-jours, adversaires plus personnels de la dynastie des Bourbons.

Cette adresse, rédigée par M. Étienne, écrivain exercé aux habiletés et aux ruses mêmes du style par l'habitude de l'opposition dans le journal *la Minerve*, arsenal de toutes les colères et de toutes les tactiques de parti contre les Bourbons, déguisait merveilleusement l'hostilité des intentions sous la mesure et sous la loyauté extérieure des paroles. Un royaliste sincère, affectueux et affligé l'aurait écrite, tout homme attaché à la monarchie pouvait la signer, l'adulation même pour la personne du roi y couvrait la violation, justifiée par l'affection, de la prérogative royale dans le libre choix de ses ministres. Jamais l'opposition n'avait porté une main si hardie sur la couronne, jamais elle n'avait accentué encore, par la voix de ses organes, une profession de foi si monarchique et si bourbonienne. Après la réponse habituelle aux textes d'affaires, de diplomatie et de finances :

« Sire, disait l'adresse, au milieu des sentiments unanimes de respect et d'affection dont votre peuple vous entoure, il se manifeste dans les esprits une vive inquiétude qui trouble la sécurité dont la France avait commencé à jouir, altère les sources de sa prospérité et pourrait, si elle se prolongeait, devenir funeste à son repos. Notre conscience, notre honneur, la fidélité que nous avons jurée et que *nous vous garderons toujours*, nous imposent le devoir de vous en dévoiler la cause. La charte que nous devons à la sagesse de votre auguste prédécesseur, et dont Votre Majesté a la ferme volonté de consolider le bienfait, consacre, comme un droit, l'intervention du pays dans la délibération des intérêts publics. Cette intervention devait être, et elle est en effet indirecte, sagement mesurée, circonscrite dans les limites exactement tracées et que nous ne souffrirons jamais que l'on ose tenter de franchir; mais elle est positive dans son résultat, car elle fait du concours permanent des vues politiques de votre gouvernement avec les vœux de votre peuple la condition indispensable de la marche régulière des affaires publiques. Sire, notre loyauté, notre dévouement nous condamnent à vous dire que ce concours n'existe pas. Une défiance injuste des sentiments et de la raison de la France est aujourd'hui la pensée fondamentale de l'administration; votre peuple s'en afflige, parce qu'elle est injurieuse pour lui; il s'en inquiète, parce qu'elle est menaçante pour ses libertés. Cette défiance ne saurait approcher de votre noble cœur. Non, Sire, la France ne veut pas plus de l'anarchie que vous ne voulez du despotisme; elle est digne que vous ayez foi dans sa loyauté comme elle a foi dans vos promesses; entre ceux qui méconnaissent une nation si calme, si fidèle, et nous qui, avec une conviction profonde, venons déposer dans votre sein les douleurs de tout un peuple jaloux de l'estime et de la confiance de son roi, que la haute sagesse de Votre Majesté prononce. Les royales prérogatives ont placé dans ses mains les moyens d'assurer entre les pouvoirs de l'État cette harmonie constitutionnelle, première et nécessaire condition de la force du trône et de la grandeur de la France. »

XXIV

Il y avait deux sens dans cette adresse, et le roi bien conseillé pouvait à son gré prendre l'un ou l'autre. Dans la forme, la chambre n'outre-passait pas le droit constitutionnel des représentants du pays en avertissant le roi que des ombrages existaient entre elle et ses ministres, et que le concours nécessaire des deux pouvoirs était suspendu. Une nation loyale et forte ne pouvait le dire dans un langage plus respectueux et même plus affligé.

Dans le fond, la chambre, dont le seul droit constitutionnel écrit dans la charte était d'accorder ou de refuser les votes aux ministres, sans intervenir autrement dans leur choix, violait la charte, usurpait la prérogative du roi, anéantissait sa responsabilité en anéantissant sa liberté, se substituait à la couronne, lui dictait impérieusement et d'avance ses choix, et transformait la souveraineté monarchique en souveraineté parlementaire.

Le roi pouvait feindre de n'avoir entendu l'adresse que dans le premier sens, remercier et rassurer sur ses intentions la chambre inquiète mais fidèle, et attendre qu'elle se prononçât constitutionnellement en acceptant ou en rejetant les lois plus ou moins sages qu'il aurait fait présenter par ses ministres. Tout véritable ami de la monarchie, zélé pour la préservation du trône et de la liberté, aurait conseillé au prince une telle attitude. Il y a toujours entre les ressorts délicats du gouvernement représentatif quelque chose d'indécis que les deux pouvoirs doivent laisser dans le vague et qu'on détruit en voulant le définir avec trop de rigueur. Aucun pouvoir, ni celui des rois, ni celui du peuple, ne peut se passer de sagesse. Le roi et son conseil n'avaient que de la colère, ils se hâtèrent de prendre le sens répréhensible de l'adresse pour texte d'un conflit ouvert avec le pays.

La cour ne cacha pas sa joie de cette occasion offerte enfin au roi d'émanciper la couronne ou de briser la charte. L'esprit de vertige soufflait autour de Charles X.

L'adresse, dont la discussion avait lieu en comité secret dans la chambre, fut combattue avec énergie par M. de Lépine, par M. de Conny, par M. de Montbel. L'athlète futur du ministère, M. Berryer, monta pour la première fois à la tribune, et, déchirant toutes les réticences et tous les faux respects de la commission, montra à nu l'usurpation des attributs de la couronne, l'audace cachée sous l'hypocrisie des paroles, le règne de deux pouvoirs rivaux, l'anarchie des prétentions de la coalition, la chambre anéantie par la couronne, ou la couronne abolie dans la première de ses attributions par la chambre. Il fut le prophète de la catastrophe, il éclata de vérité; mais ce prophète était l'avocat de M. de Polignac, mais derrière cette vérité du discours il y avait la vérité d'une contre-révolution apparaissant au pays sous un déguisement constitutionnel dans la personne de M. de Polignac.

On ne put qu'admirer et frémir, on ne fut pas convaincu; M. Berryer descendit vaincu de la tribune, et M. Royer-Collard, dont les oracles ambigus se laissaient interpréter alors complaisamment par les deux partis, s'écria en montrant du geste le jeune orateur : « Ce n'est pas seulement un orateur, c'est une puissance qui vient d'apparaître parmi nous ! »

Tout fut vain; l'adresse répondait à une majorité de coalition : les uns la votaient pour sa loyauté, les autres pour sa perfidie, ceux-ci pour son respect, ceux-là pour son audace. Un député modéré et conciliateur des centres, M. de Lorgeril, offrit un amendement de transaction qui laissait subsister l'avertissement sans violenter la prérogative : « Non, non, s'écria M. Guizot, gardons-nous d'atténuer nos expressions ! La vérité a déjà assez de peine à pénétrer jusqu'au cabinet des rois, ne l'y envoyons pas faible et pâle ! » Les premières paroles de l'homme d'État futur furent des paroles de tribun, elles poussèrent la chambre aux obstinations extrêmes.

L'adresse fut votée par deux cent vingt et un membres de la gauche, du centre gauche, des doctrinaires, de la défection ; cent quatre-vingt-un votes protestèrent vainement contre la déclaration de guerre à la prérogative royale. L'heure des vertiges avait sonné des deux côtés.

XXV

Le ministère répondit à ce vote par la destitution immédiate de tous les députés fonctionnaires publics qui avaient voté contre lui. M. de Polignac fit offrir à M. Berryer la direction générale d'un grand service public enlevé à un des votants. » Aujourd'hui, répondit M. Berryer, je suis trop nouveau dans la chambre pour mériter une telle récompense, l'année prochaine elle sera peut-être au-dessous de moi. »

M. de Suleau, jeune écrivain du *Conservateur*, d'un talent classique et d'un haut avenir, eut l'imprudence et la précipitation d'accepter un rôle dans ce drame, dont le dénoûment trop prévu ne pouvait être que mortel à la couronne ou à la charte. La témérité sourit aux jeunes courages, mais il n'y a point de vrais courages contre le bon sens. On regretta M. de Suleau, qui s'enrôlait dans une secte et qui n'avait rien du sectaire.

Tous les hommes considérables de la diplomatie, de l'administration, du conseil d'État se séparèrent avec éclat du ministère par des démissions authentiques. M. de Chateaubriand ne voulut rien tenir d'un cabinet qui conduisait la monarchie aux abîmes. Il revint de Rome, renonçant à sa fortune pour sa conscience et pour sa renommée.

Les hommes jeunes et secondaires de l'opinion monarchique et constitutionnelle s'écartèrent avec la même prévoyance des faveurs que le ministère de M. de Polignac offrait à leur dévouement. Ils pressentaient avec toute la France que les noms aventurés dans ce conflit insensé seraient des noms à jamais funestes dans l'histoire de leur pays.

M. de Marcellus, fils de l'orateur de ce nom célèbre par son zèle pour la solidarité intempestive des trônes et des autels, déclina le poste de sous-secrétaire d'État du prince de Polignac; il ne crut pas déserter la royauté en refusant les faveurs de ceux qui l'égaraient. Moi-même j'étais lié d'une certaine familiarité avec le premier ministre. Me trouvant alors en congé en France, le prince de Polignac m'écrivit pour m'appeler à Paris, et pour me confier la direction des affaires étrangères. Je répondis en m'excusant sur ma jeunesse et sur mon insuffisance. Le premier ministre insista. Je vins à Paris. « Eh bien! me dit-il avec bonté et du ton du reproche, vous êtes donc du nombre de ceux qui me calomnient, en m'accusant de vouloir renverser les institutions qui soutiennent à la fois le trône et la liberté? Vous croyez donc que je rêve un coup d'État? — Non, mon prince, lui dis-je, je ne crois pas qu'un coup d'État soit dans vos pensées, mais je crois qu'un coup d'État est dans la fatalité inévitable de la situation que le roi et le ministère prennent dans le pays; et, comme je suis jeune et attaché à la dynastie par sentiment traditionnel et par amour sincère pour la liberté régulière, je ne veux pas attacher mon nom, quelque obscur qu'il soit, à la catastrophe de la légitimité et de la charte. » M. le prince de Polignac, m'entraînant alors dans son grand cabinet et se promenant avec moi d'un bout à l'autre de la pièce pendant deux heures d'un entretien confidentiel et passionné, protesta avec une énergie évidemment sincère contre toute pensée de renverser ou même d'atténuer la charte, et me conjura avec plus de force de croire en lui et d'accepter le poste de confiance qu'il me gardait dans son ministère. Je fus reconnaissant, attendri, mais inflexible. Il s'affligea, mais il ne s'offensa pas.

Il me nomma peu de jours après ministre plénipotentiaire auprès du nouveau roi de la Grèce, aujourd'hui roi des Belges. Je continuai à voir familièrement le prince de Polignac pendant les négociations relatives au nouveau royaume de Grèce, qui se terminèrent inopinément par le refus de la couronne et par le départ de Paris du prince Léopold de Saxe-Cobourg.

Son langage fut constamment le même pendant ces longs mois d'agonie de la France qui précédèrent le coup d'État. Il me parut démontré en effet que M. le prince de Polignac ne songeait nullement alors à rétablir le pouvoir absolu de la royauté en France, et que son plan était de créer une sorte d'aristocratie épiscopale conservatrice de la religion dont il voulait être le restaurateur. Aristocratie politique, non de naissance, mais de propriété territoriale, double aristocratie qui imiterait en France la pairie anglaise, et qui donnerait au trône appui et résistance en même temps. Ses idées n'allaient pas plus loin qu'une hiérarchie mobile, mais conservatrice comme la propriété dans son pays. Mais ces idées loyales, et même libérales d'intention, me semblaient aussi confuses qu'obstinées dans son esprit. Elles avaient, à mes yeux, le double vice de ne correspondre en rien à la liberté de l'esprit humain en matière religieuse, conquête du dix-huitième siècle cimentée par la révolution de 89, et de correspondre moins encore à l'esprit démocratique de la France, qui a pour dernière expression l'élection, signe plus intellectuel et plus moral, lorsqu'elle est libre, que le signe purement matériel de la propriété.

XXVI

C'étaient sans doute aussi les idées loyales mais irréfléchies du roi, dont M. de Polignac n'était que le confident et la main. Une entrevue que j'eus avec Charles X, à la même époque, me confirma dans ces conjectures. Introduit dans le cabinet du roi, où j'avais été mandé pour lui donner quelques renseignements sur l'expédition projetée d'Alger et sur les manœuvres très-hostiles de l'Autriche contre la France et contre la maison de Bourbon en Italie, je trouvai ce prince seul, debout devant une longue table chargée de cartes et de dépêches. Il y avait dans son attitude une douce majesté, de la sérénité sur son visage, de la bonté dans son regard. « Vous voyez, me dit-il en posant le doigt sur une longue dépêche de moi sur sa table, que je m'occupe de vous, et que je lis tout ce qui a rapport à mes affaires étrangères. Je viens de lire le mémoire que je vous ai fait demander sur l'expédition que mon gouvernement médite à Alger, et je suis content de vous, très-content, ajouta-t-il en insistant avec un sourire sur le mot; si content, que c'est la lecture de votre travail qui m'a décidé en grande partie à l'expédition. » Je remerciai le roi de ce témoignage de sa satisfaction. Il faisait allusion à un mémoire qui m'avait été demandé par le baron de Damas pendant le ministère Villèle sur les résultats politiques d'une expédition française contre les pirates barbaresques, sur les inconvénients ou les avantages qu'aurait, relativement à la Méditerranée, au commerce et à nos influences sur les côtes d'Italie et d'Espagne, une telle entreprise. Seul représentant de la France alors dans la haute Italie, par l'absence du duc de Laval et par la mort du marquis de La Maisonfort, le hasard m'avait désigné pour ce travail. Il avait été communiqué au roi. Il concluait à la ruine d'Alger, à l'extinction de la piraterie, non à la conquête intérieure de l'Afrique. Il coïncidait avec les idées personnelles de Charles X, qui voulait illustrer son règne par une gloire motivée, honnête et utile. L'entretien s'étendit sur ce sujet.

Mais le roi, rejetant bientôt le mémoire qu'il avait à la main, et passant avec une certaine précipitation juvénile de démarche de l'autre côté de la table où il était en face de moi, se rapprocha, me prit avec une noble et indulgente familiarité par le bras, et m'entraînant avec lui de la fenêtre au fond du cabinet, et du fond du cabinet à la fenêtre, s'ouvrit complaisamment sur la question intérieure, qui était le fond comme le remords de sa pensée. Il me reprocha l'injuste défiance que j'avais de son ministère. Il me parla, avec la même affirmation que M. de Polignac, de sa forte et sincère volonté de maintenir la charte, mais de maintenir en même temps son droit monarchique. Il fut sensé, vif, énergique, élevé, éloquent, homme d'État. Il était évident que la vérité coulait de ses lèvres. Rien, excepté sa fausse situation avec un ministère antipathique à l'opinion publique, n'indiquait le prince qui, peu de mois après, jetterait le défi aux révolutions. Le respect me fermait la bouche et me permettait seulement quelques indices de doute et d'inquiétude à ses paroles. Je sortis convaincu qu'un roi si intelligent et si loyal ne méditait aucune trahison contre son pays, mais que la fatalité de son ministère l'entraînait vers une extrémité où il n'aurait plus à choisir qu'entre une humiliation ou une violence.

Je revis familièrement le prince de Polignac après cette audience du roi, et jusqu'à l'extrémité de son ministère et aux élections qui précédèrent la crise. Il avait une confiance si naturelle, et pour ainsi dire si mystique dans sa mission de résoudre triomphalement les difficultés et de rasseoir l'Église et le trône sur la base de la constitution améliorée, qu'au moment où tout tremblait sous la lutte déjà commencée du roi et du peuple, ayant été prendre congé de lui et partant pour l'étranger, il me garda à dîner avec sa famille, et m'accompagnant après le dîner dans le salon de réception : « Adieu, me dit-il en me serrant la main, vous partez, vous êtes bien heureux ; quand vous reviendrez, vous vous reposerez à l'ombre de ce que j'aurai accompli. » Ce furent les dernières paroles que j'entendis de sa bouche. Quand je revins, il n'y avait plus de trône légitime, le roi Charles X était en Écosse, et le prince de Polignac à Vincennes, expiant non son crime, mais son aveuglement.

XXVII

Remontons au lendemain de l'adresse, d'où cet épisode a distrait l'historien.

Le roi irrité et les ministres humiliés tinrent conseil sur les mesures que nécessitait un conflit ainsi déclaré dès la la première séance [1] ; le conseil éclata d'indignation. La chambre se transformait en assemblée de factieux, l'adresse était un préambule de révolution, on allait recommencer 89 : tels étaient les propos des ministres avant la délibération. Le roi était silencieux, mais son calme disait sa résolution déjà prise. Avant toute délibération, les ministres crurent devoir lui poser respectueusement d'abord cette question qu'il lui appartenait, à lui seul, de résoudre.

---

[1] Nous prévenons le lecteur que d'ici à la fin de cette histoire tous les détails que nous donnons sur le cabinet du roi et sur les secrets du conseil sont authentiques et puisés dans un récit, heure par heure, d'un des témoins et des acteurs les plus véridiques de ce grand drame. Son ournal, ouvert sous nos yeux, est le procès-verbal des derniers mois du règne.

« Le roi est-il disposé à céder à l'injonction de l'adresse en changeant de ministère? — Non, répondit le roi, ce serait l'avilissement de ma couronne et l'abdication de la prérogative royale. D'ailleurs quel ministère s'entendrait jamais avec une pareille chambre? Quand je voulus changer le ministère Martignac, dont les concessions reçues par l'ingratitude me menaient à l'abîme, je consultai Royer Collard sur les hommes qui auraient le plus de chances d'avoir la majorité dans la chambre. « Aucun! » m'a répondu cet homme, découragé par l'incohérence des éléments de l'assemblée qu'il préside. »

M. de Montbel développa le mot de M. Royer-Collard. Tous les ministres, à l'exception de M. Guernon de Ranville, conclurent à la dissolution de la chambre et à un appel au pays, préparé par une lente élaboration des électeurs et par un temps donné à la réflexion de la France avant les futures élections. M. Guernon de Ranville objecta avec justesse que la dissolution immédiate de la chambre avait ce danger de placer le pays tout entier, au lieu d'une chambre anarchique, en opposition apparente avec la couronne et face à face avec le roi. « N'entendons pas ou feignons, dit-il, de ne pas avoir entendu l'adresse; présentons des lois sages et nationales, et si la chambre les rejette parce qu'elles viennent du roi, dissolvons-la, mais seulement en flagrant délit d'opposition systématique au bien du pays. » Il appuya son opinion des considérations les plus hardies contre la pensé du roi et de ses collègues. Il craignait d'avoir offensé la pensée du roi dans son cœur. Mais ce prince, en levant la séance, s'approcha de ce jeune homme, lui prit le bras avec une bienveillante familiarité, et le louant de sa franchise : « C'est bien, dit-il, c'est bien, j'aime la vérité et je sais l'entendre! Continuez à me dire, non ce que je veux, mais ce que vous pensez. »

On arrêta que les chambres seraient d'abord ajournées jusqu'au 3 septembre et tenues ainsi en suspens pendant que le gouvernement préparerait l'esprit public par l'influence confidentielle de ses agents, après quoi la chambre des députés serait dissoute. Le roi, prenant ensuite une plume de la main d'un de ses ministres, écrivit lui-même le projet de réponse qu'il ferait à l'adresse des députés. Cet autographe de la main du roi, que nous transcrivons et que nous avons sous les yeux, était ainsi conçu :

« J'ai rempli mon devoir de roi en recevant l'adresse que vous venez de me présenter. Vous avez connu mes intentions dans ma réponse à l'adresse à la chambre des pairs, je n'en dévierai jamais!

» Retournez dans la salle de vos séances, mes ministres vous feront connaître mes volontés. »

« La chambre joue un gros jeu en s'attaquant à ma couronne, ajouta-t-il en ouvrant son cœur quelques moments plus tard. Je veux parler en roi à ces députés. »

XXVIII

M. Royer-Collard, introduit dans le cabinet du roi, lui lut d'une voix émue et respectueuse l'adresse de la chambre. Le visage de M. Royer-Collard, quoique austère, semblait corriger par l'affliction de ses traits les dures paroles que ses fonctions de président l'obligeaient à prononcer. Le roi, affectant un majestueux dédain, les écouta avec des signes d'impatience et y répondit à peu près dans les termes qu'il avait préparés le matin. L'ordonnance qui ajournait la chambre au 3 septembre fut portée immédiatement après à l'Assemblée. La guerre déclarée ainsi entre les deux pouvoirs laissait quelques mois de trêve aux esprits. Le ministère paraissait à ses amis mêmes inégal à la crise qu'il avait eu l'audace de soulever. La *Gazette de France*, organe de M. de Villèle jusque dans le cœur du roi, ne cessait de recommander le rappel de ce ministre et de dénoncer l'insuffisance d'un gouvernement de cour. M. de Villèle crut que M. de Polignac, déjà ébranlé, allait ou lui céder la place ou faire alliance avec lui. Il arriva à Paris. De sourdes négociations s'ouvrirent d'un côté entre les amis de M. de Villèle et les amis de M. de Polignac pour les réunir, de l'autre entre M. de Villèle et M. de Peyronnet pour former ensemble un ministère de combat capable de dominer les circonstances. Ces deux anciens collègues se virent dans cette intention sans pouvoir s'entendre. M. de Villèle supportait difficilement un égal et M. de Peyronnet ne supportait déjà plus de supérieur. Le roi lui-même, heureux de se soustraire au joug des ministres parlementaires et de gouverner seul dans son esprit personnel par la main d'un favori, témoigna par sa froideur à M. de Villèle que sa présence à Paris lui était désagréable. Le ministre, disgracié par la physionomie du prince, s'éloigna en emportant d'avance le deuil de la monarchie. Son départ déchaîna contre le prince de Polignac l'animosité encore contenue du parti Villèle. M. de Genoude, qui avait écrit quelques semaines auparavant à l'auteur de ce récit pour lui reprocher de ne pas croire au salut de la royauté par l'intervention d'un ministre qu'il appelait le *lion de la monarchie*, gourmanda tous les jours dans sa feuille la superbe incapacité du ministère Polignac. Mais le roi et M. de Polignac avaient détaché de cette ligue M. de Peyronnet. La certitude de fortifier prochainement le conseil du nom et de l'intrépidité de cet orateur, leur donnait une confiance secrète contre les entreprises du parti Villèle. Cette confiance de M. de Polignac paraissait même à ceux qui l'approchaient indépendante des hommes et fondée sur des augures surnaturels. Il marchait comme en songe, sans sentir les aspérités de la route et sans voir les abîmes. Le jour de la discussion de l'adresse en comité secret, quelqu'un lui demandant s'il s'était suffisamment rendu compte des difficultés de la tribune pour un homme d'État qui l'abordait pour la première fois, et s'il avait préparé un discours : « A quoi bon? avait-il répondu; le lieu et les circonstances inspirent assez. » Il était monté à la tribune dans cette foi à l'infaillibilité de l'inspiration, et il n'avait pu que balbutier quelques paroles.

Le jour où il se rendait à l'Assemblée pour y porter l'ordonnance de prorogation, un de ses collègues, ému de la gravité de l'acte, cherchait à revenir sur cette mesure et à le convaincre que cette chambre, ramenée à la raison par des conseils de paix, pourrait s'entendre encore avec la couronne et donner une majorité au roi. « Une majorité? répliqua vivement le prince en laissant échapper le secret de son âme, j'en serais bien fâché, je ne saurais qu'en faire. » Les avances de paix n'étaient déjà plus dans son esprit et dans l'esprit du roi que des griefs cherchés pour justifier la guerre.

LIVRE QUARANTE-HUITIÈME

Première idée de l'expédition d'Alger. — Dispositions diverses du roi et des ministres à cet égard. — Projet momentané d'alliance avec le vice-roi d'Égypte pour cette conquête, abandonné par le ministère. — Embarras intérieur; symptômes menaçants; incendies de la Normandie. — Préparatifs de l'expédition d'Afrique; prévisions défavorables de l'opinion et des officiers supérieurs de la flotte. — Le prince Léopold de Saxe-Cobourg refuse la couronne de Grèce. — Débarquement de l'armée expéditionnaire; victoire de Sidi-Ferruch; prise d'Alger. — Effet de cette victoire sur l'opinion. — Élections de 1830. — Résistance de la cour; approche de la crise. — Rapport de M. de Chantelauze. — Signature des ordonnances. — Marmont promu au commandement de l'armée de Paris. — Impression de la capitale à la lecture des ordonnances. — Protestation des journalistes; arrêts des tribunaux. — Agitation. — Assurance de la cour.

I

Pendant que l'opinion, prévoyant trop les embûches tendues par le gouvernement, se préparait par des organisations patentes ou occultes à la résistance ou à l'agression au moment où la dissolution inévitable donnerait le signal de l'agitation électorale, le gouvernement s'occupait avec ardeur de se populariser par un de ces grands actes extérieurs et militaires qui éblouissent l'orgueil national et qui font pardonner même à la tyrannie. L'expédition d'Alger était l'objet des délibérations assidues du gouvernement. Une offense du dey d'Alger, qui avait levé la main sur le consul de France, et qui refusait obstinément les réparations dues au droit des nations, motivait cette revendication armée. Un inutile et onéreux blocus fatiguait depuis trois ans nos escadres sans rien obtenir. M. de Villèle répugnait aux coups de force qui pouvaient dépasser le but, soulever des questions européennes, agiter les cabinets, inquiéter la paix. M. de Martignac, plus aventureux et plus jaloux de popularité légitime, avait entrevu la solution héroïque conforme aussi à l'esprit chevaleresque et national de M. de La Ferronnays.

Le roi souriait, comme on l'a vu, à l'idée d'illustrer son règne par une entreprise à la fois militaire, politique et religieuse qui avait tenté plusieurs fois la chrétienté, et devant laquelle l'Autriche, l'Espagne et l'Angleterre avaient échoué. Cependant sa dernière résolution n'était pas arrêtée dans son esprit. On hésitait, non sur l'extinction de la piraterie du dey d'Alger, mais sur les moyens les plus propres à atteindre ce but. Il n'y en avait qu'un digne de la France si elle daignait se mesurer avec une de ces régences barbaresques, c'était une expédition navale. Mais, il faut l'avouer à la charge des amiraux qui commandaient alors la marine française, ils s'exagéraient tous à eux-mêmes ou ils exagéraient par esprit d'opposition au gouvernement les impossibilités de l'entreprise.

Le prince de Polignac, en entrant aux affaires, ne semblait pas avoir entrevu toute la portée politique d'une expédition triomphale sur laquelle le roi et lui fondèrent bientôt après tant d'espérances. Dans le courant du mois de décembre 1829, le président du conseil, à l'insu de ses collègues, avait signé les préliminaires d'une convention avec Méhémet-Ali, vice-roi d'Égypte, dans le but d'affranchir enfin le gouvernement des frais et des périls du blocus, et de venger la France d'un barbare par la main d'un autre barbare. Par cette convention sans bienséance pour la France et sans prévisions pour l'Orient, le vice-roi d'Égypte se chargeait à forfait, au prix de dix millions et de quatre vaisseaux de ligne que lui livrait le gouvernement français, de faire marcher une armée ottomane en longeant la côte d'Afrique par Tripoli et Tunis jusqu'à Alger, de s'emparer de cette régence et de la gouverner lui-même en donnant des gages à la sécurité des mers. C'était octroyer à l'Égypte, déjà trop puissante, le littoral de l'Afrique, et changer un ennemi faible contre un ennemi redoutable et tout-puissant. C'était de plus humilier le pavillon et l'honneur de la France en consentant à l'effacer sur la Méditerranée ou à le faire porter par une autre puissance. Les premiers à-compte des millions promis à Méhémet-Ali étaient cependant déjà partis pour Toulon.

Cette convention, produite enfin devant le roi et devant le conseil des ministres, souleva un murmure général. Le prince de Polignac sentit lui-même l'inconvenance d'un traité qui dénationalisait la guerre et qui ravalait la dignité nationale. Il déchira la convention projetée, rappela les millions à Paris, et se décida avec enthousiasme à une expédition navale et militaire. Le général Bourmont, ministre de la guerre, fut chargé d'en préparer l'exécution de concert avec le ministre de la marine.

Les officiers généraux de la marine, convoqués pour éclairer le roi et le conseil, décidèrent à l'unanimité qu'un débarquement était impraticable sur la côte d'Alger. Deux jeunes marins, M. Dupetit-Thouars et un autre capitaine de frégate, osèrent seuls combattre les objections de leurs chefs. Ils démontrèrent que tout était possible à la bravoure et au talent d'une escadre française, et ils firent résoudre l'expédition.

Marmont sollicitait le commandement de l'armée de terre. Le duc d'Angoulême, le roi et les ministres jetèrent les yeux de préférence sur Bourmont, afin de ne pas accumuler exclusivement toute l'illustration militaire du pays sur un lieutenant de l'empereur, et d'accoutumer la France à faire aussi leur part de services et de gloire aux généraux de la monarchie. Les préparatifs furent pressés avec intelligence, secret et vigueur par le gouvernement.

11

Le roi et le duc d'Angoulême se complaisaient dans cette perspective d'éclat pour le nouveau règne, et détournaient leur pensée du pays en la reportant sur l'armée.

Cependant les mois s'écoulaient, la fermentation de l'opinion présageait des élections désespérées; on commença pour la première fois à se poser dans le cabinet du roi les terribles hypothèses du coup d'État. Le roi et le prince de Polignac les masquaient encore au conseil, et se les dérobaient à eux-mêmes sous le texte de l'article 14 de la charte, qui autorisait le roi dans les circonstances suprêmes à prendre toutes les mesures de salut public. Le prince de Polignac, en posant à ses collègues ces hypothèses de triomphe de l'opposition devant le pays, n'hésitait pas à conseiller au roi la dictature que lui décernait, pensait-il, cet article ambigu de la charte. M. de Bourmont offrait son épée, loi suprême contre des lois douteuses ; M. de Montbel, esprit scrupuleux, n'y consentait qu'à des conditions de droit évident et de nécessité absolue qui justifiassent sa politique et sa conscience. M. de Chabrol en ajournait l'exercice après les tentatives les plus obstinées de gouvernement légal ; M. de Courvoisier et M. Guernon de Ranville écartaient ces suppositions comme un crime, et déclaraient que, dans l'hypothèse d'une chambre hostile au système du gouvernement, le devoir du roi était de se soumettre à l'arrêt du pays. Le ministre de la marine opinait, comme celui de la guerre, pour la force.

Ces divergences de pensée sur un sujet si grave firent sentir la nécessité d'un remaniement du ministère qui rétablît l'accord dans le conseil. Cependant on suspendit toute résolution définitive à un autre temps. On s'accorda à espérer que les élections faites sous le prestige irrésistible d'une victoire et d'une conquête à Alger écarteraient ces nécessités funestes. Le roi décida que la dissolution de la chambre serait fixée au 16 mai, époque à laquelle le duc d'Angoulême serait de retour du voyage qu'il allait faire dans le Midi pour présider à l'expédition militaire, et que les électeurs seraient convoqués pour le 25 juin.

III

M. de Courvoisier pressait néanmoins le moment de sa retraite d'un cabinet derrière lequel il entrevoyait trop clairement une direction mystérieuse et fatale. Des incendies, semblables à ceux par lesquels les mécontents de Constantinople avertissaient le gouvernement de la désaffection muette du peuple, consternaient les provinces de la Normandie. Aucune recherche de la justice et de la police ne parvenait à en découvrir les auteurs. Ces crimes privés ou politiques, semblables à ceux de la *journée du brigandage* en 1789, sont restés encore énigmatiques aujourd'hui. M. de Courvoisier présenta au roi un tableau sinistre de ces présages. Étaient-ce des sectaires? étaient-ce des factieux? étaient-ce des torches soldées pour donner aux populations des vertiges sanguinaires? Les royalistes accusaient les sociétés secrètes; les libéraux accusaient les royalistes; la rumeur populaire accusait la faction des jésuites, la cour et le prince de Polignac. Ces calomnies mutuelles n'éclaircissaient rien et envenimaient tout. Le peuple épouvanté était poussé par la terreur aux agitations intestines. Tous les fléaux portent les hommes au désespoir, et du désespoir au crime il n'y a qu'un signal. On faisait marcher des régiments de la garde royale en Normandie et on découvrait ainsi Paris lui-même. Le roi attristé semblait se réfugier dans la force. Le prince de Polignac affectait l'incrédulité ou le dédain de ces symptômes. La France reportait ses regards vers Toulon, où les préparatifs de l'embarquement sous les yeux du duc d'Angoulême donnaient quelque distraction à ses terreurs. Les journaux libéraux, pressentant et s'exagérant à eux-mêmes la force que la royauté allait emprunter à la victoire, s'acharnaient avec un dénigrement passionné à prophétiser la ruine de l'escadre et de l'armée. Jamais l'émigration n'avait davantage abdiqué son patriotisme devant ses haines de parti.

L'Angleterre de son côté, feignant d'être alarmée de l'ascendant qu'un triomphe de notre marine allait nous donner sur la Méditerranée, échangeait note sur note avec le gouvernement français pour demander des explications sur nos projets ultérieurs en Afrique. Le roi et le prince de Polignac y répondaient avec la dignité d'un grand peuple qui s'offense même d'être interrogé. Ils désavouaient toute pensée actuelle de conquête permanente sur ce continent, mais ils ne s'interdisaient pas pour l'avenir les développements d'occupation que les événements pourraient rendre nécessaires, s'engageant seulement à ne rien décider que d'accord avec toutes les puissances.

IV

L'armée, enfin embarquée, mit à la voile le 11 mai, aux acclamations de la multitude accourue à Toulon pour saluer le pavillon et pour implorer la fortune. Depuis l'expédition d'Égypte, jamais la Méditerranée n'avait porté une pareille flotte. La France allait courir avec elle un des plus beaux hasards de sa destinée militaire. Les royalistes attachaient à son retour un enthousiasme de plus. Elle devait ramener au roi la force de sauver la monarchie et la popularité nécessaire pour lutter contre les factions. Le duc d'Angoulême, en revenant de Toulon ivre de l'ivresse de l'armée, rapporta au roi la confiance anticipée du succès et le fanatisme des troupes. « Tout est assuré, dit-il au conseil, avec une armée animée d'un pareil esprit. »

Cependant les incendies continuaient à agiter la Normandie. Les ministres, qui n'étaient pas dans la dernière confidence des desseins du roi et du président du conseil, s'étonnaient de la résistance qu'éprouvait l'envoi de nouveaux détachements de la garde royale dans ces départements ; les arrière-pensées du prince et de son ministre perçaient à demi dans cette hésitation à désarmer Paris. Cependant les bataillons partirent, mais en petit nombre.

Les dissentiments qui s'étaient produits dans le cabinet à l'occasion des mesures extrêmes à prévoir et à préparer dans l'hypothèse d'une élection hostile avaient dès longtemps décidé le roi à rétablir l'homogénéité de résolution dans le ministère, et à fortifier son conseil d'hommes aussi extrêmes que les circonstances et que ses résolutions. Le prince de Polignac dédaigna ses anciens collègues pour négocier seul et sans l'aveu des ministres restants l'entrée des nouveaux ministres. Après avoir complété le conseil par la nomination de M. de Peyronnet, de M. de Chantelauze et de M. Capelle, il se rendit chez M. Guernon de Ranville, qui avait témoigné le désir de suivre M. de Courvoisier dans sa retraite, et après l'avoir entretenu de choses indifférentes : « Eh bien ! lui dit-il, nous avons trois nouveaux collègues ! — Vous me comblez de joie, » répondit le ministre de l'instruction publique, heureux de se sentir soulagé d'une responsabilité qui pesait d'avance sur sa vie, et que l'honneur seul l'empêchait de fuir par une démission volontaire. Il témoigna au prince son bonheur de rentrer dans la vie privée. « Que dites-vous? reprit M. de Polignac, mais vous nous restez! » Il lui apprit pour la première fois alors que M. de Chantelauze remplaçait M. de Courvoisier au ministère de la justice, que le ministère de l'intérieur serait à M. de Peyronnet, et qu'un nouveau ministère formé du démembrement de celui de l'intérieur était créé pour M. Capelle, l'homme du roi.

Étonné de cette présomption du premier ministre, qui avait assez compté sur la subalternité de ses collègues pour lier ensemble sans les avoir même interrogés des hommes qui allaient partager une responsabilité si haute et si collective, M. de Ranville insista pour se retirer. « Bah! bah! reprit en souriant le prince de Polignac, vous êtes l'homme aux objections! vous verrez que tout ira bien et que nous nous entendrons à merveille! »

M. de Montbel, traité avec la même légèreté, n'avait cédé qu'aux instances du roi. « Eh quoi, lui avait dit le prince en le serrant dans ses bras et en invoquant sa fidélité par des larmes, « c'est vous qui m'abandonneriez dans les embarras et les périls qui m'assiégent de toutes parts! » M. de Montbel, qu'on influençait surtout par le cœur, avait sacrifié ses scrupules et sa vie à une larme de son maître. M. de Peyronnet, qui n'avait ni justice ni pardon à attendre du parti libéral, séparé désormais de M. de Villèle, sentant son courage, fier de sa supériorité de parole et de volonté sur un cabinet dont il serait l'âme, n'avait de refuge que dans les extrémités de gouvernement. Le parti de la cour voyait en lui son homme d'État, l'audace entreprenante de son caractère abordait sans crainte les situations escarpées;

la cour se sentait invincible avec lui, elle le comparait à Danton par les ressources et par l'intrépidité de tribune. Le prince de Polignac, sûr de la confidence absolue et paternelle du roi, introduisait M. de Peyronnet sans redouter en lui un rival. Il était la pensée de la cour, M. de Peyronnet la parole, M. de Bourmont l'action.

V

A la première réunion du nouveau conseil des ministres, Charles X prit la parole et traça lui-même la route de son gouvernement. « Messieurs, dit-il, je dois vous faire connaître en peu de mots le système que je prétends suivre et que j'ai développé plusieurs fois devant mes ministres. Ma ferme volonté est le maintien de la charte; je ne veux m'en écarter sur aucun point, mais je ne souffrirai pas que d'autres s'en écartent. J'espère que la chambre future sera composée d'hommes sages, assez amis de leur pays pour répondre à mes intentions; s'il en était autrement, je saurais sans sortir de la ligne constitutionnelle faire respecter mon droit, que je regarde comme la meilleure garantie de la tranquillité publique et du bonheur de la France. Voilà mes intentions, ajouta-t-il avec majesté, c'est à vous de les seconder chacun dans la partie de l'administration qui lui est confiée! »

On arrêta que le roi, intervenant pour la première fois dans la conscience publique par un appel direct et personnel à l'opinion, adresserait la veille des élections une proclamation royale aux électeurs. M. de Peyronnet présenta au roi une liste des présidents des colléges électoraux ; on lut les rapports des préfets sur les dispositions de leurs départements et sur les probabilités des élections prochaines. Ces rapports, expression habituelle des illusions des administrateurs flattés par leurs subalternes, flattaient à leur tour les ministres, qui flattaient le roi. On apprit que la flotte qui portait l'armée à Alger avait relâché à Palma ; les lenteurs, les hésitations, les murmures de l'amiral en opposition avec l'élan et l'impatience du général Bourmont, commandant les troupes de débarquement, inquiétèrent le roi et son conseil sur les dispositions secrètes de l'amiral Duperré, dont chaque objection et chaque doute étaient applaudis par l'opposition. On craignit qu'une entreprise aussi hardie et qui exigeait promptitude et mystère n'échouât par la timidité systématique et peut-être malveillante du commandant de la flotte. Le sort de la monarchie était dans les mains d'un marin suspect à la cour d'intelligence avec l'opposition.

Le roi, instruit des mauvaises dispositions de l'Angleterre, raconta au conseil le propos d'un homme politique du parlement anglais, qui annonçait la chute prochaine des Bourbons et leur exil à Rome avec les derniers membres de la famille des Stuarts.

VI

Le prince Léopold de Saxe-Cobourg, alors à Paris, désigné par les puissances pour régner sur la Grèce, mais n'ayant pu obtenir du gouvernement français un emprunt de soixante millions pour son nouveau royaume, et ayant négocié alors en vain son mariage avec une fille du duc d'Orléans, partait la nuit de Paris en envoyant au roi son refus de la couronne de Grèce. Le roi, indigné de cette abdication d'une couronne dont les périls mêmes relevaient le prix, décida que le silence était la seule réponse convenable à une pareille démission pour une pareille cause. « C'est un ingrat à qui la gloire s'offre et qui manque la gloire ! » s'écria le duc d'Angoulême, amoureux par instinct des hasards.

La nouvelle du débarquement de l'armée à Sidi-Ferruch et de la conquête héroïque d'Alger arriva au roi le 23 juin. Ce n'était pas seulement pour ce prince la conquête d'Alger, c'était la conquête de son royaume. Il ne doutait pas que l'enthousiasme de ce triomphe ne lui rendît le cœur et le vote du pays dans les élections qui allaient s'ouvrir.

VII

Cette expédition, épisode glorieux pendant cette lutte intérieure entre la restauration et le pays, est une histoire à part qui ne trouverait pas son espace dans ce récit ; il suffit d'en indiquer les principaux souvenirs.

Les délais de l'amiral n'avaient été que la prudence du marin chargé de la responsabilité de quarante mille vies et de l'honneur de la flotte. Après une relâche à Palma pour laisser passer en sûreté les symptômes menaçants d'une tempête, la flotte aborda le 14 juin à la côte d'Afrique. Le général Bourmont, dont le plan sagement conçu et vaillamment exécuté consistait à épargner la vie de ses soldats en attaquant les fortifications d'Alger du côté de la terre, où elles étaient le moins meurtrières, opéra sa descente à cinq lieues d'Alger dans une rade abritée, et sous le canon d'une tour autrefois construite par les Espagnols. Il établit sur une presqu'île entourée de circonvallations de campagne le quartier général et sa base solide d'opération. Attaqué avant le débarquement complet de ses troupes et de son artillerie par cinquante mille Turco-Arabes, commandés par le gendre du dey, descendus à lui pour le rejeter à la mer, Bourmont, secondé par ses lieutenants Loverdo, Berthezène, d'Escars, reçut le choc, tourna le camp des Arabes, leur tua cinq mille combattants, et s'éleva sur leurs cadavres au-dessus du plateau de Staouëli.

Mais, comme si la victoire eût voulu lui faire acheter au prix de son propre sang la gloire de son triomphe, son fils, Amédée de Bourmont, fut frappé à mort dans ce premier combat. La ville, ainsi découverte et attaquée à la fois le 4 juillet par l'artillerie de terre et par l'escadre, se défendit en vain avec l'énergie désespérée du fatalisme. Le dey, enfermé avec ses derniers défenseurs dans l'enceinte du château, se rendit prisonnier à la merci de la France; son trésor de cinquante millions enfoui dans les souterrains de son palais et sept cents pièces de canon furent la dépouille de l'armée française. La France eut le pied sur l'Afrique. L'avenir dira si ce fut une force ou un affaiblissement pour elle. Ce fut du moins dans ces premiers jours une pure et éclatante gloire; Bourmont la cueillit et la pleura.

Le roi, ivre de ce triomphe, s'efforça de communiquer son ivresse à la nation par des fêtes et des récompenses auxquelles on mesurait sa joie. Ces fêtes furent tristes, ces récompenses contestées, cette gloire presque accusée par l'opposition. La France, distraite ou aigrie, ne voyait pas ses propres dangers intérieurs inévitablement accrus par la confiance que cette victoire donnait au parti de la cour. L'archevêque de Paris, M. de Quélen, qui portait l'esprit de parti jusque dans le sanctuaire, envenima cette disposition des esprits par les paroles à double sens, mais à transparente intention, qu'il adressa au roi à la porte de sa cathédrale. « Puisse Votre Majesté, dit-il, venir bientôt remercier le Seigneur d'autres victoires non moins douces et non moins éclatantes ! » Il avait écrit quelques jours auparavant dans une lettre pastorale à ses diocésains, en parlant de la prochaine ruine des infidèles d'Afrique : « Ainsi soient traités partout et toujours les ennemis de notre seigneur et roi ! » Imprudent pontife, qui, en révélant avant l'heure la pensée dominatrice de sa faction, dénonçait en même temps celle de la cour, qu'il encourageait de la voix à tout oser pour tout perdre. Une colonne rostrale fut élevée à Toulon sur le rivage où l'armée s'était embarquée ; l'amiral Duperré fut nommé pair de France, le général Bourmont fut créé maréchal. En conquérant dignement ce grade, il perdait un fils et il ne devait plus retrouver de patrie.

VIII

Mais la France entière était en proie à l'agitation électorale. Le roi lui avait adressé en vain une proclamation touchante ; on croyait voir le piége jusque sous la bonté.

« La dernière chambre, disait le roi à son peuple, a méconnu mes intentions; j'avais droit de compter sur son concours pour faire le bien que je méditais, elle me l'a refusé; comme père de mon peuple, mon cœur s'en afflige; comme roi, j'en ai été offensé. Hâtez-vous de vous rendre dans vos colléges, qu'une négligence répréhensible ne les prive pas de votre présence, qu'un même sentiment vous anime, qu'un même drapeau vous rallie; c'est votre roi qui vous le demande; c'est un père qui vous appelle! Remplissez votre devoir, je saurai remplir le mien! »

Tout fut vain. Les élections, cet oracle du peuple inintelligible avant qu'il soit rendu, donnèrent presque partout la victoire à l'opposition. La France vengeait les rédacteurs et les votants de la dernière adresse; en leur rendant un nouveau mandat, on leur rendait une nouvelle audace. Le roi ne dissimula pas son abattement d'esprit à la lecture des premiers noms que le télégraphe apportait à Paris. L'heure de combattre ou de céder sonnait pour lui et pour ses conseillers. Ils se réunirent pour délibérer sur la situation suprême que de telles élections faisaient à la couronne. Nul n'osait prendre l'initiative des résolutions. Un des plus obscurs jusque-là, M. de Chantelauze, homme qui sous une apparence modeste et timide cachait l'audace des fortes convictions et l'obstination du martyre, prit la parole dans un discours évidemment prémédité avec le duc d'Angoulême et le roi : il proposa le premier le recours à l'article 14 de la charte. On savait dans le conseil et dans le public que M. de Chantelauze, magistrat sans renommée politique jusqu'à ce moment, nourri loin de Paris des théories du pouvoir antique, sophisme de contre-temps de M. de Maistre et de M. de Bonald; royaliste et religieux selon le passé, et non selon l'avenir, orateur disert, écrivain habile, sollicité longtemps par le prince de Polignac de venir appliquer ses théories dans un ministère sauveur de l'Église et du trône, dépourvu d'ambition, amoureux du silence, tremblant devant les grandes responsabilités de conscience, n'avait pu être décidé à venir à Paris prêter sa force présumée au cabinet que par les instances réitérées du duc d'Angoulême. Ce prince avait passé à Grenoble uniquement pour entraîner M. de Chantelauze à ce poste, qui n'était pour lui qu'une brèche. Les conclusions de ce long discours tendaient formellement à une de ces trois mesures, dont chacune était un coup d'État arrêté dans la pensée, indécis dans le mode, par l'orateur :

« Ou suspendre entièrement le régime constitutionnel et gouverner arbitrairement jusqu'au rétablissement du système monarchique sur des bases fortes ;

« Ou déclarer nulles les élections de tous les députés réélus qui avaient voté l'adresse des 221 ;

« Ou dissoudre la nouvelle chambre aussitôt que les élections seraient terminées, et en faire élire une autre d'après un système électoral établi par ordonnance, et combiné de manière à assurer la majorité du parti de la couronne ;

« Enfin, faire précéder la déclaration de l'une ou l'autre de ces mesures par un vaste déploiement de force armée, en distribuant vingt à trente mille hommes dans les quatre villes les plus importantes du royaume, Paris, Lyon, Bordeaux, Rouen, et en plaçant ces villes en état de siége. »

IX

Un morne et anxieux silence suivit ce discours de M. de Chantelauze : l'approche du péril rapproche les réflexions. Mais on avait trop osé pour reculer sans faiblesse et sans honte mutuelles. M. de Montbel se borna à demander si les jurisconsultes, membres du cabinet, pensaient, en conscience d'hommes et de juristes, que l'article 14 conférât réellement au roi l'autorité nécessaire à l'application des mesures extrêmes provoquées par des circonstances de salut public. Nul n'hésita à le reconnaître ; la doctrine de la préexistence de la souveraineté royale était celle de tous les ministres délibérants. Mais sur le choix et l'application des moyens indiqués par M. de Chantelauze, la controverse s'engagea. M. Guernon de Ranville, esprit plus entraîné que convaincu, s'éleva contre une suppression entière du régime constitutionnel, qui transformerait la royauté en dictature; contre une annulation arbitraire des élections, qui dépasserait le 18 fructidor; contre un état de siége enfin, qui serait la déclaration de guerre par la couronne au pays. M. de Peyronnet ajourna également ces résolutions excessives, irrévocables, et selon lui prématurées. M. de Ranville et lui, en quittant le conseil ensemble, s'étonnèrent d'une initiative contenue jusque-là, éclatant sans indices et paraissant indiquer dans M. de Chantelauze le concert préalable et mystérieux avec une puissance de cour ou de secte qui commandait en inspirant.

X

Quelques jours après, M. de Peyronnet lui-même, convaincu de plus en plus de l'impossibilité de rallier une majorité à la couronne dans la chambre, se prononça pour un recours inévitable à l'article 14, et lut à ses collègues un plan conforme à cette résolution. Ce plan, renouvelé de l'assemblée des notables, créait à la place des chambres *un grand conseil de France*, nommé par les ministres et présidé par l'héritier du trône. Ce grand conseil résoudrait les questions élevées entre le roi et son peuple. Le prince de Polignac soutint ce plan, chimérique comme tous les systèmes à contre-temps, avec une chaleur qui semblait révéler en lui la première conception de cette idée. M. de Peyronnet, peu convaincu du génie du plan dont il s'était fait l'organe, le défendit mollement, puis l'abandonna tout à fait. La majorité du conseil l'écarta comme elle avait écarté celui de M. Chantelauze. Les routes du sophisme sont aussi nombreuses que les esprits qui les parcourent, mais elles aboutissent toutes à l'abîme. On y est arrêté au premier pas.

D'autres plans, proposés presque à chaque réunion, furent éliminés aussitôt après avoir été discutés; un seul prévalut, non parce qu'il était meilleur, mais parce qu'il en fallait un : « Dissoudre la chambre nouvelle avant sa réunion, et faire appel à une autre chambre en modifiant souverainement la loi électorale; suspendre en même temps la liberté de la presse et prendre, au nom de l'article 14 de la charte, la dictature momentanée sur la charte elle-même. »

Le ministre de l'instruction publique persista seul encore à soutenir que l'offensive, prise ainsi d'avance par le gouvernement, était à la fois odieuse et anticipée ; qu'un acte d'une chambre qui n'existait pas encore ne pouvait motiver suffisamment aux yeux du pays sa dissolution ; que des noms n'étaient pas des crimes ; qu'on pouvait légalement espérer que le parti de la défection, composant une des forces de la majorité aujourd'hui révolutionnaire, s'en détacherait devant le péril évident de la royauté ; qu'en tout cas la justice, la prudence, la tactique commandaient d'attendre une agression de l'Assemblée. Ces motifs, qui enlevaient à la cour la cause de guerre, lui enlevaient aussi l'occasion de victoire dont elle se croyait certaine. Ils ne pouvaient convenir à des hommes pressés de l'impatience de corriger la charte, et ne voulant pas laisser échapper le prétexte de dictature que les élections leur offraient. Ils furent unanimement dédaignés.

La résolution prise fut communiquée et soumise au roi le lendemain par tous les ministres réunis. Le roi y accéda sans hésiter et appuya son approbation de quelques paroles convaincues, tristes et irritées : « Ce n'est pas le ministère, s'écria-t-il, sachez le bien, c'est la royauté qu'on attaque ; c'est ici la cause du trône contre la révolution. Il faut que l'un ou l'autre succombe. J'ai vécu plus que vous, messieurs ; votre âge ne vous a pas permis de voir comment procèdent les révolutions et les révolutionnaires ! J'ai le triste avantage de l'expérience et des années sur vous ; je me souviens de ce qui se passa en 1789. La première retraite que fit mon malheureux frère devant eux fut le signal de sa perte! Eux aussi, ils lui faisaient des protestations d'amour et de fidélité, eux aussi ils lui demandèrent seulement le renvoi de ses ministres. Il céda, tout fut perdu!... Ils feignent aujourd'hui de n'en vouloir qu'à vous, ils me disent: « Renvoyez vos ministres, et nous nous » entendrons!... » Messieurs, je ne vous renverrai pas! d'abord parce que j'ai pour vous de l'affection et de la confiance, mais aussi parce que, si je vous renvoyais, ils finiraient par nous traiter tous (en montrant son fils, le duc d'Angoulême, à ses côtés) comme ils ont traité mon frère!... Non, dit-il en se reprenant avec un redoublement d'énergie, qu'ils nous conduisent à l'échafaud, car nous nous battrons, et ils ne nous tueront qu'à cheval!

« Ainsi, marchons comme vous avez résolu! » ajouta-t-il d'un accent où la fatalité retentissait autant que le courage.

XI

M. de Peyronnet présenta trois projets d'ordonnance conformes aux décisions de la veille : l'un suspendant toute liberté de la presse, l'autre prononçant la dissolution de la chambre des députés, le troisième modifiant dictatorialement la loi d'élection et rappelant les premières dispositions électorales contenues dans la charte et modifiées par les lois organiques successives, code actuel des élections, en sorte que le pouvoir arbitraire se masquait ici sous un retour à la constitution.

Ces débats intérieurs du conseil dans le cabinet du roi

furent attristés encore par la comparaison que faisaient le roi et son fils entre la gloire de leurs armes au dehors et les extrémités de leur gouvernement au dedans. Chaque séance apportait au roi un triomphe et une douleur, son âme s'exaltait et s'abattait le même jour; il signait de la même main des remercîments et des récompenses à ses troupes, et des mesures de défiance et de reproches à son peuple. Son esprit, quoique résolu et inflexible dans la pensée qu'il s'était laissé donner de réformer la charte et de relever l'Église et la couronne, était ému, tragique d'expressions, quelquefois attendri jusqu'aux larmes. Le duc d'Angoulême calquait pieusement sa physionomie et ses paroles sur celles de son père; il se considérait comme un soldat qui répond par son épée de l'honneur et de la volonté de son chef; il se croyait identifié depuis la guerre du Midi de 1815 et depuis la guerre d'Espagne avec l'armée.

Le ministre de la marine, M. d'Haussez, ayant proposé de décorer l'arc de triomphe de l'Étoile de bas-reliefs fondus avec le bronze conquis à Alger, le prince, à qui la ville de Paris avait dédié cet arc à son retour triomphal de Madrid, s'offensa d'une consécration nouvelle de ce monument qui effaçait sa gloire et celle de l'armée d'Espagne. Mais ces vaines prééminences de gloire n'étaient que de courtes diversions aux pensées de la cour et des ministres. On rédigeait, on discutait, on arrêtait mystérieusement toutes les dispositions de détail du plan convenu. M. de Chantelauze, organe plus confidentiel et plus personnel de la pensée du roi et du duc d'Angoulême, était devenu par analogie d'idées le publiciste du coup d'État; en énonçant les volontés du roi, il énonçait les siennes. Sa conscience exaltée donnait l'accent d'une foi à ses opinions. Il lut le 24 juillet le préambule raisonné de la dictature, œuvre lentement et habilement élaborée, et que les ministres supposèrent avoir reçu d'avance la secrète approbation du roi, parce qu'il fut décidé avant de l'entendre que ce préambule ne *serait pas discuté*.

« Sire, disait M. de Chantelauze, vos ministres seraient peu dignes de la confiance dont Votre Majesté les honore, s'ils tardaient plus longtemps à placer sous vos yeux un aperçu de notre situation intérieure, et à signaler à votre haute sagesse les dangers de la presse périodique.

» A aucune époque, depuis quinze années, cette situation ne s'était présentée sous un aspect plus grave et plus affligeant. Malgré une prospérité matérielle dont nos annales n'avaient jamais offert d'exemple, des signes de désorganisation et des symptômes d'anarchie se manifestent sur presque tous les points du royaume.

» Les causes successives qui ont concouru à affaiblir les ressorts du gouvernement monarchique tendent aujourd'hui à en altérer et à en changer la nature : déchue de sa force normale, l'autorité, soit dans la capitale, soit dans les provinces, ne lutte plus qu'avec désavantage contre les factions ; des doctrines pernicieuses et subversives, hautement professées, se répandent et se propagent dans toutes les classes de la population ; des inquiétudes trop généralement accréditées agitent les esprits et tourmentent la société. De toutes parts on demande au présent des gages de sécurité pour l'avenir.

» Une malveillance active, ardente, infatigable, travaille à ruiner tous les fondements de l'ordre et à ravir à la France le bonheur dont elle jouit sous le sceptre de ses rois. Habile à exploiter tous les mécontentements et à soulever toutes les haines, elle fomente parmi les peuples un esprit de défiance et d'hostilité envers le pouvoir, et cherche à semer partout des germes de troubles et de guerre civile.

» L'expérience, Sire, parle plus hautement que les théories. Des hommes éclairés sans doute, et dont la bonne foi, d'ailleurs, n'est pas suspecte, entraînés par l'exemple mal compris d'un peuple voisin, ont pu croire que les avantages de la presse périodique en balanceraient les inconvénients, et que ses excès se neutraliseraient par des excès contraires. Il n'en a pas été ainsi, l'épreuve est décisive, et la question est maintenant jugée dans la conscience publique.

» A toutes les époques, en effet, la presse périodique a été, et il est dans sa nature de n'être qu'un instrument de désordre et de sédition.

» Que de preuves nombreuses et irrécusables à apporter à l'appui de cette vérité ! C'est par l'action violente et non interrompue de la presse que s'expliquent les variations trop subites, trop fréquentes de notre politique intérieure. Elle n'a pas permis qu'il s'établît en France un système régulier et stable de gouvernement, ni qu'on s'occupât avec quelque suite d'introduire dans toutes les branches de l'administration publique les améliorations dont elles sont susceptibles. Tous les ministères depuis 1814, quoique formés sous des influences diverses et soumis à des directions opposées, ont été en butte aux mêmes traits, aux mêmes attaques et au même déchaînement de passions. Les sacrifices de tout genre, les concessions du pouvoir, les alliances de partis, rien n'a pu les soustraire à cette commune destinée.

» La presse a jeté ainsi le désordre dans les intelligences

les plus droites, ébranlé les convictions les plus fermes, et produit au milieu de la société une confusion de principes qui se prête aux tentatives les plus funestes. C'est par l'anarchie dans les doctrines qu'elle prélude à l'anarchie dans l'État.....

» On ne peut qualifier en termes moins sévères la conduite des journaux de l'opposition dans des circonstances plus récentes. Après avoir eux-mêmes provoqué une adresse attentatoire aux prérogatives du trône, ils n'ont pas craint d'ériger en principe la réélection des 221 députés dont elle est l'ouvrage. Et cependant Votre Majesté avait repoussé cette adresse comme offensante; elle avait porté un blâme public sur le refus de concours qui y était exprimé : elle avait annoncé sa résolution immuable de défendre les droits de sa couronne si ouvertement compromis. Des feuilles périodiques n'en ont tenu compte; elles ont pris, au contraire, à tâche de renouveler, de perpétuer et d'aggraver l'offense. Votre Majesté décidera si cette attaque téméraire doit rester plus longtemps impunie.....

» La presse périodique n'a pas mis moins d'ardeur à poursuivre de ses traits envenimés la religion et le prêtre. Elle veut, elle voudra toujours déraciner dans le cœur des peuples jusqu'au dernier germe des sentiments religieux. Sire, ne doutez pas qu'elle n'y parvienne, en attaquant les fondements de la foi, en altérant les sources de la morale publique, et en prodiguant à pleines mains la dérision et le mépris aux ministres des autels.....

» L'insuffisance ou plutôt l'inutilité des précautions établies dans les lois en vigueur est démontrée par les faits. Ce qui est également démontré par les faits, c'est que la sûreté publique est compromise par la licence de la presse.

Il est temps, il est plus que temps d'en arrêter les ravages.

» Entendez, Sire, ce cri prolongé d'indignation et d'effroi qui part de tous les points de votre royaume. Les hommes paisibles, les gens de bien, les amis de l'ordre, élèvent vers Votre Majesté des mains suppliantes. Tous lui demandent de les préserver du retour des calamités dont leurs pères ou eux-mêmes eurent tant à gémir. Ces alarmes sont trop réelles pour n'être pas écoutées, ces vœux sont trop légitimes pour n'être pas accueillis.....

» Il ne faut pas s'abuser. Nous ne sommes plus dans les conditions ordinaires du gouvernement représentatif. Les principes sur lesquels il a été établi n'ont pu demeurer intacts, au milieu des vicissitudes politiques. Une démocratie turbulente, qui a pénétré jusque dans nos lois, tend à se substituer au pouvoir légitime. Elle dispose de la majorité des élections par le moyen de ses journaux et le concours d'affiliations nombreuses. Elle a paralysé, autant qu'il dépendait d'elle, l'exercice régulier de la plus essentielle prérogative de la couronne, celle de dissoudre la chambre élective. Par cela même, la constitution de l'État est ébranlée : Votre Majesté seule conserve la force de la rasseoir et de la raffermir sur ses bases.

» Le droit, comme le devoir, d'en assurer le maintien est l'attribut inséparable de la souveraineté. Nul gouvernement sur la terre ne resterait debout, s'il n'avait le droit de pourvoir à sa sûreté. Ce pouvoir est préexistant aux lois, parce qu'il est dans la nature des choses. Ce sont là, Sire, des maximes qui ont pour elles et la sanction du temps, et l'aveu de tous les publicistes de l'Europe.

» Mais ces maximes ont une autre sanction plus positive

encore, celle de la charte elle-même. L'article 14 a investi Votre Majesté d'un pouvoir suffisant, non sans doute pour changer nos institutions, mais pour les consolider et les rendre plus immuables.

» D'impérieuses nécessités ne permettent plus de différer l'exercice de ce pouvoir suprême. Le moment est venu de recourir à des mesures qui rentrent dans l'esprit de la charte, mais qui sont en dehors de l'ordre légal dont toutes les ressources ont été inutilement épuisées.

» Ces mesures, Sire, vos ministres, qui doivent en assurer le succès, n'hésitent pas à vous les proposer, convaincus qu'ils sont que force restera à justice. »

XII

Ce préambule, comme on le voit, était le rapport éloquemment et véridiquement tracé du grand procès pendant devant les siècles entre l'autorité et la liberté. Le roi, l'Église, la cour; M. de Chantelauze et ses collègues, comme M. de Maistre, M. de Bonald et leur école, esprits à la fois absolus et faibles, renonçant à le résoudre par le génie des gouvernements de discussion, la majorité, le tranchaient comme un nœud gordien des temps modernes, par le sceptre d'abord, puis par l'épée. C'était la proclamation des deux autorités, l'Église et la royauté, se déclarant en révolte franche et ouverte contre le temps, c'est-à-dire contre Dieu lui-même, qui inspire l'esprit des temps; c'était une sorte d'absolutisme monarchique et religieux donnant pour règle suprême aux choses et aux opinions le dernier mot de la royauté ; c'était enfin une sorte d'interdit royal jeté sur l'opinion. Mais un interdit de l'Église, qui ne soumet que la conscience, peut être accepté volontairement par la foi, qui ne discute pas; l'interdit royal de M. de Chantelauze ne pouvait l'être par la liberté, qui discute tout. Ses maximes étaient le code de la servilité de l'esprit humain. Avec ces principes on pouvait gouverner encore, on ne pouvait ni marcher, ni progresser, ni agir. La vie du roi était la vie dans le peuple, la nation s'absorbait dans le gouvernement; le monde se pétrifiait pour éviter le mouvement et les excès de son mouvement.

XIII

Il faut l'avouer cependant avec l'impartialité de l'histoire qui n'épargne la vérité à aucune opinion, les griefs articulés dans ce préambule des ordonnances contre les abus de la presse et les hostilités de l'opinion n'étaient que trop fondés. Ce sens nouveau, que l'imprimerie a donné à la pensée et à la liberté, s'était souvent égaré, comme il s'égarera longtemps encore avant de prendre la régularité et l'équilibre d'un sens divin, et de pouvoir être comme les autres sens abandonné tout entier à lui-même sous la seule tutelle de sa moralité. Il y a des lois régulatrices de tous les sens de l'homme, parce que tous ses sens sont des puissances, et que toutes ces puissances ont besoin de limites, ou dans les lois, ou dans la conscience, ou dans les mœurs. Seulement dans les pays libres ces lois sont des volontés et des sagesses délibérées par la raison elle-même pour refréner ses propres abus, au lieu d'être des prescriptions arbitraires, promulguées par le pouvoir absolu pour s'abriter contre le raisonnement. Le coup d'État de M. de Chantelauze contre la presse n'était pas seulement un coup d'État contre le journalisme en France, c'était un coup d'État contre l'esprit humain.

XIV

Après la lecture de ce préambule des ordonnances, on donna une nuit encore à l'obstination ou au remords du roi et des ministres qui allaient attacher leurs noms, leur vie et leur mémoire à cette irrévocable déclaration de guerre à la liberté.

Ce jour se leva enfin le 25 juillet. La nuit, qui avait fait réfléchir les esprits, n'avait pas fait hésiter les courages. Les conspirations mêmes ont leur honneur qui l'emporte au moment suprême sur les consciences, et qui ordonne d'accomplir avec héroïsme ce qu'on a commencé avec hésitation. La retraite au moment de l'exécution aurait paru une défection à ces complices. Ils se rendirent tous à Saint-Cloud dès le matin, et le dernier conseil s'ouvrit devant le roi et son fils. Bien que le secret des délibérations précédentes eût été fidèlement gardé par des hommes dont une indiscrétion pouvait perdre le roi et compromettre leur tête, une certaine rumeur sourde et inquiète, présage de grands événements, transpirait dans l'intérieur du palais. Il y a des mystères qui transpirent d'eux-mêmes; les événements ont leur physionomie sur laquelle les observateurs des cours savent lire d'avance, et composent eux-mêmes leurs conjectures.

Le baron de Vitrolles, sevré depuis le commencement du règne de Charles X des intimités de son prince, et relégué dans un poste diplomatique honorable, mais secondaire, en Italie, était alors à Paris, attentif aux variations du vent de la cour. S'approchant aussi près que possible des secrets d'État qu'on ne lui confiait pas, fréquentant les chefs des partis divers, écoutant les bruits de la ville et les chuchotements du palais, son instinct des mystères lui révélait, par le silence même qui se faisait autour du roi, un complot près d'éclater. Il était à Saint-Cloud avant les ministres. En sortant de la chapelle où le roi, suivi par eux, préludait par la prière aux œuvres du jour, M. de Vitrolles, abordant et tirant à l'écart le ministre de l'instruction publique dans l'intention de le pressentir ou dans l'intention de l'éclairer, lui dit à voix basse : « Je ne vous demande pas le secret de l'État, mais je vous conjure de bien réfléchir avant de prendre des mesures décisives. Le moment ne serait pas bien choisi; une fermentation extrême agite Paris, et un mouvement populaire serait à craindre. » M. de Ranville, étonné de ce renseignement officiel en contradiction avec la sécurité de M. de Peyronnet, ministre chargé d'étudier l'état de l'opinion, interrogea quelques moments après M. Mangin, préfet de police de la capitale, et lui parla des symptômes observés par M. de Vitrolles.

Le préfet, œil et main du parti de la cour sur les mouvements du jour, rassura en souriant le ministre : « Je me doute, lui répondit-il, des motifs qui éveillent vos sollicitudes; mais tout ce que je peux vous dire, c'est que quelque chose que vous fassiez Paris ne remuera pas; ainsi, marchez hardiment. Je réponds sur ma tête de l'immobilité de Paris! »

XV

Les portes du cabinet du roi se refermèrent, le prince donna la parole à ses conseillers. Ce fut la répétition tout entière du coup d'État : M. de Chantelauze lut d'abord son préambule interrompu à plusieurs passages par l'approbation ardente du roi et du duc d'Angoulême. Ces infortunés princes retrouvaient dans ce rapport contre la presse la vengeance légitime et accumulée des insomnies qu'elle leur donnait depuis tant d'années. La main qui l'insultait avant de l'immoler leur paraissait la main de la rémunération divine.

La lecture achevée et les admirations épuisées, le prince de Polignac, à titre de président du conseil des ministres, se leva et présenta à signer au roi les quatre ordonnances déjà consenties en silence par les ministres. Tout l'avenir de sa dynastie apparut à cet instant suprême à Charles X dans ces quatre crimes contre la charte réputés par lui nécessités et vertus, longtemps médités, patiemment attendus, renfermant le sort de sa vieillesse, de son fils, de sa nièce, de son petit-fils, et présentés à sa main tremblante par l'homme de son cœur. Son visage se voila et pâlit sous la contention du doute. Il écarta la plume, suspendit la signature, irrévocable arrêt de sa destinée rendu de sa propre main. Un profond silence régna un moment dans le cabinet. Quelques-uns des ministres tremblèrent, quelques autres espérèrent secrètement que le roi indécis les soulagerait lui-même d'une responsabilité qu'ils encouraient par dévouement plus que par conviction. Le roi, la tête appuyée sur une main dont il se voilait les yeux, comme pour recueillir toutes ses hésitations dans son âme, la plume reprise dans l'autre main suspendue et immobile à quelques lignes du papier, demeura cinq minutes dans l'attitude du doute religieux qui cherche par la pensée à se résoudre, puis relevant son front, découvrant ses yeux, et comme attestant le ciel d'un long regard : « Plus j'y pense, dit-il avec un accent triste mais, consciencieux à ses ministres, plus je demeure convaincu qu'il m'est impossible de ne pas faire ce que je fais. »

Et il signa !

Et les ministres contre-signèrent.

Le silence ne fut interrompu entre les acteurs de cette grande scène que par le bruit de la plume du roi sur le papier et par la respiration qui souleva enfin le poids de sa poitrine oppressée par le doute, après un acte irrévocable jeté au destin.

XVI

On décida, pour éviter tout retour possible sur une résolution sans appel et tout ébruitement des mesures destinées à surprendre autant qu'à frapper, que le *Moniteur* du lendemain contiendrait les ordonnances. Le prince de Polignac, qui dirigeait le ministère de la guerre en l'absence du maréchal Bourmont, interrogé sur les dispositions militaires prises pour comprimer une émotion populaire à redouter, répondit à tout. « Il n'y a, affirma-t-il au roi, aucun mouvement populaire à redouter, mais à tout événement Paris est armé de forces suffisantes pour écraser toute rébellion et garantir la tranquillité publique. » On convint éventuellement de donner au maréchal Marmont, duc de Raguse, capitaine des gardes, le commandement général des forces militaires de Paris si les séditions devenaient des révoltes; mais on ne donna aucune communication préalable ni du coup d'État, ni de ce commandement au maréchal, qui en était investi à son insu; en sorte que la monarchie, jetée dans cette crise par la témérité, était défendue par le hasard.

XVII

Le maréchal Marmont était une fatalité dans une fatalité. Guerrier intrépide sur le champ de bataille, savant en tactique, indolent et mou dans le détail, sans expédients dans les extrémités, lié à la dynastie des Bourbons par le malheur de sa défection en 1814, mais traînant son malheur comme un reproche, et aspirant sans cesse à faire oublier ses torts dans les camps par ses services à la cause libérale, caressant l'opposition, caressé par elle, se ménageant entre la cour et le peuple, peu aimé des soldats, aux yeux desquels son nom portait la juste colère des bonapartistes, l'injuste malédiction de la patrie, Marmont était de tous les généraux en chef le moins propre à se sacrifier deux fois et à jouer dans une crise suprême une gloire et un dévouement désarmés d'avance par le sort.

En quittant Paris le maréchal Bourmont avait prémuni M. de Polignac contre la pensée de confier le sort de la monarchie à Marmont. « Marmont est brave et sûr, avait-il dit au prince en montant en voiture pour se rendre à Toulon, mais il n'est pas heureux. Un malheur constant à la guerre n'est pas seulement une étoile, comme le disent les soldats, c'est l'indice obscur de l'absence de quelqu'une des grandes qualités naturelles ou acquises qui constituent l'homme de guerre. De plus Marmont, intéressé à reconquérir une popularité perdue dans les camps, sera involontairement entraîné à des transactions bonnes dans la paix, fatales une fois que l'épée est tirée contre le peuple. Jurez-moi de m'attendre pour livrer le combat de la monarchie s'il doit y avoir combat ; mais, dans le cas où les événements vous gagneraient de vitesse et où le roi serait en péril avant mon retour, souvenez-vous de ne pas confier la défense à Marmont ! »

Ce conseil attestait l'inspiration aussi politique que militaire du conquérant d'Alger. Le prince de Polignac, qui croyait trop à sa propre inspiration et à la protection miraculeuse de la Providence pour écouter des conseils humains, avait précipité l'événement se croyant suffisant aux circonstances ; il nomma au commandement le seul homme que la prévoyance de son collègue en avait écarté.

Le général Curial, attaché de cœur à Charles X, en partant pour la retraite où il allait mourir, avait dit au roi : « Je viens prendre congé du roi et de la vie, la brièveté des jours qui me restent à vivre me désintéresse de toute autre pensée que l'attachement personnel et profond que j'ai pour Votre Majesté. Permettez un dernier conseil à mon affection. Une conspiration étendue, active, infatigable, sape votre trône; si elle éclate et que le gouvernement soit forcé d'employer les armes pour défendre la couronne, n'ayez pas une confiance absolue dans Marmont, il a trop à racheter du parti révolutionnaire, et les chefs de faction ont su lui lier les mains. » Un mécontentement que Marmont avait éprouvé de la préférence donnée à Bourmont pour le commandement de l'expédition d'Alger pouvait mal prédisposer ce maréchal à la défense désespérée d'un gouvernement qui l'avait négligé ainsi; Bourmont avait adouci en partant la blessure faite à l'ambition de son collègue, par une splendide gratification de la main à la main sur les fonds de la guerre. Marmont, dont la fortune était toujours inégale aux généreuses prodigalités, aux entreprises aventureuses et aux plaisirs, avait gémi dans le sein d'un ami sur les déplorables nécessités de recevoir des munificences ou des indemnités de la main d'un rival qui lui enlevait une si belle occasion de gloire et de fortune. Tel était l'homme à qui la monarchie se confiait le jour suprême. Marmont était incapable de la trahir, mais tous étaient plus propres à la sauver.

XVIII

Soit fatalisme d'esprit, soit affectation de sécurité pour donner à des mesures si énormes l'apparence d'un acte presque usité de gouvernement, aucune précaution de discrétion ou de force ne devança la publication des ordonnances. On les envoya pour l'impression au *Moniteur* comme on y aurait envoyé l'ordre du jour d'une revue ou d'une cérémonie. Le directeur de ce recueil des actes publics, M. Sauvo, homme qu'une longue expérience de l'opinion publique dans des fonctions qu'il exerçait depuis l'Assemblée constituante en traversant toutes les péripéties des révolutions avait exercé au pressentiment des choses politiques, pâlit en lisant ce qu'on lui adressait. Malgré la nature toute passive et toute machinale de ses fonctions, il trembla de prêter ses caractères et ses presses à un acte qui lui parut au premier coup d'œil ou le crime ou la démence du gouvernement, et dans les deux cas sa perte. Il se refusa à livrer ces pièces à l'impression avant de s'être assuré par lui-même de leur authenticité; et il courut à la chancellerie pour conjurer, en invoquant la réflexion des ministres, la ruine qu'il prévoyait pour son pays. On lui ordonna d'obéir. Ses présages furent sinistres, la réalité les dépassa.

XIX

Les ordonnances insérées la nuit dans le *Moniteur* surprirent Paris à son réveil. Le peuple, occupé, dans cette splendide saison de l'été, de ses trafics et de ses délassements, et à qui les textes de lois ou d'ordonnances du gouvernement n'arrivent que tard par les feuilles les plus populaires, s'aperçut à peine de la promulgation des ordonnances, ou n'y prêta qu'une attention fugitive et indifférente. L'émotion commença par un chuchotement, dans les rues et dans les jardins publics, entre les hommes de loisir et de fortune qui ont un temps et des pensées de luxe à donner aux passions d'esprit. Les premiers qui avaient lu le *Moniteur* abordaient sans les connaître ceux qui ne se doutaient pas encore de l'explosion de la nuit ; ils échangeaient leur étonnement, puis leur scandale, bientôt leur colère ; des conversations animées, mais à voix basse, s'engageaient entre eux. D'autres passants, attirés par l'animation du geste et par la consternation des visages, s'arrêtaient, écoutaient, grossissaient les groupes, se retiraient avec des signes muets d'indignation ou de terreur, ou, se répandant eux-mêmes dans d'autres quartiers, allaient semer l'alarme et multiplier la rumeur publique.

En peu d'heures la nouvelle avait levé tout Paris debout comme en sursaut. La beauté de la saison, la chaleur du jour favorisaient encore cette contagion du sentiment général ; l'agitation qu'on apercevait dans les rues faisait sortir de leurs boutiques ou descendre de leurs étages les citoyens curieux ou inquiets ; des rassemblements se formaient à toutes les portes. La ville entière était debout, mais, bien qu'elle fût sombre, la physionomie de Paris ne révélait encore aucun orage.

XX

Il y a pour la sensibilité morale comme pour la sensation physique un intervalle nécessaire entre le coup et le contre-coup. On appelle ces intervalles stupeur. Un choc atteint une partie du corps, sa violence même détruit momentanément la sensibilité, bientôt le sang y afflue, la douleur s'y révèle, la main s'y porte, le cri échappe, c'est le contre-coup. Il en est de même des grandes impressions politiques; on ne les ressent dans toute leur force qu'après les avoir réfléchies. Les masses sont lentes à la réflexion. Mais l'instinct des hommes exercés à la passion publique devance ces réflexions, et court du premier mouvement à l'attaque, à la défense, à la tribune, à la feuille publique, à la sédition ou aux armes.

Les premiers frappés par le coup d'État contre la presse étaient les chefs d'opposition, les écrivains, les journalistes, les ouvriers de la pensée, rédacteurs, compositeurs, protes, imprimeurs, distributeurs de journaux, classe intéressée par l'intelligence comme par la profession à défendre son talent, son influence, sa popularité, son métier, son salaire, son pain; composée dans Paris de plus de trente mille hommes, levain des masses par la supériorité d'intelligence et de passions, armée de l'agitation, à qui en enlevant la liberté on enlève la vie. Cette classe agitée et agitatrice s'émut la première et courut à ses journaux et à ses ateliers, demandant conseil à ses chefs d'opinion, vengeance à ses tribuns, appui au peuple.

XXI

A midi, la nouvelle était descendue dans les dernières classes de la population. Elle attendait, sans donner encore aucun signe de guerre, l'exemple et le mot d'ordre des classes élevées. Celles-ci tremblèrent, et les fonds publics, symptôme chiffré de la confiance ou de la défiance intimes des citoyens, baissèrent à la Bourse, marché des rentes, comme à l'annonce d'un danger public. Les banquiers crurent sentir trembler leurs fortunes acquises et conservées sous ce gouvernement qu'ils voulaient bien insulter, mais à qui ils ne permettaient pas de s'ébranler lui-même. Les hommes de lettres et de science, qui voulaient concilier les loisirs de la paix publique avec les popularités sans péril de l'opposition, s'assombrirent et se soulevèrent de terreur plus encore que de véritable indignation. Le maréchal Marmont, membre de l'Académie des sciences, y courut comme pour protester d'avance contre le rôle militaire auquel le crime des ministres allait peut-être le condamner. « Eh bien ! s'écriait-il avec le geste de la malédiction sur les insensés du conseil, les ordonnances viennent de paraître. Les malheureux ! Je l'avais bien dit ! Dans quelle horrible situation ils me placent ! il faudra peut-être que je tire l'épée pour soutenir des mesures que je déteste ! »

XXII

Le peuple semblait attendre les chefs de faction et les chefs de faction attendre le peuple. C'est presque toujours le hasard, rarement l'audace, qui prend l'initiative des grands événements. Nul ici n'osait la prendre, tant on croyait à des préparatifs de surprise et de force, cachés encore mais invincibles, dans le gouvernement. La journée se consumait en stériles expectatives; la laisser s'achever sans actes, c'était pour les chefs de faction avouer la lâcheté ou l'impuissance, et accoutumer le peuple à voir se lever impunément d'autres soleils sur l'attentat de la royauté.

Quelques journalistes, hommes de délibération plus que d'action, voulurent du moins se servir, pour protester en faveur des lois, de l'ombre des lois qui subsistaient encore. Renfermés ainsi dans les limites inviolables entre la légalité et la révolte, ils rédigèrent une proclamation au peuple qui en appelait avec mesure, mais avec énergie, de la violence au droit, et qui défiait le gouvernement de violer impunément la liberté de la presse. Citoyens et pas encore tribuns, ils invoquaient dans cette pièce non les armes, mais les tribunaux. Les principaux signataires de cette protestation, qui ne craignirent plus comme *Hampden* et *Sidney* de jeter leurs noms à la tyrannie, étaient MM. Thiers et Carrel, dont l'*Histoire de la Révolution* et la rédaction du *National* avaient popularisé les noms; M. Coste, directeur du *Temps*, écrivain ordinairement mesuré, mais capable de résolution imprévue; M. Baude, homme d'une audace réfléchie, plus fait encore pour le combat que pour le conseil; derrière ces noms, enfin, tous ceux qui servaient depuis quinze ans dans la presse ou les factions républicaines ou bonapartistes, ou les factions orléanistes, ou la liberté.

XXIII

Les bureaux de journaux, devenus ainsi des centres de délibération et de résistance, furent assaillis à la fin du jour par tous les hommes passionnés, députés, électeurs, écrivains, banquiers, journalistes, factieux ou patriotes, séditieux ou libéraux, étudiants, ouvriers, que le tourbillon précurseur d'un événement soulève les premiers dans une capitale. La délibération s'y établit en permanence dans plusieurs foyers que des émissaires officieux faisaient correspondre entre eux dans tous les quartiers agités du vent politique. Les uns, comme M. de Schonen, allié de M. de La Fayette, poussant l'indignation jusqu'aux sanglots et offrant leur sang à la liberté; les autres, comme M. de Laborde, esprit tumultueux et versatile, provoquant l'appel au peuple, dernière raison des causes désespérées; ceux-ci, comme M. Villemain, orateur classique devenu populaire par la passion, exhortant les citoyens au civisme; ceux-là, comme M. Casimir Périer, banquier fougueux, recommandant avec colère la patience et la longanimité pour laisser le temps du repentir à la monarchie; quelques-uns enfin, tels que M. Thiers et M. Mignet, couple inséparable par l'opinion comme par l'amitié, conservant le sang-froid d'hommes réservés jusque dans la chaleur de la sédition imminente, ménageant à la fois des issues à la monarchie et des retraites à l'opposition, et s'obstinant à ne combattre pour les lois qu'avec des armes légales. Quelques journaux, tentant cette voie, s'adressèrent aux tribunaux pour faire juger entre les ordonnances et les lois.

M. de Belleyme, président du tribunal compétent, n'hésita pas, quoique royaliste, à se prononcer comme magistrat pour la loi contre l'arbitraire. Son arrêt arma le lendemain la résistance des journalistes de l'autorité d'un jugement. Ce jugement légalisait du même coup le droit et la révolte armée.

La nuit tomba sur ces conciliabules sans qu'aucune explosion grave eût alarmé le ministère ou éventé l'agitation publique. Les agitateurs l'employèrent à répandre les manifestes des journalistes, et à convoquer pour le lendemain le peuple des faubourgs et des ateliers à la défense de la charte et à la vengeance du coup d'État. Les banquiers, les manufacturiers, les grands exploitateurs d'industrie de Paris, qui tenaient à leur solde les éléments d'une révolution devant laquelle ils allaient sitôt trembler eux-mêmes, licencièrent tous leurs ouvriers, pour grossir le lendemain l'agitation civique et pour surexciter par la faim la colère endormie du peuple.

M. de Polignac se félicitait d'une journée qui n'avait produit qu'un murmure ; et soit confiance réelle, soit affectation de dédain pour une émotion publique superficielle et déjà évaporée, Charles X, plus attentif en apparence à ses plaisirs qu'aux événements, partait avant le jour pour une chasse royale dans les forêts de Rambouillet.

LIVRE QUARANTE-NEUVIÈME

Préparatifs de la lutte. — Aspect de Paris et de la cour. — Poursuites contre les journaux. — Résistance légale de la rédaction du *Temps*. — Collisions. — Premières fusillades autour du Palais-Royal. — Soulèvement des faubourgs. — Indécision de l'opposition parlementaire. — Dispositions militaires de Marmont. — Marche des troupes. — La bataille s'engage sur tous les points.— Attitude des troupes de ligne.— Délibérations à l'hôtel Laffitte. — Négociations avec Marmont; M. Arago. — Anxiété et agitation à Saint-Cloud. — Succès de l'insurrection : M. de La Fayette en prend la direction. — Conférences chez le roi : MM. de Semonville, de Vitrolles, d'Argout. — Prise du Louvre. — Le peuple maître de Paris. — Marmont à Saint-Cloud.

I

La journée du 27 s'était écoulée ainsi sans que rien révélât aux ministres les événements couvés par la nuit. Tout s'était borné à une physionomie sombre de la ville pendant la matinée, à des agitations extérieures dans les bureaux des journaux et dans les cabinets des chefs politiques au milieu du jour, et le soir à des promenades populaires sur le boulevard aux cris de : « Vive la charte! » à quelques insultes et à quelques pierres lancées contre les fenêtres du ministère des affaires étrangères, où le conseil des ministres était rassemblé chez M. de Polignac ; enfin à un gendarme tué dans une rixe populaire sur la place du Palais-Royal en cherchant à dissiper des groupes.

Le maréchal Marmont, informé par une simple lettre tardivement reçue de sa nomination au commandement général des troupes, vint à dix heures du soir chez le prince de Polignac pour se concerter avec le président du conseil. Le prince lui confirma sa nomination, et lui dit de se rendre le lendemain matin à Saint-Cloud, où le roi s'était réservé le plaisir de lui remettre directement cette haute preuve de sa confiance, avec ses lettres de service. Le salon des ministres se remplit le soir des principaux inspirateurs du coup d'État, qui venaient applaudir à l'heureuse audace du gouvernement, et de cette multitude flairant le succès à la porte de toutes les puissances qui se lèvent, apportant d'avance ses félicitations et ses enthousiasmes aux événements quels qu'ils soient, pour prendre date avec la fortune.

Quelques-uns des ministres cependant, déjà troublés intérieurement par la morne attitude du peuple et par le bouillonnement des boulevards, dont ils avaient entendu le sourd murmure des fenêtres de M. de Polignac, recevaient avec embarras ces félicitations de leurs flatteurs, et se demandaient avec anxiété si c'était une fin d'émeute ou un commencement de révolution. Les troupes étaient rentrées dans leurs casernes, les rues étaient désertes et silencieuses. Rien n'indiquait une ville prête à faire explosion quelques heures plus tard.

II

Les rues se remplirent lentement après le lever du soleil. Jusqu'à midi l'émotion de la ville parut s'assoupir ou languir, mais un acte avait été accompli par les journalistes signataires de la protestation, acte devant lequel le gouvernement devait fléchir ou sévir. Fléchir, c'était s'avouer vaincu ; sévir, c'était donner au peuple la cause et le signal du combat. Le gouvernement avait résolu de sévir, et, pour motiver les violences contre la loi et contre la justice qui s'était prononcée pour les lois par l'organe de M. de Belleyme, il avait dans la nuit déclaré Paris en état de siége.

Un commissaire de police, accompagné de gendarmes, se présente dans la rue de Richelieu à la porte de l'hôtel occupé par le journal *le Temps*, pour saisir les presses de ce journal, contenant la protestation. M. Coste et M. Baude, résolus de fournir dans leurs personnes un motif de révolte légale au peuple ou des victimes à la violence, descendent avec leurs amis et leurs ouvriers dans la cour, et répondent aux sommations par un refus. « Vous venez briser nos presses au nom de l'arbitraire, dit avec énergie M. Baude aux agents du ministère : nous vous sommons, nous, au nom de la loi, de les respecter. » Ces paroles, prononcées avec l'accent tragique d'une résolution calculée, le visage pâle et éloquent de M. Baude, le cortége qui l'entoure, la lutte de paroles qui s'établit et se prolonge entre les agents de l'arbitraire et les citoyens défenseurs de leur porte, de leur foyer et de la loi, arrêtent et groupent une foule émue et croissante dans la rue de Richelieu, voisine du boulevard. Le commissaire de police hésite, incertain s'il représente la loi ou le crime; il se décide enfin à obéir, il envoie chercher un serrurier pour enfoncer les portes de l'imprimerie. L'ouvrier, découragé de l'obéissance par la foule qu'il a traversée, refuse ses outils à une violation de domicile, il se retire applaudi par la multitude. Un autre le remplace, on lui arrache ses outils; un troisième enfin, ouvrier employé par le gouvernement à forger les fers des bagnes et contraint à l'obéissance par la nécessité, force les portes de l'imprimerie; les presses sont saisies aux cris d'indignation et de vengeance de la multitude. Elle se disperse et court sur les boulevards répandre ce scandale de groupe en groupe comme un acte qui crie vengeance dans le cœur de chaque citoyen.

A ce bruit, le peuple, dépourvu même de l'organe de ses protestations et de ses murmures, se rassemble d'heure en heure en masses innombrables de la place de la Bastille à la place de la Madeleine, et des marches de l'hôtel de ville à la colonnade du Louvre. Des colonnes populaires s'avancent, s'arrêtent, reprennent lentement leur courant dans les rues larges et populeuses parallèles au boulevard, flottent indécises, se nouent et se dénouent à la voix des orateurs spontanés qui les agitent, grondent comme une marée, et éclatent de temps en temps d'un cri unanime et irrité de : « Vive la charte! A bas les ministres ! »

Les citoyens, ouvrant leurs fenêtres au passage de ces masses menaçantes, répondaient par les mêmes cris et par des gestes encourageants à la multitude. Les troupes peu nombreuses, inquiètes de leur droit et de leur devoir, laissaient écouler ce torrent entre les baïonnettes, sympathisant de l'œil et du cœur avec la foule, et saluées des cris de : « Vive la ligne ! vivent les frères et les enfants du peuple ! » La gendarmerie seule, armée répressive des tumultes quotidiens de la foule, recevait des menaces, des insultes et des pierres. Cette cavalerie rangée devant le palais du duc d'Orléans avait été forcée de faire feu pour se défendre; les troupes stationnées dans une rue adjacente avaient tiré, quelques hommes étaient tombés sous les balles; un Anglais fanatique de révolution, parent de l'orateur révolutionnaire Fox, avait fait le premier feu sur les soldats d'une fenêtre de l'hôtel qu'il habitait dans la rue Saint-Honoré. Les soldats, indignés de cet assassinat gratuit par un étranger qui n'avait pas même le droit d'avoir une passion commune avec des Français, avaient répondu par une décharge sur sa fenêtre, et l'avaient étendu mort, lui et ses deux domestiques, sur le théâtre de son attentat.

Le retentissement de ces rares coups de feu, multiplié par l'élévation des maisons, avait excité les nerfs de la multitude; on relevait les cadavres, on voyait du sang, on respirait la poudre, on criait à l'assassinat; des jeunes gens et des ouvriers élevaient une première barricade à l'entrée de la rue de Richelieu, près du portique du Théâtre-Français; un escadron de lanciers la renversait et balayait, le sabre à la main, les rues voisines du Palais-Royal; on enfonçait les magasins des armuriers pour distribuer des armes aux défenseurs de ces redoutes populaires. On dépavait la rue Saint-Honoré, pour en élever à l'embouchure du marché des Innocents, dans le faubourg Saint-Denis et sur la place du Panthéon; les fusils et les piques commençaient à ondoyer çà et là sur la foule; un drapeau tricolore était impunément promené par un étudiant sur les quais de la Seine, symbole significatif d'une révolution montrée plutôt en menace qu'adoptée encore par l'insurrection. L'École polytechnique, au bruit des décharges et à l'instigation des élèves qui rentraient animés de la passion publique, s'insurgeait contre son commandant et envoyait une députation chez MM. Laffitte, Casimir Périer et La Fayette, députés de Paris, pour offrir ses bras à la défense de la liberté.

Le peuple descendait de tous les faubourgs à l'approche de la nuit; les larges avenues du boulevard contenaient à peine le fleuve d'hommes qui s'accumulait entre leurs murs; les troupes, immobiles, pressées contre les maisons ou sillonnant péniblement cette foule, disparaissaient sous ces masses; le sentiment de leur infériorité numérique les écrasait, elles se sentaient désarmées d'avance par cette unanimité d'indignation contre les mesures qu'elles étaient chargées de soutenir. De ce doute à la défection il n'y avait qu'un cri; le peuple le leur suggérait en passant, et les conjurait de ne pas souiller leurs baïonnettes du sang de leurs frères au profit de leurs tyrans. Les soldats et les officiers de la ligne entendaient ces signes et ces mots d'intelligence avec une triste complicité de cœur; des barricades s'élevaient impunément sous leurs yeux, quelques coups de feu de loin en loin soulevaient un cri prolongé dans la foule; de rares cadavres, étalés sur les marches des monuments publics, ou élevés comme des drapeaux sur les bras nus d'hommes apostés pour accroître par les yeux la colère des cœurs; quelques postes incendiés jetant leurs flammes et leur fumée sur le ciel, tel était, à la chute du second jour, l'aspect de Paris. L'armée de la révolution était levée, elle combattait sans ordre, elle implorait une cause et des chefs.

III

Ceux-ci, surpris de leur force, délibéraient toujours et ne se montraient pas. Ils s'effrayaient de l'excès même de l'agitation, si lentement et si obstinément préméditée par eux. Ces masses indomptables, ce peuple en haillons, ces faubourgs dans les rues opulentes, ces armes inusitées, ces piques, souvenirs de la terreur, ces outils changés en instruments de guerre civile, ces pillages des armuriers, ces torches agitées par des mains frénétiques de rue en rue, ce sang, dont les premières gouttes pouvaient en entraîner des flots, les faisaient hésiter, réfléchir, trembler devant leur ouvrage.

« Non, ce n'est pas une révolution que nous avons voulue, s'écriait M. de Rémusat dans le conciliabule de ses amis du *Globe*, qui voulaient l'entraîner plus loin que sa conscience; c'est une résistance civique! ce n'est pas un appel au meurtre, c'est un appel aux lois! » Il était trop tard, la révolution emportait l'opposition. M. de Rémusat, anéanti par la prévision des catastrophes, se voilait le visage pour ne pas voir le lendemain de cette terrible nuit.

M. Thiers, quoique plus décidé aux révolutions, répugnait aux mouvements par les masses; il les voulait à son image, politiques, non populaires; il s'efforçait de retenir l'impatience irréfléchie de la jeunesse républicaine dont il était entouré. Il craignait que la victoire du peuple ne dépassât le changement de dynastie, terme de ses théories et de son audace. La république et le bonapartisme osaient plus, parce qu'ils voulaient davantage. La faction du duc d'Orléans, composée surtout des députés de Paris ou présents à Paris, se précipitait chez le banquier le plus populaire de la capitale, M. Laffitte, où sa délibération confuse et indécise comme l'événement était en permanence depuis trente-six heures. Un régiment cantonné à Vincennes, et appelé par le prince de Polignac sur la fin du jour, s'avançait à la clarté des torches vers la porte Saint-Denis. La nuit séparait encore les combattants, sans qu'on pût prévoir le sort du lendemain.

IV

Marmont avait enfin pris le commandement général des troupes. Il avait été consterné de leur petit nombre. La garnison de Paris ne s'élevait pas à plus de onze mille hommes, la garde royale à cinq mille hommes. Le palais des Tuileries et la place du Carrousel, forteresse naturelle du pouvoir, avaient été choisis par le maréchal pour quartier général. Ces douze ou quinze mille soldats étaient suffisants pour y recevoir l'assaut d'une sédition comme celle du 10 août 1792, mais c'était un acte de démence de songer à livrer soi-même bataille à un peuple avec cette poignée de combattants. Le maréchal était assez expérimenté pour le comprendre; mais au moment où il s'installa aux Tuileries pour y prendre la direction militaire, les événements de la veille et du jour étaient déjà tellement engagés par la situation réciproque du peuple et des troupes, qu'on était nécessairement indécis s'il fallait apaiser une sédition ou combattre une révolution, et qu'une retraite immédiate des postes avancés et des troupes engagées sur le Carrousel pouvait paraître un aveu d'impuissance, et donner d'avance au peuple le sentiment et l'audace d'une victoire.

Le maréchal, aussi indécis lui-même que l'événement, sans conviction du droit de la cause qu'il allait défendre, sans confiance dans son armée qu'il ne reconnaissait pas, sans vivres, sans solde et sans munitions préparées, sans sympathie pour le prince de Polignac et pour le gouvernement qu'il maudissait et dont il invoquait la chute dans son âme en lui prêtant son bras, fut fatalement induit à poursuivre un faux système de lutte partielle à force inégale avec le peuple, au lieu de s'avouer franchement sa faiblesse et d'adopter le système défensif, qui seul peut-être pouvait sauver le roi en donnant du temps à ses réflexions.

V

Le peuple matinal des faubourgs, livré à lui-même par l'insuffisance des régiments dans la nuit du 27 au 28, s'arma librement avant le jour par le pillage général des armuriers, par des distributions de fusils faites par un député républicain de Paris, Audry de Puyraveau, et enfin par les dépouilles de l'arsenal, des poudrières, de la manutention militaire, des casernes, des vétérans et des postes désarmés partout, au nord et à l'est de la capitale. Quarante mille fusils de gardes nationaux licenciés, neutres quand ils n'étaient pas hostiles, servirent à armer le reste.

Avant huit heures du matin cent mille combattants étaient armés dans Paris. Le maréchal avait replié ses forces et fait son plan de bataille pendant la nuit. Il consistait à masser ses troupes aux Tuileries, aux Champs-Élysées, à occuper l'École militaire, le Panthéon, le palais de justice, les boulevards intérieurs, les casernes, le Palais-Royal, le Louvre, l'hôtel de ville, afin de conserver libres les grandes avenues de Paris, et de porter au besoin par ces avenues libres des renforts aux postes les plus assaillis. Ce plan, excellent avec une armée de soixante mille hommes, était illusoire avec un si petit nombre de combattants.

VI

Le peuple ne lui donna pas le temps d'achever la distribution de ses différents corps aux postes qu'il leur avait désignés. Une colonne de peuple et de gardes nationaux, conduite par un groupe de républicains intrépides, assaillit à huit heures le poste de la place des Petits-Pères, s'empara de la mairie, s'en distribua les armes et les tambours, et parcourut les rues voisines pour rallier les citoyens épars à ce noyau de combattants, s'avança jusqu'au Palais-Royal et prit possession de la Banque, pour sauver d'une main la liberté, de l'autre la fortune publique.

Au même moment toutes les rues qui débouchent du nord de Paris sur le boulevard versaient des colonnes armées sur cette artère des révolutions ; le quartier du Panthéon se levait en masse à la suite de l'École polytechnique, qui forçait ses portes pour marcher en armes à la tête du peuple. L'aspect de cette jeunesse offrant d'elle-même la fleur de la patrie au feu du despotisme exaltait jusqu'au délire l'enthousiasme des quartiers plébéiens et soldatesques. Les quais de ces deux rives de la Seine se couvraient de deux cent mille citoyens, les uns combattants, les autres spectateurs, tous prêts à submerger de faibles bataillons sous ces flots d'hommes. Le maréchal détacha deux divisions de son armée, l'une chargée de marcher à l'hôtel de ville par les quais de la Seine, l'autre à la Bastille par les boulevards; cette dernière division devait, après avoir balayé le boulevard, opérer sa jonction par la rue Saint-Antoine avec la division des quais. Deux bataillons de la garde royale, élite de ces troupes, marchaient en même temps par les rues du centre de Paris et occupaient le marché des Innocents; ils devaient se bifurquer dans la rue Saint-Denis, la parcourir dans tous les sens et la conserver libre aux mouvements de la population inoffensive et des troupes.

Des flots de sang allaient couler sur le passage de ces trois colonnes, sans que leur petit nombre leur permît de profiter de la victoire et d'assurer seulement leur retour. Ces régiments et ces bataillons n'avaient que le plus petit nombre de cartouches qu'on laisse dans les gibernes en temps de paix, aucune distribution de vivres ne leur était ménagée sur les lignes et dans les positions où on les lançait. L'occupation de la manutention militaire par le peuple les privait même de pain; le ministère de la guerre, dirigé pendant l'absence du maréchal Bourmont par un jeune et excellent officier, le vicomte de Champagny, n'avait été prévenu d'aucun mouvement par le conseil des ministres. Une agression préméditée depuis tant de mois commençait comme une surprise du gouvernement par une conspiration.

Cependant quelques chefs de faction, refusant la responsabilité d'une bataille rangée contre la royauté, ou répugnant à l'horreur de la guerre civile imminente, ou intimidés par les forces supérieures qu'ils présumaient au gouvernement, sortirent de Paris avant le combat; de ce nombre fut M. Thiers. Il se retira dans une maison de campagne éloignée de la vallée de Montmorency, chez une parente d'un rédacteur du *Journal des Débats*, pour y attendre l'événement et pour y déplorer le sang qui allait couler. Un jeune écrivain du *National*, Carrel, illustre depuis par sa lutte contre la seconde monarchie, témoigna autant de douleur d'un sang vainement répandu et autant de découragement dans les efforts désordonnés du peuple.

VII

Le général Talon, officier aguerri, calme et capable de prendre conseil des dangers mêmes, guidait la colonne des deux bataillons qui s'avançaient par les quais sur l'hôtel de ville. Il entraîna un moment avec lui le 15ᵉ régiment de ligne rencontré à moitié chemin; et laissant bientôt ce régiment indécis et à moitié embauché sur le marché aux Fleurs, il fondit sur la place de Grève, où le tocsin de Notre-Dame accumulait des essaims de peuple, démasqua deux pièces de canon, tira à mitraille sur ces masses, joncha la place de cadavres, et se faisant jour jusqu'au perron du palais, il en chassa les insurgés et s'y établit inébranlablement pour attendre la colonne du boulevard.

Le 15ᵉ régiment de ligne, témoin de cet assaut et de cette victoire de la garde royale, ne prêta aucun concours au général Talon. Frappés de stupeur, saisis de doute devant cette levée en masse du peuple et devant ce cri presque unanime d'une capitale soulevée, craignant également de commettre une lâcheté ou un parricide, ces régiments cherchaient à s'interposer plus qu'à combattre. Beaucoup de leurs officiers brisaient leur épée pour ne pas la tourner contre la nation; les soldats, enveloppés depuis deux jours par des masses renaissantes qui les provoquaient à la concorde, ne pouvaient croire que le droit fût d'un côté, le peuple de l'autre, et qu'il y eût une discipline militaire plus sainte que le patriotisme. Accoutumés à marcher avec sécurité de devoir derrière la garde nationale, la présence des gardes nationaux en uniforme et en armes dans les groupes des insurgés les déconcertait; ils se bornaient à rester sous les armes dans les positions qu'on leur avait assignées et à refouler avec douceur les masses impatientes de combats. Quelquefois même ils laissaient passer les citoyens armés qui couraient d'une barricade à l'autre et d'un assaut à un autre. M. de Polignac et le maréchal Marmont, en disséminant et en isolant ces corps, leur avaient enlevé cette force morale de cohésion et d'unité qui fait les armées. Le 15ᵉ régiment, bientôt submergé par les combattants qui descendaient des rues indigentes du Panthéon et du quartier prolétaire de Bercy, laissa fusiller d'un bord à l'autre la garde royale, maîtresse de l'hôtel de ville, mais emprisonnée dans sa conquête. Quelques colonnes intrépides de jeunes gens enivrés d'ardeur et de poudre osèrent s'avancer sur le pont balayé par la mitraille de la garde et succombèrent en cherchant à le franchir.

Ce fut là qu'un adolescent inconnu, tenant à la main un drapeau tricolore et s'élançant à une mort certaine pour frayer la route aux survivants, tomba sous les balles enveloppé de son drapeau, et pensant à la gloire à son dernier soupir, s'écria : « Mes amis, souvenez-vous seulement que je me nomme d'Arcole ! » Il baptisa de son sang son premier monument, et le peuple, frappé de la consonnance, donna ce nom héroïque au pont qui le porte encore.

VIII

La seconde colonne de la garde qui marchait par le boulevard à la Bastille et qui de la Bastille devait, par la rue Saint-Antoine, rejoindre le général Talon à l'hôtel de ville, se heurta à la porte Saint-Denis contre l'insurrection du faubourg, qu'elle enfonça à coups de canon. Mais à peine le général Saint-Chamand, qui commandait cette aile détachée du corps, avait-il traversé ou dispersé devant lui la multitude, qu'elle refluait sur ses flancs et sur son arrière-garde et que des barricades innombrables s'élevaient pour lui fermer le retour. Cette colonne, parvenue jusqu'à la place de la Bastille, s'y trouva tellement cernée par les barricades et par les maisons crénelées de la rue Saint-Antoine, dont un feu meurtrier pleuvait d'en haut sur les soldats, que le général, dans l'impossibilité de reculer ou d'avancer vers le but de son mouvement, l'hôtel de ville, continua sa marche vers le pont d'Austerlitz, et traversa ce pont pour tourner par les boulevards du sud et pour rejoindre l'armée par une route découverte.

Un escadron de cuirassiers et le 50° régiment de ligne, se rencontrant fortuitement quelques moments après sur la place de la Bastille, tentèrent néanmoins de traverser ensemble la rue Saint-Antoine sous le feu des barricades successivement emportées et sous les meubles et les pavés qui les écrasaient du haut des maisons; ils atteignirent, décimés et découragés, la place de Grève, que le général Talon disputait depuis deux heures au peuple par des sorties réitérées. Le 50° régiment de ligne, lassé de combattre et ébranlé par l'unanimité de la révolte qu'il contemplait depuis le matin, était prêt à se retirer de la lutte soutenue par la garde royale presque seule; ce régiment entra à l'abri du feu dans les cours de l'hôtel de ville et livra ses cartouches aux troupes du général Talon, qui croyait devoir au roi une fidélité personnelle jusqu'à la mort. Un bataillon de Suisses, renfort envoyé à l'hôtel de ville par le maréchal Marmont, y pénétrait au même instant en s'enveloppant d'un feu qui foudroyait sur toute la route les masses compactes à travers lesquelles il s'était ouvert le passage. Déjà les différents corps de l'armée du maréchal ne communiquaient plus avec lui que par des émissaires déguisés en hommes du peuple qui portaient les ordres ou les informations d'un détachement à l'autre.

Ces troupes séparées de leur centre, sans pain, sans vin, sans munitions, sans ambulances pour leurs blessés, sans renforts pour réparer leurs pertes, anéanties par quarante-huit heures de combat, et par la chaleur de solstice qui brûlait les pavés, emprisonnées dans leurs positions, assaillies par des feux couverts qui les frappaient sans qu'elles pussent répondre, se demandant pour qui et contre qui elles combattaient, succombaient à la fois à la soif, à la faim, à la lassitude, au doute, au remords. Le spectacle de leur capitale en feu, les supplications des vieillards et des femmes qui les conjuraient, les mains jointes, d'épargner leur patrie et d'embrasser leurs frères, la tristesse de leurs officiers que l'honneur seul retenait à leur poste, la vue de ce drapeau tricolore, idole exhumée du soldat, contre lequel le feu qui le déchirait lui paraissait sacrilége; les cris de : « Vive la charte! vive l'armée! vive la liberté! vive la France! A bas les ministres, assassins du peuple! » la multitude toujours croissante qui dans la lutte même ne leur montrait que du sang mais point de victoire possible; enfin cette rumeur immense qui s'élevait de Paris en grossissant toujours comme le gémissement sourd de la mère commune immolée par ses propres enfants, tout achevait de consterner les soldats. Ils s'apercevaient eux-mêmes des défauts de plan, d'unité, d'ensemble, de liaison dans les dispositions ou dans les tâtonnements de leur général. Beaucoup déchargeaient leurs fusils en l'air, quelques-uns les livraient au peuple, un plus grand nombre pactisaient avec lui. N'obéissant plus aux ordres transmis par le quartier général, ils gardaient aux applaudissements de la foule une neutralité sous les armes. La garde seule combattait encore, mais que pouvaient cinq ou six mille soldats héroïques, harassés de trois jours et trois nuits de lutte contre une intarissable population?

Déjà les masses populaires, s'accumulant de plus en plus autour des quartiers, avenues du palais, fusillaient la colonnade du Louvre du haut des toits et des fenêtres des petites rues qui débouchaient sur ce monument. Le vieux général vendéen d'Autichamp, commandant du Louvre, que le poids des années empêchait de se tenir debout, assis sur une chaise au pied de la colonnade, encourageait par son exemple les Suisses qui défendaient ces abords du palais des rois.

Le régiment chargé d'occuper le marché des Innocents, écrasé par les pavés qui pleuvaient des toits sur sa tête, marchant d'assaut en assaut pour franchir les barricades accumulées dans ces rues étroites, regagnait les boulevards sans pouvoir remonter vers la rue de Richelieu, et cherchant enfin une issue plus qu'une victoire, remontait au hasard la rue Saint-Denis, rapportant sur ses fusils entrelacés son colonel, M. de Pleine-Selve, frappé à mort, et conservant le sang-froid et l'intrépidité de sa vie.

Marmont, réduit à un petit nombre de bataillons et d'escadrons occupant à peine le Carrousel, la rue de Rivoli, la place de la Concorde, la place Vendôme, le Louvre, sentait enfin la ville lui échapper, et se voyait réduit par la nécessité à la seule tactique à suivre dans les soulèvements populaires, séparer les troupes du peuple, et concentrer l'armée dans une enceinte circonscrite et dominante d'où elle peut frapper des coups décisifs, et se replier au besoin sur elle-même sans être atteinte. Il envoyait des officiers déguisés porter à l'hôtel de ville et à tous les détachements épars l'autorisation de se retirer pendant les ténèbres sur les Tuileries. Quelques-uns recevaient cet ordre et se disposaient à y obéir; le plus grand nombre, parmi les troupes de ligne, le recevaient et se réservaient d'y désobéir. Trois ou quatre de ces régiments avaient déjà fait leurs traités tacites avec la sédition. Les habitants des quartiers où stationnaient ces troupes épuisées les désarmaient de toute hostilité par leurs soins et par leurs caresses. On voyait les femmes, les filles, les sœurs des combattants s'apitoyer sur le sort des soldats mourants de soif, leur apporter des vivres et du pain, et soigner elles-mêmes leurs blessés. Aussitôt qu'un combattant tombait, il devenait sacré pour les deux partis. La guerre civile, toute politique et pour ainsi dire de situation plus que de cœur, n'avait point étouffé l'humanité dans le peuple de Paris. Il combattait, il n'assassinait pas; un ennemi désarmé devenait un frère. Les enfants seuls de Paris, des ateliers, des faubourgs, des tavernes et des échoppes, vagabonds sans autre famille que la foule et sans autre foyer que les tumultes, se signalèrent par des audaces que la pitié qu'on a pour leur âge rendait parfois, mais rarement, sans danger pour eux. Ce furent des mains d'enfants irresponsables qui tuèrent des officiers de la garde immolés dans cette lutte. Ils rachetèrent plus tard cette renommée de l'enfance de Paris par leur intrépidité, par leur dévouement et par leur discipline, quand une révolution prudente les enrégimenta dans la garde mobile, où ils devinrent les sauveurs de la ville dont ils avaient été les fléaux.

IX

Au bruit de cette longue et confuse mêlée, à laquelle l'immobilité du roi à Saint-Cloud, l'obstination du prince de Polignac et l'insuffisance des forces de Marmont ne laissaient déjà plus d'autre perspective qu'une révolution, les chefs de faction continuèrent à délibérer dans l'hôtel de

M. Laffitte et de M. de La Fayette. Ces délibérations sans énergie ne répondaient ni à l'exaltation du peuple, ni à l'urgence des résolutions. M. Audry de Puyraveau convoqua dans sa maison tous les députés présents à Paris et tous les organes influents de la presse libérale, bonapartiste, républicaine, appelés par la notoriété de leur nom et de leur opinion à imprimer à une soudaine commotion une pensée et un but en proportion avec sa grandeur. Une jeunesse ardente, reste encore calciné de tous les foyers mal éteints des conspirations de quinze ans, se pressait dans les vestibules et dans les cours de la maison de M. de Puyraveau, prête à obéir si les résolutions étaient énergiques, prête à souffler ses turbulences sur le conseil si elles étaient molles, prête à aller chercher des chefs plus résolus si elles trompaient son impatience de renversement.

M. Mauguin, jeune orateur du barreau, que la nature avait fait pour la tribune, qui avait dans la pensée, dans la physionomie et dans la voix ce tranchant de Danton, son secret modèle, qui donne à chaque parole la brièveté, la promptitude et la portée d'un coup asséné sur l'événement, vit d'un coup d'œil au fond de cet abîme. Il avait l'orgueil de ne pas se laisser devancer par l'imprévu. « C'est une révolution, dit-il, ce n'est pas une émeute. Voulez-vous la conduire, commencez par la comprendre ; voulez-vous qu'elle prenne d'autres chefs, hésitez. Entre le peuple et la garde royale vous avez à choisir ; entre le peuple et ses ennemis il n'y a de place que pour les lâches, bientôt répudiés par les deux partis. Prononcez-vous pour la révolution, ou la révolution se fera sans vous et contre vous ! »

Les hommes nombreux qui attendent les événements accomplis de peur de se tromper d'heure murmurèrent à ces paroles, et s'abritèrent dans la légalité défensive. M. Guizot lut un projet de déclaration des députés illégalement dissous, disait-il, et réclamant leur titre de représentants légaux de la nation, dont la violence seule les empêchait de faire usage pour conseiller la couronne et préserver le pays. M. de La Fayette et le parti républicain s'indignèrent des protestations de fidélité au monarque contenues dans cette déclaration, à la fois timide et insurrectionnelle, pendant que les troupes de ce monarque levaient le fer et le feu sur la tête du peuple. Les amis du général Sébastiani y voyaient au contraire une révolte déclarée contre les prérogatives trompées mais légales de la couronne, une médiation impérative et révolutionnaire des députés sans mandat réel, attentant à la fois aux droits du peuple et du trône. M. de La Fayette souriait de dédain aux scrupules de M. Guizot, comme aux scrupules de ses contradicteurs; l'insurrection, base de sa vie politique, lui semblait légitime dès qu'elle était possible. Casimir Périer, déjà embarrassé d'un excès de victoire, homme également antipathique à la révolution, qu'il redoutait par souvenir, et à la contre-révolution, qu'il abhorrait par orgueil, penchait pour des négociations d'où le libéralisme plébéien mais monarchique sortirait inévitablement maître à la fois de la cour et du peuple. Il croyait à la puissance de la popularité sur le cœur de Marmont, et il espérait en la tentation de l'or sur ses besoins. « Quatre millions ne seraient pas mal employés ici, dit-il à l'oreille de M. Laffitte, qui avait autant à perdre dans des ruines et autant à conserver dans des transactions que lui-même, il faut traiter avec Marmont. »

Cette insinuation évasive des résolutions extrêmes fut accueillie par la majorité des députés présents. M. Laffitte fut chargé de désigner lui-même les négociateurs qui se rendraient avec lui aux Tuileries pour porter au maréchal les reproches et les supplications du peuple. On remit les résolutions suprêmes après cette entrevue, dont les plénipotentiaires officieux devaient rapporter les résultats le soir chez un autre député de Paris nommé Bérard.

X

Un homme que la science avait lié avec Marmont, M. Arago, son collègue à l'Institut, avait devancé aux Tuileries la députation. Confident la veille des anxiétés du maréchal, plaignant dans son cœur le rôle funeste que le hasard faisait à son ami vaincu ou vainqueur, détestant la guerre civile, entraîné par ses enthousiasmes vers la république, retenu par honnêteté dans la monarchie, M. Arago accourait de lui-même au secours du maréchal pour lui suggérer un de ces partis intempestifs qui perdent une cause en sauvant un général.

Marmont devina sur le visage de son ami les ouvertures sincères et inacceptables qu'on venait lui faire au milieu du feu. « Non, non, dit-il avant que M. Arago eût parlé, ne me proposez rien qui me déshonore. » M. Arago conjura le maréchal de déposer à l'instant le commandement et de se retirer vers Charles X en lui offrant son épée pour sa défense personnelle, mais en la refusant au crime de ses ministres. Ce conseil, que le zèle aveugle de l'amitié pouvait seul inspirer à un homme réfléchi, honorable la veille, ne pouvait s'appeler le lendemain que d'un nom qui répugne aux soldats, défection sous les armes. Marmont le rejeta avec douleur, mais avec un soulèvement de son honneur militaire qui détourne de sa mémoire toute ombre de trahison. « Vous savez mieux que personne, dit-il à M. Arago, si j'approuve ces odieuses et fatales mesures! mais je suis soldat! Je suis au poste où la confiance du roi m'a placé! Abandonner ce poste sous le feu d'une sédition, manquer à mes troupes, découvrir mon prince, ce serait la désertion, la fuite, l'ignominie! Mon sort est affreux, mais il est fatal, il faut qu'il s'accomplisse! »

M. Arago insistait encore, quand des officiers couverts de sang vinrent demander au maréchal des renforts et des canons pour ses lieutenants engagés à forces inégales au marché des Innocents et à l'hôtel de ville. « Je n'ai pas de troupes à leur envoyer, répondit le général désespéré, qu'ils se suffisent à eux-mêmes! » On annonça en ce moment les députés conduits par M. Laffitte. M. Arago se retira. M. Laffitte tenait sa fortune d'une famille alliée à celle de Marmont; il avait sur l'esprit du maréchal l'influence que donne une longue et tendre familiarité. M. Laffitte entra et présenta au maréchal ses quatre collègues, le général Lobeau, le général Gérard, MM. Mauguin et Casimir Périer, tous hommes capables de comprendre et de ménager les susceptibilités de l'honneur militaire et les gravités d'une négociation. L'entretien fut long, triste, pathétique, du côté des députés, désespéré du côté du général; il y eut dans les regards autant d'intelligence douloureuse que de contradiction officielle dans les situations. Marmont avait des larmes dans les yeux; on ne lui demandait que de suspendre le feu : c'était une trêve; une trêve, pour qu'elle fût honorable et sûre, devait être réciproque. Il demandait à son tour que le peuple désarmât devant ses troupes; les députés n'avaient pas mandat du feu populaire pour le faire éteindre à leur voix; rien ne pouvait se conclure entre des hommes dont les uns demandaient à l'autre de se déshonorer. « Eh bien! s'écria M. Laffitte, puisque le sang va couler encore, je passe du côté de ceux qu'on mitraille! — Que puis-je faire? répondit Marmont avec l'accent d'un homme qui tente sans espoir un dernier parti, je ne puis qu'écrire au roi, je vais lui écrire!... » Les députés se levèrent pour se retirer. « Attendez un instant, » dit le maréchal, comme s'il eût eu l'inspiration soudaine d'un dernier espoir. Les députés attendirent, Marmont ouvrit une porte et sortit.

XI

Le conseil des ministres, en permanence depuis la journée du 27, était réuni aux Tuileries, afin de délibérer plus près des événements et d'abriter leur vie contre la fureur du peuple dans le seul asile qui restât au gouvernement sous le canon de l'armée. Ils n'agissaient pas néanmoins, et ne pouvaient agir depuis que le gouvernement, qui n'était plus que le combat, avait passé tout entier entre les mains du maréchal. Ils représentaient seulement au château l'autorité suprême du roi, et ils pouvaient seuls prendre en son nom les décisions politiques inspirées par les événements. Toujours convaincus que l'émotion artificielle et maîtrisée d'une partie du peuple n'était qu'une sédition prête à s'éteindre dans le sang de quelques factieux, ils n'éprouvaient ni remords ni crainte de cette explosion révolutionnaire, d'où la monarchie sortirait d'autant plus invincible, qu'elle aurait été plus combattue. Le prince de Polignac venait de communiquer à ses collègues une liste de quelques grands noms populaires et suspects qu'il allait remettre au maréchal Marmont pour qu'il ordonnât à la gendarmerie de les enlever de leur domicile et de les frapper d'impuissance en les jetant dans les prisons.

Le maréchal, les traits bouleversés par le combat qui se livrait dans son âme, ouvrit la porte de la chambre du conseil, et, prenant à part le prince de Polignac, il lui communiqua l'état de Paris, l'obstination de la lutte, les efforts héroïques mais insuffisants de la garde royale, l'ébranlement et le commencement de défection de la troupe de ligne. « Eh bien ! répliqua avec une aveugle énergie d'inflexibilité le prince, si les troupes passent au peuple, il faut tirer sur les troupes ! »

Marmont raconta aux ministres la visite des députés qu'il venait de recevoir, et la substance de son entretien avec eux. Espérant que la douleur et le patriotisme de ces citoyens, les plus influents de Paris, exerceraient une certaine pression de compassion ou de crainte sur l'esprit ou sur le cœur du président du conseil, il lui demanda s'il consentirait à les voir lui-même. Le prince de Polignac parut accueillir avec empressement cette entrevue, et permit au maréchal de les faire entrer. Un aide de camp reçut ordre d'aller les chercher et de les introduire. Mais à peine l'aide de camp était-il sorti de la chambre du conseil, que le prince, réfléchissant qu'une conférence pour laquelle il était résolu à ne rien accorder ne serait aux yeux de la révolte qu'une apparence de négociation qu'on traduirait en faiblesse, rappela le messager et chargea le maréchal de répondre aux cinq députés qu'il n'avait rien à entendre, puisqu'il n'avait rien à répondre.

Les négociateurs, trompés dans leurs espérances, allèrent rapporter à leurs amis et au peuple leur découragement et leur indignation. Les ministres, entourés du petit nombre d'affidés qui flattent jusqu'à la mort les pouvoirs debout, se complurent jusqu'au soir dans de vaines proclamations aux troupes et au peuple, qui ne passaient pas même les murs de l'enceinte où elles étaient conçues. Ils commencèrent à se défier de la fidélité du maréchal, à interpréter en trahisons ses malheurs et ses revers, à s'étonner de son immobilité dans le palais, pendant que sa présence et son épée auraient dû, selon eux, commander la victoire à ses colonnes. Quelques-uns allèrent jusqu'à redouter les millions dont Casimir Périer avait parlé à la réunion des députés. Le peuple, de son côté, accusait les millions de la cour, chimériquement prodigués au maréchal pour acheter le sang du peuple, et vociférait sous le plomb de la garde : « C'est Marmont qui paye ses dettes ! » Odieuse calomnie des deux côtés, qui n'attestait que la fatalité du rôle et l'indécision du général.

XII

Marmont, fidèle à la promesse qu'il avait faite aux députés, écrivit au roi que la sédition n'était plus une émeute, mais une révolution debout, que la couronne pouvait être encore sauvée par des mesures spontanées de son cœur, que le lendemain ces prudences deviendraient peut-être des nécessités dégradantes pour la royauté, que les députés qu'il avait entretenus promettaient de tout calmer si le roi retirait les ordonnances, que, du reste, les troupes concentrées par lui dans une position inexpugnable pouvaient y braver pendant plus d'un mois les forces désordonnées du peuple. Le prince de Polignac écrivait de son côté à Saint-Cloud des lettres empreintes de la confiance imperturbable de son âme, et le roi répondait de ne rien céder, de se concentrer autour du palais et de déployer des *masses* contre les assaillants. Ces masses imaginaires ne consistaient plus qu'en quatre mille cinq cents hommes de la garde royale, dont plus de deux mille étaient cernés loin des Tuileries et de la main du général. « Paris est dans l'anarchie, disait le roi, l'anarchie le ramènera à mes pieds ! » En vain quelques officiers au coup d'œil exercé, tels que le général Vincent et le général Alexandre de Girardin, grand veneur, après avoir parcouru le champ de bataille, pénétrèrent-ils jusqu'à lui pour lui révéler le péril et lui insinuer la prudence. La duchesse de Berri, téméraire comme la passion, accourut et s'emporta contre des concessions qui découronneraient son fils. « Hélas ! madame, répondit le général Girardin, ce ne sont pas mes intérêts que je défends ici, mais bien les vôtres ; le roi ne joue pas seulement sa couronne, il joue celle de son fils, il joue celle de votre fils, madame ! » Mais les princesses, tantôt par leur exaltation, tantôt par leur abattement, toujours à contre-temps, devaient pousser trois fois la royauté à sa perte. Elles rendaient au chef de la dynastie les illusions dont on les avait si longtemps flattées. Le prince de Polignac et le coup d'État qu'elles accusèrent le lendemain étaient en partie leur ouvrage. Leur entourage, qui avait fanatisé le roi, l'empêchait maintenant de regarder à deux pas devant lui et de se détourner pour sauver sa race et elles-mêmes. Le duc d'Angoulême répondait à tout : « Je suis le premier sujet de mon père, et je ne dois avoir d'autre volonté que la sienne! »

M. de Vitrolles lui-même, toujours jeté à travers les événements, pour saisir l'heure où les princes subissent les conseils officieux, parvint jusqu'au roi. Il lui conseilla de fléchir devant la nécessité pour se relever ensuite sur de meilleures circonstances. Il cita au roi l'exemple des grands politiques, qui louvoient devant l'obstacle pour reprendre le vent et revenir au but. Le roi, capable de fanatisme, mais incapable de machiavélisme, rejeta bien loin ces exemples et ces conseils; il aimait mieux briser sa couronne que son caractère; il ne croyait ni les dangers aussi extrêmes, ni les moyens qu'on lui présentait de toute part compatibles avec son honneur; il évitait même, autant qu'il le pouvait, tout entretien sur les affaires publiques avec ces conseillers bénévoles qui assiégeaient en ce moment la porte de ses appartements à Saint-Cloud, et qui, après l'avoir poussé quinze ans aux témérités et aux aventures, le poussaient maintenant à la retraite au milieu de l'action, et aux lâchetés devant le feu.

XIII

Quelques-uns de ces hommes l'abandonnaient déjà à son obstination, qui était leur ouvrage, et couraient tenter la duchesse de Berri par l'exemple de Marie-Thérèse conquérant la fidélité de ses Hongrois par l'enthousiasme et par l'acclamation pour une femme. On lui proposait de s'échapper de Saint-Cloud avec un groupe d'officiers et de soldats dévoués, de surprendre en passant à Neuilly le duc d'Orléans, de le décider à la fidélité par la force, ou de l'enlever à la révolution en le gardant en otage; d'entrer dans Paris, son fils, le duc de Bordeaux, dans ses bras, de parcourir les boulevards en invoquant pour cet enfant d'un martyr et pour cette victime de la démence d'un vieillard la pitié du peuple, d'émouvoir les ennemis mêmes de la royauté par ce spectacle théâtral infaillible sur les sens pathétiques d'une multitude, et de reconquérir avec des larmes un trône qu'on ne pouvait plus retenir avec du sang. La jeune duchesse souriait à cette scène, où l'héroïsme romanesque qui plaît aux femmes se trouvait associé à la tendresse d'une mère et à l'ambition d'une princesse. Révélée au roi par un confident de cette pensée fugitive, l'entreprise n'alla pas au delà d'une chimère. Charles X défendit au baron de Damas de consentir à une folie maternelle qui livrait son pupille à la révolution sous prétexte de la dompter. Le peuple, sans doute, disait-il, pouvait adopter dans une exaltation subite la veuve et l'orphelin du trône, et les ramener aux Tuileries; mais il lui aurait arraché en même temps toutes les conditions d'une royauté illusoire et asservie aux caprices populaires; il aurait fait du petit-fils l'usurpateur forcé de la couronne de son oncle et de son aïeul, et cet enfant, le matin espoir et amour du duc d'Angoulême et de Charles X, devenait le soir entre les mains du peuple le roi de la guerre civile et l'ennemi né de toute sa maison. Le roi d'ailleurs, quoique justement étonné de l'absence du duc d'Orléans, premier prince du sang et comblé de ses bienfaits, dans un moment qui appelait tous les défenseurs naturels du trône auprès du monarque, aurait rougi de soupçonner ce prince d'une pensée criminelle et de prévenir une défection par une violence. La duchesse de Berri et ses conseillers furent désavoués et surveillés dans le château. Le roi se renferma le reste du jour avec son fils dans ses appartements inaccessibles, attendant la victoire et gourmandant la lenteur de Marmont.

XIV

Pendant ces premières agitations à Saint-Cloud, le peuple continuait à combattre et à vaincre, les députés et les chefs de faction à se concerter. A onze heures du soir une troisième réunion s'agitait dans la maison de M. Audry de Puyraveau. Après avoir entendu avec indignation le récit fait par M. Laffitte de l'entrevue des commissaires avec Marmont, et du refus de M. de Polignac d'écouter même les gémissements du peuple, on convint, si rien n'avait changé pendant la nuit, de se prononcer enfin, non plus en médiateurs, mais en ennemis, d'arborer le drapeau tricolore, de se mettre à la tête du peuple et de fermer tout retour à la royauté en proclamant le roi et ses ministres ennemis publics. Le lieu de cette délibération suprême fut assigné dans l'hôtel de M. Laffitte à six heures du matin. Le général Sébastiani se prononça seul avec une froide prévision d'homme d'État contre une résolution qui rendrait la couronne et le peuple irréconciliables. M. Guizot resta pensif et muet. M. de La Fayette, appuyé sur le bras de M. de Lasteyrie, fut reconnu par le peuple en sortant de la réunion, et provoqué par des acclamations républicaines à achever enfin la révolution qu'il fomentait depuis quarante ans, et qu'un mot de lui allait faire éclore. Il rentra dans sa maison enivré de popularité, serrant les mains des républicains, souriant à leur pensée, retenant le mot sur leurs lèvres, attendant le lendemain, provoquant toujours, n'éclatant jamais : éternel préambule d'une république qu'il n'avait cessé toute sa vie de conspirer et d'ajourner.

A la même heure toutes les colonnes et tous les postes de la garde royale, profitant des ténèbres de la nuit et du sommeil du peuple, qui conquiert bien un champ de bataille, mais qui ne le garde jamais, se repliaient vers les Tuileries en emportant leurs blessés sur leurs fusils entrelacés, et en laissant une longue trace de sang sur les pavés des barricades; Paris entier était à l'insurrection.

XV

Cette évacuation complète de la capitale et les découragements du quartier général pendant cette funèbre nuit avaient enfin ébranlé aux Tuileries la confiance des ministres et brisé à moitié l'âme de M. de Polignac. Ils se sentirent trop tard inégaux aux forces qu'ils avaient provoquées, et résolurent de se rendre tous ensemble à Saint-Cloud pour remettre leur gouvernement vaincu et ensanglanté au roi, et lui conseiller les concessions, seule condition désormais de la couronne.

XVI

Au moment où ils se préparaient à monter en voiture pour conduire à Saint-Cloud ce cortége de la monarchie, quatre membres de la chambre des pairs forcèrent avec l'autorité de leurs noms l'entrée du palais; ils demandèrent impérieusement à entretenir le maréchal, le prince de Polignac et les ministres. C'étaient M. de Semonville, M. d'Argout, M. de Vitrolles et M. Alexandre de Girardin. On connaît M. de Vitrolles et M. de Girardin, déjà porteurs de conseils importants la veille à Saint-Cloud, accourus à Paris pendant la nuit pour éventer d'autres événements et pour intervenir par de nouveaux zèles. M. d'Argout, jeune alors, royaliste par naissance, libéral par bon sens et par ses liaisons intimes avec M. Decazes, d'un coup d'œil juste et perçant dans les affaires, d'une résolution prompte, d'une âme forte et active, était de ces hommes qui n'ont ni système exclusif, ni préjugés, ni superstitions pour ou contre les institutions ou les dynasties, mais qui considèrent les gouvernements comme un mécanisme habile, nécessaire et pour ainsi dire artistique, à la tête des peuples, et qui s'affligent par sentiment et par patriotisme quand ces beaux mécanismes, chefs-d'œuvre de l'esprit humain, s'écroulent, se pulvérisent en fange et en sang sous les démences du pouvoir ou sous les excès du peuple, et menacent les nations d'anarchie, et qui enfin se hâtent d'en recueillir les débris avant le complet renversement pour en recomposer un autre gouvernement.

Quant à M. de Semonville, il faudrait remonter aux temps de Rome et d'Athènes pour trouver en un seul nom tant de souplesse à revêtir et à dépouiller tous les rôles, tant de banalité dans les dévouements, tant de promptitude aux défections, tant d'audace dans les revirements, tant de prostration dans la flatterie, tant d'à-propos dans l'insolence, tant de coup d'œil à deviner ceux qui s'élèvent, tant de précision à déserter ceux qui tombent, tant d'équilibre entre les fortunes encore indécises, tant de célérité à devancer même le hasard pour arriver le premier à l'événement nouveau et pour prendre poste dans le succès. Son nom, orné de beaucoup de dignités, salaire de ses défections, s'était aplati dans la considération publique, mais insinué par son aplatissement même dans tous les gouvernements successifs depuis 1789 jusqu'à la république, à l'empire et à la restauration. Homme inévitable, qu'on aurait voulu toujours éloigner, mais qui trouvait moyen d'entrer toujours, parce qu'il avait l'adresse de se confondre avec une nécessité du moment; il avait en lui ce don des prophéties que donne le besoin d'utiliser les circonstances. Quand on voulait savoir où soufflait le vent, on regardait M. de Semonville. Homme, du reste, qui n'avait rien d'odieux ni de sinistre dans les actes et dans les souvenirs de sa vie; personnage de la haute comédie et non de la tragédie des révolutions, il était parvenu en serpentant jusqu'à la dignité de grand référendaire de la chambre des pairs, sorte de surintendance domestique plus que politique de ce grand corps de l'État, qui lui donnait ascendant sur les habitudes plus que sur les opinions de ce sénat.

XVII

M. de Semonville apostropha le prince de Polignac avec la véhémence jouée que lui donnait le sentiment anticipé d'une ruine immense, lui demandant compte, au nom de la pairie, du roi et de la nation, du sang répandu et de la monarchie perdue. M. de Polignac, qui connaissait l'homme, ne s'offensa pas de ces éclats de colère faits pour retentir au dehors, entremêlés de conseils familiers, et que le peu de gravité de l'interlocuteur encourageait assez à dédaigner. Les ministres, déjà résolus à la retraite, prêtèrent une oreille plus attentive aux conseils de M. d'Argout, qui leur peignit, sans exagération comme sans outrage, la situation de Paris, et qui ne leur laissa voir de salut pour le roi que dans le rappel immédiat des ordonnances et dans la prompte nomination d'un ministère de réconciliation et de paix. Cet avis était tellement déjà celui du ministère, que M. de Polignac autorisa M. de Semonville et M. d'Argout à le suivre à Saint-Cloud, où il leur procurerait une audience immédiate du roi pour parler à son maître contre lui-même. M. de Vitrolles, quoique son nom eût une signification bien antilibérale, s'adjoignit encore à ces deux négociateurs de concessions, et partit avec eux pour Saint-Cloud. M. de Semonville, en quittant les ministres et en traversant l'appartement du maréchal, insinua, dit-on, à Marmont de prendre lui-même l'initiative du salut forcé du roi en arrêtant M. de Polignac et tous les ministres. Le maréchal, en prenant sur lui une telle dictature, aurait ainsi détrôné son maître avec l'épée reçue de lui pour le défendre ; il rejeta loin de lui une si coupable insinuation.

Le maréchal, interrogé par les ministres avant de quitter Paris et Saint-Cloud, leur montra ses positions concentrées autour du château, et leur dit en propres termes : « Vous pouvez affirmer au roi que, quoi qu'il arrive, et sans avoir besoin de nouveaux renforts, la population tout entière de Paris s'armât-elle contre moi, je puis tenir quinze jours !... Oui, répéta-t-il en appuyant sur sa conviction, cette position est inexpugnable, et j'y tiendrais contre tout Paris pendant quinze jours ! »

Les ministres partirent aux premiers coups de feu qui retentissaient sur les quais et à l'attaque de la colonnade du Louvre par le peuple. Il était neuf heures. Ils trouvèrent en arrivant à Saint-Cloud le roi en conférence avec M. de Semonville, M. d'Argout et M. de Vitrolles. Ils respectèrent le caractère confidentiel de cet entretien, et attendirent dans le salon qui précédait le cabinet du roi que ce prince eût congédié ces trois médiateurs. Ils trouvèrent le roi prémuni d'avance par une inflexible résolution, par une incrédulité obstinée contre les avertissements sinistres qu'ils le conjuraient d'entendre. Le calme de la force était sur ses traits. « Eh bien ! Sire, faut-il tout vous dire enfin ? s'écria M. de Semonville, autorisé à ces paroles par le silence de ses collègues ; si dans une heure les ordonnances ne sont pas révoquées, plus de roi, plus de royauté ! — Vous m'accorderez bien deux heures ? » lui répondit le roi avec une confiante ironie et en se retirant. M. de Semonville, acteur consommé, qui aimait les scènes théâtrales, et qui avait des larmes dans le rôle, même quand il n'en avait pas dans le cœur, se jeta aux pieds du monarque, embrassa ses genoux, le retint par ses habits, et se traînant à genoux sur le parquet, s'écria en sanglotant : « La Dauphine ! Sire, songez à la Dauphine ! » espérant vaincre par l'image détrônée de la fille de Louis XVI la résistance du roi. Le prince s'éloigna, échappant avec peine aux supplications importunes d'un homme qu'il n'estimait pas assez pour croire à son désespoir. Sully l'aurait touché et convaincu, M. de Semonville le laissa froid et incrédule. Un homme manqua à ces grands moments.

En sortant du cabinet du roi, MM. de Semonville, d'Argout, de Vitrolles trouvèrent les ministres qui attendaient la fin de leur audience pour entrer au conseil. Le prince de Polignac, en passant devant M. de Semonville, lui dit avec une tragique familiarité en faisant le geste qui décapite : « Eh bien ! vous venez de demander ma tête ? N'importe, j'ai voulu que le roi entendît mon accusateur. » Et le conseil s'ouvrit.

XVIII

Mais, pendant ce voyage de Paris à Saint-Cloud, cette audience du roi aux médiateurs officieux, cette attente des ministres dans les salles du palais, les événements se précipitaient à Paris. Les casernes, à peine défendues par quelques centaines d'hommes abandonnés à eux-mêmes, tombaient une à une au pouvoir du peuple ; l'hôtel de ville, vide par la retraite de la nuit, était occupé par M. Baude, qui y installait d'autorité un gouvernement insurrectionnel.

Les mairies étaient à la fois envahies et défendues par les gardes nationaux armés pour le salut des propriétés. Des colonnes et des détachements de prolétaires, guidés par la jeunesse des écoles, descendaient de toutes les hauteurs de Paris et s'accumulaient autour du Louvre; les régiments de ligne épars dans le centre de la capitale rendaient leurs armes ou pactisaient avec le peuple. Un aventurier nommé Dubourg, ancien officier cherchant fortune dans la cause du jour, achetait un uniforme de général à la friperie; et se faisant suivre du peuple qui cherchait un chef, prenait le commandement militaire de l'hôtel de vIille et y arborait le drapeau noir, en deuil symbolique de la liberté attaquée.

Les bandes armées qui remontaient vers les Tuileries par la rue Saint-Honoré et par la place de la Madeleine se fusillaient avec les avant-postes du maréchal sur la place du Palais-Royal et sur la place Vendôme; des cadavres tombaient des deux côtés. Les troupes de ligne détachées sur la place Vendôme parlementaient avec les assaillants et allaient livrer passage sur le jardin des Tuileries. Un aide de camp vint annoncer cette défection au maréchal; il donna ordre au commandant des régiments suisses, M. de Salis, posté au Louvre avec deux bataillons de ses compatriotes, de lui en envoyer un pour aller couvrir la place Vendôme. M. de Salis voulant faire reposer un de ses deux bataillons, qui combattait depuis le matin dans la colonnade et aux fenêtres du Louvre, lui ordonna de cesser le feu, de descendre et de se rendre à l'ordre du maréchal; il ordonna à l'autre bataillon, qui stationnait dans la cour du Louvre, de monter à son tour dans la colonnade et d'y remplacer le premier.

Par une inadvertance fatale à la journée, un intervalle de quelques minutes s'écoule entre la descente du bataillon relevé et l'arrivée du bataillon neuf, le feu cesse aux fenêtres et sous la colonnade. Le peuple croit que ce silence et cette disparition des Suisses est une retraite, il redouble le feu sans qu'on y réponde; les plus hardis franchissent impétueusement la place Saint-Germain l'Auxerrois, s'approchent des grilles, les enfoncent et inondent la cour pendant que d'autres montent en se suspendant aux moulures de l'édifice du côté du quai jusqu'aux fenêtres, y pénètrent sans obstacle, tendent de là leur main à d'autres assaillants, poussent des cris de victoire, font feu dans l'intérieur des galeries sur les derniers soldats suisses, qui se précipitent par toutes les issues pour gagner la cour; et, brisant les portes de communication entre le Louvre et les Tuileries, fusillent à leur tour par les fenêtres la réserve du maréchal, postée sur le Carrousel.

A ce feu plongeant sur leurs têtes, aux cris des colonnes populaires qui débouchent en même temps par les avenues du Louvre, les faibles restes de la garde royale se replient en désordre sur la cour des Tuileries et s'engouffrent sous la voûte du pavillon de l'Horloge pour s'abriter dans le jardin. Marmont voit de ses fenêtres cette irruption du peuple par tous les guichets et par toutes les fenêtres du Louvre; il retrouve son âme de soldat dans le péril et dans la honte de ses troupes, il descend, monte à cheval, tire son épée, s'élance, suivi de quelques officiers, sur la place du Carrousel, brave héroïquement le feu du Louvre et des tirailleurs du peuple, les fait refluer un moment sous les charges du petit groupe qui l'entoure, rallie ses bataillons et ses escadrons, rompus par la panique, commande la retraite en ordre sur les Champs-Élysées, et, restant le dernier sur la place en tenant les bandes insurgées à distance par des feux de peloton, ne passe lui-même dans le jardin qu'après avoir couvert de son corps le dernier soldat de son armée.

XIX

Pendant que la garde traversait en désordre le jardin pour aller se concentrer dans les Champs-Élysées, et que l'ordre de suivre ce mouvement de retraite était envoyé à tous les corps stationnés à la Madeleine, à la place Vendôme, dans la rue de Rivoli, au Palais-Royal, le peuple, étonné de sa victoire, entrait à la fois par la galerie des tableaux, par le grand escalier et par les fenêtres dans le palais, plantait le drapeau tricolore au sommet de l'édifice, et portant le cadavre d'un de ses combattants, élève de l'École polytechnique, sur le trône, reprochait ainsi à la royauté, par cette exposition symbolique, le sang que ses ministres avaient provoqué et répandu. Il frappait de ses balles égarées, il déchirait de ses baïonnettes, il foulait sous ses pieds nus les portraits, les tentures, le luxe des appartements des princes et des princesses, jouissant de profaner, fier de détruire, mais se surveillant lui-même, et s'interdisant le pillage au sein de la dévastation. Les chefs lettrés des combattants, les gardes nationaux, les ouvriers de luxe, les artistes, les citoyens innombrables, jaloux de la probité du peuple, de l'honneur de la révolution, de la splendeur et des monuments de leur pays, ne tardèrent pas à se précipiter dans le palais et dans les musées au bruit de l'occupation des Tuileries et du Louvre, et à faire du peuple lui-même le gardien de ces monuments et de ces trésors dont il était le conquérant.

Pendant ces combats multiples la mobilité du peuple passait en un moment de la colère à la pitié, au gré de ses impressions soudaines et des premières inspirations qui sortaient de la foule.

Près du Pont-Royal un groupe de furieux s'était rué sur trois malheureux soldats suisses que l'on accablait de coups et d'injures en s'efforçant de les entraîner vers le parapet pour les précipiter dans la Seine. Attiré par ce tumulte, un jeune homme d'une grande force physique et d'une plus grande énergie morale, M. de Chamborant, se jette au-devant des victimes : « Depuis quand, s'écrie-t-il, des Français massacrent-ils ainsi des ennemis vaincus et désarmés? Avant de consommer ce crime, vous passerez sur mon corps ! » Ces mots excitent des bravos sympathiques. Ceux qui laissaient tout à l'heure commettre ce crime en le déplorant sans doute retrouvent le courage d'appuyer les reproches de M. de Chamborant. Celui-ci répond des malheureux soldats, plus morts que vifs. Il leur fait crier : « Vive la charte ! » pour désarmer le peuple. Aidé de quelques braves ouvriers, il les guide jusque dans une maison de la rue voisine, et les fait évader sous un déguisement populaire.

L'insurrection était maîtresse des Tuileries, et après les combattants venaient les pillards. M. de Chamborant, mêlé à la foule, parcourait avec elle les appartements royaux. Dans ceux de la Dauphine, il aperçoit un homme qui s'emparait insolemment de quelques objets précieux. Indigné, M. de Chamborant s'élance et lui fait lâcher prise : celui-ci décharge sur son agresseur un coup de pistolet qui ne fait qu'effleurer ses habits. On entoure les deux lutteurs : la mise de M. de Chamborant, son langage, les injures de son adversaire, semblent révéler en lui un ami ou un défenseur du château, et compliquent son danger. Une voix amie l'en tire : « Vive le fils du général La Fayette! s'écrie-t-elle. C'est lui, je le reconnais! honte et mort aux voleurs! »

La foule répète ces acclamations, et ce nouveau péril est conjuré par l'inspiration d'un homme du peuple.

A l'exception de la rue de Rohan, au confluent de la rue Saint-Honoré et de la rue de Richelieu, près du Théâtre-Français, où Marmont avait négligé de relever un poste qui couvrait le Carrousel, le feu cessa partout, au cri de victoire que la prise des Tuileries répandit dans la ville. Là, cent hommes, fortifiés dans une maison changée en redoute, se défendaient d'étage en étage contre l'invasion acharnée du peuple, et périrent avec leurs officiers, bravement attaqués pendant le combat, lâchement assassinés après la victoire. Un certain nombre de Suisses et de gendarmes, cruellement poursuivis par les hommes de carnage qui déshonorent partout les hommes de combat, expièrent par la mort le crime de leur uniforme odieux au peuple et de leur devoir militaire fidèlement accompli; un plus grand nombre fut abrité, déguisé, sauvé, embrassé par le peuple lui-même. L'injuste colère ne survécut pas au feu, la pitié et l'humanité du peuple furent dignes de sa cause et égales à son héroïsme. Le nombre des morts et des blessés, exagéré, comme toujours, par la jactance des deux partis, ne dépassa pas quelques centaines de victimes dans l'armée et dans le peuple. Le plus illustre de ces martyrs de la loi outragée fut un jeune écrivain qui promettait une gloire de plus à la philosophie française, Georges Farcy. Malgré les pressentiments prophétiques de quelques amis dévoués, il avait marché au feu le second jour de la bataille : en débouchant avec le peuple sur la place du Carrousel il fut frappé d'une balle dans la poitrine. Jeune homme antique, chez qui la grâce cachait le courage, en qui l'héroïsme du cœur s'alliait à la sérénité de l'esprit, et qui était né pour être, selon les temps, un disciple de Platon ou un compagnon de Léonidas.

XX

Le maréchal, après avoir replié toute l'armée entre l'arc de triomphe de l'Étoile et la porte du bois de Boulogne, galopa à travers le bois vers Saint-Cloud pour rapporter au roi son épée. Il entra, seul, couvert de la poussière du combat et de l'humiliation de la défaite, dans le cabinet du roi, à qui, une heure auparavant, il avait juré de défendre quinze jours au moins sa capitale et sa couronne. « Sire ! lui dit-il avec le visage consterné et l'accent désespéré, mais ferme, d'un homme accoutumé aux grands revers, j'ai la douleur d'annoncer à Votre Majesté que je n'ai pu maintenir son autorité dans Paris. Les Suisses, que j'avais chargés de la défense du Louvre, saisis d'une terreur panique, *ont abandonné ce poste important;* entraîné alors moi-même dans une déroute générale, je n'ai pu rallier mes bataillons qu'à l'arc de l'Étoile, et j'ai donné l'ordre de continuer le mouvement de retraite sur Saint-Cloud. Une balle dirigée contre moi a tué le cheval de mon aide de camp à mes côtés; je regrette qu'elle ne m'ait pas traversé la tête!... La mort me serait moins affreuse que le triste spectacle dont je viens d'être témoin! »

Le roi, sans adresser un seul reproche au maréchal, leva les yeux au ciel et reconnut la fortune de sa race. Il congédia Marmont en le priant d'aller prendre les ordres de son fils le duc d'Angoulême, qu'il venait de nommer généralissime de l'armée royale; et il fit rentrer les ministres. Ils venaient eux-mêmes, pendant l'entretien du roi et de son général, d'apprendre les détails de l'évacuation de Paris par le général de Coëtlosquet, accouru à Saint-Cloud.

XXI

Le roi, vaincu mais non découragé, ne paraissait pas sentir que sa couronne était tombée dans la défaite de ses troupes. Il raconta d'une voix ferme à ses ministres son entrevue avec Marmont, et les propositions que lui avaient suggérées M. de Semonville, M. d'Argout et M. de Vitrolles. Ces négociateurs, auxquels il se plaisait à supposer un mandat qu'ils n'avaient reçu de personne, lui demandaient, dit-il, le changement des ministres et la révocation des ordonnances. A ces deux conditions, ils prenaient sur eux de réconcilier la couronne et le peuple, et de donner à cette réconciliation les formes et les respects qui sauvaient l'honneur du trône et la dignité du roi. La chambre des pairs, les cours de justice de Paris se rendraient en corps à Saint-Cloud, supplieraient le roi de pardonner à sa capitale les désordres auxquels elle s'était livrée par excès d'amour pour la charte. Le roi répondrait qu'il consentait à tout oublier pourvu que chacun rentrât immédiatement dans le devoir. Puis une amnistie générale couvrirait les vainqueurs et les vaincus.

Tel était ce rêve; des hommes aussi légers d'influence sur la multitude que M. de Semonville et M. de Vitrolles se flattaient de le faire accepter à un peuple qui ne les connaissait que par leur impopularité. Le roi, défait et humilié, se flattait lui-même de cette chimère. Les ministres sourirent intérieurement de pitié et de dédain pour de tels vertiges. Ils n'eurent pas le courage de déchirer inutilement ce dernier bandeau sur les yeux du roi. Le changement de ministère et le nom des ministres étaient une délibération qui appartenait au roi. Ils se bornèrent à délibérer sur la révocation des ordonnances. Presque tous, craignant trop tard d'entraîner la couronne dans leur chute par une obstination que la fortune venait de condamner, conseillèrent au roi cette faiblesse. C'était, selon eux, le seul moyen d'arrêter l'effusion du sang et de sauver la famille royale, exposée à périr sous les débris du trône renversé pour la troisième fois. « J'ignore si la mesure proposée, dit enfin M. Guernon de Ranville, aurait amené quelque résultat salutaire hier ou ce matin; alors toutefois je l'aurais conseillée au roi comme un moyen de suspendre au moins les malheurs de la guerre civile; mais en ce moment elle ne serait à mes yeux qu'un acte de faiblesse, elle n'aurait d'autre effet que de légitimer en quelque sorte la révolte, et d'enlever à la couronne jusqu'à la dignité du courage malheureux.

» On suppose qu'après s'être compromise jusqu'à violer le palais du roi, l'insurrection se trouvera satisfaite du retrait de ces ordonnances, qui n'ont été évidemment que le prétexte d'un mouvement combiné et préparé depuis longtemps. Cet espoir n'est, selon moi, qu'une illusion : pour peu que l'on veuille examiner la marche des événements, on doit demeurer convaincu qu'il ne s'agit plus maintenant ni du ministère ni des ordonnances, mais du pouvoir royal tout entier, et que la lutte, au point où elle est parvenue, est un combat à mort entre la légitimité et la révolution. Dans une telle position, la mesure proposée ne serait de la part de la couronne que l'aveu d'une défaite absolue et sans ressource; ce serait l'équivalent d'une abdication, car la main qui l'aurait signée serait à l'instant même frappée d'une irrémédiable impuissance. Si une chute définitive et sans retour s'en trouvait empêchée pour le moment, ce ne serait qu'un répit que suivrait bientôt une effroyable catastrophe. Et ce répit, serait-on même sûr de l'obtenir? Quelle garantie apporte-t-on que la paix serait le prix immédiat de l'humiliation de la couronne? Vous n'avez que la parole douteuse de deux hommes sans mission; les grands corps de l'État ratifieraient-ils l'engagement pris en leur nom de sauver au moins quelques apparences en venant demander pardon au nom de la révolte victorieuse? Les révoltés consentiraient-ils à cette étrange démarche? Ont-ils seulement promis de déposer les armes aussitôt que la royauté aura capitulé? S'est-on assuré qu'en leur livrant sans réserve la prérogative royale, on rachèterait par ce sacrifice l'hérédité du trône? S'est-on du moins informé si, dans l'ivresse de leur triomphe, ils ne repousseraient pas avec une sorte de mépris cette concession que l'état des choses rendra peut-être dérisoire à leurs yeux? En un mot, au nom de qui, en vertu de quels pouvoirs MM. de Semonville et d'Argout sont-ils venus proposer au roi une capitulation qu'ils n'auraient pas la puissance de faire accepter aux vainqueurs?

» *Le trône est déjà renversé*, dit-on... Le mal est grand, mais je crois qu'on l'exagère, et je ne puis me persuader que la monarchie soit ainsi brisée *sans combat*. Car, il faut bien le reconnaître, la déplorable guerre de rues dont nous avons été témoins depuis deux jours, quoiqu'elle ait malheureusement fait couler beaucoup de sang, ne constitue pas une résistance énergique telle qu'on doit l'attendre des meilleurs troupes de l'Europe... Quoi qu'il en soit, Paris n'est pas la France : les masses ont pu être égarées par les déclamations du libéralisme, mais elles ne veulent pas de révolution. Les chambres n'en veulent pas davantage; la majorité de l'armée est fidèle; la garde, un moment ébranlée, aura bientôt repris l'attitude qui lui convient; et si la royauté ne s'abandonne pas elle-même, avec de tels appuis, elle triomphera de cette nouvelle tentative révolutionnaire. Si pourtant le génie du mal doit encore une fois l'emporter, si le trône légitime doit encore une fois tomber, qu'il tombe du moins avec honneur, la honte seule n'a pas d'avenir...

» Il me paraît au reste indispensable de rapporter une des ordonnances du 25, non pour satisfaire aux exigences de la révolte, mais parce que l'intérêt de la couronne lui en impose la nécessité, c'est celle qui prononce la dissolution de la chambre nouvellement élue; le gouvernement du roi est dans la légalité, il doit conserver l'avantage de cette position, et Sa Majesté sera bien forte contre les révolutionnaires lorsqu'elle se montrera appuyée par la chambre... Si le roi adoptait ce parti, il serait d'ailleurs indispensable de reculer de quelques jours l'ouverture de la session, qui était fixée au 3 août, et surtout de réunir les chambres dans une ville autre que Paris, ainsi que la charte l'autorise. »

XXII

Ces paroles énergiques d'un homme qui conseillait la veille les concessions avant la défaite, mais qui, après la défaite, déconseillait le déshonneur, furent applaudies du duc d'Angoulême, soldat du moins s'il n'était plus prince. « Je regrette, dit-il à son père, que la majorité du conseil ne l'accepte pas; au reste, si nous sommes réduits à la terrible nécessité de prolonger la lutte, nous trouverons de nombreux auxiliaires dans la fidélité des provinces; mais, fussions-nous abandonnés de tous, le jour qui se lève dût-il être le dernier jour de notre dynastie, nous saurions illustrer notre chute en périssant du moins les armes à la main ! »

Si le roi eût pensé et senti ainsi, il pouvait encore ou conserver ou donner le trône; mais amolli par de longues habitudes de résignation aux disgrâces du sort, n'ayant jamais eu de martial que le geste, vieilli quoique jeune de corps, il avait la témérité qui joue et qui perd les causes sans avoir l'élan qui ranime la fortune. Il ne pouvait plus régner qu'à cheval, comme il l'avait dit tant de fois, il ne se décida pas à combattre et il voulut encore régner. Il se hâta de signer la révocation des ordonnances, de nommer M. de Mortemart président du conseil et ministre des affaires étrangères, de désigner M. Casimir Périer pour ministre de l'intérieur et le général Gérard pour ministre de la guerre. Le duc d'Angoulême, honteux mais muet, assistait en frémissant à tous ces désaveux que le roi se donnait avec tant de hâte à lui-même; il se promenait avec une agitation fébrile et presque convulsive autour de la table de l'abdication, laissant échapper de temps en temps quelques demi-mots qui révélaient le monologue intérieur de son âme, et dont la signification, brisée pour ceux qui les entendaient, se révéla bientôt par son propre dégoût du sceptre. « En vérité, disait ce prince en levant les bras au ciel, on serait tenté de faire comme mon oncle de Savoie !... Mais non !... le duc de Bordeaux !... un enfant sur le trône ! Non, c'est impossible ! »

XXIII

Le roi, après ces signatures et ces nominations qui semblèrent décharger sa responsabilité et rendre le calme à son âme, remercia ses ministres de leur dévouement à sa personne et à sa politique, et les congédia en prince dont le revers ne change pas le cœur. Ils laissaient la couronne perdue par leur complaisance et par leur fanatisme, sur le seuil de ce cabinet où ils ne devaient plus rentrer. Aucun d'eux ne parut y laisser un remords. L'esprit de parti devient chez les hommes une seconde conscience qui trompe sincèrement la conscience innée sur la moralité de certains actes. Ils se croyaient victimes de l'impéritie du prince de Polignac, de la mollesse intéressée de Marmont; coupables, non. Leur défaite pesait sur leur front plus que leur faute. Leur véritable faute, dans ce palais, était d'avoir échoué. Les princesses et les courtisans qui les exaltaient la veille les regardaient déjà avec dédain et bientôt avec colère. Ils n'avaient d'asile que dans ce palais : la mort les attendait à Paris, le soulèvement à leur nom dans les provinces, le reproche et le mépris dans l'armée, l'ingratitude dans cette faction du clergé de cour pour laquelle ils s'étaient dévoués et perdus. Ils s'enfoncèrent un à un dans les appartements et dans les jardins les plus reculés du château, dérobant leurs visages et leurs noms comme des proscrits qui portent malheur à leur asile et qui cependant ne peuvent en changer. M. de Polignac seul resta dans l'arrière-scène comme dans le cœur du roi, oracle dont on s'éloignait officiellement, mais qu'on écoutait encore, ami surtout qu'on n'accusait pas de son malheur, sûr qu'on était de son dévouement.

Le général Alexandre de Girardin, officier intrépide et populaire qui traversait les deux camps à cheval avec la célérité et l'audace heureuse du parlementaire, galopa vers Paris pour y porter la révocation des ordonnances et pour appeler M. de Mortemart à Saint-Cloud. Tout semblait suspendu pendant ces heures de négociation qui suivirent la victoire et la défaite. Le duc d'Angoulême monta à cheval et vint visiter les avant-postes de l'armée royale, mais sans trouver sur ses lèvres une de ces paroles qui relèvent le soldat. La duchesse de Berri, à qui le roi communiqua les résolutions qu'il venait de prendre en lui assurant que, grâce à ces accommodements, elle serait le lendemain avec son fils à Paris : « Qui, moi, répondit-elle, que j'aille montrer aux Parisiens mon visage humilié?... non, non, jamais! »

On attendait d'heure en heure l'arrivée de M. de Mortemart et le résultat des négociations promises par M. de Semonville, M. d'Argout et M. de Vitrolles. Rien n'arrivait que l'immense rumeur de Paris, le bruit des défections successives des troupes de ligne, les fugitifs de la capitale insurgée, grossissant par leurs récits les calamités des trois jours, la nouvelle de l'insurrection de Versailles et des campagnes de la banlieue de Paris, qui cernait de plus en plus la cour et les régiments fidèles mais tristes de la garde royale, venant camper dans les jardins et sous les terrasses du palais. M. de Mortemart était arrivé et s'était entretenu plusieurs fois avec le roi. Homme d'une naissance illustre, d'une fortune immense, sa jeunesse toute militaire, passée dans les camps de l'armée française sous Napoléon, ses services à la restauration comme ambassadeur de France à Saint-Pétersbourg, sa familiarité avec l'empereur de Russie, dont il avait conquis la sévère estime, ses opinions constitutionnelles à la chambre des pairs, son intelligence des conditions nouvelles imposées au gouvernement par le système représentatif, un dédain des chimères de cour et des théories mystiques du parti sacerdotal, avaient donné au nom de M. de Mortemart une de ces considérations libérales qui ne s'élevaient pas comme celle du duc de Broglie jusqu'à la faveur passionnée de l'opposition, mais qui, par leur modestie même, étaient de nature à inspirer confiance à la liberté et sécurité à la dynastie. Son sens droit, sa parole nette, son dévouement froid, sa physionomie noble mais impassible, sa véracité sévère, sa répugnance à rien flatter, même le malheur, lui donnaient quelque ressemblance avec M. de Richelieu, dont il semblait appelé à renouveler le ministère. Une inspiration juste, mais tardive, soit qu'elle vînt de M. d'Argout et de ses collègues, soit qu'elle vînt du roi lui-même, avait mis le doigt de Charles X sur ce nom.

Mais bien que M. de Mortemart fût accouru avec un loyal empressement à la voix de son maître, et qu'il eût reçu de lui le mandat de composer un cabinet aussi désespéré que la circonstance, le roi, qui semblait attendre on ne sait d'où quelque retour miraculeux de fortune, retardait toujours par les formalités et les lenteurs de l'étiquette les actes nécessaires à l'exercice patent et officiel du pouvoir par M. de Mortemart. Prompt à la faute, lent à la réparation, il donnait le temps à la faction d'organiser la victoire et de la pousser jusqu'à un détrônement. Tout se bornait à des conversations dans lesquelles Charles X limitait ses concessions avec son épée, répétait à son nouveau ministre ce qu'il avait si souvent dit à sa cour : « Je n'ai point oublié comment les choses se sont passées il y a quarante ans; je ne veux pas, comme mon frère, monter en charrette, je veux monter à cheval, c'est bien assez que les révolutionnaires ne m'imposent que vous! » Et continuant au milieu de l'écroulement de sa vie les indolentes habitudes des jours paisibles de sa cour, il s'asseyait dans une apparente sécurité à une table de jeu avec la duchesse de Berri, le duc de Luxembourg, le duc de Duras, et jouait quelques poignées de jetons au whist dans un salon d'où l'on voyait les feux des bivouacs de sa garde vaincue, et sa capitale où il avait déjà cessé de régner!

XXIV

A peine osait-on le distraire de son jeu pour lui demander une autorisation ou un ordre. « A demain, » répondait-il à ces importunités du moment. M. de Mortemart, impatient des heures qui emportaient la couronne et qui rendaient son dévouement stérile, conjura le duc d'Angoulême de donner aux régiments campés sur l'avenue de Paris une consigne pour faciliter l'envoi de ses émissaires dans cette ville; le prince, aussi timide devant son père qu'il était brave devant le feu, répondit à peine. M. de Mortemart se retira, découragé et attristé des paroles et des délais du roi, dans un appartement qu'on lui avait assigné au château. Il se sentait à la fois importun et nécessaire, il allait bientôt se sentir inutile; il passa la nuit debout, attendant un signe du roi. Le roi dormait.

XXV

Cependant les courses du général Alexandre de Girardin et le bruit de l'appel de M. de Mortemart à Saint-Cloud se répandaient dans la capitale de bouche en bouche. M. de Girardin, homme de haute naissance, d'activité débordante, lié avec la cour par ses fonctions, avec l'armée par son grade, avec les chefs de faction par son ubiquité dans tous les salons de Paris, était plus propre que tout autre, s'il eût été secondé, à grouper rapidement les hommes de salut autour des débris de la monarchie. Il était à lui seul le mouvement et la renommée d'une capitale. Son zèle cherchait les occasions de servir par nature autant que par sentiment. Familier à Charles X par la direction de ses chasses, son seul plaisir, M. de Girardin avait l'ascendant d'un service quotidien sur son esprit; homme de guerre et d'empire, plus accoutumé à briser qu'à dénouer les situations, il avait été au commencement du ministère Polignac plus enclin au coup d'État qu'il ne convenait à son rôle actuel; mais l'impéritie de l'exécution l'avait promptement rejeté dans le parti contraire. Il rachetait par son ardeur à sauver le roi le tort qu'il avait eu de trop complaire aux emportements qui avaient amené ses dangers. Il se multipliait dans Paris pour convier les hommes populaires à une pacification dont le roi faisait les avances à la liberté.

XXVI

Mais les hommes populaires des deux chambres, de la bourgeoisie et des factions armées, qui auraient accepté la veille les noms de M. de Mortemart, de Casimir Périer et du général Gérard comme un gage inespéré de triomphe et de sécurité, étaient eux-mêmes le matin emportés au delà de leur pensée par l'élan de la victoire et par la colère indomptable du peuple. Des drapeaux blancs, signe de trêve, arborés sur le boulevard par des émissaires à cheval de M. de Girardin, étaient abattus et conspués par la multitude. Le sang était trop chaud sur le pavé pour qu'on fît entendre des propositions de paix à côté des cadavres. La garde nationale, si intempestivement dissoute par M. de Villèle, sortait en masse de ses maisons et affectait de partager l'animation implacable du peuple pour avoir le droit de le contenir.

Casimir Périer, consterné au fond de l'âme d'un bouillonnement qui menaçait plus qu'un trône, était reconnu par le peuple, proclamé tribun malgré lui, et conduit en triomphe chez M. Laffitte, où l'instinct du jour avait rassemblé depuis le matin les chefs de tous les partis dominants. On y amenait d'heure en heure les débris de troupes qui venaient rendre leurs armes et prêter serment à la révolution avant qu'elle eût d'autre nom que les noms du peuple vainqueur et de M. Laffitte, idole de la bourgeoisie populaire. Ses vastes cours, ses jardins, son hôtel, semblable à un palais, étaient devenus à la fois le camp et le comice de la multitude. Le duc de Choiseul, M. Dupin, M. Audry de Puyraveau, Béranger, que l'instinct inné de la politique arrachait malgré lui à son insouciance littéraire, pour imprimer d'une main cachée, mais influente, une impulsion décisive, quoique désintéressée d'ambition, aux événements, Casimir Périer, ses frères, plébéiens aussi superbes et presque aussi impérieux que lui, le général Gérard, que l'opposition avait grandi, comme elle grandissait tous les soldats de l'empire, à la proportion de tribuns armés, Labbey de Pompières, orateur pénible, mais persévérant, La Fayette et cette tribu nombreuse, active, superstitieuse envers cette idole de famille que 89 avait gardée à 1830, Alexandre de Laborde, Montalivet, Baude, Mignet, Garnier-Pagès, Bertin de Vaux, Carbonnel, Sarrans, aide de camp de La Fayette, qui l'inspirait de son ardeur et qui le couvrait de son corps, Bérard, Cauchois-Lemaire, les deux Arago, l'un illustre par la science, l'autre célèbre par effervescence des opinions, Mauguin, Guizot, Odilon Barrot, Lobau, Odier, de Schonen, Corcelles, Chardelle, Bavoux, Pajol, Sébastiani, Villemain, et cette foule d'hommes désignés par la tribune, par le journalisme, par les sociétés politiques, par le rang, par la richesse, par le crédit sur leurs factions ou sur leurs quartiers, ou par le seul vertige du tourbillon, pour s'élever au-dessus de la foule et pour incarner son esprit dans des noms populaires, avaient cessé de délibérer et agissaient d'acclamation et d'inspiration, chacun dans l'esprit de sa faction; mais tous en ce moment sous la pression du mouvement du peuple, impatient de se créer un centre d'action avant de se donner un gouvernement. Une première proclamation, imprimée et affichée dans la ville par les rédacteurs du journal *le Constitutionnel*, désignait pour la direction de la force publique le duc de Choiseul, le général Gérard et La Fayette, hommes de même date, représentants de 89. Béranger avait indiqué ces trois noms, propres à concilier l'aristocratie, la démocratie et la gloire révolutionnaire, formant le faisceau d'une liberté forte mais modérée. Ils sortirent à la fois de plusieurs autres conciliabules dont les pensées portaient plus loin qu'un changement de dynastie. La Fayette, dont le cœur ne fléchissait devant aucune témérité, comme son esprit ne reculait devant aucune chimère, se hâta d'accepter le premier prétexte d'un grand rôle : « Si nous ne pouvons retrouver le vertueux Bailly, s'écria Bertin de Vaux pour encourager La Fayette, félicitons-nous d'avoir retrouvé le chef illustre de la première garde nationale ! »

La Fayette, entouré d'un groupe de jeunesse et du cortége de ses souvenirs, se rend à pied à l'hôtel de ville. Tout s'incline devant lui, il s'y établit comme dans les *Tuileries* du peuple, au milieu des ombres du 14 juillet, du 6 octobre, de la commune de Paris et de thermidor. Le général Gérard monte à cheval et parcourt les boulevards en donnant des ordres volontairement obéis à la garde nationale et aux troupes de ligne. M. Guizot, qui n'ose rien préjuger encore de l'événement définitif, s'oppose à la nomination d'un gouvernement provisoire, demandée par M. Mauguin, qui veut constater par ce mot l'écroulement du gouvernement royal. On se borne à créer une sorte de dictature de la capitale, sous le nom de commission municipale; les noms de Casimir Périer, Laffitte, Gérard, La Fayette, Puyraveau, Lobau, de Schonen, Mauguin, sortent du scrutin. Une proclamation brève et vague annonce ce centre d'autorité au peuple de Paris. M. Odilon Barrot, investi avant l'âge d'une grande autorité d'opinion, de pureté et de talent, est nommé secrétaire général, c'est-à-dire premier ministre de ce gouvernement; M. Bavoux, préfet de police: M. Chaudel, homme inconnu, directeur des postes. Ce pouvoir indécis et timide hésite à arborer les couleurs tricolores, qui rendraient irréconciliables les partis encore en présence. Un de ces hommes, véritables natures des révolutions, qui agissent avant de réfléchir, et dont le fanatisme impérialiste survit à son héros, le colonel Dumoulin, déploie de lui-même le drapeau aux trois couleurs au balcon du palais; le duc de Choiseul, fier d'avoir combattu pour la charte, mais s'arrêtant devant toute mesure qui dépasse la résistance, refuse d'occuper son poste dans ce gouvernement contre un gouvernement.

XXVII

Cette ombre de gouvernement ou plutôt ce foyer de pensées contraires était à peine installé dans la salle de la Liberté de l'hôtel de ville, quand M. de Semonville, M. d'Argout et M. de Vitrolles partirent de Saint-Cloud pour apporter aux Parisiens la révocation des ordonnances et les noms pacificateurs des nouveaux ministres. Du haut de la calèche découverte qui les entraînait vers la place de Grève, M. de Semonville, flattant le peuple par des apostrophes triviales et par des malédictions grossières aux vaincus dont il venait d'embrasser les genoux et de serrer la main, feignait d'entrer dans ses passions et de participer à son triomphe pour le disposer à la paix. Le confident des révoltes intimes du comte d'Artois contre la révolution et la charte, l'auteur de la note secrète, M. de Vitrolles, maintenant transformé en otage de la liberté et de la couronne, devait s'étonner de remplir ce nouveau rôle, et de porter au peuple les repentirs et les concessions de la royauté. Mais son nom était connu à la multitude, et, dans ces tumultes, on ne demande pas à un homme ce qu'il est, mais ce qu'il fait.

M. Marrast, qui préludait sur les marches de l'hôtel de ville aux longs combats qu'il devait livrer à un autre trône, introduisit les négociateurs devant la commission, présidée par M. de La Fayette. On s'étonne de la présence de M. de Vitrolles, reconnu alors par quelques-uns des commissaires. On se défie d'un intermédiaire qui n'a donné pour gage à la charte que sa présence dans ce gouvernement occulte en flagrante conspiration contre l'œuvre et le règne de son fondateur. M. de Semonville dissipe ces préventions et se fait la caution de son collègue. « Eh! mon Dieu! dit M. de Vitrolles à un des membres les plus ombrageux du gouvernement, je suis plus ami de la charte que vous-même, car c'est moi qui ai inspiré en 1814 la déclaration royale de Saint-Ouen! » M. de Semonville, écouté sinon avec faveur, au moins avec la tolérance que des vainqueurs doivent aux dernières supplications des vaincus, attendrit ses auditeurs sans les convaincre. « Il est trop tard! s'écrie M. de Schonen, familier de La Fayette, le trône de Charles X s'est écroulé dans le sang! » M. Mauguin, plus désintéressé de parti et plus politique, cherche à renouer les négociations, dont il pense pouvoir tirer plus d'avantages et moins de périls que d'une révolution sans chef et sans but. Il demande aux émissaires de la cour s'ils ont des pouvoirs écrits; ils répondent qu'ils n'ont que des paroles. « S'il en est ainsi, s'écrie M. de Puyraveau tremblant d'une entrevue dont pourrait ressortir un trône, retirez-vous, ou je fais monter le peuple! » M. de Semonville se retire et abandonne la révolution à elle-même.

M. d'Argout, encouragé tout bas par Casimir Périer, veut tenter un dernier effort sur le comité de M. Laffitte, qu'il suppose moins livré aux ressentiments et aux inspirations de M. de La Fayette. Il laisse à la porte M. de Vitrolles, qui dérobe son nom sous un nom d'emprunt, pour éviter la clameur publique; il entre chez M. Laffitte, il annonce la révocation des ordonnances et des ministres populaires; le même mot lui répond comme un écho de celui de l'hôtel de ville : « Il est trop tard! » M. Laffitte, M. Bertin de Vaux et leurs collègues témoignent en vain la douleur de ne pas oser renouer des négociations dont la rupture les épouvante sur le sort de leur pays, la pression des combattants dont ils sont entourés les domine. « Plus de transactions! plus de Bourbons! » est le cri unanime qui s'élève sur les pas de M. d'Argout et de M. de Vitrolles; ils vont déplorer dans la nuit qui tombe leur impuissance et leur deuil. De retour à Saint-Cloud, ils conjurent M. de Mortemart d'accourir lui-même à Paris pour disputer la dernière minute de la révolution imminente. M. de Mortemart pensait comme eux. « Mais que puis-je faire? leur dit-il, à quel signe me faire reconnaître dans Paris pour le ministre du roi? puis-je y paraître en aventurier politique, désavoué peut-être avant d'avoir agi? Le roi n'a rien signé encore! »

XXVIII

Cependant, sur la foi des paroles du roi, M. de Mortemart et M. d'Argout préparent les actes qui révoquent les ordonnances et qui investissent les nouveaux ministres de leurs fonctions. Mais la nuit, les consignes, l'étiquette sacrée de la porte du roi, étaient des obstacles presque invincibles à toute communication des ministres, des négociateurs et du prince. M. de Mortemart franchit avec peine ces barrières au nom du salut de la monarchie. Arrivé à la porte de la chambre de Charles X, l'huissier la lui interdit obstinément par ordre de son maître. M. de Mortemart élève la voix pour être entendu à travers les murs. « Je vous adjure, s'écrie-t-il, je vous rends responsable de la vie du roi!.»

Charles X, éveillé par ces voix, ordonne d'ouvrir. M. de Mortemart s'approche de son lit. « Ah! c'est vous? lui dit languissamment le vieillard, comme un homme qui retrouve sa douleur dans sa mémoire à son réveil; eh bien! qu'y a-t-il? » M. de Mortemart lui raconte l'état de Paris, l'insuccès de M. de Semonville, le retour nocturne de MM. d'Argout et de Vitrolles, et posant sur son lit les ordonnances préparées, le supplie de les signer. « Non, non, dit le monarque, il n'est pas temps encore; attendons! » M. de Mortemart insiste, il conjure le roi de ne pas se faire d'illusions funestes, et d'entendre lui-même M. de Vitrolles et M. d'Argout, qui lui peindront les choses qui se précipitent à Paris. Le roi répugne à recevoir M. d'Argout, qui n'avait point de familiarité avec sa cour et qui lui rappelait le ministère ennemi de M. Decazes, et consent à voir M. de Vitrolles. « Eh quoi! lui dit-il avec une physionomie de reproche, c'est vous qui venez m'engager à céder à des sujets rebelles?... » M. de Vitrolles s'excuse de déplaire au prince pour le servir, ne lui dissimule pas que sa rentrée dans Paris lui semble problématique, lui dévoue sa vie dans toutes les fortunes, et lui parle de l'hypothèse d'une guerre avec plus de chances d'accommodement, transportée loin de la capitale dans les provinces de l'Ouest.

Charles X parut tout à la fois espérer et craindre à ce nom de la Vendée. Le sang et le feu dans le cœur de son pays pour sa cause soulevaient sa conscience comme son honneur de roi. Plus chrétien encore que prince, il pensa au compte terrible que les calamités d'une guerre civile établiraient devant Dieu contre son âme, devant la postérité contre sa mémoire. Il avait passé la nuit à balancer dans son esprit ces résolutions et ces irrésolutions. Très-sensible à l'honneur, il avait trop de fierté pour rentrer humilié et désarmé dans sa capitale triomphante. Il l'a dit depuis lui-même dans les épanchements de l'exil : en signant la révocation des ordonnances et le renvoi de M. de Polignac, il signait en même temps mentalement sa déchéance du trône et sa disparition de sa patrie. Il n'avait tant ajourné sa signature que pour donner le temps à Paris de lui envoyer les députations et les intercessions promises par M. de Semonville, et pour sauver ainsi la dignité de sa retraite et l'indépendance de la couronne de son fils. Mais ces députations ne se présentant pas, et n'ayant plus à choisir qu'entre une guerre parricide et des concessions qui n'avilissaient que lui seul, il avait fait son sacrifice à Celui qui lit dans les cœurs. Il se découronnait ici-bas pour se justifier dans le ciel. Il ne combattait plus avec lui-même que sur l'heure et sur la forme du sacrifice.

Le retour désespéré de ses négociateurs, la voix de M. de Mortemart, l'urgence de la nuit, le décidèrent. Il rappela son premier ministre, et, semblable à un homme qui craint un retour de sa propre incertitude en faisant un acte enfin résolu, il apporta lui-même dans la signature autant de hâte et d'irrévocabilité qu'il avait mis de temporisation et de répugnance à la consentir. Sa main tremblait non de vieillesse, mais d'impatience d'arrêter le sang au prix de son honneur.

M. de Polignac, aussi pieux que son maître, n'avait pas les mêmes scrupules. Convaincu que le devoir de la couronne était de livrer le combat sacré pour restaurer l'autorité antique et exclusive de l'Église[1], se sentant de bonne foi le champion de la foi de saint Louis, et résigné au besoin à être son martyr, il était résolu à la victoire ou à la mort. Il croyait de plus qu'un roi qui a tiré l'épée ne peut la rendre à son peuple qu'en rendant en même temps la monarchie et en livrant l'Europe à la révolution. Il n'obséda pas son malheureux maître à ces derniers moments, pour ne pas briser l'âme d'un ami et d'un vieillard qui s'était perdu en écoutant ses conseils, mais sa conviction personnelle ne fléchit pas. Il aurait combattu jusqu'au dernier tronçon des armes royales. En disant adieu à M. de Mortemart, qui partait de Saint-Cloud avant le jour pour Paris : « Quel malheur, s'écriait-il, que mon épée se soit brisée entre mes mains ! j'aurais affermi la charte sur des bases indestructibles ! » Ces paroles, qui semblent insensées, étaient vraies dans l'acception qu'il leur donnait. Ce n'était pas la liberté civile de la France qu'il voulait ravir, c'était sa conscience religieuse qu'il voulait soumettre. Sa conduite est inexplicable aux historiens qui prétendent l'expliquer autrement que par un consciencieux fanatisme. La politique entre le roi et lui n'était pas une politique, c'était une secte.

---

[1] Les motifs du prince de Polignac ne peuvent être douteux pour ceux qui ont lu ses écrits et vu de près dans son âme. Ce n'était pas une guerre de monarchie, c'était une guerre de religion qu'il affrontait. On lit dans sa protestation contre la charte : « Avec quelle douleur, Sire, l'examen de certaines dispositions de la charte nous a-t-il démontré que la foi de nos pères, que la religion chrétienne s'y trouve blessée dans des points sensibles et importants !... Tous les cultes également autorisés et protégés peuvent offrir dans les États du roi très-chrétien le spectacle d'outrages continuels dirigés contre l'autel du vrai Dieu.

Là est tout le secret du règne de Charles X et des ordonnances.

XXIX

M. de Mortemart, à pied, son habit sur le bras comme un piéton, ruisselant de sueur, franchit difficilement les avant-postes des deux armées. Il tourna le bois de Boulogne, traversa la Seine et la plaine déserte de Grenelle pour entrer inaperçu dans Paris. Il y pénétra tard, confondu avec une masse d'ouvriers qui accouraient des campagnes voisines au secours de la révolution. Une brèche dans le mur d'enceinte lui ouvrit la capitale, où il venait tenter de relever seul un trône abattu. Au moment où il y pénétrait, la ville, ivre d'orgueil, d'anarchie et de gloire, débordait de peuple armé et retentissait de cris de : « A bas les Bourbons ! »

La dérision ou la mort attendait tout homme assez téméraire pour revendiquer au nom d'un roi, ennemi public, une autorité abolie. Le drapeau tricolore flottait sur les palais, les armes de la dynastie étaient brûlées sur les places publiques ou effacées à la hâte sur les enseignes des fournisseurs de la couronne. Le nom même de la royauté était un crime aux yeux de la multitude, et les chefs momentanés d'une ombre de gouvernement flottaient incertains, ainsi que M. de La Fayette, entre des souvenirs sanglants de la première république et des regrets timides de monarchie. Il était évident que M. de Mortemart, alors même qu'il aurait parlé, ne trouverait plus une oreille pour l'entendre, encore moins une bouche pour lui répondre. Toutefois, son devoir envers le roi était d'oser au delà même de toute espérance. Les révolutions ont des retours qu'il n'est donné à personne de prévoir ou de décourager avant leur dernier mot. Dans certaines situations, désespérer c'est trahir. M. de Mortemart ne trahit pas, mais il laissa tomber de main en main le mandat tardif qu'il avait reçu de son maître. Il eût été plus dur, mais plus salutaire, de ne pas l'accepter. Ce refus aurait peut-être sauvé une ignominie à la couronne.

Blessé au talon par la marche, anéanti de lassitude et de douleur, incertain de l'émotion que sa présence et sa requête produiraient à l'hôtel de ville, il remit les ordonnances à un pair de France son ami, M. Collin de Sussy, qui les porta courageusement à l'hôtel de ville, où M. de La Fayette se borna à lui en accuser réception, et où la commission municipale les renvoya, comme une vaine pétition de règne, de poste en poste et d'heure en heure, à la pitié ou au dédain du peuple. M. de Mortemart ne renoua des négociations que vingt-quatre heures après, mais avec le duc d'Orléans. Ces négociations, qui avaient pour objet les dernières réserves de Charles X en faveur de son petit-fils auprès du lieutenant général du royaume, échouèrent comme celles de Saint-Cloud. On s'étonna bientôt de voir le dernier ministre et le dernier négociateur de Charles X passer du cabinet du roi détrôné dans la familiarité prématurée du duc d'Orléans, et devenir l'ambassadeur de celui à qui il disputait la veille le prix de la révolution.

LIVRE CINQUANTIÈME

Attitude du duc d'Orléans pendant la lutte. — Sa retraite au Raincy : ses hésitations. — Intrigues de ses partisans. — Son entrée à Paris : sa feinte résistance. — Réunion du Palais-Bourbon. — La couronne lui est offerte. — Première proclamation orléaniste. — Scènes de l'hôtel de ville. — Charles X offre au duc d'Orléans la lieutenance générale du royaume. — Refus du prince. — Dispositions des princesses d'Orléans : témoignage de M. de Chateaubriand. — Scènes de Saint-Cloud : le maréchal Marmont, le duc d'Angoulême. — Charles X quitte Trianon devant les avant-postes populaires ; il se retire à Rambouillet. — Agitations intérieures de la cour ; arrivée de la duchesse d'Angoulême. — Abdication en faveur du duc de Bordeaux ; lettre de Charles X au duc d'Orléans. — Celui-ci envoie trois commissaires à Rambouillet ; l'armée révolutionnaire les suit. — Départ pour Cherbourg : licenciement de la garde, adieux pathétiques. — Fuite des ministres : arrestations de MM. de Polignac, Peyronnet, Guernon de Ranville et Chantelauze. — Embarquement de Charles X à Cherbourg. — Conclusion.

I

Pendant que Charles X attendait encore à Saint-Cloud le retour et l'effet des négociations de M. de Mortemart, le nom d'un homme se répandait dans Paris, et ce nom devenait toute la révolution. C'était le nom du duc d'Orléans.

Nous avons peint ce prince dans sa jeunesse en racontant la première révolution. Nous avons dit sa naissance sur les marches du trône, son éducation livrée aux mains de madame de Genlis, favorite de son père, femme qui savait recouvrir du vernis de la bienséance et de la vertu les astuces d'ambition et les hypocrisies de cour. Nous avons dit le naturel heureux et les lumières précoces de ce jeune prince, sa popularité révolutionnaire briguée avant l'âge dans la réunion des Jacobins, héritier malgré lui des complicités de son père dans le jugement parricide du roi, ses premières armes sous Dumouriez, qui méditait d'en faire pour la Convention un second prince d'Orange ; sa bravoure à Jemmapes et à Valmy, ces Thermopyles françaises, son émigration avec son général, sa destinée errante à l'étranger, ses grâces, ses talents, son repentir touchant du crime de son père, son pardon honorablement demandé et noblement reçu des frères de Louis XVI à Londres, son mariage avec une fille de Ferdinand, roi de Naples et de Sicile, son ardeur à servir contre Napoléon avec les Espagnols et les Anglais pour l'affranchissement de l'Europe et pour le droit de sa race, son retour en France avec sa femme, ses enfants et sa sœur, en 1814, son attitude équivoque en Angleterre pendant le second exil des Bourbons, son second retour à Paris, son obséquiosité à la cour sous Louis XVIII, son affectation timide, mais constante, à caresser en même temps l'opposition bonapartiste dans l'armée et l'opposition révolutionnaire dans les chambres, les dons splendides et les grâces presque royales dont il avait été comblé par des lois spéciales à l'avénement de Charles X, qui l'avait rapproché du trône par le titre d'Altesse Royale, et qui avait élevé sa fortune au-dessus de toutes les fortunes de particulier ou de prince en Europe par ses apanages et par l'indemnité des émigrés. Une épouse vertueuse, une sœur dévouée, des enfants nombreux, des princesses douées de toutes les grâces et de tous les mérites de leur sexe, des princes qu'on aurait distingués par leur nature avant de les distinguer par leur nom, composaient le bonheur de famille du duc d'Orléans. Rien ne manquait à cette félicité, pas même la modération des désirs qui semblait se complaire dans cette sécurité du second rang, et se confondre avec les citoyens pour jouir des dons du pouvoir suprême sans en affronter les orages et sans en porter les responsabilités. Tel était le duc d'Orléans la veille de la promulgation des ordonnances.

II

Cet événement le forçait à sortir malgré lui de l'attitude réservée, passive, mais néanmoins suspecte, qu'il gardait avec une habileté double entre le roi et la nation. Deux rôles également grands s'offraient à lui : ou se jeter franchement dans le parti de l'opposition légale, se mettre à la tête du peuple qui l'y conviait, devenir le premier citoyen de la France, courir au besoin venger la constitution, et recevoir en récompense la couronne ramassée dans une révolte nationale, provoquée par l'impénitence de sa race. Ce rôle était d'un ingrat, mais d'un ingrat au moins courageux.

Ou bien écouter avant tout le cri du sang, de la reconnaissance, de la famille, du devoir, du sentiment, cri toujours plus infaillible que les astucieux conseils de la politique; oublier un moment la faute du roi, son parent, son bienfaiteur et son ami, pour ne voir que son danger; manifester son blâme de citoyen contre les ministres, mais se ranger à Saint-Cloud autour du trône, donner l'exemple si populaire et si entraînant en lui du dévoucment à la couronne et au droit héréditaire de famille, devenir ainsi le médiateur loyal entre Charles X et sa capitale, rallier l'armée, enlever un chef à l'usurpation, recevoir, comme la nécessité contraignait à le lui décerner, le titre de lieutenant général de son cousin, l'abdication peut-être, et protéger ensuite de son double titre de prince irréprochable et de citoyen populaire l'enfance et la minorité de son neveu. Ce rôle était d'un honnête homme et d'une grande âme.

De ces deux rôles, il n'en avait pris aucun, ou plutôt il en avait pris un troisième, le rôle qui le fit roi, mais qui, en l'élevant dans l'estime intéressée du vulgaire, le diminua dans la conscience et surtout dans le cœur de la postérité.

III

Au premier bruit de la révolte de Paris, le duc d'Orléans, craignant ou d'être enlevé par la cour, ou d'être enlevé par le peuple, et d'être ainsi sommé d'expliquer l'énigme de sa vie, avait laissé sa femme, sa sœur, ses enfants, sa cour, dans son palais de Neuilly, résidence champêtre aux portes de Paris. Il s'était retiré seul au Raincy, maison de plaisance dans la forêt de Bondy. Nul n'y connaissait sa retraite. Sa famille et sa domesticité à

Neuilly avaient eu ordre de répondre qu'elles l'ignoraient elles-mêmes, et d'intercepter ainsi toute communication entre le monde et lui; il se prémunissait ainsi par un *alibi* matériel contre toute accusation future de complicité, soit avec la cour, soit avec les factions, incertain peut-être lui-même des désirs réels qui se combattaient dans son âme, laissant se déclarer l'événement, et laissant tout faire à la fortune.

Elle ne pouvait manquer d'agir pour lui à Paris, si le peuple triomphait. Tous les chefs populaires, obligés de chercher un contraste à la dynastie vieillie dans un homme, s'étaient entendus pour faire du duc d'Orléans une idole voilée, mais prestigieuse de la multitude. Pour les hommes de la république, c'était le fils de Philippe-Égalité, dont le nom pouvait appartenir à la royauté, mais dont le cœur appartenait à la révolution, et qui ne pouvait sévir contre le régicide sans sévir contre la mémoire de son propre père. Pour les bonapartistes, c'était le soldat de Jemmapes, le défenseur du drapeau tricolore, le prince qui avait mollement combattu à Lyon le retour armé de l'île d'Elbe, qui s'était déclaré neutre pendant les cent-jours, qui avait eu des condoléances pour Waterloo, qui avait exclu de sa cour les émigrés et les officiers royalistes pour s'entourer exclusivement des jeunes généraux de Napoléon. Pour les constitutionnels, c'était l'admirateur de Fox et des institutions représentatives et presque républicaines de la Grande-Bretagne. Pour les hommes de lettres, c'était le protecteur des poëtes et des écrivains libéraux, qui récompensait par les faveurs de son opulente domesticité tous ceux à qui la cour retirait ses grâces. Pour les artistes, c'était le rémunérateur économe mais utile des peintres, des sculpteurs, des architectes employés à la décoration de ses nombreux palais. Pour les banquiers, c'était le plus riche possesseur de terres, de forêts, de capitaux du royaume, qui donnerait à l'argent la sécurité, la noblesse et la prépondérance que l'industrie et le commerce préparaient à cette nouvelle puissance dans le siècle des intérêts. Pour la bourgeoisie, c'était le père de famille intègre, modeste, vertueux, échappant à tous les vices qui corrompaient jadis de si haut le peuple par le scandale, faisant élever ses fils dans les colléges où il ne prétendait pour eux d'autre inégalité que celle de l'intelligence. Pour le peuple enfin, c'était un prince hostile à la cour, odieux aux courtisans, suspect au clergé, à qui l'on supposait gratuitement toutes les pensées ennemies qu'on nourrissait soi-même contre la restauration, et à qui l'on pardonnait d'être le premier des patriciens, à condition de haïr et d'abattre l'aristocratie.

IV

Il avait cultivé avec habileté toutes ces faveurs diverses de l'opinion sans jamais rompre néanmoins avec les bienséances de sa situation à la cour. Ses salons étaient depuis 1815 l'asile des opinions libérales, le refuge des mécontentements personnels, le foyer des murmures couverts contre la restauration. M. de Talleyrand, depuis qu'il pressentait un schisme dynastique dans la légitimité, le général Sébastiani, le général Foy, Benjamin Constant, Casimir Périer, Laffitte surtout, l'homme le plus séductible de tous les membres influents de l'opposition dans les deux chambres, tous les chefs des factions passées ou futures, tous les journalistes éminents qui disposaient d'une partie quelconque de la popularité, étaient accueillis, plaints, loués, caressés avec une familiarité empressée qui descendait quelquefois jusqu'à la subalternité et à une courtisanerie de haut en bas, renversant les rangs pour capter les services. Il n'y avait pas eu une conspiration d'idée ou d'ambition depuis quinze ans dans le parti populaire dont le duc d'Orléans ne fût au fond le dernier mot. M. de La Fayette seul se posait à part comme le souvenir vivant ou comme l'espérance future d'un parti plus entier. Mais les républicains eux-mêmes subissaient le duc d'Orléans comme une compensation forcée de la république.

V

Ce prince néanmoins avait constamment refusé son nom aux conspirations qu'on rêvait pour lui. Soit intégrité, soit reconnaissance, il avait lassé, impatienté de son innocence obstinée, les chefs qui le tentaient sans cesse et en vain d'une couronne. M. Thiers et ses patrons dans le *Constitutionnel* et dans le *National* lui créaient malgré lui une candidature à la royauté. Le prince repoussait avec une douce mais inflexible sévérité ces avances. Cette candidature des factions avait failli éclater malgré le duc d'Orléans dans une nuit de fête qu'il avait donnée dans son palais à Charles X. La jeunesse et le peuple, accourus en foule dans ses jardins, s'y étaient livrés sous les yeux du roi son hôte à des tumultes et à des vociférations injurieuses pour la cour. Les chaises des jardins, accumulées au pied des galeries parcourues par Charles X, avaient été incendiées aux cris inintelligibles mais hostiles de la multitude. Ces cris, ces vertiges, ces bûchers, ces flammes réverbérées sur les fenêtres du banquet royal, avaient rendu à ce jardin l'aspect et les agitations sinistres des premières scènes de la révolution de 1789. Le roi s'était retiré, le prince avait gémi, des troupes avaient assombri la fête en faisant évacuer les abords du palais.

Peu de jours après cette émotion populaire, M. Thiers, s'entretenant avec l'auteur de ce livre dans les jardins du Palais-Royal, s'était efforcé de le convaincre de la nécessité de se rallier au parti du duc d'Orléans, d'abandonner les Bourbons de la branche légitime à la démence et au malheur de leur destinée, et de fonder sur la popularité de ce prince une royauté révolutionnaire. L'interlocuteur de M. Thiers lui avait répondu que la fidélité ne se discutait pas, qu'il déplorait les fautes de Charles X et de sa cour, qu'il ne se dissimulait pas l'abîme où l'esprit de vertige les poussait à grands pas, mais que le devoir dominait dans son âme les opinions, et qu'il resterait attaché à leur cause jusqu'au jour où par des actes coupables, et qu'il ne voulait pas prévoir, ils la sépareraient de la cause de la nation.

« Vous serez à nous, ajouta M. Thiers, car ce jour viendra. » Puis, montrant du geste les fenêtres du palais habité par le duc d'Orléans : « Ah ! dit-il, si cet homme-là n'était pas si invincible dans ses refus, ce serait déjà fait ! » Nul n'était plus avant que M. Thiers, déjà célèbre et déjà influent, dans le secret des pensées de M. de Talleyrand, de M. Laffitte et des hommes qui préparaient la révolution. Son témoignage, qui s'échappait alors comme un gémissement de sa poitrine, atteste la résistance du duc d'Oléans aux instances de ses partisans.

VI

Quoi qu'il en soit, M. Laffitte et ses amis avaient leur royauté en perspective et leur candidat à l'usurpation sous la main pendant que le peuple combattait et que la victoire hésitait encore. C'est la certitude de donner à propos un nom à la révolution et un roi à l'anarchie qui leur donnait aussi tant de sang-froid et tant de sérénité dans l'attente. Aussitôt que Paris fut évacué par Marmont et que les propositions conciliatrices du roi leur donnèrent la mesure de sa faiblesse et la certitude qu'une armée royale ne rentrerait dans Paris que pour y ressaisir la couronne, M. Laffitte et ses amis firent éclater dans une proclamation rédigée par M. Thiers, mais anonyme comme l'instinct du peuple, le nom du duc d'Orléans : c'était la monarchie saisie au vol.

M. Thiers, rentré la veille dans Paris, de l'asile où il avait écouté l'événement et réfléchi sur sa solution, était encore chez M. Laffitte, patron de sa jeunesse et appréciateur de son talent.

« Charles X, disait cette affiche, ne peut plus régner dans Paris; il a fait couler le sang du peuple!

» La république nous exposerait à d'affreuses convulsions, elle nous brouillerait avec l'Europe!

» Le duc d'Orléans est dévoué à la révolution!

» Le duc d'Orléans ne s'est jamais battu contre nous!...

» Le duc d'Orléans était à Jemmapes !

» Le duc d'Orléans est un roi-citoyen !

» Le duc d'Orléans a porté enfin les couleurs tricolores, le duc d'Orléans peut seul les porter encore, nous n'en voulons point d'autre !

» Le duc d'Orléans ne se prononce pas, il attend notre vote ; proclamons ce vote, et il acceptera la charte comme nous l'avons entendue et voulue.

» C'est du peuple français qu'il tiendra sa couronne. »

Cette proclamation, qui résumait le moment, le prince et le pays dans une exclamation habile et opportune, était la médaille du duc d'Orléans jetée sur les pas indécis de chaque citoyen. Elle y fut ramassée et convertie promptement en clameur publique. MM. Laffitte, Bérard, Mignet, Béranger lui-même, républicain de théorie, monarchique de prudence, M. Sébastiani, M. Guizot, M. de Broglie et la foule jusque-là indécise des hommes qui n'avaient qu'un pied dans la révolution, prêts à retirer l'autre, se décidèrent enfin à toucher à la couronne et à la décerner au nom du peuple au duc d'Orléans. M. Thiers, pressé de prendre date et d'inscrire son nom sur la première page du règne futur, courut au nom de ce conciliabule à Neuilly avec M. Scheffer, jeune et grand artiste enflammé de l'enthousiasme de la liberté.

La duchesse d'Orléans, mère et épouse inquiète, reçut M. Thiers avec une sollicitude fébrile sur son mari et sur ses enfants. Elle se plaignait avec une indignation caressante qu'on estimât assez peu ses sentiments de famille envers un roi à qui sa maison devait tant, pour lui parler de sa couronne ! Sa belle-sœur, madame Adélaïde, princesse virile, âme des conseils domestiques de sa maison, rompue dès l'enfance aux vicissitudes et aux tragédies des révolutions, accourut protester comme sa sœur contre la cime où l'on voulait porter son frère au risque de l'en précipiter. Elle parut dans ses entretiens plus préoccupée du danger que du crime, et après avoir offert de se rendre elle-même à Paris, comme otage du patriotisme de sa famille, elle finit par se rendre aux spécieux sophismes de M. Thiers, et par promettre qu'elle communiquerait à son frère les offres de la révolution. Un des gentilshommes attachés à sa maison, le comte Anatole de Montesquiou, courut au Raincy conjurer le prince de prévenir la république en se dévouant à la couronne. Le duc d'Orléans interrogé hésite, temporise encore, monte enfin dans la voiture qui doit le ramener à Paris, puis, comme un homme dont l'esprit chancelle, s'arrête à moitié de l'avenue, fait retourner sa voiture vers le Raincy, revient de nouveau sur son remords, reprend au galop la route de Paris, y pénètre sans être reconnu dans les ténèbres, semble s'y cacher encore à lui-même, et se jette accablé de la lassitude de ses pensées sur le lit d'un de ses serviteurs dans une chambre haute et inaccessible de son vaste palais.

VII

Dès le matin du jour suivant les députés qui avaient résolu la veille son couronnement chez M. Laffitte se réunissaient, non plus chez un de leurs collègues, mais dans le palais même de la représentation nationale, indiquant ainsi avec une habile audace par ce choix du lieu le caractère désormais public de leur autorité. M. Laffitte, confident avéré du duc d'Orléans, était porté à la présidence pour ramener les motions égarées ou contraires au but convenu de la réunion.

M. Hyde de Neuville, presque seul fidèle à la monarchie de sa jeunesse, et convaincu que dans la ruine des personnes on pouvait sauver encore un principe, demande qu'on désigne des commissions de pairs et de députés pour proposer les mesures de salut public de nature à concilier les intérêts et à sauver les consciences. Cette motion, d'où devait sortir selon son auteur un nouveau règne ou une régence sous un prince gardien du trône et du peuple, est votée dans un autre esprit par l'assemblée. Les commissaires Augustin Périer, frère de Casimir, Sébastiani, Guizot, Delessert, banquier, adepte alors ardent de l'école génevoise, Hyde de Neuville enfin, éloquente et vaine protestation contre la majorité de ses collègues, se rendent au Luxembourg, palais de la pairie. Les membres de cette chambre haute, les plus résolus à presser ou à combattre l'avénement de la nouvelle royauté, Molé, de Broglie, Choiseul, de Coigny, Macdonald, de Brézé, le duc de Mortemart, Chateaubriand lui-même, à la fois vengé et consterné, y attendaient les envoyés de la chambre des députés. L'offre de la lieutenance générale du royaume au duc d'Orléans y fut aussitôt votée qu'énoncée. Elle ne préjugeait rien et elle préparait tout. M. de Chateaubriand, ivre de reconnaissance pour les acclamations dont la jeunesse révolutionnaire venait de couvrir son nom en le conduisant en triomphe jusqu'à la porte du palais, se consolait de la tyrannie future en jurant par son génie qu'une plume

et deux mois de journalisme relèveraient par lui un trône !
On laissait cette illusion de l'éloquence à un homme qui ne
pouvait rien arrêter dans la fortune des Bourbons.

Les députés, au retour de leurs commissaires, votèrent
l'appel immédiat du duc d'Orléans à Paris pour y remplir
les fonctions de lieutenant général du royaume, et le vœu
de rendre à la nation les couleurs tricolores. Une députation
fut nommée pour porter au prince ce gage certain de la
couronne. M. de La Fayette, espoir toujours trompeur des
républicains à l'hôtel de ville, et dont un geste et un mot
pouvaient écarter cette royauté naissante, apaisa lui-même
le frémissement et les murmures de ses amis, laissa échapper, avec plus de joie secrète que de mécontentement apparent, le rêve de sa vie, qui se réalisait en vain sous sa main.
Il se contenta des honneurs de la dictature que ce vote lui
enlevait avec la république. Il parut d'intelligence avec ses
ennemis, et poussa la complaisance pour la monarchie
jusqu'à faire avertir M. Laffitte de hâter la délibération,
qu'une émeute de républicains menaçait de dissoudre.
Homme étrange, toujours à contre-temps dans les événements, qui, après avoir conspiré sans cesse contre toutes
les royautés, conspirait encore contre lui-même.

VIII

Mais déjà le duc d'Orléans était dans Paris, et M. Laffitte, informé par lui dans la nuit de sa présence, précipitait les résolutions. Ce prince cependant, combattu entre
son devoir de famille et son ambition, semblait hésiter

encore; il fit appeler avant le jour M. de Mortemart, comme s'il eût reconnu en lui le ministre de Charles X. Il l'entretint avec une confidence éplorée de l'horreur de la situation qui lui était faite. Des cris de « Vive le duc d'Orléans ! » éclataient dans les ténèbres sous les fenêtres du palais. « Vous l'entendez, lui dit M. de Mortemart, ces cris vous désignent ! — Non, non ! s'écria le duc, je me ferai plutôt tuer que d'accepter la couronne ! » Il écrivit à Charles X une lettre loyale et pathétique, dont l'âme de ce prince a seule le secret, et qu'il chargea M. de Mortemart de remettre à Saint-Cloud.

Bientôt les députés entrèrent, lui apportèrent le vœu de la chambre, et le conjurèrent de faire violence à son désintéressement pour sauver son pays. Il écouta avec une terreur mêlée de joie les instances de ses anciens amis, qui lui apportaient aujourd'hui, au nom de la patrie, les paroles qu'ils lui avaient si souvent insinuées au nom de l'opposition libérale. Il se retira avant de répondre, et, comme s'il eût voulu avant de dire le mot sans retour consulter l'oracle de la fortune, il envoya secrètement le général Sébastiani chez M. de Talleyrand, pour savoir s'il devait accepter ou décliner l'empire. « Qu'il accepte, » dit négligemment M. de Talleyrand. Le général Sébastiani revint porteur du mot de la destinée.

Une courte proclamation, qui faisait allusion à la violence que le péril commun faisait à sa modestie et qui mentionnait les couleurs tricolores, apprit à la chambre et à la France qu'elles avaient un dictateur en attendant qu'elles eussent un roi. L'Assemblée répondit à ce message par un programme libéral et monarchique de gouvernement, que rédigèrent des hommes consommés dans l'art de séduire l'opinion par la parole : MM. Villemain, Guizot, Benjamin Constant. M. Laffitte, président de la réunion, accompagné au Palais-Royal du cortége de tous ses collègues et de cette multitude qu'entraînent tous les courants, lut au prince cette déclaration de la chambre. Le duc d'Orléans l'écouta avec respect comme organe de la nation, puis cédant ou feignant de céder à l'entraînement de son amitié pour l'homme populaire, il le serra dans ses bras, l'arrosa de larmes d'émotion, l'entraîna au balcon de son palais, et, comme s'il eût voulu symboliser en deux hommes l'alliance indissoluble du roi et du peuple, il l'y retint longtemps par la main sous les yeux de la multitude et aux cris de « Vive le duc d'Orléans! vive Laffitte! » L'un, fier de donner un trône; l'autre, heureux de le recevoir de son ami. Cette scène à la fois grandiose et familière émut le peuple et le disposa à suivre de son cortége et de ses acclamations la marche du prince à l'hôtel de ville.

C'était le camp de la révolution, où La Fayette commandait encore. Des rumeurs sinistres couraient dans Paris sur les dispositions de cette armée du peuple. On assurait que la commission municipale, les combattants, les républicains, la jeunesse, les chefs des factions radicales, les conspirateurs éternels de la liberté, les conjurés souterrains de la démagogie, la faction des prolétaires et la faction des bonapartistes, élevaient drapeau contre drapeau à l'arrivée du prince qui venait demander une couronne à l'insurrection contre la couronne. On parlait d'une proclamation de la dictature démocratique sous le nom de La Fayette, de l'enlèvement du roi futur, de la dispersion de quelques députés sans mandat, venant confisquer au profit d'une faction de cour une victoire nationale, d'un accueil semblable à celui que le cirque fit à Antoine offrant malgré le peuple un diadème à César, d'armes chargées, de poignards cachés, d'ambitieux recevant la mort au lieu de l'empire.

Il n'en fut rien. La popularité de Laffitte et la complaisance de La Fayette ouvraient une route sûre au triomphateur. Le prince, acclamé par la foule, s'avança à cheval vers l'hôtel de ville, suivi de M. Laffitte, porté sur un fauteuil par quatre hommes salariés en haillons, qui symbolisaient le prolétariat vainqueur et soumis volontairement à la richesse. Les députés, dont les noms populaires marchaient devant eux, entouraient le duc d'Orléans et son ami de la faveur et de l'autorité de leur renommée libérale. Quelques protestations énergiques des républicains, rendues impuissantes par leur petit nombre, les inquiétèrent un moment, mais ne servirent qu'à manifester, par le constraste de leur isolement, l'entraînement irréfléchi de la multitude.

Le prince et son cortége franchirent les barricades aplanies par le peuple sous leurs pas, et montèrent les degrés de l'hôtel de ville. M. de La Fayette, aussi heureux de déposer que de conquérir un pouvoir qui flattait son orgueil, mais qui pesait à ses mains, souriait à cette royauté venant détrôner sa république; il prit le candidat au trône par la main et le présenta au peuple comme caution du règne du haut des balcons de l'édifice. Les deux comparses de la royauté et de la république s'embrassèrent à l'ombre du drapeau tricolore déployé sur leurs têtes aux yeux de la multitude. Baiser complaisant d'un côté, judaïque de l'autre, qui vendait la liberté et la légitimité, qui ne trompait que ceux qui voulaient être trompés, et qui, au lieu de la concorde, devait enfanter la courte et fausse mêlée des principes et des partis. Le peuple n'y vit que le drapeau tricolore ; ébloui par un lambeau d'étoffe, comme le taureau à qui on cache le glaive ou le sang.

Le duc d'Orléans rentra déjà roi au Palais-Royal. Les jeunes chefs de l'opinion républicaine, les plus intraitables jusque-là, isolés par l'exemple de M. Laffitte, abandonnés par les députés libéraux, domptés par la défection de La Fayette, se réunirent le soir dans les bureaux du *National*, et se laissèrent entraîner par M. Thiers chez le prince. L'entrevue n'eut d'autres résultats que de colorer cette soumission forcée d'une apparence de réserve de conscience et de murmure. On eût dit qu'ils ne cherchaient qu'un prétexte à l'illusion. Jeunesse courageuse de cœur, faible d'idées, ardente au feu, incertaine du but, quoique obstinée d'aspiration vers une démocratie vague ; Godefroy Cavaignac, Bastide, Guinard, Boinvilliers, Thomas, Chevallon et les nombreux adeptes de l'opinion républicaine de 1830 eurent dans cette journée avec le duc d'Orléans l'attitude de vainqueurs et le rôle de vaincus. Ils se vengeaient par la mâle énergie des paroles de l'abdication contrainte de leur théorie. Ils firent quelques conditions illusoires, pour honorer plutôt que pour assurer leur capitulation. Nul ne s'y trompa. Il se trouva qu'au fond de ces partis qui avaient miné la royauté au nom de la république, il y avait beaucoup de conspirateurs et peu de républicains. Le programme confus de cette usurpation des deux principes monarchique et républicain par une intrigue fut un trône entouré d'institutions républicaines. « C'est la meilleure des républiques ! » s'était écrié M. Odilon Barrot en montrant au peuple le nouveau roi.

IX

Il ne restait qu'à le proclamer. La chambre était prête, il n'y fallait plus pour les députés que la bienséance d'une délibération apparente envers le peuple, et pour le prince la bienséance de l'ingratitude envers son souverain et son parent. Il voulait confondre jusqu'au dernier moment dans sa personne le titre de lieutenant général du royaume qu'il tenait de la chambre et le même titre qu'il tenait du roi, laissant à la force des choses, qui s'accumulait d'heure en heure, à accomplir seule le crime ou le malheur de l'usurpation.

Nous n'entrerons pas dans les détails de cet empiétement successif des marches du trône pendant les cinq jours qui précédèrent l'élection d'un faux titulaire par un faux parlement à une fausse royauté. Ces détails appartiennent à l'histoire de la monarchie d'Orléans plus qu'à celle de la restauration. Plus faits par leur nature pour un cardinal de Retz que pour un Tacite, ils descendent de la tragédie à la haute comédie d'intrigue. Le drame s'achevait tout entier dans les coulisses, nous ne l'y suivrons pas. On n'acheta pas l'empire, comme à Rome, mais on apaisa les scrupules de quelques consciences par des gratifications avérées à quelques tribuns pressés de se laisser corrompre. Nous ne citerons que deux traits qui attestent jusqu'à la dernière heure l'hésitation de la conscience dans l'ambition de l'usurpateur.

Il avait reçu ses ministres des mains de la commission

municipale à l'hôtel de ville. Dupont (de l'Eure) y représentait l'intégrité incorruptible du civisme qui inclinait à la république, mais qui se ralliait par patriotisme à la monarchie limitée ; le baron Louis, l'influence cachée de M. de Talleyrand, que la pudeur républicaine empêchait de découvrir encore ; Gérard, le bonapartisme confondu dans la faction d'Orléans ; Rigny, la gloire navale de Navarin qui flattait la France ; Bignon, la rancune de la patrie contre les humiliations de 1815 ; Guizot, les théories historiques de l'usurpation de 1688 en Angleterre, légitimant par l'exemple changé en droit l'usurpation française de 1830. Il n'allait pas tarder à y appeler le duc de Broglie, représentant l'aristocratie révolutionnaire s'élevant comme sur son propre trône sur les popularités plébéiennes, et M. Laffitte, personnifiant la bourgeoisie triomphant de l'aristocratie humiliée. Il tenta Béranger, l'idole des prolétaires. Béranger, dont le génie pénétrant, sagace et philosophique, réservait toujours son nom en mêlant son esprit aux choses, déclina les honneurs pour conserver l'indépendance de ses jugements. Ce ministère était la pierre d'attente de tous les partis.

X

Charles X, informé par les émissaires de la cour qui revenaient de Paris de l'apparition du duc d'Orléans dans la capitale, et plein de confiance dans la fidélité de ce prince payé par lui de tant de titres, de tant de richesses et de tant d'abandon, lui avait adressé, dans la nuit du 31 juillet, une ordonnance par laquelle il le nommait son lieutenant général. C'était un lien autant qu'une toute-puissance pour le duc d'Orléans. Il enchaînait son cœur en s'abandonnant à sa probité. Le prince en fut à la fois embarrassé et attendri. Son âme lui conseillait d'accepter ce gage de confiance et d'y répondre en sauvant la vieillesse du roi, l'enfance du duc de Bordeaux, la sainteté consacrée du principe d'hérédité de la couronne et le droit du sang, qui était à lui-même son seul droit à l'acclamation égarée du peuple. Son sens politique, faussé peut-être par la tentation du trône, tentation qui obsédait depuis soixante ans la maison d'Orléans, sa prévision de la faiblesse des régences, sa terreur fondée pour un prince de laisser une heure à la république, son scrupule de perdre par une vertu de sentiment une patrie qu'une ambition stoïque le condamnait à sauver en sacrifiant comme Brutus non la vie, mais la royauté de son bienfaiteur, troublèrent sa pensée jusqu'au vertige. Il frappait son front de ses mains crispées. Il fallait répondre cependant ; l'heure et le messager pressaient. Le silence, en retour d'un tel abandon du roi, était le plus dédaigneux des outrages. Son conseil intime assistait à ses angoisses. Sa conscience parlait tout haut. Accepter le mandat royal c'était répudier celui du peuple. M. Dupin, caractère à la fois mobile et dur, aussi prompt aux retours qu'implacable aux défaites de la politique, pressé de désarmer le peuple, avocat du prince, pressé de couronner son client, fut chargé de préparer au nom du duc d'Orléans la réponse de l'élu de la révolution à l'investiture du roi. Cette réponse rompait sans retour avec la couronne. Elle était décente, mais rude comme la destinée. Le duc d'Orléans la lut, parut l'approuver devant ses ministres ; mais, prétextant la convenance de consulter sa femme avant de l'expédier, il passa dans un autre appartement du palais, supprima clandestinement la lettre de M. Dupin, en écrivit de sa propre main une autre plus pénétrée de respect, de douleur, d'espérance, la glissa dans l'enveloppe d'où il avait retiré la première, et rentrant dans le conseil, cette enveloppe à la main, y apposa son cachet en présence de ses ministres et la remit au messager de Saint-Cloud. C'était une supercherie plus honorable pour ses scrupules que pour sa franchise. Cette lettre entretint quelques jours de plus la confiance du roi dans la fidélité de son lieutenant général. Elle facilita l'abdication par l'illusion entretenue de la régence.

XI

Une autre anecdote, révélée après sa mort par M. de Chateaubriand, semblerait attester que le duc d'Orléans dans ses incertitudes ne trouva pas autour de lui, comme on l'avait naturellement supposé, cette vérité de sentiments que la nature place ordinairement dans le cœur des femmes pour détourner ce qu'elles aiment d'un mauvais dessein. Nous laissons parler le grand écrivain, dont le style ne fait pas moins partie de l'histoire que son récit.

« Je fus donc tout étonné quand je me vis recherché par la nouvelle royauté. Charles X avait dédaigné mes services ; le duc d'Orléans fit un effort pour m'attacher à lui. D'abord M. Arago me parla avec élévation et vivacité de la part de madame Adélaïde ; ensuite le comte Anatole de

Montesquiou vint un matin chez M. Récamier et m'y rencontra. Il me dit que madame la duchesse d'Orléans et M. le duc d'Orléans seraient charmés de me voir, si je voulais aller au Palais-Royal. On s'occupait alors de la déclaration qui devait transformer la lieutenance générale du royaume en royauté. Peut-être, avant que je me prononçasse, le duc d'Orléans avait-il jugé à propos d'essayer d'affaiblir mon opposition. Il pouvait aussi penser que je me regardais comme dégagé par la fuite des trois rois.

» Les ouvertures de M. de Montesquiou me surprirent. Je ne les repoussai cependant pas ; car, sans me flatter d'un succès, je pensais que je pouvais faire entendre des vérités utiles. Je me rendis au Palais-Royal avec le chevalier d'honneur de la reine future. Introduit par l'entrée qui donne sur la rue de Valois, je trouvai madame la duchesse d'Orléans et madame Adélaïde dans leurs petits appartements. J'avais eu l'honneur de leur être présenté autrefois. Madame la duchesse d'Orléans me fit asseoir auprès d'elle, et sur-le-champ elle me dit :

« — Ah ! monsieur de Chateaubriand, nous sommes
» bien malheureux ! Si tous les partis voulaient se réunir,
» peut-être pourrait-on encore se sauver. Que pensez-vous
» de tout cela ?

» — Madame, répondis-je, rien n'est si aisé : Charles X
» et monsieur le Dauphin ont abdiqué ; Henri est mainte-
» nant le roi, monseigneur le duc d'Orléans est lieutenant
» général du royaume ; qu'il soit régent pendant la minorité
» de Henri V, et tout est fini.

» — Mais, monsieur de Chateaubriand, le peuple est
» très-agité ; nous tomberons dans l'anarchie.

» — Madame ! oserai-je vous demander quelle est l'in-

» tention de monseigneur le duc d'Orléans? Acceptera-t-il
» la couronne, si on la lui offre? »

» Les deux princesses hésitèrent à répondre. Madame la duchesse d'Orléans repartit après un moment de silence :

« — Songez, monsieur de Chateaubriand, aux malheurs
» qui peuvent arriver : il faut que tous les honnêtes gens
» s'entendent pour nous sauver de la république. A Rome,
» monsieur de Chateaubriand, vous pourriez rendre de si
» grands services, ou même si vous ne vouliez plus quitter
» la France...

» — Madame n'ignore pas mon dévouement au jeune roi
» et à sa mère.

» — Ah! monsieur de Chateaubriand, ils vous ont si
» bien traité!

» — Votre Altesse Royale ne voudrait pas que je démen-
» tisse toute ma vie?

» — Monsieur de Chateaubriand, vous ne connaissez pas
» ma nièce : elle est si légère!... Pauvre Caroline!... Je
» vais envoyer chercher monseigneur le duc d'Orléans, il
» vous persuadera mieux que moi. »

» La princesse donna des ordres, et Louis-Philippe arriva au bout d'un demi-quart d'heure. Il était mal vêtu, et avait l'air extrêmement fatigué. Je me levai, et le lieutenant général du royaume en m'abordant :

« — Madame la duchesse d'Orléans a dû vous dire com-
» bien nous sommes malheureux! »

» Et sur-le-champ il fit une idylle sur le bonheur dont il jouissait à la campagne, sur la vie tranquille et selon ses goûts qu'il passait au milieu de ses enfants. Je saisis le moment d'une pause entre deux strophes pour prendre à mon tour respectueusement la parole, et pour répéter à peu près ce que j'avais dit aux princesses :

« — Ah ! s'écria-t-il, c'est là mon désir ! Combien je
» serais satisfait d'être le tuteur et le soutien de cet enfant !
» Je pense tout comme vous, monsieur de Chateaubriand :
» prendre le duc de Bordeaux serait certainement ce qu'il y
» aurait de mieux à faire ; je crains seulement que les évé-
» nements ne soient plus forts que nous.

» — Plus forts que nous, monseigneur ? N'êtes-vous pas
» investi de tous les pouvoirs ? Allons rejoindre Henri V ;
» appelez auprès de vous, hors de Paris, les chambres et
» l'armée ; sur le seul bruit de votre départ, toute cette
» effervescence tombera, et l'on cherchera un abri sous
» votre pouvoir éclairé et protecteur. »

» Pendant que je parlais, j'observais le duc d'Orléans. Mon conseil le mettait mal à l'aise, je lus écrit sur son front le désir d'être roi.

« — Monsieur de Chateaubriand, me dit-il sans me re-
» garder, la chose est plus difficile que vous ne le pensez ;
» cela ne va pas comme cela ; vous ne savez pas dans quel
» péril nous sommes. Une bande furieuse peut se porter
» contre les chambres aux derniers excès ; nous n'avons
» rien encore pour nous défendre. »

» Cette phrase échappée à M. le duc d'Orléans me fit plaisir, parce qu'elle me fournissait une réplique péremptoire.

« — Je conçois cet embarras, monseigneur, mais il y a
» un moyen sûr de l'écarter ; si vous ne croyez pas pouvoir
» rejoindre Henri, et comme je le proposais tout à l'heure,
» vous pouvez prendre une autre route. La session va s'ou-
» vrir ; quelle que soit la première proposition qui sera faite

» par les députés, déclarez que la chambre actuelle n'a pas
» les pouvoirs nécessaires (ce qui est la vérité pure) pour
» disposer de la forme du gouvernement; dites qu'il faut
» que la France soit consultée, et qu'une nouvelle Assem-
» blée soit élue avec des pouvoirs *ad hoc* pour décider une
» aussi grande question. Votre Altesse Royale se mettra de
» la sorte dans la position la plus populaire. Le parti répu-
» blicain, qui fait aujourd'hui votre danger, vous portera
» aux nues. Dans les deux mois qui s'écouleront jusqu'à
» l'arrivée de la nouvelle législature, vous organiserez la
» garde nationale; tous vos amis et les amis du jeune roi
» travailleront avec vous dans les provinces. Laissez venir
» alors les députés, laissez se plaider publiquement à la tri-
» bune la cause que je défends. Cette cause, favorisée en
» secret par vous, obtiendra l'immense majorité des suf-
» frages. Le moment d'anarchie étant passé, vous n'aurez
» plus rien à craindre de la violence des républicains. Je ne
» vois pas même qu'il soit difficile d'attirer à vous le géné-
» ral La Fayette et M. Laffitte. Quel rôle pour vous, mon-
» seigneur! vous pouvez régner quinze ans sous le nom de
» votre pupille; dans quinze ans l'âge du repos sera arrivé
» pour nous tous; vous aurez eu la gloire unique dans l'his-
» toire d'avoir pu monter au trône et de l'avoir laissé à l'hé-
» ritier légitime; en même temps vous aurez élevé cet en-
» fant dans les lumières du siècle, et vous l'aurez rendu
» capable de régner sur la France : une de vos filles pour-
» rait un jour porter le sceptre avec lui. »

» Le duc d'Orléans promenait ses regards vaguement
au-dessus de sa tête :

« — Pardon, me dit-il, monsieur de Chateaubriand, j'ai
» quitté pour m'entretenir avec vous une députation auprès

» de laquelle il faut que je retourne. Madame la duchesse
» d'Orléans vous aura dit combien je serais heureux de
» faire ce que vous pourriez désirer; mais, croyez-le bien,
» c'est moi seul qui retiens une foule menaçante. Si le parti
» royaliste n'est pas massacré, il ne doit sa vie qu'à mes
» efforts.

» — Monseigneur, répondis-je à cette déclaration si inat-
» tendue et si loin du sujet de notre conversation, j'ai vu
» des massacres. Ceux qui ont passé à travers la Révolution
» sont aguerris. Les moustaches grises ne se laissent pas
» effrayer par les objets qui font peur aux conscrits. »

» Le duc d'Orléans se retira, et j'allai retrouver mes amis.

« — Eh bien? s'écrièrent-ils.

» — Eh bien, il veut être roi.

» — Elle veut être reine.

» — Ils vous l'ont dit?

» — L'un m'a parlé de bergeries et l'autre des périls
» qui menaçaient la France, et de la légèreté de la *pauvre*
» *Caroline;* tous deux ont bien voulu me faire entendre que
» je pourrai leur être utile, et ni l'un ni l'autre ne m'ont
» regardé en face. »

» Madame la duchesse d'Orléans désira me voir encore une fois. M. le duc d'Orléans ne vint pas se mêler à cette conversation. Madame Adélaïde s'y trouva comme à la première. Madame la duchesse d'Orléans s'expliqua plus clairement sur les faveurs dont M. le duc d'Orléans se proposait de m'honorer. Elle eut la bonté de me rappeler ce qu'elle nommait ma puissance sur l'opinion, les sacrifices que j'avais faits, l'aversion que Charles X et sa famille m'avaient toujours montrée, malgré mes services. Elle me dit que si je voulais rentrer au ministère des affaires étrangères, le duc d'Orléans se ferait un grand bonheur de me réintégrer dans cette place, mais que j'aimerais peut-être mieux retourner à Rome, et qu'elle (madame la duchesse d'Orléans) me verrait prendre ce dernier parti avec un extrême plaisir dans l'intérêt de notre sainte religion.

« — Madame, répondis-je avec une sorte de vivacité, je
» vois que le parti de M. le duc d'Orléans est pris, et qu'il
» en a pesé les conséquences, qu'il a vu les années de mi-
» sères et de périls divers qu'il aura à traverser, je n'ai
» donc plus rien à dire. Je ne viens point ici pour manquer
» de respect au sang des Bourbons, je ne dois d'abord que
» de la reconnaissance aux bontés de *Madame*. Laissons
» donc de côté les grandes objections, les raisons puisées
» dans les principes et dans les événements. Je supplie
» Votre Altesse Royale de consentir à m'entendre en ce qui
» me touche.

» Elle a bien voulu me parler de ce qu'elle appelle ma
» puissance sur l'opinion. Eh bien! si cette puissance est
» réelle, elle n'est fondée que sur l'estime publique, or je
» la perdrais, cette estime, au moment où je changerais de
» drapeau. M. le duc d'Orléans aurait cru acquérir un ap-
» pui, et il n'aurait à son service qu'un misérable faiseur de
» phrases, qu'un parjure dont la voix ne serait plus écou-
» tée, qu'un renégat à qui chacun aurait le droit de jeter
» de la boue et de cracher au visage. Aux paroles incer-
» taines qu'il balbutierait en faveur de Louis-Philippe, on
» lui opposerait des volumes entiers qu'il a publiés en fa-
» veur de la famille tombée. N'est-ce pas moi, madame,
» qui ai écrit la brochure de *Bonaparte et les Bourbons*,
» les articles sur l'*Arrivée de Louis XVIII à Compiègne*, le

» *Rapport sur le conseil du roi à Gand*, l'*Histoire de la vie
» *et de la mort de M. le duc de Berri ?* Je ne sais s'il y a
» une seule page de moi où le nom de mes anciens rois ne
» se trouve pour quelque chose, et où il ne soit environné
» de mes protestations d'amour et de fidélité, chose qui
» porte un caractère d'attachement individuel d'autant plus
» remarquable, que *Madame* sait que je ne crois pas aux
» rois. A la seule pensée d'une désertion, le rouge me
» monte au visage, j'irais le lendemain me jeter dans la
» Seine. Je supplie *Madame* d'excuser la vivacité de mes
» paroles; je suis pénétré de ses bontés; j'en garderai un
» profond et reconnaissant souvenir, mais elle ne voudrait
» pas me déshonorer; plaignez-moi, madame, plaignez-
» moi ! »

» J'étais resté debout, et, m'inclinant, je me retirai. Mademoiselle d'Orléans n'avait pas prononcé un mot. Elle se leva, et, en s'en allant, elle me dit :

« — Je ne vous plains pas, monsieur de Chateaubriand,
» je ne vous plains pas ! »

» Je fus étonné de ce peu de mots, et de l'accent avec lequel ils furent prononcés. »

XII

Ce récit, s'il est exact, et il est difficile de croire qu'un écrivain posthume emprunte avec une lente préméditation l'asile sacré de la tombe pour calomnier les survivants; ce récit explique plus que tout autre la situation morale du duc d'Orléans pendant cette péripétie de neuf jours et de neuf nuits où son âme flotta entre la vertu et le trône. Les cœurs sur lesquels il s'appuyait fléchirent ; la mère tremblant pour ses enfants, la sœur pour son frère, ne virent de salut que dans la solidarité apparente et forcée du prince avec le pays. Le prince lui-même, probe dans la vie domestique, devait réprouver plus que tout autre l'improbité dans l'ambition. L'ambition même dont on l'a trop accusé n'était pas son vice ; il aspirait plus par sa nature à conserver qu'à conquérir ; il avait les instincts du père de famille plus que de l'usurpateur. Plus préoccupé d'intérêts que de gloire, il aurait été vraisemblablement heureux d'échapper par un rôle secondaire sûr et irréprochable au poste où son parti le poussait malgré lui. Il fut pendant cette longue crise ou le plus machiavélique des comédiens, ou simplement un homme faible et irrésolu, cédant à regret à une fortune qui se présentait sous les apparences de la nécessité et du patriotisme. Sa famille tremblait, son parti commandait, la république menaçait, le peuple mugissait, la peur montrait l'anarchie, la séduction montrait le trône, la fausse politique lui persuada que la révolution n'obéirait qu'à un complice. La nature protestait en vain dans son âme ; cette âme sans enthousiasme calculait toujours et sentait peu ; il écouta la politique et trahit la nature, seule politique qui ne trompe jamais les grands cœurs. L'histoire doit le plaindre presque autant que l'accuser. Il ne sut être ni héroïquement criminel, ni magnanimement honnête. Est-ce sa faute ? Non, c'est celle de sa nature. Il était habile, il n'était pas grand.

XIII

Revenons à Saint-Cloud.

Le trouble y faisait éclater ces récriminations intestines qui sont l'agonie, les convulsions, le suicide des partis vaincus et désespérés. Des scènes nocturnes, des colloques tragiques y remplissaient le palais de pas, de voix, de confusion, de cris, de larmes, presque de sang. On a vu que Marmont y était rentré ainsi que les ministres, se dérobant les uns et les autres, dans l'obscurité des jardins ou dans les combles du château, à l'animadversion des courtisans. Le duc d'Angoulême y avait reçu le commandement général des troupes. Ce prince intrépide, désintéressé du trône pour lui-même, voulait à tout prix sauver l'honneur, sinon le trône. Il ne concevait la déchéance que sur le champ de bataille par un boulet. Il songeait à défendre jusqu'à la mort la position militaire de Saint-Cloud, à rallier à ce noyau de la garde et à la ligne qui était sortie de Paris avec quarante pièces de canon, au nombre de treize mille hommes, les camps de Saint-Omer et de Nancy, qui formaient encore vingt-cinq mille hommes, à livrer bataille aux Parisiens avec ces trente-huit mille soldats fidèles, grossis bientôt des troupes et des volontaires de l'Ouest, et secourus au midi par l'armée de Bourmont, qu'un vent favorable pouvait rapporter en France en peu de jours. A la tête de pareilles forces, il se croyait invincible, et s'il ne ramenait pas son père à Paris, il y ramènerait du moins son neveu ; il ignorait encore en ce moment que peu d'heures avant d'évacuer Paris, Marmont, cédant en partie aux instances de M. Laffitte et de ses amis, et à son propre trouble, avait commencé une sorte de capitulation avec les maires de Paris, qui avaient offert et sollicité une trêve, et qu'il avait promis lui-même une suspension d'armes par une proclamation intempestive, qui empiétait sur les droits du prince et qui désarmait momentanément la couronne. Cette proclamation et cette suspension d'armes étaient pour les troupes un aveu de défaite et un découragement, en même temps qu'elles étaient pour le peuple un gage de victoire et un encouragement à plus oser. Au moment où le général Talon, indigné et humilié d'une telle faiblesse, apporta de Paris cette proclamation ignorée jusque-là du duc d'Angoulême, il crut y voir l'indice révélateur d'une lâcheté ou d'une trahison, dont la rumeur du château accusait déjà le maréchal. Il fit appeler Marmont dans son cabinet pour l'interroger sur un acte si inexplicable. Marmont entra. « C'est donc vous, s'écria en l'apercevant le duc d'Angoulême, et en s'avançant vivement vers lui, sa proclamation froissée de rage dans la main, c'est donc vous qui avez signé le désarmement du roi devant des rebelles? Vous avez donc juré de nous trahir aussi? » A ce mot de trahison, plus mortel que le fer dans le cœur d'un soldat, Marmont pâlit de colère et porte la main sur la garde de son épée, comme pour revendiquer cet honneur qu'un prince ne peut arracher à un soldat avant la vie. Le duc d'Angoulême croit à un emportement et à un outrage, il se précipite sur l'épée du maréchal, la lui arrache, se blesse avec la lame, la tache de son sang et appelle ses gardes, qui arrêtent à ses cris le maréchal désarmé et le conduisent prisonnier dans sa chambre. Le prince, honteux et blessé à la main, se jette sur un siége en déplorant sa violence et son malheur. L'aspect du maréchal prisonnier et désarmé, conduit par les gardes du corps à travers les salles du palais, sème partout les images tragiques de trahison et d'assassinat.

Le roi informé fait appeler son fils. Il entend de sa bouche le récit de sa violence; il juge son général avec plus de justice et de sang-froid que le duc d'Angoulême. Il fait relâcher le maréchal, le comble de consolations et d'excuses, et le conjure de pardonner à l'égarement et au repentir de son fils. Marmont, attendri par les larmes du vieillard, consent à aller offrir et recevoir une réparation du prince; mais, gardant au fond du cœur le ressentiment de l'indigne soupçon dont il avait été flétri, en s'inclinant devant lui et en recevant ses excuses, il refusa de toucher la main qui l'avait désarmé.

Quelques moments après cette scène, la duchesse de Berri, éveillée en sursaut par les nouvelles sinistres qu'on lui apportait de Paris, s'échappait à demi nue de sa couche, et, réveillant par ses cris le duc d'Angoulême, lui reprochait de livrer par son inutile courage le château à l'assaut du peuple, et le conjurait par ses larmes et par la vie de son fils de pourvoir au salut du roi et de la famille royale en repliant ses troupes et en entraînant la cour loin de la capitale. Ce prince, attendri plus que convaincu, se levait, allait à son tour réveiller son père et le décidait au départ nocturne, lui indiquait le château royal de Trianon pour résidence provisoire, et, faisant protéger le roi et la cour par une colonne de gardes du corps, se préparait lui-même à combattre au lever du jour à Saint-Cloud et à Sèvres pour l'honneur et pour le salut de Trianon.

Il était deux heures du matin quand le roi quitta en fugitif le palais de ses pères. Il n'avait reçu aucune nouvelle depuis vingt-quatre heures du duc de Mortemart. Cette absence et ce silence lui révélaient l'inutilité de ses concessions et l'écroulement de ses dernières espérances. Il fit dire à M. de Polignac et à ses collègues qu'il se livrait de nouveau à leurs conseils, et les emmena à sa suite à Trianon, gouvernement posthume pris par témérité, abandonné par repentir, repris par désespoir, mais qui n'avait plus de salut pour ses membres que dans un dévouement jusqu'à la mort au roi.

XIV

A peine le roi était-il descendu de voiture à Trianon, ce palais des plus riants souvenirs de sa jeunesse et des plaisirs de Marie-Antoinette, qu'il convoqua M. de Polignac et ses anciens ministres en conseil dans son cabinet. Les ministres, reprenant leur ascendant par l'inutilité des concessions qui réduisait le roi à la guerre pour toute politique, engagent le roi à n'être plus que le premier soldat de son royaume. Appeler les troupes éloignées de la capitale, concentrer la garde royale autour du roi, monter à cheval, passer en revue ses régiments animés encore par sa présence et par l'extrémité de ses périls, opposer un noyau inébranlable de soldats fidèles et aguerris aux incursions désordonnées du peuple, foudroyer l'émeute en rase campagne, ressaisir le prestige évanoui du sceptre par la victoire, attendre les renforts de Normandie, de Saint-Omer, de Nancy, d'Alger, de la Vendée, former l'armée de la monarchie en face de la ville de la révolution, et reconquérir par l'épée le droit de raffermir un trône sapé par la charte : tel fut l'avis unanime des ministres et du roi lui-même. La communauté de cause et de péril avait recréé la communauté de courage. Il ne restait plus qu'à exécuter ce plan, le seul plan logique conçu par ce ministère depuis son avénement.

Cependant les ministres s'étonnaient de voir leur maître, au lieu de commander ses chevaux et le rassemblement des régiments de son escorte pour passer la revue concertée et commencer l'exécution de ce conseil militaire, user les heures en vaines conversations et temporiser encore avec un désastre qui ne temporisait plus. Le roi paraissait écouter au dehors plus qu'au dedans, et attendre de minute en minute un message qui n'arrivait pas, et avant l'arrivée duquel il ne voulait pas agir. Ce message arriva enfin. Il était du duc d'Angoulême. On le communiqua à l'oreille et à voix basse au roi. Les ministres ne l'entendirent pas. Mais à peine le roi l'eut-il entendu qu'il rompit précipitamment le conseil et ajourna ses ministres. On ne sait quelle froideur dans la physionomie et dans l'accent fit comprendre à M. de Polignac et à ses collègues que la résolution venait de fléchir de nouveau dans l'esprit du roi, qui n'avait plus de salut à présent qu'en eux, et que leur présence tout à l'heure invoquée était devenue un embarras et une impopularité pour leur maître. Ils se retirèrent, comme à Saint-Cloud, dans les appartements les plus secrets du palais.

XV

Le message qui venait de renverser à leur insu les résolutions de Charles X était, comme nous l'avons dit, du duc d'Angoulême. Ce prince était resté à Saint-Cloud pour couvrir la retraite de son père et pour combattre. A peine le roi était-il en sûreté, qu'il monta à cheval, parcourut les régiments bivouaqués dans le parc, les anima de sa fidélité, et trouva en eux l'écho de son propre cœur. Il ne doutait pas que les colonnes populaires qu'on voyait accourir par bandes confuses des hauteurs de Saint-Cloud dans la plaine de Paris, pour passer la Seine à Sèvres, ne fussent refoulées et contenues comme une vaine écume au delà du fleuve. Il galopa lui-même sans inquiétude au-devant de ces tirailleurs par l'avenue de Sèvres jusqu'au pont de ce village, occupé par un bataillon de la ligne et par du canon.

A l'entrée du pont, il envoie ordre au bataillon de fondre sur ces masses, qui les insultent et les fusillent d'une rive à l'autre. Le commandant de ce bataillon, nommé Quartery, et le bataillon lui-même restent sourds, muets, immobiles à cet ordre. Indigné de cette défection sous le feu, le duc d'Angoulême s'élance seul, suivi du duc de Guiche, adjure les soldats, s'expose comme un but au milieu du pont aux balles qui le visent, fait rougir des soldats français d'abandonner ainsi leur général et leur prince, sans pouvoir les faire combattre. Les officiers le ramènent frémissant sur la place de Sèvres, qui fait face au pont. Là il ordonne aux troupes de ligne débandées de se former en bataille devant la grille du parc, et les apostrophant avec l'accent du commandement, de l'honneur et du reproche : « A vos rangs et sous les armes! leur dit-il, et puisque vous voulez m'abandonner, abandonnez-moi du moins avec l'attitude et la dignité de soldats français, et si vous ne respectez pas votre prince, respectez-vous vous-mêmes! »

A ces mots, les bataillons de ligne obéissent par un reste d'habitude et de décence dans la défection; mais rien ne peut les retourner contre le peuple. Les tirailleurs de Paris passent impunément le pont de Sèvres, fraternisent avec les soldats, tirent sur son entourage, et, maîtres de la Seine, peuvent se porter rapidement sur Versailles et sur Trianon. Le duc d'Angoulême replie tout ce qui lui reste de régiments fidèles et la garde royale sur cette résidence, et envoie prévenir son père qu'il faut abandonner même Trianon. C'est cet avis qui, changeant tout à coup la physionomie et l'accent du roi, lui a fait comprendre que l'énergie tardive est aussi vaine que les tardifs repentirs; et que, réduit désormais à chercher son salut dans l'intérieur des provinces à demi soulevées, la présence et les noms de ses ministres, réprouvés par son armée même, jetteront autour de lui le vide et la désaffection. Il charge M. Capelle, son confident le plus affidé, de leur faire sentir, sans les blesser, que leur assiduité auprès de lui portait ombrage et malheur à sa destinée, et de leur offrir tous les moyens de pourvoir à leur sûreté personnelle.

Pendant que le roi, reconnaissant mais contraint par la clameur de son propre palais, cherchait ainsi à persuader le départ à son conseil, les ministres, réunis hors de sa présence, se consultaient encore sur les mesures à prendre pour sauver les débris de sa couronne. M. Guernon de Ranville, qui avait toujours penché pour les mesures constitutionnelles et pour l'appel au pays, proposait de transporter à Tours le siége du gouvernement, d'y convoquer les chambres, d'y abriter la famille royale derrière la Loire, entourée de l'armée, de la représentation nationale, adossée aux provinces royalistes de l'Ouest, et là, de traiter sous les armes et sous la charte avec l'opinion.

Quelques jours plus tôt, ce parti pouvait être un salut; il n'était maintenant qu'un regret. Le royaume tout entier avait ressenti l'émotion et suivi le mouvement de Paris. La France, blessée également à tous les points sensibles de sa dignité et de sa liberté par les ordonnances, avait éprouvé les mêmes convulsions. Il n'y avait déjà plus une ville qui pût offrir asile à cette déroute de la monarchie absolue, et il n'y avait de route pour sa fuite que celle qu'elle pouvait s'ouvrir avec les armes.

Ce fut au milieu de ce dernier conseil que M. Capelle accomplit auprès de ses collègues la pénible mission qu'il avait reçue de son malheureux maître, et qu'il leur offrit les secours et les passe-ports nécessaires pour leur éloignement. Le prince de Polignac, plus cher et plus personnellement affidé au roi, avait déjà reçu de lui les adieux et les larmes de la séparation : il allait disparaître de la cour dans ce même palais de Trianon où le favoritisme de sa mère dans le cœur de Marie-Antoinette avait été la cause innocente de tant de malheurs pour cette reine. C'était dans ces mêmes jardins que ces deux femmes s'étaient arrachées avec larmes des bras l'une de l'autre, et que la reine avait été obligée, par la terreur de son peuple, de sacrifier et d'éloigner son amie. M. de Polignac croyait encore à ce dernier moment que Charles X allait suivre l'avis de

M. Guernon de Ranville. Il aborda ses collègues au moment où ils descendaient le perron du château pour monter inaperçus dans la voiture des prêtres de la chapelle du roi :
« Eh bien! dit-il à voix basse à M. de Ranville, votre avis a prévalu, nous allons à Tours. » Et il disparut.

Quelques officiers supérieurs de la garde royale ayant reconnu les ministres au moment où ils cherchaient place dans les bagages de la cour, les repoussèrent sans pitié, en leur disant que leur présence menacerait même la sûreté du roi. Proscrits des deux camps, ils expiaient déjà leur témérité par les outrages de ceux qu'ils avaient voulu servir !

XVI

Le duc d'Angoulême en arrivant à Trianon avait pressé le départ de son père. Ce prince s'arracha à cette demeure qui n'avait été pour lui qu'une halte d'une matinée. Il prit avec les gardes du corps et les régiments de la garde la route de Rambouillet par les bois. L'insurrection de Versailles ne lui permettait pas même de revoir le palais de ses pères. Il était à cheval à côté de son fils. Un silence morne régnait dans les rangs des gardes du corps et des régiments de la garde qui précédaient ou suivaient ce deuil. En passant devant Saint-Cyr, école militaire de sa jeune noblesse, la fidélité militaire et la noble compassion pour ce désastre de la royauté arrachèrent à cette jeunesse sous les armes un long cri de : « Vive le roi ! » qui consola le cœur du monarque.

On arriva la nuit au château de Rambouillet, et l'armée bivouaqua dans le parc. Le roi était convaincu que le château serait le terme de sa fuite et qu'il y recevrait le lendemain les conditions de la pacification ménagée par la prudence et par la fidélité du duc d'Orléans. Il y fut entouré de toutes les somptuosités et de toutes les étiquettes ordinaires de cette résidence royale, chère à ses goûts de chasse. Entouré de douze mille hommes de troupes de sa garde dévouée comme une famille militaire et commandés par son fils, il pouvait y braver longtemps les vaines menaces du peuple soulevé, mais sans canon, sans discipline et sans armes. D'autres régiments de la garde rappelés de Rouen accouraient à lui. Il pouvait à son gré faire la guerre, dicter ou discuter des conditions. Sa nuit fut triste, mais confiante. Son réveil ne fut troublé que par les coups de feu des officiers de son armée, qui tuaient pour nourrir leurs troupes les daims et les chevreuils de ses forêts.

Au lever du jour, une calèche de voyage, sans escorte et sans livrée, s'arrêta à la grille du parc. Les gardes étonnés reconnurent la fille de Louis XVI, si chère à leur mémoire et à leur enthousiasme. Ils rachetèrent par leurs acclamations les outrages et les tristesses de cette scène. La duchesse d'Angoulême n'avait pour toute suite qu'un brave officier de sa cour, le comte de Faucigny-Lucinge, qui avait revêtu un costume civil pour ne pas faire reconnaître la princesse sur la route déjà soulevée. La duchesse d'Angoulême, absente de Paris par la tendre sollicitude du roi pendant le coup d'État, était partie des bains de Vichy, ignorant encore la promulgation des ordonnances. En passant à Mâcon, elle en reçut la première nouvelle confidentielle par M. le comte de Puymaigre, préfet de Saôneet-Loire, chez lequel elle était descendue. Elle apprit en même temps, non le soulèvement, mais les premiers bouillonnements de Paris. Inquiète, agitée, sombre pendant la soirée, la foule, qui ne soupçonnait pas encore l'événement de Paris, s'offensait d'une froideur de physionomie et d'une sécheresse de langage qui répondaient mal à ses hommages. On attribuait au ressentiment de la femme implacable de souvenir ce qui n'était que le pressentiment d'une seconde ruine.

Le lendemain elle partit pour Dijon. Le soulèvement de la capitale y était déjà connu. La princesse, voulant braver l'émotion hostile de la ville, parut le soir au théâtre. L'opinion publique lui attribuait, sinon le texte, au moins l'esprit du coup d'État. Des cris de : « Vive la charte ! à bas les ministres ! » des regards, des gestes, des agitations tumultueuses accueillirent la princesse à son entrée dans sa loge. La colère de la nation remonta jusqu'à elle, elle sortit avec difficulté du théâtre, les yeux humides de larmes d'indignation. Le peuple, qui sait rarement se défendre sans outrager ce qu'il renverse, oublia le sexe, la vertu, le rang, le malheur, pour se venger de l'opinion présumée. Il ébranla pendant la nuit son hôtel de clameurs menaçantes.

Elle partit avant le jour et reçut sur la route tous les contre-coups de l'ébranlement de Paris. Le danger de sa famille l'y précipitait plus vite. Son courage bravait, comme à Bordeaux, les visages, les murmures, le fer et le feu.

A quelque distance de Joigny, le jeune duc de Chartres, fils aîné du duc d'Orléans, qui commandait un régiment de chasseurs, accourut avec la fidélité du sang, de l'âge et de la pitié, à la portière de sa voiture, arrosa ses mains de larmes, et lui offrit son régiment et lui-même pour escorte. Elle aimait ce jeune prince dont elle avait cultivé l'enfance, elle s'attendrit de son dévouement; mais sachant le roi déjà hors de Paris, elle préféra le rejoindre inconnue et en tournant la capitale. Renvoyant sa voiture et sa suite, elle monta, vêtue avec une simplicité bourgeoise, dans une voiture sans armoiries, et instruite de relais en relais par la rumeur publique des désastres du roi qu'elle pleurait plus que sa propre couronne, elle arrivait à Rambouillet.

Charles X, informé par les acclamations de ses gardes de la présence de sa nièce chérie, courut à elle les bras ouverts, les larmes aux yeux, la honte sur le front : « Ah! ma fille, lui dit-il, ne me faites pas de reproches! — Des reproches! s'écria la princesse en se jetant dans ses bras et en le couvrant de caresses filiales, ah! jamais, jamais un mot de ma bouche n'accusera mon père! Nous sommes réunis! nous resterons réunis pour toujours! C'est le seul trône et le seul bonheur que je demande au ciel! » Le duc d'Angoulême, la duchesse de Berri, le vieux roi, l'enfant royal, confondirent leurs embrassements et leur joie. Jamais Charles X, dans sa puissance et dans son bonheur, n'avait été entouré de plus de piété et de plus de tendresse. Sa famille le vengeait de sa fortune.

XVII

Celle-ci l'abandonnait sans retour. L'insurrection ne lui laissait de tout son royaume que le château et le parc de Rambouillet, et le noyau armé qui campait dans sa forêt.

Il ne restait que deux partis à prendre, la guerre royale ou l'abdication. Nous avons vu qu'avant de quitter Saint-Cloud il avait religieusement fléchi son cœur sous la main de Dieu, et abdiqué d'avance une couronne qu'il ne pourrait retrouver que dans les flots de sang de son peuple. Il ne conservait donc à Rambouillet les armes à la main que pour imposer, mais non pour combattre.

Instruit de l'unanimité du soulèvement, de l'abandon ou de l'ébranlement des troupes de ligne, de l'impuissance de son fils de conserver les positions de Saint-Cloud, de Trianon, et la ligne de la Seine, de la désertion qui commençait à débander les régiments mêmes de sa garde, il crut le moment venu de déclarer sa résolution à sa famille et à son peuple. Il rassembla autour de lui, non plus ses ministres ni ses généraux, mais le conseil intime de son cœur et de son sang, son fils, la duchesse d'Angoulême, plus qu'une fille pour lui, car elle était la sienne et celle de son frère, et il lui devait un trône; la duchesse de Berri, et son petit-fils, l'enfant de tous ces cœurs, incapable encore de comprendre la tendre solennité de cette réunion où l'on allait lui donner à la fois et lui enlever un empire. Les portes restèrent fermées à tout ce qui n'était pas le sang de Louis XVI. Nul ne sait quelles paroles, quelles prières, quelles résistances, quelles résignations sublimes, quelles larmes tour à tour amères et pieuses signalèrent ce mystérieux conseil d'où sortirent deux abdications volontaires. Il serait téméraire et coupable d'interpréter de tels secrets de la piété, de la politique et du cœur: tout ce qu'il est permis de dire d'après quelques paroles échappées la veille et le lendemain au fils de Charles X, et d'après les regrets mal couverts de l'infortunée duchesse d'Angoulême pendant son exil, c'est que ce prince ne résista pas un instant aux ordres de son père, qui crut que l'innocence d'un enfant serait un gage de réconciliation plus unanimement accepté de la France; c'est que la duchesse d'Angoulême déplora d'avoir été deux fois précipitée des degrés d'un trône qui devait la consoler de tant de revers, et qu'elle se sacrifia à son neveu en sentant toute la douleur du sacrifice; c'est que la duchesse de Berri reconnut par sa joie et par ses larmes la grandeur de ces résignations, qui en couronnant son fils lui donnaient la tutelle inespérée d'un empire. Père aussi obéi qu'il était roi impuissant et outragé, Charles X écrivit à l'issue de ce conseil la lettre au duc d'Orléans qui contenait l'âme et le résultat de cette scène.

« Je suis, disait-il, trop profondément peiné des maux qui affligent ou qui pourraient menacer mes peuples pour n'avoir pas cherché un moyen de les prévenir. J'ai donc pris la résolution d'abdiquer la couronne en faveur de mon petit-fils; le Dauphin, qui partage mes sentiments, renonce aussi à ses droits en faveur de son neveu. Vous aurez donc, en votre qualité de lieutenant général du royaume, à faire proclamer l'avénement d'Henri V à la couronne. Vous prendrez d'ailleurs toutes les mesures qui vous concernent pour régler la forme du gouvernement pendant la minorité du nouveau roi; ici je me borne à faire connaître ces dispositions, c'est un moyen d'éviter bien des maux.

» Vous communiquerez mes intentions au corps diplomatique, et vous me ferez connaître le plus tôt possible la proclamation par laquelle mon petit-fils sera reconnu roi sous le nom d'Henri V.

» Je charge le lieutenant général vicomte de Latour-Foissac de vous remettre cette lettre. Il a ordre de s'entendre avec vous sur les arrangements à prendre en faveur des personnes qui m'ont accompagné, ainsi que sur les arrangements pour ce qui me concerne et le reste de ma famille.

» Nous réglerons ensuite les autres mesures qui seront la conséquence du changement de règne.

» Je vous renouvelle, mon cousin, l'assurance des sentiments avec lesquels je suis votre affectionné cousin.

» CHARLES. »

Il était singulier que Charles X eût rédigé sous forme de lettre l'acte important qui changeait l'ordre de successibilité à la couronne. Une pareille négligence était remarquable surtout de la part d'un monarque observateur scrupuleux des lois de l'étiquette; mais les assurances de dévouement contenues dans la lettre du duc d'Orléans avaient fermé l'esprit de Charles X à la défiance. La manière même dont l'acte d'abdication fut rédigé en était une preuve solennelle. Le duc d'Orléans, dans cet acte, était considéré comme le protecteur naturel de l'enfance d'Henri V, et on le laissait arbitre suprême de toutes les mesures que pouvait commander la fatalité des circonstances.

XVIII

On sait le reste par ce que nous avons raconté plus haut des intrigues et des courants de Paris.

Cependant le duc d'Orléans s'alarmait de sentir Charles X si près de sa capitale au milieu d'une armée qui pouvait ou refluer sur Paris ou devenir l'avant-garde d'une armée vendéenne. Sous prétexte de protéger la famille royale contre la vengeance du peuple, il lui envoya des commissaires pour veiller à sa sûreté. C'étaient M. de Schonen, M. Odilon Barrot et le maréchal Maison. Ces commissaires s'étant présentés aux avant-postes de l'armée royale, en furent repoussés. Revenus à Paris, le duc les fit repartir avec des injonctions plus impérieuses. « Qu'il parte ! leur dit-il en parlant du roi, qu'il parte à l'instant ; et pour l'y contraindre il faut l'effrayer ! — Mais si l'on nous livre le duc de Bordeaux pour le ramener à Paris, demanda au duc un des commissaires, qu'en ferons-nous ? — Le duc de Bordeaux ! repartit avec une loyauté sincère ou simulée le prince, mais c'est votre roi ! — Ah ! s'écria la duchesse d'Orléans en se jetant sur le sein de son mari comme pour récompenser de si nobles sentiments, vous êtes le plus honnête homme du royaume ! » Tout flottait encore, et le cœur éclatait d'un mot pendant que la politique éclatait d'un autre.

Le général Jacqueminot et quelques autres officiers de l'empire semèrent le bruit que Charles X marchait sur Paris. La Fayette, qui commandait les gardes nationales du royaume, fit battre le rappel pour lever l'armée de la révolution. En quelques heures dix à douze mille hommes, presque tous adolescents, fiévreux encore des luttes des trois journées, s'enrôlèrent, s'armèrent, et, se jetant pour courir plus vite à la poursuite de la royauté dans les voitures de luxe ou de trafic de la capitale, s'élancèrent sur la route de Rambouillet. Le général Jacqueminot, Georges La Fayette, fils du dictateur, chez qui la liberté était une piété filiale et la révolution une vertu, marchaient à la tête de ces colonnes. Le général Pajol, brave soldat qui cherchait une renommée dans tous les hasards, commandait en chef cette multitude, plus semblable à une émeute ambulante qu'à une armée. Les politiques du parti vainqueur voyaient avec un secret plaisir cette jeunesse révolutionnaire encore frémissante affranchir le pavé de la capitale d'une agitation transportée plus loin. Ces colonnes s'avançaient avec intrépidité vers Rambouillet. Excelmans, qui avait offert son épée de soldat à Marmont pendant les trois jours, rendu maintenant à la liberté de ses opinions, dirigeait une avant-garde. Les deux armées se touchèrent à la chute du jour. On différa l'attaque pour attendre les commissaires, que Charles X cette fois avait consenti à recevoir.

MM. de Schonen, Odilon Barrot, Maison arrivèrent au château à la nuit tombante. Ils trouvèrent le roi irrité des délais qu'on apportait à reconnaître la royauté de son petit-fils, et commençant à suspecter l'inutilité de ses sacrifices : « Que me voulez-vous ? leur dit-il d'une voix souveraine. J'ai tout réglé avec le duc d'Orléans, mon lieutenant général. » M. Odilon Barrot, que la modération de ses opinions et les convenances de ses sentiments rendaient un interlocuteur plus agréable au prince que ses collègues, l'adoucit, lui parla pathétiquement et respectueusement de l'imminence d'une lutte tragique dont il allait être responsable, du compte que les rois doivent à l'humanité de la vie des hommes, du feu qui s'allumerait dans le royaume par la première cartouche brûlée par l'ordre du roi, du danger et de l'illusion de cimenter du sang de la France le trône éventuel de son petit-fils. Le roi paraissait ému, et ne demandait évidemment qu'un prétexte honorable pour céder à une force majeure des choses évidente à tous les yeux. Il entraîna dans une embrasure de fenêtre le maréchal Maison, dont l'autorité militaire lui servirait au moins d'excuse devant lui-même et devant l'Europe. « Monsieur le maréchal, lui dit-il en faisant appel à sa sincérité, dites-moi sur l'honneur que l'armée de Paris qui marche contre mes troupes est en effet composée de quatre-vingt mille hommes ! — Sire, répondit le maréchal en trompant pour l'éloigner le roi qu'il avait abandonné dans son infortune, je n'oserais énoncer un chiffre précis, mais cette armée est nombreuse, et peut-être bien s'élève-t-elle à ce nombre. — C'en est assez, répondit le roi, je vous crois, et je consens à tout pour épargner le sang de mes gardes. »

Le maréchal Maison devait son nom à son courage et à son talent militaire sous la république et sous l'empire, mais il devait à Charles X son commandement en Grèce et son rang supérieur dans l'armée. Il se montra dans cette circonstance du nombre de ceux qui font de la noble profession des armes un métier de gloire plus qu'un devoir de fidélité.

XIX

Le roi et la famille royale partirent pour Cherbourg sous l'escorte de leur armée jusqu'au château de Maintenon, maison presque royale de la famille de Noailles, qui porte le nom de sa fondatrice. Ils y furent reçus par le duc et la duchesse de Noailles, famille royaliste dont le dévouement traditionnel à la couronne était redoublé et attendri par la pitié pour le malheur de la dynastie. Ces fidèles serviteurs et toute leur maison se pressèrent de cœur autour du roi et des princesses comme pour les empêcher de sentir dans leur foyer cette première halte vers l'exil. Le roi, conformément à ce qu'il avait promis aux commissaires, y licencia la garde royale par une courte proclamation qui ordonnait aux régiments de se rendre à Paris et d'y faire leur soumission au lieutenant général du royaume. C'est ainsi que le 4 août Charles X désignait encore le duc d'Orléans.

Il ne garda pour escorte que les gardes du corps et la gendarmerie d'élite avec six pièces de canon. Le maréchal Marmont, qui l'accompagnait, reçut de nouveau le commandement général de ces troupes : réparation que la bonté du roi croyait devoir à la douleur du maréchal et à la violence de son fils. Le maréchal Maison, logé avec ses collègues, MM. de Schonen et Odilon Barrot, au château de Maintenon, y traçait sur la carte, moins en maréchal de France qu'en proconsul du peuple, l'itinéraire du roi et ses stations vers Cherbourg, oubliant que c'était lui-même qui avait eu l'honneur, au nom de la France militaire, d'aller recevoir Louis XVIII à Calais!...

Après le déjeuner du roi, le lendemain, l'armée tout entière se rangea en bataille devant le château et sur la route pour jeter son dernier cri de fidélité à la monarchie et son dernier regard à la famille royale. La duchesse de Noailles, sur le seuil de sa demeure, pleurait en s'inclinant devant ses illustres hôtes. Le visage du roi était triste mais calme, comme une conscience vaincue par le sort, mais sûre de la droiture de ses volontés; le duc d'Angoulême, plus attentif à l'affliction de son père qu'à la perte de son propre règne; la duchesse d'Angoulême, redoublant de noble fierté dans la déchéance, donnant sa main à baiser aux officiers de la garde, dont elle était l'idole, et leur disant à travers ses sanglots mal contenus : « Mes amis, soyez heureux! » La duchesse de Berri, vêtue en homme et tenant son fils par la main, ne pouvait croire à une longue éclipse d'une si haute fortune, et semblait penser au retour plus qu'à la séparation.

Le cortége royal sortit des cours et s'avança lentement sur la route de Dreux. Un escadron des gardes du corps ouvrait la marche, troupe de famille associée depuis Louis XIV à toutes les pompes, à toutes les gloires et à toutes les catastrophes de la famille royale. Le duc d'Angoulême à cheval précédait les voitures des enfants, des princesses et de son père. Le roi pleurait au fond de sa voiture en regardant sa garde rangée sur la route et qui pleurait sous les armes de cette défaite sans combat. La duchesse de Berri, en passant devant les régiments, fit ouvrir la portière, et présentant son fils aux soldats, semblait leur reprocher des fautes, des faiblesses et des exils dont ils étaient innocents. La colère féminine animait ses traits; elle oubliait que les provocations étourdies de son intérieur à la témérité du roi avaient encouragé les fautes dont elle accusait alors les auteurs. « Mes amis, disait aussi la duchesse d'Angoulême aux généraux qui la saluaient de leur épée, sachez du moins, sachez bien que je ne suis pour rien dans ce désastre! » Elle tenait à se laver du soupçon d'avoir fomenté le coup d'État. Il était vrai qu'elle avait redouté l'inexpérience et le fatalisme du prince de Polignac dans l'exécution; mais, centre du parti de la cour et du parti de l'Église aux Tuileries, plus intrépide que politique, nulle n'avait fait rougir davantage le roi de ses ménagements pour ce qu'on appelait à la cour la révolution, et disposé autant l'esprit de son oncle et de son mari aux défis téméraires de la force du peuple. Une longue et douloureuse acclamation des troupes déchira l'air comme un sanglot de l'armée. Le cortége disparut sur la route de Dreux. Les régiments reprirent la route de Chartres et de Paris.

XX

Le roi quittait son royaume plus indigent qu'il n'y était entré. Le peu d'or qu'il avait à Saint-Cloud dans sa cassette pour ses aumônes ou pour ses gratifications avait été dépensé en vivres pour les troupes et en solde pour les gardes. Il fut obligé de faire vendre son argenterie à Dreux et à Verneuil pour payer la nourriture de ces derniers. Les fidèles serviteurs dont il était entouré conservaient pour lui et la famille royale, dans toutes les haltes de la route et dans les plus humbles maisons dont il empruntait le toit, le cérémonial et l'étiquette des Tuileries. Tous les jours se ressemblaient par la monotonie et par la tristesse de ce convoi. Le roi, pour éviter dans les villes le regard humiliant ou insultant du peuple, sortait le matin en voiture de la maison où il avait couché ; une demi-heure après il montait à cheval et marchait au pas à côté de son fils entre les rangs de son escorte. Une demi-heure avant d'arriver à la station du soir il remontait dans sa voiture. Marmont était à cheval derrière la voiture du roi. La cour des princes et des princesses était restreinte mais décente, et fidèle au revers comme à la grandeur. On y trouvait des noms à qui l'histoire doit compte de la gloire si rare du devoir et de la reconnaissance accomplis : Marmont, malheureux, irrésolu, mais coupable seulement de son caractère; le duc de Luxembourg ; le prince de Croï ; Solre, capitaine des gardes ; le général Auguste de La Rochejaquelein, nom qui grandit dans les revers de la monarchie; le duc Armand de Polignac, premier écuyer ; le duc de Guiche et le duc de Levis, aides de camp du duc d'Angoulême; madame de Sainte-Maure, dame d'honneur de la duchesse; la comtesse de Bouillé, dame d'honneur de la duchesse de Berri; le comte de Mesnard, son premier écuyer, et le comte de Brissac, son chevalier d'honneur; le baron de Damas, gouverneur du duc de Bordeaux, M. de Barbançois et M. de Maupas, ses sous-gouverneurs, veillaient sur cet enfant comme sur le débris et l'espoir de tant de trônes; la comtesse de Gontaut sur sa jeune sœur.

Le peuple sur toute la route était muet, décent, respectueux. L'ombre de cette monarchie lui imposait plus que cette monarchie même; il y avait de la nature autant que du royalisme dans sa tristesse. Les grandes catastrophes donnent de grands contre-coups à l'imagination des hommes. On honorait d'autant plus la chute du roi qu'on ne redoutait plus son retour. On lui épargna presque partout, par une bienséance d'inspiration, la vue du drapeau et de la cocarde tricolores, signes visibles de sa déchéance. On craignit dans deux ou trois villes manufacturières de la Normandie des émotions et des insultes des ouvriers. Craintes vaines; toutes les démonstrations se bornaient à quelques murmures menaçants contre Marmont, que sa renommée de 1814 précédait partout comme un ressentiment militaire et national. Il fut obligé en approchant de Cherbourg d'enlever les décorations qui couvraient sa poitrine pour ne pas révéler son rang, son grade et son nom à la rancune du peuple.

Le roi lisait tous les jours le *Moniteur* pour suivre des yeux le spectacle de sa propre ruine. A Carentan, il apprit l'usurpation consommée du duc d'Orléans. Il ne se permit à haute voix ni un reproche ni une mauvaise interprétation des actes de ce prince, soit qu'il comptât toujours sur les assurances que le duc d'Orléans lui avait fait transmettre à Saint-Cloud et à Rambouillet, soit qu'il crût que ce prince n'acceptait la couronne que par une nécessité momentanée des circonstances, pour la rendre après l'avoir sauvée à son petit-fils, soit plutôt qu'il trouvât plus digne de son âme de subir en silence et sans se plaindre la plus cruelle des infidélités, celle de son propre sang!

Il séjourna deux jours à Valognes, afin de donner le temps d'arriver à Cherbourg aux vaisseaux préparés pour le recevoir. Il y rassembla autour de lui les officiers et les six plus anciens gardes de chacune des compagnies qui l'escortaient plus en père qu'en roi. Le duc d'Angoulême, la duchesse sa femme, la duchesse de Berri, le duc de Bordeaux, sa sœur, étaient groupés autour de lui pour imprimer dans les regards et dans la mémoire de tous les membres de la famille proscrite les noms, les visages, les larmes de leurs derniers et fidèles soldats. Charles X, recevant de leurs mains les drapeaux de leurs compagnies comme un roi qui licencie son peuple, les remercia d'une voix brisée par les sanglots de leur inébranlable et tendre fidélité. « Je reçois ces étendards, et cet enfant vous les rendra un jour, dit-il en touchant de sa main tremblante le front du duc de

Bordeaux ; les noms de chacun des gardes inscrits sur vos registres et conservés par mon petit-fils demeureront enregistrés dans les archives de la famille royale, pour attester à jamais mes malheurs et les consolations que j'ai trouvées dans votre fidélité ! »

Cet adieu pathétique arracha des larmes à tous les soldats de cette petite armée et au peuple même de la ville. La fidélité de ces corps pour leur prince, héritiers de leurs pères, qui la tenaient de leurs aïeux, n'était pas seulement un devoir, elle était un sentiment. C'était plus que le chef de la patrie, c'était un père que cette jeune noblesse pleurait dans le roi.

Charles X et le duc d'Angoulême, après cet adieu à leurs troupes, se dépouillèrent eux-mêmes de l'habit et des insignes militaires qu'ils avaient portés jusque-là. Ils s'effacèrent aux regards du peuple, et prirent d'avance le vêtement de l'exil, auquel ils touchaient de si près.

XXI

Ce voyage avait duré quinze jours avec une lenteur affectée qui irritait l'impatience des commissaires et du nouveau roi, et qui semblait attendre quelque événement inconnu, comme si Paris n'avait pas dit le dernier mot de la France. Les uns y virent le regret d'un vieillard qui arrache avec effort chacun de ses pas au sol adoré et perdu de la patrie ; les autres, l'attente d'un soulèvement de l'Ouest et du Midi à la suite d'un débarquement de Bourmont ramenant l'armée d'Afrique au secours de la monarchie; ceux-ci, un temps donné aux négociations toujours pendantes avec le duc d'Orléans; ceux-là enfin, une attitude royale, conservée même dans la défaite pour affronter dignement la mauvaise fortune, et pour imprimer aux peuples une sainte idée du fantôme même de la royauté.

Quoi qu'il en soit, et vraisemblablement par toutes ces causes à la fois, Charles X se retira pas à pas et lentement de l'empire, comme un droit qui abdique, mais qui ne se laisse pas chasser ni insulter, et qui, pour être respecté du monde, se respecte lui-même jusque dans ses revers. Il ne s'enfuit pas, comme un roi de théâtre, sous quelque ignoble déguisement; il se retourna pour regarder face à face son royaume révolté, mais respectueux dans sa révolte. Ces deux disparitions de la monarchie légitime en un demi-siècle attestèrent sa force même dans sa faiblesse, et ne déshonorèrent du moins pas les rois. De ces deux rois, de ces deux frères qui l'emportaient avec eux, aucun ne mêla l'ignominie au malheur. L'un, Louis XVI, partit de l'échafaud; l'autre, Charles X, partit du rivage dans toute la majesté royale : deux départs dignes de la royauté française. Leur peuple les vainquit et les immola, mais il n'eut pas le droit de mépriser leur infortune. Charles X fut respecté jusqu'à son dernier pas sur la plage de la France.

XXII

Le peuple sembla garder toute sa colère et toute sa vengeance contre ses ministres, comme si en les accusant d'avoir attenté à la liberté il les eût accusés en même temps d'avoir attenté à la monarchie et rendus responsables du vide que la Restauration évanouie allait laisser dans l'empire.

Pendant que le roi s'avançait vers Cherbourg, sa dernière étape, ses ministres fuyaient par différentes routes la colère populaire, qui les devançait et les menaçait partout.

Le prince de Polignac, dont le nom résumait pour le peuple tout le crime et pour les royalistes tout le malheur de la situation, était resté à Trianon jusqu'à la dernière heure, combattu entre sa tendresse filiale pour le roi qu'il vénérait comme un père, et la crainte de nuire par sa présence aux négociations ouvertes pour sauver sinon son trône, du moins le trône de son petit-fils. Situation cruelle, dans laquelle le dévouement commandait de rester et un plus grand dévouement commandait de partir. Les perplexités furent longues et les adieux déchirants entre le vieux roi et le ministre funeste mais fidèle, qui après avoir offert sa responsabilité offrait son sang. Charles X, supérieur en cela à Charles Ier d'Angleterre, était incapable de livrer un autre Strafford en rançon et en victime à son peuple. « Partez, je vous l'ordonne, dit-il en père au prince de Polignac; je ne me souviens que de votre courage, et je ne vous accuse pas de notre malheur. Notre cause était celle de Dieu, celle du trône et de mon peuple; la Providence éprouve ses serviteurs et trompe souvent les meilleurs desseins dans des vues supérieures à nos courtes vues; mais elle ne trompe jamais les consciences droites. Rien n'est perdu encore pour ma maison. Je vais combattre d'une main et transiger de l'autre. Rendez-vous derrière la Loire, où vous serez à couvert des séditions et des vengeances du peuple égaré, au milieu de mon armée, qui a ordre de se rendre à Chartres. » Le prince de Polignac couvrit de larmes en les embrassant les mains du roi.

XXIII

La princesse de Polignac, seconde femme du prince, était une Anglaise jeune, belle, courageuse, étrangère par sa patrie aux querelles qui déchirent la nôtre, et n'ayant pour cause dans nos débats intérieurs que la cause de sa tendresse et de son dévouement à son mari. Retirée à la campagne, au château de Millemont, pendant le coup d'État, enceinte de six mois, veillant à la fois sur les enfants du premier lit du prince et sur les siens, deux fois mère par cette double sollicitude, et troublée des hasards qu'allait courir son époux, elle n'eut pas plus tôt appris le soulèvement de Paris et la fuite de Saint-Cloud qu'elle accourut, malgré toutes les instances de ceux qui l'entouraient, pour partager le péril de celui qu'elle aimait dans toutes les fortunes. Mais avant que sa voiture, escortée de quatre gendarmes, eût atteint les portes de Versailles, l'insurrection s'était étendue sur toutes les routes qui conduisaient à Saint-Cloud ; le peuple de Versailles, ému à la vue de son escorte, frémissant à son nom, l'avait insultée. Menacée de mort et conduite à la municipalité, dont elle n'était sortie que sous les vêtements d'une femme du peuple, pour rejoindre, à travers les bois, son mari à Trianon, elle y arrivait au moment où l'insurrection qui s'approchait en chassait le roi. Le prince n'eut que le temps de confier la princesse à des mains sûres pour la reconduire par des chemins détournés à ses enfants dans l'asile où son sexe et leur âge les abriteraient contre son nom. Lui-même, trouvant dans la courageuse amitié de madame de Morfontaine, fille de *Lepelletier de Saint-Fargeau*, adoptée autrefois par la république, une protection non suspecte au peuple, se déguisa en serviteur de cette maison; et prenant place sous ce déguisement sur le siége de la voiture de madame de Morfontaine, il traversa sans être connu la Normandie insurgée; et s'abrita aux environs de Granville dans l'opulente demeure de sa libératrice. Il était à l'abri de toute recherche et de tout souçon dans la maison d'une femme dont le nom révolutionnaire répondait pour tous ses hôtes.

XXIV

Des émissaires discrets affrétèrent pour lui une barque de pêcheur qui le jetterait sur la côte d'Angleterre. Le prince se rendit à Granville pour s'y embarquer; mais, le vent contraire et la mer orageuse ayant empêché la barque de lever l'ancre, M. de Polignac fut contraint de passer dans une hôtellerie rurale de Granville les jours pendant lesquels on attendait le vent. L'élégance de sa taille, la noblesse de ses traits, la finesse de son linge, un anneau à son doigt, un livre dont la lecture abrégeait son attente dans sa chambre, tous ces indices, contrastant avec les habits grossiers dont il était vêtu, inspirèrent des soupçons aux hôtes habituels de cette hôtellerie; ils communiquèrent leurs observations à quelques gardes nationaux réunis pour proclamer l'abolition du règne et l'installation du nouveau gouvernement. Saisi, conduit à la municipalité, interrogé, menacé, s'il était un des ministres de Charles X, du poignard du peuple, il fut traîné dans la prison de Granville sans que son nom avoué pût autoriser encore la fureur indécise de la multitude.

Le lendemain, le prince, en présence du maire de Granville, déclara son nom; les magistrats le turent pour sa sûreté et le transférèrent à Saint-Lô sous une escorte de gardes nationaux; mais la rumeur publique le devançait : en traversant la ville de Coutances, la populace ameutée autour de la maison de poste, fanatisée de colère par les calomnies qui attribuaient à ses agents les incendies de la Normandie, menaça de le massacrer. Il vit des couteaux levés sur sa poitrine, et n'échappa à la mort que par son impassibilité et par le courage de son escorte. De Saint-Lô il fut conduit sous un faux nom au château de Vincennes, où il subit avec une résignation passive et pieuse le supplice de la haine de tout un peuple et le supplice plus grand de la ruine du trône qu'il avait juré de raffermir et de relever.

XXV

Ce même donjon avait été l'origine et était devenu l'expiation de ses torts politiques. C'était à Vincennes qu'un compagnon de sa première captivité en 1800 avait versé dans son âme alors incrédule cette foi ardente et concentrée dans les vérités du christianisme catholique, qui était devenue la consolation de son cachot, la règle de sa vie, et malheureusement plus tard la vue dominante de sa politique. Il avait cru devoir à son pays le rétablissement politique des doctrines et des institutions religieuses qui satisfaisaient son esprit et qui sanctifiaient son âme. Restaurer l'Église par le trône et soutenir le trône par l'Église avait été depuis cette époque la seule grande ambition de sa vie. Cette ambition impersonnelle n'était en lui que la passion sainte d'une théocratie gouvernementale qui répondait également à la piété réelle mais étroite de Charles X. Ils n'étaient ni l'un ni l'autre avides d'une autorité absolue, encore moins tyrannique; ils ne voulaient reconstituer le pouvoir que pour livrer par les mains du pouvoir la France à Dieu; ils oubliaient que la foi n'est sainte dans tous les cultes qu'à la condition d'être libre, et que toute religion imposée par les gouvernements tombe avec eux; ils étaient sincères l'un et l'autre en disant qu'ils ne voulaient point attenter à la charte; les libertés politiques et représentatives les auraient trouvés libéraux, pourvu que le zèle de leurs convictions l'eût trouvé; ils n'attentaient qu'à l'esprit humain.

Ame pure, caractère honnête, esprit cultivé, cœur dévoué du reste, M. de Polignac était un de ces hommes si fréquents dans l'histoire qui ont fait de grandes ruines avec de bonnes intentions, et auxquels on ne peut reprocher pour tout crime qu'une erreur qui accuse les bornes de leur intelligence et qui attriste leur mémoire, mais qui ne déshonore pas leur nom.

M. de Peyronnet venait d'être arrêté dans sa fuite et emprisonné à Tours. Son audace au pouvoir était devenue du courage dans les cachots. Ennemi vaincu de la révolution, il n'aurait pas craint d'être sa victime; amoureux de renommée, il savait que la gloire des grandes morts rachète souvent pour la postérité les grandes fautes; l'échafaud de Strafford ne lui répugnait pas.

XXVI

Nous avons laissé M. Guernon de Ranville et M. de Chantelauze sur les marches du perron de Trianon, au moment où, congédiés par le roi et outragés par les courtisans, ils trouvaient asile dans la voiture des prêtres de la chapelle royale pour suivre la famille fugitive à Rambouillet. Arrivés la nuit dans le parc, odieux aux troupes si leurs noms avaient été prononcés dans les bivouacs, craignant de demander asile au château, où leur présence enlevait aux négociations du roi le caractère de sincérité et de repentir que la révocation des ordonnances comportait, ils descendirent de voiture à la grille du palais, et, se perdant dans les ténèbres, ils allèrent quêter un abri pour une nuit dans une hôtellerie obscure du faubourg. L'encombrement de la résidence royale et des routes qui y aboutissent était tel, que les deux fugitifs cherchèrent en vain une voiture ou une charrette pour les conduire à Chartres, d'où ils espéraient gagner Tours et les pays vendéens. M. Guernon de Ranville, jeune et vigoureux, aurait pu facilement s'évader par les sentiers à travers champs et atteindre la Loire, s'il n'eût pensé qu'à lui seul; mais il ne pouvait se résoudre à abandonner aux hasards de la fuite son collègue et son ami, M. de Chantelauze, dont la maladie et la faiblesse ralentissaient les pas. Munis de faux passe-ports et vêtus d'humbles habits souillés par la route, ils partirent à pied, et n'atteignirent Chartres qu'après une marche de quatorze heures, sans cesse ralentie par l'évanouissement des forces de M. de Chantelauze. Les conversations qu'ils avaient liées sur le grand chemin avec les hommes du peuple et les piétons leur avaient révélé partout l'exécration du pays contre les ministres et les évêques, accusés par la calomnie populaire des incendies qui dévastaient ces provinces. Les noms du prince de Polignac et de ses collègues étaient devenus déjà une injure triviale parmi les populations des campagnes.

En arrivant à Chartres, ils s'avancèrent en hésitant à l'ombre des drapeaux tricolores arborés aux fenêtres des maisons et aux cris de « Mort aux ministres ! » Ils passèrent la nuit dans un cabaret de la ville sans éveiller les soupçons, et montèrent avant le jour dans une voiture publique pour se rendre à Châteaudun. Leurs compagnons de route, déserteurs de l'armée, trafiquants du pays, orateurs de tavernes, fanatiques de haine contre la cour, ne cessèrent d'invectiver Charles X, son clergé, ses ministres, et de prophétiser la vengeance du peuple contre les scélérats qui avaient fait couler le sang de la nation.

A Châteaudun, les deux fugitifs parvinrent à se soustraire encore à l'inquisition spontanée de la multitude et à trouver une charrette qui les conduisit jusqu'aux portes de Tours. Ils congédièrent leur voiture et tentèrent de tourner la ville à pied, à la faveur des ténèbres ; mais les précautions inquiètes que semblaient prendre ces deux voyageurs les trahirent, et, bientôt poursuivis et atteints par les gardes nationaux de la campagne, ils furent ramenés et emprisonnés à Tours, où leurs véritables noms ne tardèrent pas à être découverts. Les deux fugitifs furent peu de jours après conduits à Vincennes; d'autres parvinrent à franchir les frontières sous des noms d'emprunt. Une voiture de la suite du roi, que l'on croyait vide et dont les vasistas, soigneusement fermés pendant toute la route, interdisaient l'intérieur à l'escorte du prince, cachait, dit-on, les conseillers de sa cour les plus compromis et les plus signalés au ressentiment du peuple. On ne peut reprocher à ce prince que de n'avoir pas eu la même sollicitude envers des ministres qui avaient joué leur tête pour raffermir sa couronne. Dans la retraite royale devant le peuple, il ne faut pas laisser de prisonniers, car les prisonniers peuvent être le lendemain des victimes.

XXVII

Le roi touchait aux portes de Cherbourg; du sommet de la côte qui domine la ville, la mer de l'exil se déroulait à ses yeux. Ils se voilèrent de larmes. On avait répandu le bruit d'une agitation tumultueuse du peuple de Cherbourg, qui menaçait la sécurité ou la dignité du roi et de sa famille. La duchesse d'Angoulême fit arrêter sa voiture, et voulut se placer dans celle du roi pour partager ses périls. Ce bruit était une calomnie des sentiments populaires dans ces contrées pleines de la mémoire des bienfaits de Louis XVI, dont Cherbourg est la création. La population entière de la ville et des campagnes, rangée en haie sur le passage de

Charles X, s'attendrit à l'aspect de ces trois générations de rois qui allaient abandonner un royaume sans savoir même où ils trouveraient une patrie. Les femmes et les enfants surtout, jamais coupables, toujours victimes, touchaient le cœur des pères, des époux, des mères de cette foule, par leurs regards étonnés du malheur et par leur naïveté qui sourit sur leurs naufrages. On avait enlevé les drapeaux tricolores des fenêtres des maisons particulières sur le passage du cortége, pour épargner une humiliation gratuite au roi vaincu.

XXVIII

Le roi et son escorte ne s'arrêtèrent pas dans la ville, ils entrèrent dans une enceinte entourée de grilles qui sépare la place de l'embarcadère de Cherbourg; on referma la grille sur eux. Le peuple s'y pressa et s'y suspendit en foule pour assister au plus grand spectacle des destinées humaines, l'ostracisme d'un roi, héritier sans patrie de soixante rois. La famille royale descendit pour la dernière fois de voiture sur l'extrémité de la plage lavée par les flots; la duchesse d'Angoulême, baignée de pleurs et chancelante sous l'émotion de son dernier exil, perdait à la fois un royaume et une patrie. M. de La Rochejaquelein l'aida à franchir le pas suprême, qu'elle franchit au moins sur un bras héroïque. M. de Charette, autre officier vendéen, dont le nom était un présage, conduisit la duchesse de Berri. Il y avait plus d'indignation que de douleur sur le visage de cette jeune veuve en quittant une terre qui avait bu le sang de son mari et qui proscrivait avant l'âge et sans crime son enfant. Le baron de Damas, fidèle comme le devoir, serein comme la piété, porta dans ses bras comme un dépôt de la Providence son élève, devenu roi avant le temps, et commençant sa royauté par la catastrophe. L'enfant résistait de ses faibles bras à l'exil.

Le roi Charles X resta le dernier sur la plage, comme pour couvrir la retraite de toute sa maison. Tous les officiers de sa garde défilèrent une dernière fois devant lui en baisant sa main baignée de leurs larmes; il passa ensuite sans se retourner sur le vaisseau où l'attendait sa famille, et s'enferma seul pour prier et pour pleurer. Un silence de deuil régnait sur la côte de France; bien des gémissements, et pas une insulte, le suivirent sur les flots. Le vaisseau l'emportait vers l'Écosse, où l'Angleterre lui préparait une solitaire hospitalité à *Holy-Rood*, palais abandonné de Marie Stuart, plein de tragédies, de tristesses et de leçons des dynasties détrônées pour avoir tenté d'imposer à leurs peuples, par une piété politique, un gouvernement sacerdotal, et avoir attenté à la liberté de l'esprit humain dans son asile le plus inviolable, la conscience de leur nation.

XXIX

Telle fut la fin de la Restauration, gouvernement le plus difficile de tous ceux que l'histoire retrace en leçon aux hommes, et où les fautes sont les plus inévitables, même aux plus droites intentions, parce que les choses abolies par la révolution, et personnifiées dans les dynasties proscrites, s'efforcent par nature de revenir avec ces dynasties et portent ombrage aux choses nouvelles; et parce que les rois et le peuple, qui se regrettent mutuellement et qui voudraient se réconcilier, sont éternellement aigris l'un contre l'autre par leurs souvenirs et par les vieux partis, qui veulent retrouver leurs dogmes et leurs priviléges, au hasard des peuples et des rois. Les royautés neuves périssent par leurs ennemis, les restaurations par leurs amis. Rien ne survit que la souveraineté divine, qui se manifeste par la souveraineté du peuple, et qui se légitime par la liberté.

FIN DU TOME SIXIÈME ET DERNIER DE L'HISTOIRE DE LA RESTAURATION.

TABLE DES SOMMAIRES

LIVRE QUARANTE-DEUXIÈME.

Effet de la guerre d'Espagne sur la politique intérieure. — Élections de 1824. — Projets du ministère; la chambre septennale; la conversion des rentes. — Ouverture de la session; discours de la couronne. — Modifications ministérielles; chute de M. de Chateaubriand. — MM. de Damas, de Chabrol, de Frayssinous, de Doudeauville. — Ordonnance du roi qui rétablit la censure pour la presse périodique. — Louis XVIII dans sa vie intérieure; sa retraite de Saint-Ouen près de madame du Cayla; ses habitudes quotidiennes.......................... Page 3

LIVRE QUARANTE-TROISIÈME.

Insurrection de la Grèce. — État de ce pays en 1820. — Tolérance du régime ottoman pour la religion des peuples soumis. — Préjugés injustes de l'Europe à ce sujet. — Prélude du mouvement. — Ypsilanti lève le drapeau hellénique dans la Moldo-Valachie. — Insurrection d'Ali, pacha de Janina; atrocités de cet aventurier célèbre. — Les Hellènes s'insurgent. — Colocotroni. — *Marseillaise* grecque de Rhigas. — Réaction sanglante à Constantinople; massacres; assassinat du patriarche. — L'Europe s'émeut à ces nouvelles. — Formation de comités *philhellènes*. — Départ du colonel Fabvier pour secourir les Grecs. — Catastrophe d'Ali-Pacha. — La Grèce invoque les sympathies de l'Europe. — Immobilité des gouvernements (1820-1822)............ 45

LIVRE QUARANTE-QUATRIÈME.

Dernière maladie de Louis XVIII. — Son affaissement progressif. — Importance croissante de M. de Villèle. — Efforts du roi pour dissimuler aux yeux du public les approches de sa fin. — Il refuse les secours religieux. — Alarmes de la cour, du parti du comte d'Artois, du clergé. — On se décide à recourir à madame du Cayla. — Négociation de M. de La Rochefoucauld. — Réussite de la favorite. — Agonie et mort du roi. — Avénement de Charles X. — Ingratitude du nouveau pouvoir envers madame du Cayla. — Retour sur la vie de Louis XVIII. — Son exil. — Son règne. — Son portrait comme homme et comme souverain.. 83

LIVRE QUARANTE-CINQUIÈME.

Charles X. — Son portrait; sa passion pour la chasse; sa piété. — Cour occulte : MM. le cardinal de Latil, Lambruschini, de Quélen, de Montmorency, de Rivière, de Vaublanc, Capelle. — M. de Vitrolles. — Situation de la France. — M. de Villèle est conservé à la tête du gouvernement. — Le duc d'Orléans reçoit le titre d'Altesse Royale et le don d'un apanage. — Abolition de la censure. — Ouverture des chambres. — Discours de Charles X. — Généraux de la république et de l'empire éliminés du service actif. — Dotation de la couronne. — Le milliard d'indemnité. — Loi sur les communautés religieuses. — Loi du sacrilége. — Discours de M. de Bonald, de M. Royer-Collard. — Sacre de Charles X. — Amnistie. — Mort du général Foy; son portrait; ses funérailles; souscription d'un million en faveur de ses enfants... 123

LIVRE QUARANTE-SIXIÈME.

Mort de l'empereur Alexandre. — Noble conduite du grand-duc Nicolas. — Tentative d'insurrection à Saint-Pétersbourg. — Abdication du grand-duc Constantin; son portrait; Nicolas est proclamé empereur de Russie. — Ces événements causent en France une vive émotion. — Émancipation de Saint-Domingue. — Loi sur le droit d'aînesse. — Empire croissant du parti sacerdotal. — Le jubilé. — Les missions. — Dénonciation de M. de Montlosier. — Le duc de Rivière et M. Tharin sont chargés de l'éducation du duc de Bordeaux. — M. Hyde de Neuville en Portugal. — Loi contre la presse. — Discours de M. Royer-Collard. — Discussion à la chambre des pairs de la pétition de M. de Montlosier. — Mort du duc de La Rochefoucauld-Liancourt; profanation de son cercueil. — Charles X retire la loi contre la presse. — Revue de la garde nationale; les légions crient : « Vive la charte! » — Irritation de la cour. — Licenciement de la garde nationale. — Effet de cette mesure. — M. de Villèle essaye de donner quelque satisfaction à l'opinion irritée. — Dissolution de la chambre des députés. —

TABLE DES SOMMAIRES. 459

Mort de Manuel. — Jugement sur Manuel par Béranger. — Nomination de soixante-seize pairs nouveaux. — Élections de 1828. — Coalition des libéraux et des royalistes. — Victoire de l'opposition. — Émeute dans Paris; le sang coule dans les rues Saint-Denis et Saint-Martin. — Chute du ministère Villèle. — Bataille de Navarin............ 161

LIVRE QUARANTE-SEPTIÈME.

Ministère de M. de Martignac. — Le ministère de l'instruction publique est offert à M. de Chateaubriand, qui le refuse. — M. de Vatimesnil l'accepte. — M. Royer-Collard est nommé président de la chambre des députés. — Discours de la couronne; vote de l'adresse. — Réponse de Charles X. — M. Hyde de Neuville est nommé ministre de la marine, M. Feutrier ministre des cultes et M. de Chateaubriand ambassadeur à Rome. — Le *Journal des Débats*. — Lois sur les élections et sur la presse. — Ordonnance contre les jésuites. — Effet de ces mesures. — La *Gazette de France*. — M. de Genoude; son portrait. — Fin de la session. — Voyage de Charles X en Alsace. — Ouverture de la session de 1829. — Profession de foi du prince de Polignac à la chambre des pairs. — Présentation des lois municipale et départementale; discussion. — Retrait de ces lois. — Chute du ministère Martignac. — Avénement du prince de Polignac. — Composition du nouveau ministère. — Portrait de M. de Polignac. — M. de La Bourdonnaie. — M. de Bourmont. — MM. de Montbel, Courvoisier, de Chabrol, d'Haussez. — La Fayette à Lyon. — Retraite de M. de La Bourdonnaie. — M. Guernon de Ranville. — MM. Guizot et Berryer entrent à la chambre. — Ouverture de la session de 1830. — Discours de la couronne. — Adresse des 221. — Intentions réelles de M. de Polignac. — Entrevue de l'auteur de cette histoire avec Charles X. — Réponse du roi à l'adresse. — Prorogation des chambres..................... 213

LIVRE QUARANTE-HUITIÈME.

Première idée de l'expédition d'Alger. — Dispositions diverses du roi et des ministres à cet égard. — Projet momentané d'alliance avec le vice-roi d'Egypte pour cette conquête, abandonné par le ministère. — Embarras intérieurs; symptômes menaçants; incendies de la Normandie. — Préparatifs de l'expédition d'Afrique; prévisions défavorables de l'opinion et des officiers supérieurs de la flotte. — Le prince Léopold de Saxe-Cobourg refuse la couronne de Grèce. — Débarquement de l'armée expéditionnaire; victoire de Sidi-Ferruch; prise d'Alger. — Effet de cette victoire sur l'opinion. — Élections de 1830. — Résistance de la cour; approche de la crise. — Rapport de M. de Chantelauze. — Signature des ordonnances. — Marmont promu au commandement de l'armée de Paris. — Impression de la capitale à la lecture des ordonnances. — Protestation des journalistes; arrêts des tribunaux. — Agitation. — Assurance de la cour........................... 285

LIVRE QUARANTE-NEUVIÈME.

Préparatifs de la lutte. — Aspect de Paris et de la cour. — Poursuites contre les journaux. — Résistance légale de la rédaction du *Temps*. — Collisions. — Premières fusillades autour du Palais-Royal. — Soulèvement des faubourgs. — Indécision de l'opposition parlementaire. — Dispositions militaires de Marmont. — Marche des troupes. — La bataille s'engage sur tous les points.— Attitude des troupes de ligne.— Délibérations à l'hôtel Laffitte.—Négociations avec Marmont: M. Arago. — Anxiété et agitation à Saint-Cloud. — Succès de l'insurrection : M. de La Fayette en prend la direction. — Conférences chez le roi : MM. de Semonville, de Vitrolles, d'Argout. — Prise du Louvre. — Le peuple maître de Paris. — Marmont à Saint-Cloud............. 327

LIVRE CINQUANTIÈME.

Attitude du duc d'Orléans pendant la lutte. — Sa retraite au Raincy; ses hésitations. — Intrigues de ses partisans. — Son entrée à Paris; sa feinte résistance. — Réunion du Palais-Bourbon. — La couronne lui est offerte. — Première proclamation orléaniste. — Scènes de l'hôtel de ville. — Charles X offre au duc d'Orléans la lieutenance générale du royaume. — Refus du prince. — Dispositions des princesses d'Orléans : témoignage de M. de Châteaubriand. — Scènes de Saint-Cloud : le maréchal Marmont, le duc d'Angoulême. — Charles X quitte Trianon devant les avant-postes populaires : il se retire à Rambouillet. — Agitations intérieures de la cour; arrivée de la duchesse d'Angoulême. — Abdication en faveur du duc de Bordeaux : lettre de Charles X au duc d'Orléans. — Celui-ci envoie trois commissaires à Rambouillet : l'armée révolutionnaire les suit. — Départ pour Cherbourg; licenciement de la garde; adieux pathétiques. — Fuite des ministres; arrestations de MM. de Polignac, Peyronnet, Guernon de Ranville et Chantelauze. — Embarquement de Charles X à Cherbourg. — Conclusion........ 391

FIN DU TOME VINGT-DEUXIÈME.

PARIS. — TYPOGRAPHIE COSSON ET COMP., RUE DU FOUR-SAINT-GERMAIN, 43.

www.ingramcontent.com/pod-product-compliance
Lightning Source LLC
Chambersburg PA
CBHW070537230426
43665CB00014B/1724